Die Besteuerung der Kommanditgesellschaft auf Aktien (KGaA)

Europäische Hochschulschriften
Publications Universitaires Européennes
European University Studies

Reihe V
Volks- und Betriebswirtschaft

Série V Series V
Sciences économiques, gestion d'entreprise
Economics and Management

Bd./Vol. 2949

PETER LANG
Frankfurt am Main · Berlin · Bern · Bruxelles · New York · Oxford · Wien

Michael Hölzl

Die Besteuerung der Kommanditgesellschaft auf Aktien (KGaA)

Eine betriebswirtschaftliche Analyse

PETER LANG
Europäischer Verlag der Wissenschaften

Bibliografische Information Der Deutschen Bibliothek
Die Deutsche Bibliothek verzeichnet diese Publikation in der Deutschen Nationalbibliografie; detaillierte bibliografische Daten sind im Internet über <http://dnb.ddb.de> abrufbar.

Gedruckt auf alterungsbeständigem,
säurefreiem Papier.

D 19
ISSN 0531-7339
ISBN 3-631-50552-3

Printed in Germany 1 2 3 4 5 7

www.peterlang.de

Geleitwort

Die in der Bundesrepublik Deutschland für unternehmerische Aktivitäten zur Verfügung stehenden Rechtsformen werden in der Realität in sehr unterschiedlichem Maße genutzt. Während im internationalen Vergleich die Aktiengesellschaft häufig die dominierende Organisationsform kapitalistisch organisierter Wirtschaftsaktivitäten darstellt, nimmt sie in der Bundesrepublik Deutschland innerhalb der Kapitalgesellschaften einen eher nachrangigen Platz ein: So stehen derzeit ungefähr 13.000 Aktiengesellschaften rund 750.000 GmbH gegenüber. Eine weitere Besonderheit des deutschen Rechtes, die Kommanditgesellschaft auf Aktien (KGaA), besteht historisch betrachtet mit dem Allgemeinen Handelsgesetzbuch von 1861 seit nunmehr über 140 Jahren in kodifizierter Form; dessen ungeachtet aber wurde diese außergewöhnliche Rechtsform in der Vergangenheit mit sehr stark schwankender Häufigkeit gewählt. So erreichte diese Rechtsform erstmals vor der vorletzten Jahrhundertwende einen Höhepunkt, ein zweiter stellte sich in den zwanziger Jahren des vergangenen Jahrhunderts ein und nun kann aktuell für die zwei zurückliegenden Jahre für diese Rechtsform ein weiterer Höhepunkt festgestellt werden, der - bezogen auf die letzten 10 Jahre - sogar zu einer Vervielfachung der Zahl der KGaA in der Bundesrepublik Deutschland geführt hat.

Während die Motive für die in sehr unterschiedlichem Umfang gewählte Rechtsform der KGaA in jedem Einzelfall ebenfalls stark streuen, sind deren betriebswirtschaftliche Relevanz und die damit verbundenen Problemstellungen im Kern weitgehend unverändert geblieben. Dies gilt insbesondere für die Besteuerung der KGaA, die durch den im deutschen Steuerrecht bestehenden Dualismus maßgeblich geprägt ist. Mit den zwei Gesellschaftergruppen, den Komplementären einerseits und den Kommanditaktionären andererseits existieren in der KGaA auf Gesellschafterebene gerade die beiden Archetypen, denen das deutsche Steuerrecht eine bis heute extrem unterschiedliche Behandlung zukommen lässt. Darüber hinaus aber werden diese beiden Gruppen auf Gesellschaftsebene, der KGaA selbst, zusammengefasst und ganz weitgehend unter dem Regime der kapitalistischen Besteuerung organisiert. Insgesamt also erweist sich die

KGaA nach geltendem deutschen Steuerrecht als eine nahezu vollständige Kombination potenzieller bzw. alternativer Besteuerungsregime wirtschaftlicher Aktivitäten.

Mein Schüler M. Hölzl hat sich die Aufgabe gestellt, eine grundlegende betriebswirtschaftliche Analyse dieses spezifischen Besteuerungstatbestandes durchzuführen. Einer sehr systematischen und stringent aufgebauten Gliederung folgend hat er, um die Spezifika der KGaA auch analytisch in besonderem Maße aufbereiten zu können, eine Darstellungsform gewählt, die nach den Ebenen der Besteuerung und innerhalb dieser wiederum nach den erwähnten unterschiedlichen Besteuerungsgruppen differenziert. Der sich daraus ergebende Aufbau der Untersuchung erleichtert den Vergleich zwischen den Besteuerungsebenen und Gruppen von Steuerpflichtigen und trägt so erheblich zu einem klaren Verständnis der unterschiedlichen steuerlichen Ansatzpunkte und deren Konsequenzen bei.

Mit dieser Arbeit liegt eine aktuelle und umfassende Darstellung der Besteuerung der KGaA vor und gleichzeitig ein engagierter Beitrag zur Diskussion über eine konsequente und moderne Besteuerung dieser Mischform de lege ferenda. Damit liefert M. Hölzl einen wichtigen Beitrag für die anhaltende Rechtsformdebatte in Theorie und Praxis. Ich wünsche der Arbeit die verdiente Beachtung in dieser Diskussion.

München, 27. September 2002 Univ.-Prof. Dr. Dr. Manuel R. Theisen

Vorwort

Die KGaA stellt sowohl aus rechtlicher als auch aus betriebswirtschaftlicher Sicht eine hybride Rechtsform dar: Die Unternehmensverfassung der Kapitalgesellschaft KGaA wird nicht nur durch kapitalistische Strukturelemente, sondern insbesondere aufgrund der Existenz der KGaA-Komplementäre auch durch personalistische Strukturelemente charakterisiert.

Der Gesetzgeber will dieser gesellschaftsrechtlichen Zwitterstellung der KGaA auch steuerrechtlich gerecht werden, indem er diesem hybriden Charakter entsprechend Besteuerungsebenen unterscheiden möchte und diese dem jeweiligen Steuerregime unterwirft. Hieraus lassen sich die Kriterien für eine systematische Analyse der KGaA-Besteuerung ableiten. Die Besteuerung der personalistischen Strukturelemente muss derjenigen von Personenunternehmen entsprechen; als Vergleichsmaßstab für die Besteuerung der kapitalistischen Strukturelemente dient die Besteuerung der AG bzw. der GmbH. Darüber hinaus ist zu prüfen, ob eine so konzipierte Besteuerung der KGaA und ihrer Gesellschafter überhaupt grundlegende betriebswirtschaftliche Anforderungen an ein Steuersystem erfüllt.

Die vorliegende Arbeit wurde im Sommersemester 2002 von der Fakultät für Betriebswirtschaft der Ludwig-Maximilians-Universität München als Dissertation angenommen. Die in der Druckfassung berücksichtigte und eingearbeitete Literatur entspricht dem Stand September 2002.

Mein herzlicher Dank gilt meinem akademischen Lehrer und Doktorvater, Herrn Prof. Dr. Dr. Manuel R. Theisen, der die Arbeit von Anfang an engagiert unterstützt und begleitet hat. Darüber hinaus bin ich ihm für die umfassende Ausbildung an seinem Lehrstuhl sehr dankbar. Herrn Prof. Dr. Dr. h. c. Wolfgang Ballwieser danke ich für die Übernahme des Korreferats.

Für die kritische Durchsicht des gesamten Manuskriptes und die stete Diskussionsbereitschaft möchte ich Frau Ass. jur. Anne Winterling und Herrn Dipl.-Kfm. Florian Zeller ganz besonders danken. Auch Herrn Dr. Martin Wenz und den Famulanten am Lehrstuhl von Prof. Dr. Dr. Manuel R. Theisen bin ich für ihre Unterstützung zu Dank verpflichtet.

München, im September 2002 Michael Hölzl

Inhaltsübersicht

Inhaltsverzeichnis

Abbildungsverzeichnis

Abkürzungsverzeichnis

a. M. .... anderer Meinung

AN .... Arbeitnehmer

Abb. .... Abbildung

Abs. .... Absatz

Abschn. .... Abschnitt

AG .... Aktiengesellschaft / Die Aktiengesellschaft (Zeitschrift)

AktG .... Aktiengesetz

Anm. .... Anmerkung

AO .... Abgabenordnung

Art. .... Artikel

Aufl. .... Auflage

Az. .... Aktenzeichen

BB .... Betriebs-Berater (Zeitschrift)

Bearb. .... Bearbeiter

Begr. .... Begründer

BetrVG .... Betriebsverfassungsgesetz

BFH .... Bundesfinanzhof

BGB .... Bürgerliches Gesetzbuch

BGBl .... Bundesgesetzblatt

BGH .... Bundesgerichtshof

BGHZ .... Entscheidungen des Bundesgerichtshofes in Zivilsachen (Zeitschrift)

BMF .... Bundesministerium der Finanzen

BStBl .... Bundessteuerblatt

BVerfG .... Bundesverfassungsgericht

BVerfGE	Entscheidungen des Bundesverfassungsgerichts
Co.	Compagnie
DB	Der Betrieb (Zeitschrift)
DBW	Die Betriebswirtschaft (Zeitschrift)
Diss.	Dissertation
DStR	Deutsches Steuerrecht (Zeitschrift)
DStZ	Deutsche Steuer-Zeitung
EFG	Entscheidungen der Finanzgerichte (Zeitschrift)
EStG	Einkommensteuergesetz
ErbStG	Erbschaftsteuer- und Schenkungsteuergesetz
ErbStR	Erbschaftsteuer-Richtlinie
FAZ	Frankfurter Allgemeine Zeitung
FB	Finanz-Betrieb (Zeitschrift)
Fn.	Fußnote
FR	Finanz-Rundschau (Zeitschrift)
GbR	Gesellschaft bürgerlichen Rechts
GewStG	Gewerbesteuergesetz
GmbH	Gesellschaft mit beschränkter Haftung
GmbHG	Gesetz betreffend die Gesellschaften mit beschränkter Haftung
GmbHR	GmbH-Rundschau (Zeitschrift)
GmbH-Stb	GmbH-Steuerberater (Zeitschrift)
Habil.	Habilitation
HB	Handelsblatt (Zeitung)
HGB	Handelsgesetzbuch
h. M.	herrschende Meinung
HRefG	Handelsrechtsreformgesetz

hrsg. / Hrsg.	herausgegeben / Herausgeber
INF	Die Information über Steuer und Wirtschaft (Zeitschrift)
IStR	Internationales Steuerrecht (Zeitschrift)
KG	Kommanditgesellschaft
KGaA	Kommanditgesellschaft auf Aktien
KStG	Körperschaftsteuergesetz
KStR	Körperschaftsteuer-Richtlinie 1995
Lfg.	Lieferung
m. E.	meines Erachtens
m. w. N.	mit weiteren Nachweisen / Nennungen
MittBayNot	Mitteilungen des Bayerischen Notarvereins, der Notarkasse und der Landesnotarkammer Bayern (Zeitschrift)
MitbestG	Mitbestimmungsgesetz
Montan-MitbestErgG	Montan-Mitbestimmungsergänzungsgesetz
Montan-MitbestG	Montan-Mitbestimmungsgesetz
n. rkr.	nicht rechtskräftig
NWB	Neue Wirtschaftsbriefe (Zeitschrift)
NZG	Neue Zeitschrift für Gesellschaftsrecht
OECD-MA	Musterabkommen der Organization for Economic Cooperation and Developement
oHG	Offene Handelsgesellschaft
OLG	Oberlandesgericht
o. V.	ohne Verfasser
RFH	Reichsfinanzhof
RGBl	Reichsgesetzblatt
RStBl	Reichssteuerblatt
Stbg	Die Steuerberatung (Zeitschrift)

StBp	Die steuerliche Betriebsprüfung (Zeitschrift)
SteuerStud	Steuer und Studium (Zeitschrift)
StSenkG	Steuersenkungsgesetz
StuB	Steuern und Bilanzen (Zeitschrift)
StuW	Steuer und Wirtschaft (Zeitschrift)
SZ	Süddeutsche Zeitung
UmwG	Umwandlungsgesetz
UmwStG	Umwandlungssteuergesetz
Univ.	Universität
UntStFG	Gesetz zur Fortentwicklung des Unternehmenssteuerrechts (Unternehmenssteuerfortentwicklungsgesetz)
WiB	Wirtschaftsrechtliche Beratung (Zeitschrift)
WiSt	Wirtschaftswissenschaftliches Studium (Zeitschrift)
WPg	Die Wirtschaftsprüfung (Zeitschrift)
zfbf	Schmalenbachs Zeitschrift für betriebswirtschaftliche Forschung
ZGR	Zeitschrift für Unternehmens- und Gesellschaftsrecht
ZHR	Zeitschrift für das gesamte Handels- und Wirtschaftsrecht
ZIP	Zeitschrift für Wirtschaftsrecht

Symbolverzeichnis

E	Ertragshundertsatz i. S. d. Stuttgarter Verfahrens (Abschn. 99 ErbStR)
E_{ges}	Gesamteffekt der Finanzierungs*a*neutralität Typ A
G_{EK}	Gewinn der KGaA bei Eigenfinanzierung
G_{FK}	Gewinn der KGaA bei Fremdfinanzierung
G_{Kap}	Gewinn der KGaA bei Finanzierung durch Kommanditaktien
G_{Per}	Gewinn der KGaA bei Finanzierung durch eine Vermögenseinlage
s_{EK}	Gesamtsteuersatz bei Eigenfinanzierung
s_{ESt}	Typisierter individueller Einkommensteuersatz
s_{FK}	Gesamtsteuersatz bei Fremdfinanzierung
s_{Kap}	Gesamtsteuersatz bei Finanzierung durch Kommanditaktien
s_{Per}	Gesamtsteuersatz bei Eigenfinanzierung durch Vermögenseinlage
V	Vermögenshundertwert i. S. d. Stuttgarter Verfahrens (Abschn. 100 ErbStR)
X	Erbschaftsteuerlicher Anteilswert der Kommanditaktien
ε_{EK}	Elastizität von s_{EK} in Abhängigkeit von s_{ESt}
ε_{FK}	Elastizität von s_{FK} in Abhängigkeit von s_{ESt}

A. Aufbau und Argumentationsfolge der Analyse

I. Anlass der Untersuchung

Treffend stellt *K. Ebling* fest, dass das Interesse an der Klärung steuerlicher Fragestellungen, die mit der KGaA verbunden sind, zu Unrecht gering ist.[1] Dabei sind die Gründe, die Besteuerung der KGaA und ihrer Gesellschafter zu analysieren, vielfältig.

Zunächst nimmt die KGaA eine besondere Stellung im deutschen Gesellschaftsrecht ein, da nach § 278 AktG in *einer* Gesellschaft sowohl personen- als auch kapitalgesellschaftsrechtliche Beteiligungsstrukturen nebeneinander stehen.[2] Hierauf basieren die Probleme der Besteuerung der KGaA: Der gesellschaftsrechtlich hybride Charakter der KGaA und die damit verbundenen ökonomischen Aspekte müssen sich in der Besteuerung wiederfinden,[3] da diese sich sowohl an der rechtlichen Gestaltungsform als auch an dem zugrunde liegenden wirtschaftlichen Sachverhalt zu orientieren hat.[4]

Hinsichtlich der wirtschaftlichen Bedeutung ist zwar einerseits die absolute Zahl der in der *Bundesrepublik Deutschland* existierenden KGaA gering.[5] Andererseits hat sich aber der KGaA-Bestand in der jüngeren Vergangenheit vervielfacht.[6] Diese ambivalente Bestandsentwicklung spiegelt sich in Thesen zur Besteuerung der KGaA wider: Zum einen wird konstatiert, dass die steuerrechtliche Komplexität dieser Rechtsform für ihre geringe Verbreitung verantwortlich ist.[7] Zum anderen wird aber die Steuerbelastung der

---

1 Vgl. *Ebling, K.*, DBA-Schachtelprivileg, 2001, S. 67.

2 Vgl. *Maurer, T.*, Anleger-Kommanditgesellschaften, 1999, S. 145; *Bödefeld, A.*, KGaA, 1999, S. 46; *Kallmeyer, H.*, Kommanditgesellschaft auf Aktien, 1994, S. 977; *Niedner, J.*, KGaA, 1995, S. 99.

3 Vgl. *Theisen, M. R.*, Besteuerung, 1989, S. 2191.

4 Vgl. *Urbas, H.*, Die wirtschaftliche Betrachtungsweise, 1987, S. 70.

5 S. Anhang 1 S. 241 - 245.

6 S. Anhang 1 S. 245.

7 *H. Schaumburg* und *C. Schulte* stufen die komplizierte Besteuerung der KGaA im Vergleich zu anderen Rechtsformen als Nachteil ein; vgl. *Schaumburg, H. / Schulte, C.*, Die KGaA, 2000, S. 126. Nach *M. Ammenwerth* spricht "die Unsicherheit bei der Anwendung der KGaA-spezifischen Besteuerungsnormen gegen die Wahl der KGaA als Rechtsform"; s. *Ammenwerth, M.*, Rechtsformalternative, 1997, S. 228.

KGaA bzw. der Gesellschafter als Vorteil für die KGaA im Rahmen der Rechtsformwahl eingestuft.[1]

Nicht zuletzt machen die tief greifenden Neuerungen der Unternehmenssteuerreform 2001[2] und des UntStFG[3] eine aktuelle betriebswirtschaftliche Analyse der Besteuerung der KGaA und deren Gesellschafter notwendig. Die hieraus gewonnenen Erkenntnisse zeigen die Implikationen der Unternehmenssteuerreform 2001 und des UntStFG für das gesamte deutsche Steuerrecht auf, da der KGaA aufgrund ihres hybriden gesellschaftsrechtlichen Charakters beide grundlegenden Steuerregime – nämlich sowohl die personalistische als auch die kapitalistische Besteuerung – immanent sind.

---

1 Vgl. *Sethe, R.*, Die personalistische Kapitalgesellschaft, 1996, S. 194.

2 Einen Überblick zu den durch die Unternehmenssteuerreform bewirkten Änderungen geben beispielsweise *PWC Deutsche Revision* (Hrsg.), Unternehmenssteuerreform 2001, 2000; *Ernst & Young* u. a. (Hrsg.), Leitfaden, 2000; *Erle, B. / Sauter, T.* (Hrsg.), Reform der Unternehmensbesteuerung, 2000.

3 Gesetz zur Fortentwicklung des Unternehmenssteuerrechts (Unternehmenssteuerfortentwicklungsgesetz) vom 20.12.2001. Einen Überblick geben beispielsweise *Melchior, J.*, Übersicht, 2002, S. 1 - 10; *Rödder, T. / Schumacher, A.*, Wesentliche Änderungen, 2002, S. 105 - 113; *Rödder, T. / Schumacher, A.*, Regierungsentwurf, 2001, S. 1634 - 1641, 1685 - 1693; *Sauter, T. / Heurung, R. / Oblau, M.*, Zweifelsfragen, 2001, S. 2448 - 2451.

II. Die KGaA als Untersuchungsgegenstand der Betriebswirtschaftlichen Steuerlehre

Aufgabe der Betriebswirtschaftlichen Steuerlehre ist es, die Probleme, die für die Betriebe – hier für die KGaA und deren Gesellschafter – durch den Zwang zur Zahlung von Steuern hervorgerufen werden, zu analysieren.[1] Hierbei sind nach *G. Wöhe* folgende Teilaufgaben zu unterscheiden:[2]

Mittels der *Betriebswirtschaftlichen Steuerwirkungslehre* werden die Wirkungen der Besteuerung auf betriebliche Größen wie Funktionen untersucht.[3] Im Rahmen der KGaA-Besteuerung ist zu analysieren, ob und gegebenenfalls wie sich die Besteuerung der Eigenfinanzierung durch einen KGaA-Komplementär von derjenigen durch einen Kommanditaktionär unterscheidet.

Auf diesen Erkenntnissen aufbauend versucht die *Betriebswirtschaftliche Steuergestaltungslehre* Entscheidungsalternativen zu entwickeln, die im Hinblick auf die Realisierung (aller) betrieblicher Zielsetzungen zweckmäßig, zugleich aber Steuer minimierend sind. So wäre beispielsweise denkbar, für die KGaA und deren Gesellschafter Organschaftsgestaltungen zu entwickeln, die bei unveränderten gesellschaftsrechtlichen Verhältnissen Steuerspareffekte mit sich bringen.

Neben diesen entscheidungsorientierten Zielsetzungen kommt der Betriebswirtschaftlichen Steuerlehre aber auch die Aufgabe einer wertfreien *Steuerrechtsgestaltungslehre* zu, in deren Rahmen Vorschläge zur Auslegung und Gestaltung der Steuergesetze erarbeitet werden. So können im bestehenden Steuersystem ökonomische Analysen dazu genutzt werden, für strittige KGaA-spezifische Normen Reformvorschläge zu entwickeln. In einem zweiten Schritt können, wenn die durch die ökonomische Analyse aufgezeigten Mängel im bestehenden System nur partiell oder nicht behoben werden

---

1 Vgl. *Wöhe, G. / Bieg, H.*, Betriebswirtschaftliche Steuerlehre, 1994, S. 1.

2 Vgl. hier und zum Folgenden *Wöhe, G.*, Steuerlehre I/1, 1988, S. 24 - 29.

3 Vgl. auch *Littkemann, J. / Müller, D.*, Einfluß, 1998, S. 212 - 216.

können, unter Aufgabe des geltenden rechtlichen Systems grundlegende Neuordnungen mit Hilfe der betriebswirtschaftlichen Steuerrechtsgestaltungslehre konzipiert werden. Im KGaA-Fall ist mittels betriebswirtschaftlicher Effizienzkriterien die existierende strenge steuerliche Trennung von Kommanditaktionären und KGaA-Komplementären kritisch zu untersuchen; anschließend sind gegebenenfalls durch Vorschläge zur Neugestaltung des gesamten Unternehmenssteuerrechts die Gesellschaftergruppen steuerlich anzunähern.

Hieraus ergeben sich die Ziele der Untersuchung. Die Basis der Analyse bildet die Besteuerung der KGaA und ihrer Gesellschafter de lege lata sowie eine betriebswirtschaftliche Interpretation der einschlägigen Normen. Die Ergebnisse dieser *Betriebswirtschaftlichen Steuerwirkungslehre* werden in zweifacher Weise genutzt: Zum einen werden im Rahmen einer *Betriebswirtschaftlichen Steuergestaltungslehre* Empfehlungen zur Steuerplanung gegeben. Zum anderen werden Vorschläge zur Weiterentwicklung der Besteuerung der KGaA de lege ferenda abgeleitet (*Steuerrechtsgestaltungslehre*), wobei zunächst Verbesserungspotenziale zur Besteuerung der KGaA und ihrer Gesellschafter im Rahmen der bestehenden, vom Gesetzgeber vorgegebenen Konzeption untersucht werden. In einem zweiten Schritt wird analysiert, wie sich weitergehende Neukonzeptionen des gesamten Steuersystems auf die KGaA bzw. deren Gesellschafter auswirken. Insgesamt werden strittige Fragen der Besteuerung der KGaA aufgezeigt und Lösungsvorschläge de lege lata als auch de lege ferenda entwickelt, ohne dass dabei mit der KGaA implizit bestimmte Eignungsprofile – wie beispielsweise die KGaA als Rechtsform für börsenwillige Unternehmen oder für Familienunternehmen – verbunden werden.

III. Gang der Untersuchung

G. Wöhe weist darauf hin, dass es nicht sachgerecht wäre, die Aufgaben der Betriebswirtschaftlichen Steuerlehre (*Steuerwirkungslehre*, *Steuergestaltungslehre* und *Steuerrechtsgestaltungslehre*) im Rahmen einer Untersuchung streng nacheinander abzuhandeln. Vielmehr schlägt er vor, im Rahmen einer kritischen Analyse diese Aufgaben parallel durchzuführen.[1] Entsprechend der genannten Zielsetzung wird folgende Vorgehensweise gewählt (s. Abb. 1): Gegenstand des *Kapitels B* ist die Darstellung der Unternehmensverfassung der KGaA. Die Analyse erfolgt interdisziplinär: Sowohl rechtliche als auch betriebswirtschaftliche Aspekte der KGaA werden aufgezeigt. Die Besteuerung wird dabei noch ausgeblendet. Die Notwendigkeit dieses Kapitels ergibt sich daraus, dass sich nach bestehendem Recht die Besteuerung grundsätzlich an der Rechtsform orientiert.[2] In *Kapitel C.I.* wird die gesetzgeberische Grundidee der KGaA-Besteuerung dargestellt und in ihrer Konzeption gewertet. Aus diesen Erkenntnissen heraus werden in *Kapitel C.II.* Kriterien entwickelt, mit deren Hilfe analysiert wird, inwieweit der Gesetzgeber seine Konzeption auch aus betriebswirtschaftlicher Sicht konsequent umgesetzt hat. Die *Kapitel B* und *C* haben insoweit für den Fortgang der Arbeit Grundlagencharakter.

Die *Kapitel D - G* stellen das Kernstück der Untersuchung dar. Gegenstand ist die dezidierte Analyse de lege lata und de lege ferenda der Besteuerung der KGaA und ihrer Gesellschafter. Dies erfolgt ausschließlich unter der Prämisse, dass das bestehende dualistische Steuersystem aufrecht erhalten wird und dass die Grundidee des Gesetzgebers zur KGaA-Besteuerung konsequent umgesetzt werden soll. Hierbei ist eine Unterscheidung von drei Ebenen erforderlich: Die Ebene der KGaA als Kapitalgesellschaft sowie die Gesellschafterebenen der KGaA-Komplementäre und der Kommanditaktionäre. Die Analyse bezieht sich auf periodische Geschäftsvorfälle und Veränderungen des Gesellschafterbestands. Im Mittelpunkt steht der hybride Charakter der KGaA, um aufzu-

---

1 Vgl. *Wöhe, G.*, Steuerlehre I/1, 1988, S. 28.

2 Vgl. auch *BVerfG*, Beschluss vom 24.1.1962, BVerfGE 13, S. 331.

zeigen, wie die Besteuerung der KGaA in die Systematik der Unternehmensbesteuerung einzuordnen ist und welche Gestaltungsmaßnahmen sich daraus erschließen. Hierdurch werden auch Umfang und Tiefe der Ausführungen bestimmt: Berücksichtigt werden nur Aspekte, die den KGaA-spezifischen Charakter bestimmen.

Gegenstand des abschließenden *Kapitels H* ist die Analyse der Besteuerung der KGaA und ihrer Gesellschafter unter dem betriebswirtschaftlichen Postulat der Entscheidungsneutralität der Besteuerung. Die Analyse wird sowohl für das bestehende Besteuerungssystem als auch für die in der Literatur diskutierten Konzeptionen hinsichtlich eines Unternehmenssteuerrechts, das von der Abschaffung des Dualismus gekennzeichnet ist, durchgeführt (s. Abb. 1).

Problemstellung	**Grundlagen**	**Analyse im bestehenden dualistischen Besteuerungssystem**	**Abschaffung des dualistischen Besteuerungssystems**	**Schlussbetrachtung**
	- *Unternehmensverfassung der KGaA (B.)* - *Konzeption des Gesetzgebers zur KGaA-Besteuerung (C.I.)* - *Allgemeine Prinzipien der Unternehmensbesteuerung (C.II.)*	*Periodische und aperiodische Besteuerung mit Unterscheidung von drei Ebenen:* - *KGaA (D., G.)* - *KGaA-Komplementäre (E., G.)* - *Kommanditaktionäre (F., G.)* Die Betrachtung erfolgt jeweils de lege lata und de lege ferenda.	- *Neutralitätsaspekte (H.I., H.II.)* - *alternative Besteuerungskonzeptionen (H.III.)* Analysiert werden nur KGaA-Spezifika.	

Abb. 1: Gang der Untersuchung

Die Komplexität des Themas erfordert Einschränkungen bezüglich des Untersuchungsgegenstandes. Internationale Aspekte werden ebenso wie Fragen einer Umwandlung und eines Going Public nur am Rande berücksichtigt. Auch werden die Gründung und die Liquidation einer KGaA weitgehend vernachlässigt. Die Grunderwerbsteuer bleibt außen vor. Trotz der praktischen und materiellen Bedeutung tragen diese Aspekte nicht dazu bei, die verfolgte grundlegende Fragestellung zu lösen: Wie wirkt sich der steuerliche Dualismus auf die hybride Rechtsform KGaA aus und welche Schlussfolgerungen für die Steuergestaltung auf der einen Seite und für die nationale Gesetzesreformierung auf der anderen Seite können gezogen werden?

B. Unternehmensverfassung der KGaA

Die Unternehmensverfassung ist durch die Zuordnung von Entscheidungskompetenzen und die Festlegung von Entscheidungsregeln im Unternehmen[1] charakterisiert.[2] Konkretisiert wird die Unternehmensverfassung durch die mit der Rechtsformwahl vorgegebenen gesellschaftsrechtlichen Rahmenbedingungen, d. h. durch zwingende gesetzliche Regelungen, durch Bestimmungen der Satzung bzw. des Gesellschaftsvertrags und durch die Unternehmensorganisation einschließlich informeller Regelungen. Diese wirken sich auf Institutionen[3], Funktionen und Prozesse der KGaA aus.[4]

I. Institutionen

1. Grundstruktur der KGaA

Der Gesellschafterkreis der KGaA setzt sich aus zwei Arten von Gesellschaftern zusammen: Die KGaA ist gemäß § 278 Abs. 1 AktG[5] eine Gesellschaft mit eigener Rechtspersönlichkeit, bei der mindestens ein Gesellschafter den Gesellschaftsgläubigern unbeschränkt haftet (persönlich haftender Gesellschafter bzw. im Folgenden auch KGaA-Komplementär genannt) und die übrigen Gesellschafter an dem in Aktien zerlegten Grundkapital beteiligt sind, ohne persönlich für die Verbindlichkeiten der Gesellschaft

---

1 Im Rahmen dieses interdisziplinären Kapitels wird zur sprachlichen Vereinfachung *noch* nicht zwischen den Begriffen Unternehmen und Unternehmung unterschieden. Inhaltliche Schärfen gehen dadurch nicht verloren.

2 Vgl. hierzu und zum Folgenden *Neus, W.*, Betriebswirtschaftslehre, 2000, S. 140 - 153. Dies entspricht einer institutionenökonomischen Sicht. Untersuchungsziel der Institutionenökonomik ist es, den Input vertraglicher, institutioneller oder gesetzlicher Regelungen zur Sicherung möglicher, aber unsicherer Kooperationserfolge herauszuarbeiten. Ihr können die Informationsökonomik und die Vertragstheorie zugeordnet werden.

3 Vgl. hierzu auch *Fleischer, H.*, Grundfragen der ökonomischen Theorie, 2001, S. 4 - 9.

4 Zur Einteilung des betriebswirtschaftlichen Untersuchungsprojekts in Institutionen, Funktionen und Prozesse vgl. *Zelewski, S.*, Grundlagen, 1999, S. 70 - 92.

5 Aktiengesetz vom 6.2.1965.

zu haften (Kommanditaktionäre). Als KGaA-Komplementär können nicht nur natürliche Personen, sondern auch juristische Personen[1] bzw. Personengesellschaften[2] fungieren.[3] Dem KGaA-Komplementär steht es frei, eine Vermögenseinlage zu leisten.[4] Die KGaA kann, da sie juristische Person ist und KGaA-Komplementäre zugleich auch Kommanditaktionäre sein können, in Form einer Einmanngesellschaft bestehen.[5] Neben der KGaA-Komplementärs- und der Kommanditaktionärsstellung kann es in der KGaA keine Kommanditisten als dritte Art von Gesellschaftern geben. Eine stille Beteiligung ist hingegen denkbar.[6]

In Abb. 2 werden die Institutionen der KGaA und damit die nachfolgend analysierten Zuordnungen der Kompetenzen zwischen KGaA-Komplementären, Kommanditaktionären, Aufsichtsrat, Arbeitnehmern und Gläubigern dargestellt.

---

1 Denkbar sind insbesondere GmbH und AG.

2 Vgl. *Mertens, H.-J.*, KGaA, 1997, S. 731 - 743.

3 Vgl. *BGH*, Urteil vom 24.2.1997, DStR 35 (1997), S. 1012; vgl. *Henze, H.*, Aktienrecht, 2001, S. 417 - 419 m. w. N.; *Strieder, T.* / *Habel, M.*, Eigenkapitalproblematik, 1995, S. 1857 - 1865; *Schloßmacher, S.*, VVaG, 1999, S. 1758.

4 Vgl. *Schmidt, K.*, Gesellschaftsrecht, 1997, S. 976.

5 Vgl. *Hüffer, U.*, Aktiengesetz, 1999, S. 1251 m. w. N. Beachte aber den Unterschied zur Gründung: Die Satzung muss durch mindestens fünf verschiedene Personen festgestellt werden; s. Kap. B.III., S. 31.

6 Vgl. *Hüffer, U.*, Aktiengesetz, 1999, S. 1251 m. w. N.

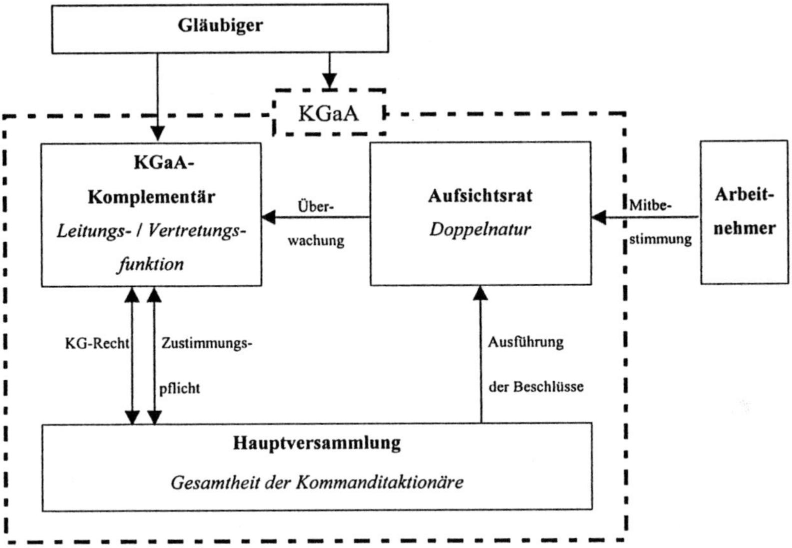

Abb. 2: Institutionen der KGaA
(Quelle: *Klunzinger, E.*, Gesellschaftsrecht, 1995, S. 199)

2. Organe

Die KGaA ist wie die AG eine juristische Person und damit rechts-, partei- und insolvenzfähig. Sie ist nach §§ 278 i. V. m. 3 AktG und § 6 HGB kraft Rechtsform (Form-) Kaufmann. Allerdings ist sie als juristische Person nicht handlungsfähig. Die interne Willensbildung und deren rechtsgeschäftliche Verwirklichung gegenüber Dritten erfolgt durch die Organe der KGaA. Das gesetzliche Leitbild sieht folgende Pflichtorgane vor: die Gruppe der KGaA-Komplementäre, die Hauptversammlung und den Aufsichtsrat.[1]

---

1 Vgl. *Frankenheim, A.*, Kommanditgesellschaft auf Aktien, 1994, S. 15; *Habel, M. / Strieder, T.*, Kommanditgesellschaft auf Aktien, 1998, S. 66.

Die in § 272 Abs. 2 AktG eingeräumte Satzungsdispositivität erlaubt es, weitere Organe zu schaffen. In der Rechtspraxis lassen sich Aktionärsausschüsse, Beirat, Verwaltungsausschüsse usw. finden.[1] Diese so genannten Kommanditaktionärsausschüsse können Rechte ausüben, die ihnen nach analoger Anwendung des Personenhandelsgesellschaftsrechts zustehen oder durch Satzungsbestimmung erteilt wurden.[2] Die Schaffung eines derartigen Organs stellt ein geeignetes Instrumentarium dar, die umfangreichen Geschäftsführungsbefugnisse der KGaA-Komplementäre einzuschränken oder auch zu erweitern.[3] Die KGaA kann durch satzungsbestimmte Kompetenzverteilung zwischen den Organen personalistisch, d. h. KGaA-komplementärsdominiert, oder kapitalistisch, d. h. hauptversammlungs-, aufsichtsrats- oder aktionärsausschussdominiert, ausgestaltet werden.[4]

Das wohl stärkste personalistische Strukturelement der KGaA ist die Existenz des KGaA-Komplementärs. An dieser Stelle wird das für Kapitalgesellschaften geltende Trennungsprinzip zwischen Gesellschaft und Gesellschafter durchbrochen.[5] Der Rechtsverweis des § 278 Abs. 2 AktG auf die für KGaA-Komplementäre maßgeblichen Regelungen der Kommanditgesellschaft bezüglich des Rechtsverhältnisses der KGaA-Komplementäre untereinander und gegenüber der Gesamtheit der Kommanditaktionäre verdeutlicht dies.

---

1 Vgl. *Schaumburg, H.*, Rechtsform, 1998, S. 527; *Assmann, H.-D. / Sethe, R.*, Beirat, 2000, S. 251 - 281.

2 Vgl. *Semler, J.*, Kommanditgesellschaft auf Aktien, 1986, S. 8 f.

3 Für eine betriebswirtschaftliche Analyse dieses Aspektes s. Kap. B.V., S. 35 - 41; vgl. hierzu ausführlich *Frankenheim, A.*, Kommanditgesellschaft auf Aktien, 1994, S. 15.

4 Vgl. *Theisen, M. R.*, KGaA, 1989, S. 147 f.; *Sethe, R.*, Die personalistische Kapitalgesellschaft, 1996, S. 128 f. Dabei entspricht die Einteilung in personalistisch vs. kapitalistisch eher einer betriebswirtschaftlichen, hingegen die Einteilung nach Organdominierung mehr einer juristischen Betrachtungsweise.

5 Vgl. *Ammenwerth, M.*, Rechtsformalternative, 1997, S. 21.

a. KGaA-Komplementäre

Die Regelung des § 278 Abs. 2 AktG i. V. m. §§ 161 Abs. 2, 114, 125 Abs. 1 HGB spricht den KGaA-Komplementären – unabhängig davon, ob diese natürliche oder nicht natürliche Personen sind – aufgrund des für Personenhandelsgesellschaften geltenden Prinzips der Selbstorganschaft grundsätzlich die Geschäftsführung[1] und Vertretung[2] der Gesellschaft zu.[3] Die weitgehende Satzungsdispositivität der hier geltenden handelsrechtlichen Regelungen erlaubt zwar nicht, die Geschäftsführung ausschließlich auf einen Dritten zu übertragen,[4] räumt aber ein breites Spektrum für die Ausgestaltung der Kompetenzen einzelner KGaA-Komplementäre ein.[5] Im Schrifttum wird zwischen vier Grundtypen differenziert:[6]

- geschäftsführungsbefugt und vertretungsberechtigt,
- geschäftsführungsbefugt und nicht vertretungsberechtigt,
- nicht geschäftsführungsbefugt, aber vertretungsberechtigt und
- weder geschäftsführungsbefugt noch vertretungsberechtigt.

Nur aus wichtigem Grund und mittels Gerichtsbeschluss kann die Geschäftsführungsbefugnis den berechtigten KGaA-Komplementären entzogen werden.[7] Die Geschäftsführer der KGaA sind damit nicht mit dem Vorstand einer AG vergleichbar. Das tendenziell autoritäre Führungsprinzip des HGB wird allerdings durch das Demokratieprinzip des AktG – d. h. durch die Kompetenzen von Hauptversammlung und Aufsichtsrat – eingeschränkt.

---

1 Die Geschäftsführungsbefugnis betrifft die Entscheidungskompetenz im Innenverhältnis; vgl. *Schmidt, K.*, Gesellschaftsrecht, 1997, S. 180.

2 Die Vertretungsbefugnis umfasst die Vertretung der Gesellschaft im Außenverhältnis; vgl. *Schmidt, K.*, Gesellschaftsrecht, 1997, S. 180.

3 Vgl. *Herfs, A.*, Kommanditgesellschaft auf Aktien, 1999, S. 1190 f., 1204 - 1212, 1224. *A. Herfs* weist darauf hin, dass konzernrechtliche Fragestellungen zu beachten sind, falls eine KGaA-Komplementärs-Kapitalgesellschaft Leitungsfunktionen bei mehreren Gesellschaften inne hat.

4 Vgl. *Semler, J.*, Kommanditgesellschaft auf Aktien, 1986, S. 30 f.; *Schaumburg, H.*, Rechtsform, 1998, S. 528.

5 Vgl. auch *Knur, A.*, Kommanditgesellschaft auf Aktien, 1978, S. 183 - 187.

6 Vgl. *Theisen, M. R.*, KGaA, 1989, S. 141 f.; *Semler, J.*, Kommanditgesellschaft auf Aktien, 1986, S. 29 - 31.

7 Vgl. hierzu und zum Folgendem *Ammenwerth, M.*, Rechtsformalternative, 1997, S. 26.

b. Hauptversammlung

Im Rahmen der Hauptversammlung üben die Kommanditaktionäre nach §§ 118 ff., 285 AktG ihre mitgliedschaftlichen Verwaltungsrechte – z. B. Rederecht nach § 118 AktG, Auskunftsrecht nach § 131 AktG, Stimmrecht nach §§ 133 - 137 AktG – aus.[1] Die KGaA-Komplementäre können nur dann an den mitgliedschaftlichen Rechten der Hauptversammlung partizipieren, wenn sie zugleich Kommanditaktionäre sind und soweit sie nicht nach § 285 Abs. 1 Satz 2 AktG zur Vermeidung von Interessenskonflikten einem Stimmrechtsverbot unterliegen.[2] Unberührt von diesen Stimmrechtsausschlüssen bleibt nach § 285 Abs. 2 Satz 1 AktG das Zustimmungserfordernis des KGaA-Komplementärs für Beschlüsse, soweit diese Angelegenheiten betreffen, für die bei einer Kommanditgesellschaft das Einverständnis des KGaA-Komplementärs und der Kommanditisten erforderlich wäre.[3] Welche Angelegenheiten dies konkret sind, wird in der Regel durch die Satzung[4] bestimmt oder, soweit keine Satzungsregelungen vorhanden sind, durch die Bestimmungen des HGB über die Kommanditgesellschaft.[5] Ebenso unberührt bleibt die Teilnahmeverpflichtung der KGaA-Komplementäre im Rahmen ihrer Geschäftsführung und Vertretung der KGaA.[6]

Von den Rechten der einzelnen Kommanditaktionäre zu unterscheiden sind die Kompetenzen der Hauptversammlung als aktienrechtliche Organisationsform der Gesamtheit der Kommanditaktionäre. Die Hauptversammlung kann nach § 285 Abs. 1 und 2 AktG ohne Zustimmung bzw. Beeinflussung durch die KGaA-Komplementäre u. a. auf

---

1 Vgl. *Wiesner, G.*, Grundkapital, Aktien und Rechtsstellung der Aktionäre, 1999, S. 146 - 149.

2 Vgl. stellvertretend für viele *Semler, J.*, Kommanditgesellschaft auf Aktien, 1986, S. 112. Nach § 285 Abs. 1 Satz 2 AktG können die persönlich haftenden Gesellschafter keine Stimmrechte bei Beschlussfassungen über Wahl und Abberufung des Aufsichtsrats, Entlastung der persönlich haftenden Gesellschafter und der Mitglieder des Aufsichtsrats, Bestellung von Sonderprüfungen, Geltendmachung von Ersatzansprüchen, Verzicht von Ersatzansprüchen und Wahl von Abschlussprüfern ausüben, auch wenn sie zugleich Kommanditaktionäre sind.

3 Vgl. *Herfs, A.*, Kommanditgesellschaft auf Aktien, 1999, S. 1208 - 1210.

4 S. § 272 Abs. 2 AktG, §§ 161 Abs. 2, 105 Abs. 2 HGB.

5 Vgl. *Semler, J.*, Kommanditgesellschaft auf Aktien, 1986, S. 117. Hinsichtlich einer ökonomischen Analyse der Machtverhältnisse s. Kap. B.V., S. 35 - 41.

6 Vgl. *Theisen, M. R.*, KGaA, 1989, S. 170, Fn. 41.

folgende Kontroll- und Mitwirkungsrechte zurückgreifen, die nicht durch Satzungsbestimmungen abänderbar sind:

- Beschlussfassungen über Wahl und Abberufung des Aufsichtsrats (§ 285 Abs. 1 Satz 2 Nr. 1 AktG),
- Entlastung der KGaA-Komplementäre und der Mitglieder des Aufsichtsrats (§§ 120, 285 Abs. 1 Satz 2 Nr. 2 AktG),
- Feststellung des Jahresabschlusses (§ 286 Abs. 1 AktG)[1],
- Bestellung von Sonderprüfungen (§ 285 Abs. 1 Satz 2 Nr. 3 AktG),
- Geltendmachung von Ersatzansprüchen (§ 285 Abs. 1 Satz 2 Nr. 4 AktG),
- Verzicht von Ersatzansprüchen (§ 285 Abs. 1 Satz 2 Nr. 5 AktG) und
- Wahl des Abschlussprüfers (§ 285 Abs. 1 Satz 2 Nr. 6 AktG).[2]

Außergewöhnliche Geschäfte können die KGaA-Komplementäre nur mit Zustimmung der Hauptversammlung vornehmen.[3] Allerdings kann dieses Mitwirkungsrecht durch Satzungsbestimmung verändert werden.[4] Diese Kodifikation der Rechtsfigur "Gesamtheit der Kommanditaktionäre" führt im Ergebnis dazu, dass die Kommanditaktionäre im Vergleich zu den Kommanditisten einer KG mit weniger Rechten ausgestattet sind.[5] Im Vergleich zu den Aktionären einer AG sind die Rechte der Kommanditaktionäre teils ausgeprägter, aber auch teils weniger umfangreich.[6]

---

1 Der Beschluss bedarf allerdings der Zustimmung der KGaA-Komplementäre, § 286 Abs. 1 Satz 2 AktG.

2 Vgl. *Wichert, J.*, Satzungsänderungen, 1999, S. 363; *Niedner, J. / Kusterer, S.*, Kommanditaktionär, 1997, S. 1451 - 1454.

3 Vgl. *Semler, J.*, Kommanditgesellschaft auf Aktien, 1986, S. 57.

4 Vgl. *Herfs, A.*, Kommanditgesellschaft auf Aktien, 1999, S. 1208.

5 Die Rechte und Pflichten eines KG-Kommanditisten stehen nur der Hauptversammlung, also der Gesamtheit der Kommanditaktionäre, zu und nicht jedem einzelnen Kommanditaktionär.

6 Vgl. *Ammenwerth, M.*, Rechtsformalternative, 1997, S. 22. Für Reformüberlegungen vgl. *Sethe, R.*, Aufsichtsratsreform, 1996, S. 289 - 300.

c. Aufsichtsrat

Dem nach § 278 Abs. 3 AktG i. V. m. §§ 95 ff. AktG zwingend einzurichtenden Aufsichtsrat kommt insbesondere ein Überwachungsauftrag gemäß § 111 Abs. 1 AktG zu. Im Vergleich zum Aufsichtsrat einer AG fehlen ihm ohne erweiternde statutarische Vorschriften insbesondere:

- Personalkompetenz bezüglich der geschäftsführenden Gesellschafter (§ 278 Abs. 2 AktG, §§ 161 Abs. 2, 164, 114 - 119 HGB);[1]
- Geschäftsordnungskompetenz: Der Aufsichtsrat ist nicht befugt, nach § 77 Abs. 2 AktG eine Geschäftsordnung für die Geschäftsführung zu erlassen;
- Zustimmungskompetenz: Dem Aufsichtsrat fehlt das Recht, Zustimmungserfordernisse nach § 111 Abs. 4 AktG für die Geschäftsführung zu begründen;[2]
- Mitbestimmungskompetenz: Der Aufsichtsrat kann nicht nach § 33 MitbestG[3] einen Arbeitsdirektor bestellen.[4]

Neben der Überwachungskompetenz hat der Aufsichtsrat der KGaA nach § 287 Abs. 1 und 2 AktG aber auch eine Ausführungskompetenz für die Beschlüsse der Hauptversammlung sowie eine Vertretungskompetenz für die Kommanditaktionäre in Rechtsstreitigkeiten mit den KGaA-Komplementären. Dem Aufsichtsrat einer KGaA ist damit eine "Doppelnatur" zu Eigen: Er ist zum einen Organ der Gesellschaft als Ganzes und zum anderen Organ der Kommanditaktionäre.[5]

---

1 Das Recht der Personenhandelsgesellschaften bestimmt die Kompetenz der persönlich haftenden Gesellschafter zur Geschäftsführung. S. Kap. B.I., S. 12 f.; vgl. *Schürmann, W. / Groh, E.*, KGaA, 1995, S. 685.

2 Allerdings kann dies durch die Satzung begründet werden.

3 Gesetz über die Mitbestimmung der Arbeitnehmer vom 4.5.1976.

4 Vgl. *Schaumburg, H. / Schulte, C.*, Die KGaA, 2000, S. 54; *Binz, M. K. / Sorg, M. H.*, KGaA mit beschränkter Haftung, 1997, S. 315 f.; *Hartel, U. M.*, KG auf Aktien, 1992, S. 2330.

5 Vgl. *Elschenbroich, M.*, Rechtliche Gestaltung, 1959, S. 132; *Steindorff, E.*, Kommanditgesellschaft auf Aktien, 1975, S. 133.

Komplementäre dürfen – unabhängig von der Ausübung der Geschäftsführung[1] – nach § 287 Abs. 3 AktG dem Aufsichtsrat nicht angehören. Falls eine Kapitalgesellschaft oder eine GmbH & Co. KG die Rechtsstellung des KGaA-Komplementärs einnimmt, ist der Geschäftsführer der KGaA-Komplementärsgesellschaft nicht befugt, Aufsichtsratsmitglied zu werden.[2] Diese Regelungen entsprechen der Vorschrift des § 105 Abs. 1 AktG, die es einem Vorstandsmitglied einer AG untersagt, in dem Aufsichtsrat derselben AG vertreten zu sein. Sie können auch nicht durch entsprechende Satzungsgestaltungen umgangen werden. Das Telos dieser Vorschriften ist es, die Kontrollfunktion des Aufsichtsrates sicherzustellen und das "checks and balance"-System der KGaA zu manifestieren.[3] Arbeitnehmer sind gemäß den Regelungen zur unternehmerischen[4] Mitbestimmung im Aufsichtsrat vertreten. Die KGaA wird in der Literatur berechtigterweise als "mitbestimmungsfeindliche"[5] Konstruktion angesehen.[6] Dies ist auf den hybriden Charakter ihrer Organisationsstruktur zurückzuführen und durch die Anwendung der Regelungen über die "Kleine AG"[7] bedingt.

Mitbestimmungsfrei bleibt eine KGaA dann, wenn weniger als 500 Arbeitnehmer beschäftigt sind, die KGaA vor dem 10.8.1994 in das Handelsregister eingetragen wurde

---

1 S. Kap. B.I., S. 12 f.

2 Vgl. hierzu ausführlich *Ihrig, H.-C. / Schlitt, M.*, KGaA, 1998, S. 43 f.

3 Vgl. *Semler, J.*, Kommanditgesellschaft auf Aktien, 1986, S. 146 f.; *Herfs, A.*, Kommanditgesellschaft auf Aktien, 1999, S. 1217.

4 Die im BetrVG 1988 bzw. im SprAuG (Gesetz über Sprecherausschüsse der leitenden Angestellten vom 20.12.1988) geregelte arbeitsrechtliche Mitbestimmung (z. B. die Bildung eines Betriebsrates, einer Jugendvertretung, eines Sprecherausschusses und eines Wirtschaftsausschusses) findet ebenso Anwendung, ohne aber KGaA-spezifische Besonderheiten hervorzurufen. Sie wird daher im Folgenden vernachlässigt.

5 Die Eigentümerdominanz der Unternehmensverfassung – jüngst durch die Shareholder-Value-Diskussionen bestätigt – ist Bestandteil eines marktwirtschaftlichen Grundsystems. Die nationalen Gesetzgeber versuchen daher, u. a. durch mehr oder weniger weitreichende Regelungen für die Mitbestimmung der Arbeitnehmer diese zu berücksichtigen; vgl. *Wöhe, G.*, Betriebswirtschaftslehre, 2000, S. 112.

6 Vgl. *Schaumburg, H.*, Rechtsform, 1998, S. 532 f.; *Schmidt, W. / Levedag, C.*, Grundprofil und Einsatzfelder, 1997, S. 750; *Hanau, P. / Wackerbarth, U.*, KGaA, 2000, S. 443; *Sethe, R.*, Die personalistische Kapitalgesellschaft, 1996, S. 101 - 107; *R. Sethe* ordnet die Mitbestimmung unter "Vorteile der KGaA" ein.

7 Einen Überblick gibt *Seibert, U. / Köster, B. / Kiem, R.*, Die kleine AG, 1996.

und eine so genannte Familiengesellschaft[1] vorliegt. Durch das 1994 verabschiedete Gesetz[2] über die "Kleine AG" wurde das Privileg der Familiengesellschaft auch auf (börsennotierte) KGaA ausgedehnt:[3] Alle ab dem 10.8.1994 in das Handelsregister eingetragenen KGaA bleiben mitbestimmungsfrei, wenn sie weniger als 500 Arbeitnehmer beschäftigen. Der Aufsichtsrat ist damit ohne Arbeitnehmer zu bilden.

Für KGaA, deren Arbeitnehmerzahl 500 unterschreitet, die vor dem 10.8.1994 in das Handelsregister eingetragen worden sind und die nicht als Familiengesellschaften einzustufen sind, gelten die Regelungen des BetrVG 1952[4]: Der Aufsichtsrat ist gemäß § 76 BetrVG 1952[5] zu einem Drittel mit Arbeitnehmervertretern zu besetzen.[6] Ebenso gelten diese Regelungen des BetrVG 1952 für KGaA, deren Arbeitnehmeranzahl zwischen 500 und 2000 liegt. Der Zeitpunkt der Handelsregistereintragung sowie der Familienbezug der Gesellschafter ist ohne Belang.[7]

Die Regelungen des MitbestG greifen – gleichfalls unabhängig vom Zeitpunkt der Handelsregistereintragung sowie vom Familienbezug der Gesellschafter – sofern die Arbeitnehmerzahl größer als 2000 ist:[8] Der Aufsichtsrat ist nach § 7 Abs. 1 MitbestG paritätisch zu besetzen.

---

1 Eine Familiengesellschaft liegt nach § 76 Abs. 6 Satz 3 BetrVG 1952 vor, wenn alle KGaA-Komplementäre und Kommanditaktionäre im Sinne des § 15 Abs. 1 Nr. 2 - 8 und Abs. 2 AO (Abgabenordnung vom 16.3.1976) miteinander verwandt bzw. verschwägert sind.

2 Gesetz für die kleine Aktiengesellschaft und zur Deregulierung des Aktienrechts vom 2.8.1994.

3 Vgl. *Schmidt, W. / Levedag, C.*, Grundprofil und Einsatzfelder, 1997, S. 750.

4 Für die Mitbestimmung im Aufsichtsrat gelten weiterhin die Vorschriften des BetrVG 1952. S. § 129 BetrVG 1988 (Betriebsverfassungsgesetz vom 23.12.1988).

5 Betriebsverfassungsgesetz 1952 vom 11.10.1952.

6 Vgl. hierzu ausführlich *Oetker, H.*, Mitbestimmung, 1999, BetrVG 1952 § 76, S. 280 - 306.

7 Vgl. *Oetker, H.*, Mitbestimmung, 1999, BetrVG 1952 § 76, S. 280 - 306; *Fischer, L.*, Mitbestimmungsgesetz, 1982, S. 34.

8 S. § 1 MitbestG. Einen Überblick gibt *Fischer, L.*, Mitbestimmungsgesetz, 1982; *Zacharopoulou, P.*, Mitbestimmungsgesetz, 2000.

Spezifikationen der KGaA			**anzuwendendes Mitbestimmungsgesetz**
Anzahl der Arbeitnehmer (AN)	**Handelsregistereintragung**	**Familienbezug**	
0 < AN < 500	Eintragung **ab** dem 10.8.1994	unerheblich	mitbestimmungsfrei
	Eintragung **vor** dem 10.8.1994	Familiengesellschaft	mitbestimmungsfrei
	Eintragung **vor** dem 10.8.1994	keine Familiengesellschaft	BetrVG 1952 → "1/3 AN"
500 ≤ AN ≤ 2000	unerheblich	unerheblich	BetrVG 1952 → "1/3 AN"
AN > 2000	unerheblich	unerheblich	MitbestG → "1/2 AN"

Abb. 3: Anzuwendende Mitbestimmungsvorschriften
(Quelle: In Anlehnung an *Ammenwerth, M.*, Rechtsformalternative, 1997, S. 100)

Zu beachten ist allerdings, dass sowohl die Regelungen des BetrVG als auch die des MitbestG bei der KGaA faktisch ins Leere greifen: Im Vergleich zur AG ist die Einflussnahme der Arbeitnehmervertreter im Aufsichtsrat einer KGaA auf die Geschäftsführung stark beschränkt.[1]

KGaA fallen damit grundsätzlich in den Anwendungsbereich des BetrVG 1952 und des MitbestG (s. Abb. 3). Sie werden nicht vom Regelungsbereich des Montan-MitbestG[2] und des Montan-MitbestErgG[3] erfasst.[4]

---

1 Vgl. *Schaumburg, H.*, Rechtsform, 1998, S. 532; *Sethe, R.*, Die personalistische Kapitalgesellschaft, 1996, S. 105.

2 Gesetz über die Mitbestimmung der Arbeitnehmer in den Aufsichtsräten und Vorständen der Unternehmen des Bergbaus und der Eisen und Stahl erzeugenden Industrie vom 21.5.1951. Das Gesetz ist in Auszügen unter URL: http://www.steuern.bwl.uni-muenchen.de/Konzern.html (1.9.2002) zu finden.

3 Gesetz zur Ergänzung des Gesetzes über die Mitbestimmung der Arbeitnehmer in den Aufsichtsräten und Vorständen der Unternehmen des Bergbaus und der Eisen und Stahl erzeugenden Industrie vom 7.8.1956. Das Montan-MitbestErgG ist in Auszügen auch unter URL: http://www.steuern.bwl.uni-muenchen.de/Konzern.html (1.9.2002) zu finden.

4 Vgl. hierzu ausführlich *Fischer, L.*, Mitbestimmungsgesetz, 1982, S. 32 f.

Insbesondere im arbeitsrechtlichen Schrifttum wird argumentiert, dass die vorstehenden Mitbestimmungsprivilegien der KGaA allein durch die persönliche Haftung des KGaA-Komplementärs begründet seien und dass damit bei einer atypischen[1] KGaA eine analoge Anwendung des § 4 MitbestG geboten sei.[2] Der *BGH*[3] hat sich explizit gegen diese Ansicht gestellt, da es allein Sache des Gesetzgebers sei, gegebenenfalls das MitbestG zu ändern. Das Problem sei damit nur de lege ferenda und nicht de lege lata zu lösen.

3. Haftungssystem

Unter dem Begriff "Haftung" wird nicht nur die Einstandspflicht für Verbindlichkeiten (der Gesellschaft), sondern auch die Verantwortlichkeit für das eigene Verhalten oder das Verhalten anderer Personen (Schadensersatzansprüche bzw. Gefährdungshaftung) verstanden.[4] Im Haftungssystem der KGaA spiegelt sich der hybride Charakter der Gesellschaft wider. Neben der KGaA als juristischer Person haften die Gesellschafter in Abhängigkeit von ihrem Gesellschafterstatus und ihrem Verhalten.

Die KGaA haftet in ihrer Eigenschaft als juristische Person gegenüber Gläubigern für die Verbindlichkeiten der Gesellschaft mit dem Gesellschaftsvermögen.[5] Die Kommanditaktionäre sind lediglich nach den §§ 278 Abs. 3 und 54 AktG verpflichtet, die geschuldete Einlage zu leisten, haften aber – wie die Aktionäre einer AG – nicht darüber hinaus für die Verbindlichkeiten der KGaA.[6] Die Haftungsregelung für die Kommandi-

---

1 Der KGaA-Komplementär ist keine natürliche Person, sondern eine Kapitalgesellschaft.

2 Vgl. *Schaumburg, H. / Schulte, C.*, Die KGaA, 2000, S. 54 f.; *Joost, D.*, Mitbestimmung, 1998, S. 334 - 351.

3 Vgl. *BGH*, Urteil vom 24.2.1997, DStR 35 (1997), S. 1012; zur Analyse des Urteils vgl. u. a. *Schilling, W. U.*, GmbH & Co. KGaA, 1998, S. 1905 - 1909; *Jaques, H.*, KGaA, 2000, S. 405 - 409; *Gonnella, R. / Mikic, S.*, Kapitalgesellschaft & Co. KGaA, 1998, S. 508 - 514; *Dirksen, D. / Möhrle, F.*, Kommanditgesellschaft auf Aktien, 1998, S. 1378; *Arnold, A.*, GmbH & Co. KGaA, 2001, S. 9 - 13.

4 Vgl. *Jaletzke, M.*, Haftung, 1994, S. 874 f. Das Haftungssystem der KGaA stellt damit einen Regelungskomplex dar, der das Verhalten von Akteuren in multipersonellen Handlungssituationen beeinflusst. Es ist damit den Institutionen (und nicht den Funktionen) zuzuordnen. Vgl. *Zelewski, S.*, Grundlagen, 1999, S. 75.

5 Vgl. *Semler, J.*, Kommanditgesellschaft auf Aktien, 1986, S. 33; *Theisen, M. R.*, KGaA, 1989, S. 151.

6 Vgl. *Schaumburg, H.*, Rechtsform, 1998, S. 529.

tisten einer KG nach § 171 HGB ist nicht analog anzuwenden.[1] Das von den Kommanditaktionären eingebrachte Grundkapital dient somit als (Mindest-)Haftungsfonds.[2]

Die KGaA-Komplementäre haften nach §§ 278 Abs. 2 AktG, 161 Abs. 2 und 128 - 130 HGB gesamthänderisch[3], unmittelbar, persönlich und unbeschränkt für Verbindlichkeiten der KGaA.[4] Dem steht nicht entgegen, dass die KGaA-Komplementäre auch juristische Personen sein können, die haftungsbeschränkt organisiert sind.[5] Daneben ist insbesondere die verhaltensabhängige Haftung nach §§ 283, 93 AktG zu beachten.

Davon unberührt bleiben die Haftungsfragen, die durch die Einbindung der KGaA in Konzernstrukturen hervorgerufen werden. Die KGaA unterliegt nach § 278 Abs. 3 AktG den Vorschriften über verbundene Unternehmen und damit den Regelungen über Vertragskonzerne, faktische Konzerne, qualifizierte faktische Konzerne und Konzernvertrauenshaftung.[6] Ferner sind die weiteren aktien- und deliktsrechtlichen Haftungsbestimmungen im Innenverhältnis von den oben beschriebenen Haftungstatbeständen im Außenverhältnis zu unterscheiden, die durch Pflichtverletzungen der Organträger entstehen.[7]

Das Haftungssystem der KGaA wird aufgrund der persönlichen Haftung der KGaA-Komplementäre in der Literatur oftmals, m. E. unzutreffend, als ein Entscheidungskriterium gegen die KGaA dargestellt.[8] Die Argumente gegen die persönliche Haftung

---

1 Vgl. *Grafmüller, F.*, Kommanditgesellschaft auf Aktien, 1994, S. 168.

2 Die unbeschränkte Haftung der KGaA-Komplementäre bleibt davon unberührt, ist aber in der Praxis von geringer Bedeutung; s. Kap. B.I., S. 21 f.

3 S. §§ 421 - 425 BGB.

4 Vgl. *Claussen, C. P.*, KGaA, 1996, S. 76. Für die Verjährung sind die §§ 159, 160 HGB maßgeblich.

5 Vgl. *BGH*, Urteil vom 24.2.1997, DStR 35 (1997), S. 1012; *Priester, H.-J.*, Kommanditgesellschaft auf Aktien ohne natürlichen KGaA-Komplementär, 1996, S. 258 f.

6 Vgl. hierzu ausführlich, *Theisen, M. R.*, Konzern, 2000, S. 615 - 645 m. w. N.

7 Vgl. hierzu *Hübner, U.*, Managerhaftung, 1992.

8 Vgl. stellvertretend für viele *Grafmüller, F.*, Kommanditgesellschaft auf Aktien, 1994, S. 164 m. w. N.

werden durch die empirische Untersuchung von *C. Beyer* widerlegt und insbesondere durch das *BGH*-Urteil vom 24.2.1997, das haftungsbeschränkte Organisationsstrukturen zulässt, entkräftet.[1] *R. Sethe* weist zu Recht darauf hin, dass rechtstatsächlich der unbeschränkten Haftung neben dem Grundkapital und neben den speziellen verschuldensabhängigen Haftungs- und Verantwortlichkeitsbestimmungen nur eine sehr untergeordnete Rolle zukommt.[2]

---

1 Vgl. *BGH*, Urteil vom 24.2.1997, DStR 35 (1997), S. 1012; *Beyer, C.*, Aktienrecht, 1989, S. 431 - 515.

2 Vgl. *Sethe, R.*, Die personalistische Kapitalgesellschaft, 1996, S. 231 f.; *OLG München*, Urteil vom 17.9.1999, AG 45 (2000), S. 426 - 428. Ebenso *Herfs, A.*, Rechtsformoptimierung, 1997, S. 689.

II. Funktionen

1. Finanzverfassung und Finanzierungsfunktionen

Wesentliche Unterschiede der KGaA zur KG sind einerseits die Möglichkeit der Eigenkapitalbeschaffung an (internationalen) Aktienmärkten[1] und andererseits die viel diskutierte Form der Gewinnermittlung sowie der damit verbundenen Gewinnverwendung.

a. Außenfinanzierung

Als Träger der eigenkapitalorientierten Außenfinanzierung kommen – wie in Abb. 4 dargestellt – grundsätzlich beide Gesellschaftergruppen in Betracht: Die KGaA-Komplementäre können, müssen aber nicht, eine Vermögenseinlage leisten, deren Höhe und Art statutarisch bestimmt wird.[2] Der Verweis des § 272 Abs. 2 AktG auf das Kommanditrecht gilt auch für die Vermögenseinlage der KGaA-Komplementäre, auf die damit die strengen aktienrechtlichen Vorschriften der Kapitalaufbringung und -erhaltung[3] nicht anwendbar sind.[4]

---

1 Dies wird vielfach als Vorteil der KGaA gegenüber der GmbH, der KG und der oHG angeführt. Vgl. stellvertretend für viele *Sethe, R.*, Die personalistische Kapitalgesellschaft, 1996, S. 178.

2 S. § 281 Abs. 2 AktG; vgl. *Cahn, A.*, Änderung, 2001, S. 579 - 585.

3 Bezüglich der aktienrechtlichen Regelungen über die Kapitalaufbringung und -erhaltung vgl. *Schmidt, K.*, Gesellschaftsrecht, 1997, S. 887 - 902.

4 Z. B. findet keine externe Gründungsprüfung hinsichtlich der Vermögenseinlagen statt; vgl. *Wichert, J.*, Finanzen, 1999, S. 54, 238 m. w. N.

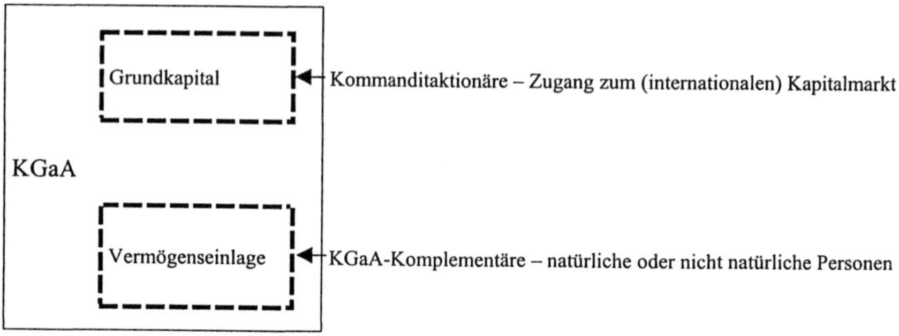

Abb. 4: Die Eigenkapitalstruktur einer KGaA
(Quelle: *Schaumburg, H.*, Rechtsform, 1998, S. 529)

Von der Vermögenseinlage strikt zu unterscheiden ist das Grundkapital der KGaA.[1] Das Grundkapital – mit einem Mindestnennbetrag von 50.000 €[2] – muss bei Gründung der KGaA in voller Höhe durch die Kommanditaktionäre[3] übernommen werden und fällt unter die strengen aktienrechtlichen Vorschriften zur Kapitalerhaltung und -erbringung[4].[5] Kommanditrechtliche Gestaltungsräume bestehen – konsequenterweise – nicht.[6] Ein Erwerb von Kommanditaktien durch KGaA-Komplementäre ist denkbar.[7]

---

1 Diese scharfe Trennung wird nicht zuletzt durch den gesonderten Ausweis in der Handelsbilanz verdeutlicht.

2 S. § 7 AktG.

3 Die Kommanditaktionäre können gleichzeitig auch KGaA-Komplementäre sein (§ 285 Abs. 1 Satz 1 AktG); allerdings unterliegen sie dann partiellen Stimmrechtsverboten (§ 285 Abs. 1 Satz 2 AktG).

4 Dies sind insbesondere das Verbot der Unterpariemission (§ 9 Abs. 1 AktG), die Satzungspublizität von Sondervorteilen, Gründungsaufwand, Sacheinlagen und -übernahmen (§§ 26, 27 AktG), die Gründungsprüfung (§§ 32 Abs. 2, 33 Abs. 2 Nr. 4, 34 AktG), die Vorschriften über die Einlagenleistungen (§ 36 Abs. 2 i. V. m. § 54 Abs. 3, § 36 a AktG), die gerichtliche Prüfung des Gründungshergangs (§ 38 AktG), die Vorschriften über die Nachgründung (§§ 52, 53 i. V. m. § 278 Abs. 3 AktG), Ausschluss der Einlagenrückgewähr (§ 57 AktG), Einschränkung des Erwerbs eigener Aktien (§§ 71 - 71 e AktG) und die Regelungen über die Gründerhaftung. Vgl. auch *Ekkenga, J.*, Organisationsrecht des genehmigten Kapitals, 2001, S. 567 - 579, 615 - 629.

5 S. § 278 Abs. 3 AktG.

6 Die unbeschränkte Haftung der KGaA-Komplementäre bleibt davon unberührt, ist aber in der Praxis von geringer Bedeutung; vgl. *Wichert, J.*, Finanzen, 1999, S. 54, 88; *Sethe, R.*, Die personalistische Kapitalgesellschaft, 1996, S. 211 - 232.

7 S. § 285 Abs. 1 AktG.

Die KGaA bietet im Vergleich zur GmbH und zu den Personenhandelsgesellschaften den Zugang zum organisierten (Eigen-)Kapitalmarkt.[1]

b. Innenfinanzierung

Aufgrund des hybriden Charakters der KGaA können die Entscheidungen über die Gewinnthesaurierung für beide Gesellschaftergruppen unterschiedlich ausfallen. Die Möglichkeiten einer (offenen) Selbstfinanzierung[2] der KGaA werden damit durch das Kommanditrecht einerseits und durch das Aktienrecht andererseits bestimmt.

Die Verwendung des auf die unbeschränkt haftenden Gesellschafter entfallenden Gewinns wird nach den kommanditrechtlichen Regelungen der §§ 168, 169, 121 f. HGB und damit stark durch die statutarischen Bestimmungen festgelegt.[3] Daneben sind noch die zwingend anzuwendenden Entnahmeeinschränkungen des § 288 Abs. 1 AktG zu beachten, die dem Schutz des aktienrechtlichen Grundkapitals dienen.[4]

---

1 Vgl. *Bräutigam, H. / Mäger, S.*, Going Public, 2000, S. 53 - 68. Die in der Elektrotechnik tätige *Möllergruppe* erwägt eine Umwandlung in eine KGaA, um fremde, kapitalstarke Gesellschafter ins Unternehmen zu holen. Vgl. o. V., HB Nr. 179 vom 16.9.1999, S. 17; o. V., SZ Nr. 215 vom 17.9.1999, S. 31; *Gonnella, R. / Mikic, S.*, Kapitalgesellschaft & Co. KGaA, 1998, S. 508 - 514; *Jaques, H.*, KGaA, 2000, S. 401. *H. Jaques* weist auch auf die im internationalen Vergleich sehr niedrige Eigenkapitalausstattung deutscher Unternehmen hin und leitet aus der zunehmenden Globalisierung des Wettbewerbs einen Eigenkapitalbedarf ab, der mittelständische Unternehmen "vor besondere Herausforderungen stellt". Einen Überblick über die Zulassung zum Neuem Markt und die Folgepflichten gibt *Benz, N. / Kiwitz, T.*, Der Neue Markt, 1999, S. 1162 - 1168.
Zu den (noch) wenigen börsennotierten KGaA zählen: *Merck KGaA*, *Lindner Holding KGaA*, *eff-eff Fritz Fuß GmbH & Co. KGaA*, *TFG Venture Capital AG & Co. KGaA* sowie die *Henkel KGaA* (jeweils amtlicher Handel) und *United Internet AG & Co. KGaA* sowie *Mühlbauer Holding KGaA* (jeweils Neuer Markt). Einen Überblick zu Börsengängen geben *Brinkmann, K. G.*, Going Public, 1999, S. 670 - 695; *Blättchen, W.*, Going Public, 1999, S. 1 - 7. S. auch Anhang 2, S. 246.

2 Die Selbstfinanzierung ist Bestandteil der Innenfinanzierung; vgl. *Wöhe, G. / Bilstein, J.*, Unternehmensfinanzierung, 1998, S. 13.

3 Vgl. *Semler, J.*, Kommanditgesellschaft auf Aktien, 1986, S. 165; *Wichert, J.*, Finanzen, 1999, S. 151.

4 Vgl. *Wichert, J.*, Finanzen, 1999, S. 153. Zum einen sind dem KGaA-Komplementär Entnahmen bei negativem Kapitalkonto untersagt, zum anderen dürfen keine Entnahmen getätigt werden, die die Kapitalgrundlagen der Gesellschaft gefährden.

Soweit durch die Satzung nichts anderes bestimmt ist, entscheidet über den Bilanzgewinnverwendungsvorschlag[1] der geschäftsführungsberechtigten KGaA-Komplementäre die Hauptversammlung alleine:[2] Nach § 58 Abs. 3 AktG kann sie den Gewinn in freie Rücklagen einstellen bzw. den Gewinn vortragen und verfügt somit über eine weitreichende Kompetenz bei Entscheidungen zur Selbstfinanzierung der Gesellschaft.[3]

Daneben ist die Bildung einer gesetzlichen Rücklage[4] für die KGaA wie auch für die AG zum Schutz der Gläubiger nach § 150 Abs. 1 und 2 AktG zwingend vorgeschrieben. Die gesetzlich vorgesehene Obergrenze dieser Rücklage kann durch Satzungsbestimmungen verzehnfacht werden.[5] Insbesondere ist zu beachten, dass der auf die KGaA-Komplementäre entfallende Gewinn nicht in die Bemessungsgrundlage für die Ermittlung der Zuführung zur gesetzlichen Rücklage eingeht; die KGaA-Komplementäre beteiligen sich nicht an der Auffüllung der gesetzlichen Rücklage.[6]

---

1 Der Bilanzgewinn ermittelt sich aus der Weiterrechnung des Jahresüberschusses nach § 158 Abs. 1 AktG: Die Ausgangsgröße wird um Gewinn- bzw. Verlustvortrag, um Entnahmen aus Rücklagen sowie Einstellungen in Rücklagen modifiziert.

2 S. § 286 AktG. Vgl. *Wichert, J.*, Finanzen, 1999, S. 150.

3 Vgl. *Wichert, J.*, Finanzen, 1999, S. 150; *Theisen, M. R.*, KGaA, 1989, S. 155.

4 § 150 Abs. 2 AktG sieht vor, dass so lange 5 % des um einen Verlustvortrag geminderten Jahresüberschusses in die gesetzliche Rücklage einzustellen sind, bis die gesetzliche Rücklage und die Kapitalrücklagen i. S. d. § 272 HGB zusammen 10 % des Grundkapitals betragen.

5 Vgl. *Hüffer, U.*, Aktiengesetz, 1999, S. 722 m. w. N.

6 Vgl. *Ammenwerth, M.*, Rechtsformalternative, 1997, S. 66 f.

2. Rechnungslegung

Die Frage, ob die KGaA als hybride Rechtsform eine Einheits- oder eine Doppelgesellschaft darstellt, ist für die externe Rechnungslegung[1] und insbesondere für die (interne) Gewinnverteilung von zentraler Bedeutung. Sie wird in der Literatur kontrovers diskutiert.[2]

Im Ergebnis ist unstrittig, dass die KGaA als teilpublikumsoffene Gesellschaft den Informationsinteressen der Bilanzadressaten, insbesondere der Gläubiger und der Publikumsanleger, verpflichtet ist und insgesamt ein externer Jahresabschluss sowie gegebenenfalls ein Lagebericht durch die KGaA-Komplementäre[3] nach kapitalgesellschaftsrechtlichen Grundsätzen aufgestellt werden muss;[4] wie für die AG gelten nach § 278 Abs. 3 AktG grundsätzlich die Ansatz-, Gliederungs- und Bewertungsvorschriften der §§ 150 - 160 AktG, die §§ 238 ff. sowie 264 ff. HGB, daneben die Regelungen über den Anhang, §§ 284 - 288 HGB, und den Lagebericht, § 289 HGB. KGaA-spezifische Sonderregelungen enthält § 286 Abs. 2 AktG für einzelne Posten der Bilanz, § 286 Abs. 3 AktG für die Gewinn- und Verlustrechnung und § 286 Abs. 4 AktG zum Anhang.[5]

---

1 Im Rahmen dieser Arbeit werden die KGaA-spezifischen Fragestellungen der externen Rechnungslegung vereinfacht dargestellt, da auch ohne Detailanalyse die hier relevanten Besonderheiten aufgezeigt werden können. So wird auf die Analyse der Auswirkungen des oben zitierten *BGH*-Urteils vom 24.2.1997 sowie auf Konzernstrukturen verzichtet.

2 Einen Überblick zum Diskussionsstand geben *Elschenbroich, M.*, Kommanditgesellschaft auf Aktien, 1959, S. 88 - 95, und insbesondere *Ammenwerth, M.*, Rechtsformalternative, 1997, S. 51 - 62; *Wichert, J.*, Finanzen, 1999, S. 139 - 144; *Theisen, M. R.*, KGaA, 1989, S. 154; *Grafmüller, F.*, Kommanditgesellschaft auf Aktien, 1994, S. 171 - 175; *Frankenheim, A.*, Kommanditgesellschaft auf Aktien, 1994, S. 62 - 67; *Maurer, T.*, Anleger-Kommanditgesellschaften, 1999, S. 158 - 170.

3 S. § 283 Nr. 9 AktG, §§ 242, 264 HGB. Die Feststellung des Jahresabschlusses obliegt nach § 286 Abs. 1 AktG der Hauptversammlung.

4 Vgl. *Maurer, T.*, Anleger-Kommanditgesellschaften, 1999, S. 159; *Grafmüller, F.*, Kommanditgesellschaft auf Aktien, 1994, S. 171; *Adler, H. / Düring, W. / Schmaltz, K.*, Rechnungslegung 4, 1997, S. 645.

5 Vgl. *Adler, H. / Düring, W. / Schmaltz, K.*, Rechnungslegung 4, 1997, S. 645.

Die Kapitalanteile der KGaA-Komplementäre sind in der Bilanz der KGaA – unabhängig von den unten beschriebenen Meinungen zur Gewinnverteilung – gemäß § 286 Abs. 2 AktG auf der Passivseite nach dem Posten "Gezeichnetes Kapital" auszuweisen. Gesondert aufzuführen sind Kredite der Gesellschaft i. S. v. § 89 AktG an KGaA-Komplementäre, an deren Ehegatten, an minderjährige Kinder oder an Personen, die für deren Rechnung handeln.[1] § 286 Abs. 3 AktG räumt den KGaA-Komplementären ein Wahlrecht ein, die Gewinne oder Verluste, die auf ihren Kapitalanteil fallen, in der Gewinn- und Verlustrechung auszuweisen.[2] Im Anhang sind die Bezüge, nicht jedoch die Gewinnanteile der KGaA-Komplementäre anzugeben.[3]

In der Literatur ist hingegen strittig, ob für die Ermittlung des auf die KGaA-Komplementäre entfallenden Gewinns der nach Aktienrecht zu erstellende Jahresabschluss nach §§ 278 Abs. 3, 286 Abs. 1 AktG die alleinige Grundlage ist (so genannte monistische Gewinnermittlung) oder ob insoweit über den Verweis des § 278 Abs. 2 AktG auf das Personengesellschaftsrecht zurückzugreifen und nach § 120 Abs. 1 HGB durch die KGaA-Komplementäre eine interne Sonderbilanz[4] auf- und festzustellen ist (so genannte dualistische Gewinnermittlung).[5]

---

1 S. § 286 Abs. 2 Satz 4 AktG. Vgl. *Wichert, J.*, Finanzen, 1999, S. 127 f.

2 Vgl. hierzu ausführlich *Adler, H. / Düring, W. / Schmaltz, K.*, Rechnungslegung 4, 1997, S. 658 f.; *Semler, J.*, Kommanditgesellschaft auf Aktien, 1986, S. 140 f. Tätigkeitsvergütungen sind als Aufwand auszuweisen.

3 S. § 286 Abs. 4 AktG i. V. m. § 285 Nr. 9 HGB. Vgl. *Sethe, R.*, Rechnungslegung, 1998, S. 1048.

4 Wird auch als "zweite Bilanz" oder als "Mehr/Weniger-Rechnung" bezeichnet. Vgl. *Semler, J.*, Kommanditgesellschaft auf Aktien, 1986, S. 128 f.

5 Vgl. *Wichert, J.*, Finanzen, 1999, S. 140 - 142, der darauf hinweist, dass es umstritten ist, ob die interne Sonderbilanz den allgemeinen handelsrechtlichen oder den strengeren aktienrechtlichen Ansatz- und Bewertungsregeln entsprechen muss. *A. Herfs* merkt zu Recht an, dass "zwischen beiden Auffassungen .. letztlich mehr sprachliche als sachliche Unterschiede" bestehen; *Herfs, A.*, Kommanditgesellschaft auf Aktien, 1999, S. 1234. Dies gilt insbesondere für den Vergleich zwischen monistischer und dualistischer Bilanzierung mit Anwendung des Aktienrechts auf den Gewinnanteil des KGaA-Komplementärs. In dieser Arbeit soll daher im Sinne einer klaren sachlichen und nicht nur sprachlichen Unterscheidung der beiden Meinungen im Rahmen der dualistischen Bilanzierung auf die allgemeinen handelsrechtlichen Regelungen für die Ermittlung des KGaA-Komplementärgewinns zurückgegriffen werden.

Die Kernpunkte der Diskussion sind

- die unterschiedliche Partizipation der Gesellschaftergruppen an einem Verlust der Gesellschaft, die sich bei den KGaA-Komplementären unmittelbar auf die Kapitalkonten auswirkt, bei den Kommanditaktionären aber zu einem Verlustvortrag führen kann,
- die unterschiedliche Partizipation an den Gewinnrücklagen und
- die Anwendung der ergänzenden Vorschriften für Kapitalgesellschaften (§§ 264 ff. HGB) zur Rechnungslegung.[1]

Die eher in der Vergangenheit vorherrschende Meinung, dass die dualistische Bilanzierung vorzuziehen sei, basiert auf der Grundidee, den hybriden Charakter der KGaA auch in der Rechnungslegung abzubilden.[2] Die zu Recht immer stärker vertretene monistische Bilanzierung[3] gewährleistet eine einheitliche Anwendung der Bilanzierungsvorschriften. Nur so kann der Jahresabschluss der KGaA unter Berücksichtigung der Grundsätze ordnungsmäßiger Buchführung ein den tatsächlichen Verhältnissen entsprechendes Bild der Vermögens-, Finanz- und Ertragslage gemäß § 264 Abs. 2 HGB liefern und seiner Informationsfunktion nachkommen.[4] Die KGaA-Komplementäre sind insoweit auf keine besonderen Schutzvorschriften angewiesen.[5]

---

1 Vgl. *Herfs, A.*, Kommanditgesellschaft auf Aktien, 1999, S. 1234; *Adler, H. / Düring, W. / Schmaltz, K.*, Rechnungslegung 4, 1997, S. 662.

2 Vgl. ausführlich *Maurer, T.*, Anleger-Kommanditgesellschaften, 1999, S. 162 f., 169; *Semler, J.*, Kommanditgesellschaft auf Aktien, 1986, S. 128 f.; *Elschenbroich, M.*, Kommanditgesellschaft auf Aktien, 1959, S. 88 - 95. Die Argumente, die gegen die monistische Bilanzierung genannt werden, sind nicht immer nachzuvollziehen, da auch die Vertreter der monistischen Bilanzierung den KGaA-Komplementärsanteil nicht mit dem Bilanzgewinn, sondern mit dem Jahresüberschuss / -fehlbetrag verknüpfen wollen. So sind die Argumente von *T. Maurer* unklar. Auch wird zu Recht darauf hingewiesen, dass unzureichend zwischen Gewinnermittlung und Gewinnverwendung differenziert wird; vgl. *Adler, H. / Düring, W. / Schmaltz, K.*, Rechnungslegung 4, 1997, S. 662 m. w. N.

3 Vgl. in der jüngeren Literatur *Ammenwerth, M.*, Rechtsformalternative, 1997, S. 51 - 62; *Wichert, J.*, Finanzen, 1999, S. 143 f.; *Theisen, M. R.*, KGaA, 1989, S. 154; *Frankenheim, A.*, Kommanditgesellschaft auf Aktien, 1994, S. 64 - 67.

4 Vgl. *Frankenheim, A.*, Kommanditgesellschaft auf Aktien, 1994, S. 65 f.; *Ammenwerth, M.*, Rechtsformalternative, 1997, S. 51 - 62.

5 Vgl. *Semler, J.*, Kommanditgesellschaft auf Aktien, 1986, S. 129.

Empirische Relevanz besitzt diese Diskussion nicht. Realiter werden diese Fragen der Gewinnermittlung und -verteilung zulässigerweise in den Satzungen geregelt.[1] Im Schrifttum wird dies aufgrund der wenig konkreten Gesetzesvorschriften als sinnvoll und zweckgerecht eingestuft.[2] Inwieweit damit Bestimmungen geschaffen werden können, die den Informationsinteressen Dritter nicht nachkommen, wird aber dabei nicht berücksichtigt.

---

1 Vgl. *BFH*, Urteil vom 21.6.1989, BStBl II 1989, S. 881. Der *BFH* betont in seiner Urteilsbegründung, dass die Frage, ob eine monistische oder eine dualistische Gewinnermittlung angebracht ist, nicht zu entscheiden sei.

2 Vgl. *Frankenheim, A.*, Kommanditgesellschaft auf Aktien, 1994, S. 67; *Semler, J.*, Kommanditgesellschaft auf Aktien, 1986, S. 161; *Schlitt, M.*, Satzung, 1999, S. 225; *Winnefeld, R.*, Bilanz, 1997, S. 1209, Rz. 1271.

III. Prozesse

1. Gründung

Gründungsvoraussetzung nach § 280 AktG ist, dass die Satzung durch mindestens fünf Personen festgestellt wird;[1] eine Einmanngründung ist entgegen den Vorschriften zur AG nicht möglich.[2] An der Feststellung der Satzung müssen sich nach § 280 Abs. 2 AktG alle KGaA-Komplementäre und alle Personen, die als Kommanditaktionäre Aktien gegen Einlagen übernehmen, beteiligen. Die Gesellschafter, die an diesem Feststellungsprozess teilgenommen haben,[3] sind Gründer der KGaA und unterliegen damit der Gründerhaftung nach § 46 AktG sowie der strafrechtlichen Verantwortung nach § 399 Abs. 1 Nr. 1 und 2 AktG.[4]

Rechtstatsächlich finden weniger häufig Neugründungen von KGaA als vielmehr Formwechsel in die KGaA statt.[5] Hierbei kommen insbesondere die im UmwG[6] vorgesehenen Modelle der Verschmelzung auf eine KGaA (§§ 2 - 122 UmwG), der Spaltung auf eine KGaA (§§ 123 - 173 UmwG) und der Formwechsel (§§ 190 - 304 UmwG) in Betracht.[7]

---

1 Vgl. *Herfs, A.*, Kommanditgesellschaft auf Aktien, 1999, S. 1174 f. *A. Herfs* weist darauf hin, dass das Gesetz eine Einmanngründung nicht vorsieht, die KGaA aber dennoch als Einmanngesellschaft organisiert werden kann.

2 Vgl. hierzu kritisch *Hüffer, U.*, Aktiengesetz, 1999, S. 1257.

3 S. § 280 Abs. 3 AktG.

4 Vgl. *Hüffer, U.*, Aktiengesetz, 1999, S. 1257; *Herfs, A.*, Kommanditgesellschaft auf Aktien, 1999, S. 1174 - 1179, der auch ausführlich das weitere Gründungsverfahren beschreibt.

5 Vgl. *Schaumburg, H.*, Rechtsform, 1998, S. 539 - 543; *Kusterer, S.*, Verschmelzung, 1998, S. 1412 - 1413; *Niedner, J. / Kusterer, S.*, Weg, 1998, S. 584 - 587; *Beyer, C.*, Aktienrecht, 1989, S. 431 - 515.

6 Umwandlungsgesetz vom 28.10.1994.

7 Vgl. *Schaumburg, H.*, Rechtsform, 1998, S. 539 - 541; *Ballreich, H.*, Umwandlungsrecht, 1999, S. 3 - 86; *Bogenschütz, E.*, Umwandlung, 2000, S. 163 - 184. Hinsichtlich der umwandlungssteuerlichen Folgen vgl. *Schaumburg, H.*, Rechtsform, 1998, S. 541 - 543; *Haritz, D. / Benkert, M.* (Hrsg.), Umwandlungssteuergesetz, 2000; *Korts, S. / Korts, P.*, Weg, 2000, S. 70 - 75.

2. Auflösung

Für die Auflösung einer KGaA sind die im HGB genannten Auflösungsgründe maßgeblich, soweit durch die Satzung oder durch die spezifischen Vorschriften des § 289 Abs. 2 - 6 AktG nichts anderes bzw. weiteres bestimmt ist.[1] Das HGB sieht eine Auflösung durch Zeitablauf (§ 131 Abs. 1 Nr. 1 HGB), durch Gesellschafterbeschluss (§ 131 Abs. 1 Nr. 2 HGB), durch Eröffnung des Insolvenzverfahrens über das Vermögen der Gesellschaft (§ 131 Abs. 1 Nr. 3 HGB) und durch gerichtliche Entscheidung (§ 131 Abs. 1 Nr. 4 HGB) vor. Nach § 289 Abs. 2 AktG ist KGaA-spezifisch die Gesellschaft nach Ablehnung der Eröffnung des Insolvenzverfahrens mangels Masse aufzulösen.[2] Mit der Auflösung geht die KGaA in eine Abwicklungsgesellschaft über (§ 278 Abs. 3 i. V. m. § 264 Abs. 1 AktG).

3. Veränderungen im Gesellschafterbestand

Tod, Kündigung sowie Privatinsolvenz eines KGaA-Komplementärs (§ 131 Abs. 3 HGB, § 289 Abs. 3 AktG[3]) führen seit Inkrafttreten des HRefG vom 22.6.1998[4] nur zum Ausscheiden des KGaA-Komplementärs und nicht mehr zur Auflösung der KGaA.[5] Ebenso wird die Gesellschaft grundsätzlich fortgeführt, wenn ein KGaA-Komplementär seine Beteiligung entgeltlich oder unentgeltlich an einen Dritten überträgt.[6]

---

1 Vgl. *Herfs, A.*, Kommanditgesellschaft auf Aktien, 1999, S. 1182 - 1187.

2 Vgl. *Herfs, A.*, Kommanditgesellschaft auf Aktien, 1999, S. 1186.

3 § 289 Abs. 3 Satz 1 AktG ist durch die Neureglung des § 131 HGB durch das HRefG vom 22.6.1998 (BGBl I 1474) überflüssig geworden; vgl. *Hüffer, U.*, Aktiengesetz, 1999, S. 1268.

4 Gesetz zur Neuregelung des Kaufmanns- und Firmenrechts und zur Änderung anderer handels- und gesellschaftsrechtlicher Vorschriften vom 22.6.1998.

5 Vgl. *Hüffer, U.*, Aktiengesetz, 1999, S. 1267; *Veil, R.*, KGaA, 2000, S. 72 - 77.

6 Vgl. *Assmann, H.-D. / Sethe, R.*, § 289, 2001, S. 374 - 390, Rz. 77 - 136.

Die Übertragung von Kommanditaktien bestimmt sich nach den Vorschriften für die AG.[1] Die Kommanditaktionäre können über ihre Beteiligung grundsätzlich frei verfügen,[2] der Bestand der KGaA ist hiervon unabhängig.[3]

1 S. § 278 Abs. 3 AktG.
2 Vgl. *Wiesner, G.*, Grundkapital, Aktien und Rechtsstellung der Aktionäre, 1999, S. 89 - 112.
3 Vgl. *Hoffmann-Becking, M.*, Auflösung und Abwicklung, 1999, S. 885 - 887.

IV. Konzernrechtliche Implikationen

Die aktienrechtlichen Vorschriften über verbundene Unternehmen gelten nach § 278 Abs. 3 AktG uneingeschränkt für die KGaA. Diese kann daher mit Mehrheit an einem anderen Unternehmen beteiligt sein, wie auch im Mehrheitsbesitz eines anderen Unternehmens stehen (§ 16 AktG); sie kann sowohl abhängiges als auch herrschendes Unternehmen sein (§ 17 AktG). Ebenso gelten die Regelungen des § 18 AktG: Die KGaA kann konzernbeherrschend und konzernabhängig sein. Weiterhin kann sie ein wechselseitig beteiligtes Unternehmen (§ 19 AktG) oder auch ein durch Unternehmensverträge (§§ 291 ff. AktG) verbundenes Unternehmen sein.[1]

Die gesellschaftsrechtlichen Verknüpfungen können dabei grundsätzlich jeweils auf Ebene der KGaA-Komplementäre bzw. der Kommanditaktionäre stattfinden. Allerdings stellt allein die Tatsache, dass eine Gesellschaft oder eine natürliche Person KGaA-Komplementär ist, keinen Konzerntatbestand dar.[2] Ist die Gesellschaft (bzw. die natürliche Person) ausschließlich an einer KGaA als KGaA-Komplementär beteiligt, fehlt ihr die konzernrechtliche Unternehmenseigenschaft, die beispielsweise Voraussetzung zum wirksamen Abschluss von aktienrechtlichen Unternehmensverträgen zwischen der KGaA und dem KGaA-Komplementär ist.[3] Bei so genannten sternförmigen Beteiligungen – d. h., dass eine gleichzeitige KGaA-Komplementärsstellung bei mehreren KGaA vorliegt – ist dem KGaA-Komplementär hingegen wohl die konzernrechtliche Unternehmereigenschaft zuzusprechen.[4]

---

1 Vgl. *Theisen, M. R.*, KGaA, 1989, S. 150; *Frankenheim, A.*, Kommanditgesellschaft auf Aktien, 1994, S. 56.

2 Vgl. hier und zum Folgendem *Assmann, H.-D. / Sethe, R.*, Vor § 278, 2001, S. 58 f., Rz. 76 - 78 m. w. N.

3 So kann ohne Unternehmereigenschaft kein Beherrschungsvertrag zwischen der KGaA und dem KGaA-Komplementär geschlossen werden; vgl. *Schaumburg, H. / Schulte, C.*, Die KGaA, 2000, S. 75 f.; *Mertens, H.-J.*, Unternehmenseinheit, 1997, S. 291.

4 Vgl. *Assmann, H.-D. / Sethe, R.*, Vor § 278, 2001, S. 58, Rz. 76 m. w. N.

V. Betriebswirtschaftliche Aspekte der KGaA

1. Dominanz der KGaA-Komplementäre

Die KGaA kann mittels der Principal-Agent-Theorie analysiert werden, da die Einheit von Verantwortlichkeit und Verlustrisiko gesprengt wird. Wie oben aufgezeigt haben die geschäftsführenden KGaA-Komplementäre – die Agents – die Verfügungsgewalt über die Ressourcen inne, die Kommanditaktionäre – die Principals – stellen Eigenkapital zur Verfügung.[1] Fraglich erscheint, ob die unbeschränkte Haftung und die Vermögenseinlage der KGaA-Komplementäre der Existenz von Principal-Agent-Konflikten entgegensteht, da auch die KGaA-Komplementäre Eigner sind. Grundsätzlich ist dies m. E. zu verneinen, da

- die KGaA-Komplementäre nur anteilig am Gewinn beteiligt sind und sich ihr Gesamtnutzen neben der Gewinnbeteiligung auch aus dem Geschäftsführergehalt und den nicht-geldlichen Vorteilen zusammensetzt,
- sich die Risiken der unbeschränkten Haftung begrenzen lassen (beispielsweise durch die Zwischenschaltung einer GmbH[2] oder durch die Auslagerung der haftungsgefährdenden Geschäfte in Tochtergesellschaften[3]),
- die persönliche Haftung im Vergleich zum Grundkapital und insbesondere zu den speziellen verschuldensabhängigen Haftungs- und Verantwortlichkeitsbestimmungen eher eine untergeordnete Rolle für die individuelle Verhaltenssteuerung der KGaA-Komplementäre spielt[4] und
- die KGaA-Komplementäre nicht unbedingt eine Vermögenseinlage leisten müssen.

---

1 S. Kap. B.II., S. 23 - 26. Principals (hier die Kommanditaktionäre) delegieren als rational handelnde Wirtschaftssubjekte die Unternehmensführung und damit die Aufgabe der rentablen Verwendung des Kapitals an professionelle Manager bzw. Agents (hier die KGaA-Komplementäre) nur dann, wenn sie daraus Vorteile – beispielsweise durch den Qualifikationsvorsprung des Agents – erzielen können. Vgl. *Nassauer, F.*, Corporate Governance, 2000, S. 11; *Jost, P.-J.*, Prinzipal-Agenten-Theorie, 2001, S. 20 - 23; *Schmidt, U. / Theilen, B.*, Agententheorie, 1995, S. 483 - 486.

2 Vgl. *Haase, K.*, GmbH & Co. KGaA, 1997, S. 921.

3 Vgl. *Ladwig, P. / Motte, F.*, Kommanditgesellschaft auf Aktien, 1996, S. 845.

4 S. Kap. B.I., S. 20 - 22; vgl. ausführlich *Sethe, R.*, Die personalistische Kapitalgesellschaft, 1996, S. 221 - 232 m. w. N.

In der KGaA können daher – wie in Abb. 5 aufgezeigt – alle im Rahmen der Principal-Agent-Theorie unterschiedenen Typen der Informationsasymmetrie auftreten, die alle auf der starken Konzentration der Führungsbefugnisse auf die KGaA-Komplementäre fußen und die eine Ausgestaltung der KGaA nach dem gesetzlichen Leitbild unterstellen.[1] Aus Principal-Agent-theoretischer Sicht ist insbesondere bedeutsam, dass die Kontrollwirkung des Marktes für Manager und des Marktes für Unternehmensübernahmen bei der KGaA nicht greift, da die KGaA-Komplementäre kraft Selbstorganschaft[2] nur in seltenen Fällen von der Geschäftsführung getrennt werden können und damit eine Unternehmerkontinuität der KGaA begründet wird.[3]

Genau dieser Umstand wird aber im Schrifttum weniger als Nachteil, sondern eher als Vorteil der Rechtsformalternative KGaA gesehen, da sie hierdurch Gruppen[4] – denkbar sind Familien[5] – einen langfristigen und umfangreichen Unternehmenseinfluss gewährleistet und Zugang zum organisierten (Eigen-)Kapitalmarkt bietet, auch ohne dass diese Gruppe die Kapitalmehrheit aufbringen muss.[6] Ist der KGaA-Komplementär beispielsweise in der Rechtsform einer GmbH organisiert, kann die Geschäftsführungsbefugnis mit den GmbH-Anteilen vererbt werden.[7] Die stabile Machtbasis der KGaA-Komple-

---

1 Die Machtbefugnisse des (geschäftsführenden) KGaA-Komplementärs sind stärker ausgeprägt als die des Vorstandes einer AG oder des Geschäftsführers einer GmbH. Vgl. *Ammenwerth, M.*, Rechtsformalternative, 1997, S. 38 - 40, der darauf hinweist, dass die Geschäftsführer einer GmbH den Anweisungen der Gesellschaftsversammlung Folge leisten müssen, der KGaA-Komplementär jedoch nicht an die Weisungen der Hauptversammlung gebunden ist. *M. Ammenwerth* stuft die KG und die KGaA aus Principal-Agent-theoretischer Sicht zutreffend als äquivalent ein. Zur Satzungsdispositivität und der damit verbundenen Möglichkeit der Kompetenzverschiebung auf andere Organe s. Kap. B.I., S. 11 - 20.

2 S. Kap. B.I., S. 12 f.

3 Vgl. *Schaumburg, H. / Schulte, C.*, Die KGaA, 2000, S. 124; *Ammenwerth, M.*, Rechtsformalternative, 1997, S. 40. Mit diesem Problem wird die geringe Verbreitung der KGaA begründet. Vgl. *Perridon, L. / Steiner, M.*, Finanzwirtschaft, 1999, S. 358.

4 Hier ist insbesondere die Gruppe der KGaA-Komplementäre bedeutsam.

5 Vgl. *Niedner, J. / Kusterer, S.*, Familien-KGaA, 1997, S. 2010 - 2013; *Beyer, C.*, Aktienrecht, 1989, S. 431 - 515, die zu Recht darauf hinweist, dass eine Beschränkung der KGaA als Rechtsform für Familiengesellschaften nicht geboten ist.

6 Vgl. hier und zum Folgenden stellvertretend für viele *Sethe, R.*, Die personalistische Kapitalgesellschaft, 1996, S. 195 - 203; *Grafmüller, F.*, Kommanditgesellschaft auf Aktien, 1994, S. 327 - 334; *Schaumburg, H. / Schulte, C.*, Die KGaA, 2000, S. 124.

7 Vgl. *Schrick, A.*, Unternehmerfamilie, 2000, S. 413.

mentäre bietet der Gesellschaftergruppe auch Schutz vor feindlichen[1] Unternehmensübernahmen.[2]

Beispiel:
Der Bundesligist *Borussia Dortmund* ging am 31.10.2000 als erster deutscher Fußballverein an die Börse (amtlicher Handel). Hierzu wurde der Verein in die Rechtsform der KGaA (*Borussia Dortmund GmbH & Co. KGaA*) reorganisiert, da diese nach Auffassung des Vereins Schutz vor feindlichen Übernahmen bietet.[3]

Diese Principal-Agent-Beziehungen spiegeln sich auch im Thema "Corporate Governance" wider, das derzeit weltweit intensiv diskutiert wird. Unter dem Begriff "Corporate Governance" wird meist die verantwortliche, auf Wertschöpfung ausgerichtete Leitung und Kontrolle von Unternehmen und Konzernen, die effizient und verlässlich den Interessen der Kapitalmarktanleger dient, gefasst.[4] Ergebnisse dieser Auseinandersetzungen sind Codes, Guidelines, Scorecards u. ä.[5] Ob das gesetzliche Leitbild der KGaA bzw. die daraus abgeleiteten Empfehlungen zur Satzungsgestaltung diesen Kodizes entspricht, ist fraglich. Vergleicht man beispielsweise das vorgeschlagene Zusammenwirken von Aufsichtsrat und Vorstand im "*Code of best Practice*" der *Grundsatzkommission Corporate Governance*[6], im *"Deutschen Corporate Governance Kodex"* der Regierungskommission[7] oder im "*German Code of Corporate Governance*"

---

1 Eine feindliche bzw. unfreundliche Übernahme wird gegen den Willen der gesamten bisherigen Verwaltung und ihrer Organe durchgeführt. Dies ist grundsätzlich nicht mit negativen Konsequenzen für die Aktionäre verbunden; vgl. *Theisen, M. R.*, Konzern, 2000, S. 106 f.

2 Vgl. *Freitag, M.*, Kontrolle, 1998, S. 14; *Hennerkes, B.-H.*, Rechtsform, 1989.

3 Vgl. o. V., URL: http://www.stock-world.de/msg/501316.html (1.9.2002). Zur KGaA als Rechtsform für Fußballbundesligavereine vgl. *Balzer, P.*, Umwandlung, 2001, S. 179 f.

4 Vgl. stellvertretend für viele *Claussen, C. P. / Bröcker, N.*, Corporate-Governance-Grundsätze, 2000, S. 481; *Sünner, E.*, Effizienz, 2000, S. 492.

5 Vgl. *Theisen, M. R.*, Corporate Governance, 2002, S. 1069 - 1079; *Werder, A. v.* (Hrsg.), GCCG, 2001, S. 2. In Deutschland brachten u. a. die *Grundsatzkommission Corporate Governance,* der *DVFA-Arbeitskreis Corporate Governance,* die *Regierungskommission Corporate Governance* und der *Berliner Initiativkreis German Code of Corporate Governance* entsprechende Grundsätze hervor; vgl. hierzu *Theisen, M. R.*, Corporate Governance, 2001, S. 159 f.

6 *Grundsatzkommission Corporate Governance*, Code, 2000, S. 238 - 241.

7 Der Kodex ist unter URL: http://www.corporate-governance-code.de (1.9.2002) abrufbar.

des *Berliner Initiativkreises German Code of Corporate Governance*[1] mit der Kompetenzverteilung zwischen KGaA-Komplementären und dem Aufsichtsrat einer KGaA, wird deutlich, dass das Leitbild der KGaA bzw. die daraus abgeleiteten Empfehlungen zur Satzungsgestaltung nicht der Intention der Kodizes entspricht. Es bleibt abzuwarten, wie stark Investoren die insoweit als ineffizient einzustufende Corporate Governance dieser KGaA sanktionieren und damit die Aktienkurse negativ beeinflussen.[2]

---

1 *Berliner Initiativkreis German Code of Corporate Governance,* German Code, 2001, S. 63 - 119; vgl. *Peltzer, M. / Werder, A. von*, GCCG, 2001, S. 1 - 15.

2 Anleger nehmen wohl empirischen Untersuchungen zufolge einen Börsenkursaufschlag für eine effiziente Corporate Governance hin; vgl. *Bassen, A.* u. a., Scorecard for German Corporate Governance, 2000, S. 693 m. w. N. Mit der Umsetzung entsprechender Kodizes wird eine Signalling-Funktion verbunden; vgl. *Pellens, B. / Hillebrandt, F. / Ulmer, B.*, Umsetzung, 2001, S. 1250.

	Typen der Informationsasymmetrie			
	hidden characteristics	**hidden intention**	**hidden information**	**hidden action**
Entstehungs-zeitpunkt	vor Vertrags-abschluss	vor / nach Ver-tragsabschluss	nach Vertrags-abschluss	nach Vertrags-abschluss
Entstehungs-ursache	ex-ante verborgene Eigenschaften des Agenten	ex-ante verborgene Absichten des Agenten	nicht beobachtbarer Informationsstand des Agenten	nicht beobachtbare Aktivitäten des Agenten
Problem	Eingehen der Vertragsbeziehung	Durchsetzung impliziter Ansprüche	Ergebnisbeurteilung	Verhaltensbeur-teilung
Resultierende Gefahr	adverse selection	hold up	moral hazard	moral hazard shirking
KGaA	Ist der KGaA-Komplementär ein leistungsfähiger Geschäftsführer?	Weniger problema-tisch, falls der Prin-zipal seine Aktien börsentäglich ver-kaufen kann. Sonst schon, da der KGaA-Komplementär kraft Gesetzes die Ge-schäftsführung inne hat. Z. B. Arbeitseinsatz des KGaA-Komplementärs ent-spricht nicht der Vereinbarung.	Wurde das ver-besserte Betriebs-ergebnis trotz oder wegen der vom KGaA-Komplementär be-wirkten Strategie-änderung erzielt? Ist das neue Luxus-büro wirklich zur Repräsentation der KGaA notwendig?	Der Kommanditak-tionär kann nicht beurteilen, ob eine Erweiterungs-investition wegen mangelnden Ein-satzes des Agenten oder aufgrund vom Agenten nicht zu vertretender Um-stände erfolglos war.

Abb. 5: Die KGaA im Lichte der Principal-Agent-Theorie

(Quelle: In Anlehnung an *Picot, A. / Dietl, H. / Frank, E.*, Organisation, 1999, S. 91; *Schweitzer, M. / Küpper, H.-U.*, Systeme, 1998, S. 582. Die Zeile "KGaA" wurde vom Verfasser hinzugefügt.)

Doch auch das deutsche Gesellschaftsrecht enthält Schutzrechte für die Kapitalanleger einer KGaA. Neben aktien- und deliktsrechtlichen Haftungsbestimmungen, die durch

Pflichtverletzungen der Organträger entstehen,[1] gelten nach § 278 Abs. 2 AktG die §§ 117, 127 HGB: Dem KGaA-Komplementär kann bei grober Pflichtverletzung oder bei Unfähigkeit auf Antrag der Hauptversammlung die Geschäftsführungs- und Vertretungsbefugnis entzogen werden.[2] Für konzernierte KGaA sind zusätzlich die Schutzvorschriften des faktischen Konzerns (§§ 311 - 319 AktG) und die des Vertragskonzerns (§§ 291, 308 AktG) zu beachten.[3]

2. Die KGaA als konzernierte Gesellschaft

Nicht nur aus rechtlicher Sicht kann eine KGaA eine konzernierte Gesellschaft sein. Auch aus betriebswirtschaftlicher Sicht können Unternehmensverbindungen mit KGaA Konzerne sein.[4] Zum einen kann die KGaA als Obergesellschaft – beispielsweise in einem Stammhauskonzern oder in einer Management-Holding – agieren:[5] Durch die Verlagerung des operativen Geschäfts wird das damit verbundene Risiko von der (personalistischen und) unbeschränkt haftenden KGaA auf die Tochtergesellschaften übertragen.[6] Zum anderen kann die KGaA auch als Konzerntochter[7] fungieren. Die Konzernmutter bzw. Konzernobergesellschaft kann – nach der Entscheidung des *BGH* vom 24.2.1997[8] höchstrichterlich bestätigt – beschränkt haftender KGaA-Komple-

---

1 Vgl. hierzu *Hübner, U.*, Managerhaftung, 1992.

2 Vgl. *Sethe, R.*, Die personalistische Kapitalgesellschaft, 1996, S. 152; *Hommelhoff, P.*, Anlegerschutz, 1998, S. 20 f.

3 Vgl. *Theisen, M. R.*, Konzern, 2000, S. 46 - 60.

4 Für eine umfassende Konzerndefinition aus betriebswirtschaftlicher Sicht vgl. *Theisen, M. R.*, Konzern, 2000, S. 15 - 19: "Eine Konzernunternehmung ist eine autonome Entscheidungs- und Handlungseinheit, die mehrere juristisch selbstständige wie unselbstständige Unternehmen und Betriebe umfasst, die als wirtschaftliche Einheit in personeller, institutioneller und / oder funktioneller Hinsicht zeitlich befristet oder auf Dauer im Rahmen entsprechender Planungen ein gemeinsames wirtschaftliches Ziel verfolgen."

5 Zu den verschiedenen (weiteren) Konzernorganisationsformen vgl. *Theisen, M. R.*, Konzern, 2000, S. 127 - 197.

6 Vgl. *Theisen, M. R.*, KGaA, 1989, S. 150 f. So die *Lindner Holding KGaA*; vgl. *Wolff, R.*, Aktiengesellschaften, 1998, S. 640.

7 Vgl. *Frankenheim, A.*, Kommanditgesellschaft auf Aktien, 1994, S. 56. So z. B. die *EURO-KAI KGaA*.

8 Vgl. *BGH*, Urteil vom 24.2.1997, DStR 35 (1997), S. 1012.

mentär einer Tochter-KGaA werden und über die Führungsdominanz der KGaA-Komplementäre die Tochter-KGaA steuern und kontrollieren.

Rechtstatsächlich werden auch Teile der Kommanditaktien von anderen Unternehmen (insbesondere von Kapitalgesellschaften) gehalten. Inwieweit dabei eine autonome Entscheidungs- und Handlungseinheit und damit auch aus betriebswirtschaftlicher Sicht ein Konzern vorliegt, ist grundsätzlich im Einzelfall zu entscheiden. M. E. ist aufgrund der starken KGaA-Komplementärsstellung ein Konzern im betriebswirtschaftlichen Sinn tendenziell zu verneinen; vielmehr stehen Finanzierungsfragen im Vordergrund.

Beispiele:
An der *Gabriel-Sedlmayer Spaten-Franziskaner-Bräu KGaA* sind die *Bayerische HypoVereinsbank* und die *Bayerische Landesbank Girozentrale* zusammen mit mehr als 25 % beteiligt.[1]

Im Rahmen der Delegiertenversammlung des Bundesligafußballvereins *TSV 1860 München e. V.* wurde eine Ausgliederung der Fußballabteilung in eine KGaA beschlossen. Dadurch soll ein "Sponsor" am Aktienkapital beteiligt werden können.[2]

---

1 Vgl. *Wolff, R.*, Aktiengesellschaften, 1998, S. 920.
2 Vgl. *Kleffmann, G.*, 1860 e. V., 2002, S. 36.

VI. Zwischenergebnis

Die Unternehmensverfassung der KGaA ist durch ihren hybriden Charakter gekennzeichnet: Sowohl aus rechtlicher als auch aus betriebswirtschaftlicher Sicht sind in ihr kapitalistische Strukturelemente, die durch die Gesamtheit der Kapitalgesellschaft KGaA und deren Kommanditaktionäre repräsentiert werden, aber auch personalistische Charakteristika, die durch die KGaA-Komplementäre verkörpert werden, anzutreffen: In *einer* Gesellschaft stehen sowohl personen- als auch kapitalgesellschaftsrechtliche Beteiligungsstrukturen nebeneinander.[1]

Das Verhältnis der KGaA-Komplementäre zu den Kommanditaktionären ist durch Principal-Agent-Konflikte charakterisiert. Die Handhabung und Lösung dieser Konflikte könnte u. a. von der Besteuerung der KGaA und ihrer Gesellschafter abhängig sein.[2]

---

1 Vgl. *Maurer, T.*, Anleger-Kommanditgesellschaften, 1999, S. 145; *Bödefeld, A.*, KGaA, 1999, S. 46; *Kallmeyer, H.*, Kommanditgesellschaft auf Aktien, 1994, S. 977; *Niedner, J.*, KGaA, 1995, S. 99.

2 S. Kap. H.II., S. 229 f.

C. Kriterien für die Besteuerung der KGaA

I. Konzeption des Gesetzgebers zur Besteuerung der KGaA

Die Grundidee des Gesetzgebers besteht darin, den hybriden gesellschaftsrechtlichen Charakter der KGaA auch in der laufenden Ertragsbesteuerung zu berücksichtigen. Hierbei werden streng drei Besteuerungsebenen unterschieden: Die KGaA als Kapitalgesellschaft einerseits und die Gesellschaftergruppen Kommanditaktionäre sowie KGaA-Komplementäre andererseits.[1]

Eine KGaA mit Sitz oder Ort der Geschäftsleitung im Inland ist nach § 1 Abs. 1 Nr. 1 KStG[2] unbeschränkt körperschaftsteuerpflichtig und nach § 2 Abs. 2 Satz 1 GewStG[3] gewerbesteuerpflichtig.[4] Die potenzielle steuerliche Doppelerfassung von Erträgen auf der Ebene der KGaA und auf der Ebene der Gesellschafter soll für die KGaA-Komplementäre durch den Rückgriff auf die Grundsätze der Besteuerung von Personengesellschaften und für die Kommanditaktionäre durch das Körperschaftsteuersystem vermieden bzw. gemildert werden.[5]

Die Gewinnanteile und die Vergütungen der KGaA-Komplementäre sind bei diesen nach § 15 Abs. 1 Satz 1 Nr. 3 EStG[6] als Einkünfte aus Gewerbebetrieb einzustufen.[7]

---

1 Vgl. *Schaumburg, H.*, Rechtsform, 1998, S. 533; *Crezelius, G.*, Komplementärsbesteuerung, 1999, S. 318 f.; *Biagosch, P.*, Kommanditgesellschaft auf Aktien, 1996, S. 3460.

2 Körperschaftsteuergesetz vom 22.4.1999.

3 Gewerbesteuergesetz vom 19.5.1999.

4 Vgl. *Güroff, G.*, Glanneger / Güroff – § 2 GewStG, 1999, S. 42; *Streck, M.*, Körperschaftsteuergesetz, 1997, S. 17.

5 Vgl. ausführlich *Maurer, T.*, Anleger-Kommanditgesellschaften, 1999, S. 170 - 186; *Frankenheim, A.*, Kommanditgesellschaft auf Aktien, 1994, S. 76 - 258; *Grafmüller, F.*, Kommanditgesellschaft auf Aktien, 1994, S. 198 - 232; *Theisen, M. R.*, Besteuerung, 1989, S. 2191 - 2197; *Schaumburg, H. / Schulte, C.*, Die KGaA, 2000, S. 67 - 104; *Janssen, B.*, Kommanditgesellschaft auf Aktien, 2001, S. 3811 - 3820. Allerdings wird in den genannten Quellen teilweise noch auf das durch das StSenkG (Steuersenkungsgesetz vom 23.10.2000) abgeschaffte Anrechungsverfahren und nicht auf das Halbeinkünfteverfahren abgestellt. Die Grundidee der steuerlichen Erfassung des hybriden Charakters der KGaA wird aber durch diese Neuerungen im Körperschaftsteuersystem nicht verändert.

6 Einkommensteuergesetz vom 16.4.1997.

7 Vgl. *Söffing, G.*, Besteuerung, 1994, S. 319 - 322; *Bippus, B. E.*, Überlegungen, 1998, S. 749 f.; *Bacher, H.*, Stellung, 1985, S. 2117 - 2119.

Der weitgehend an § 15 Abs. 1 Satz 1 Nr. *2* EStG angelehnte Wortlaut von § 15 Abs. 1 Satz 1 Nr. *3* EStG belegt die intendierte Annäherung an einen Mitunternehmer. Eine wirtschaftliche Doppelbesteuerung erfolgt nicht / soll nicht erfolgen, da die von § 15 Abs. 1 Satz 1 Nr. 3 EStG erfassten Beträge grundsätzlich entweder als Betriebsausgabe[1] oder gemäß § 9 Abs. 1 Nr. 1 KStG nicht in das zu versteuernde Einkommen der KGaA eingehen und damit nicht mit Körperschaftsteuer vorbelastet sein sollen.[2] § 9 Abs. 1 Nr. 1 KStG soll durch eine Betriebsausgabenfiktion gewährleisten, dass Bezüge[3], die dem KGaA-Komplementär zuzurechnen sind, nicht in dem Steuersubstrat der KGaA verbleiben.[4] Die explizite Nennung des KGaA-Komplementärs in § 35 EStG bestätigt die intendierte Annäherung an einen Mitunternehmer.

Während die wirtschaftliche Doppelbesteuerung bei den KGaA-Komplementären im Ergebnis durch die Entlastung von der Körperschaftsteuer vermieden wird, erfolgt dies bei den Kommanditaktionären durch einkommensteuerliche Regelungen[5] bzw. durch Schachtelprivilegien. Das nach den Vorschriften des KStG ermittelte zu versteuernde Einkommen der KGaA umfasst nur noch die Gewinnanteile, die den Kommanditaktionären zuzurechnen sind, und unterliegt unabhängig von der Gewinnverwendung einem Steuersatz von 25 %.[6] Die Gewinnanteile der Kommanditaktionäre stellen bei Ausschüttung auch körperschaftsteuerlich eine Gewinnverwendung dar, mindern daher das zu versteuernde Einkommen und damit die Körperschaftsteuer der KGaA nicht. Die Zuflüsse unterliegen aber – soweit die Kommanditaktionäre natürliche Personen,

---

1 Beispielhaft zu nennen ist die Vergütung für die Hingabe eines Darlehens.

2 Vgl. *BFH*, Urteil vom 21.6.1989, BStBl II 1989, S. 881; *Schaumburg, H. / Schulte, C.*, Die KGaA, 2000, S. 68 f.; *Theisen, M. R.*, Besteuerung, 1989, S. 2191 - 2197; *Frotscher, G.*, Frotscher / Maas – § 9 KStG, 2002, S. 5 - 8, Rz. 9 - 16; *Woitschell, H.*, Arthur Andersen – § 9 KStG, 2002, S. 8 a - 11. Der Geltungsbereich des § 9 Abs. 1 Nr. 1 KStG und die Abgrenzung zu Betriebsausgaben werden in der Literatur kontrovers diskutiert. Einen Überblick gibt *Frankenheim, A.*, Kommanditgesellschaft auf Aktien, 1994, S. 79 - 110.

3 Beispielhaft zu nennen sind Gewinnanteile auf die Vermögenseinlage.

4 Vgl. *Menzel, A.*, Entgelte, 1972, S. 565.

5 Dies erfolgt mittels eines so genannten Körperschaftsteuersystems, das aber nicht, wie der Name vermuten lassen könnte, ein System der Körperschaftsteuer an sich ist, sondern die Einbettung der Körperschaftsteuer in die Regelungen der Einkommensteuer beschreibt.

6 S. § 23 Abs. 1 KStG. Vor Geltung des StSenkG unterlagen zuletzt thesaurierte Gewinne einer Belastung von 40 % und ausgeschüttete Gewinne einer Belastung von 30 %.

Einzelunternehmer oder Personengesellschaften sind[1] – der Einkommensteuer.[2] Durch die Anwendung des Halbeinkünfteverfahrens werden nach § 3 Nr. 40 EStG die (ausgeschütteten) Gewinnanteile nur hälftig erfasst. Dadurch soll eine unangemessene steuerliche Belastung des Gewinns vermieden werden.

Gewerbesteuerlich[3] liegt keine Doppelbesteuerung vor, da grundsätzlich nur die KGaA als Gewerbebetrieb Anknüpfungspunkt der Gewerbesteuer ist und nicht die einzelnen Gesellschafter.[4] Die gewerbesteuerliche Bemessungsgrundlage basiert gemäß § 7 GewStG auf dem körperschaftsteuerpflichtigen Einkommen der KGaA und wird – neben anderen Modifikationen nach §§ 8 f. GewStG – gemäß § 8 Nr. 4 GewStG um die nach § 9 Abs. 1 Nr. 1 KStG von der körperschaftsteuerlichen Bemessungsgrundlage abgezogenen Beträge wieder erhöht.[5] Die KGaA soll damit als einheitliches Gewerbesteuerobjekt der Besteuerung unterworfen werden.

Weitere KGaA-spezifische Normen, die nicht die laufende Ertragsbesteuerung betreffen, zeigen, dass der Gesetzgeber versucht, die KGaA-Komplementäre den Mitunternehmern und die Kommanditaktionäre den Anteilseignern von GmbH der AG anzunähern. So stellt § 16 Abs. 1 Nr. 3 EStG beispielsweise den Verkauf eines KGaA-Komplementärsanteils dem Mitunternehmerschaftsanteilsverkauf gleich. § 13a Abs. 4 Nr. 1, 3 und Abs. 5 Nr. 1, 3, 4 ErbStG und § 19a Abs. 2 Nr. 1, 3 und Abs. 5 Nr. 1, 3, 4 ErbStG verdeutlichen die steuerliche Trennung von KGaA-Komplementären und Kommanditaktionären sowie die Annäherung an die jeweiligen Steuerrechtsregime (personalistische bzw. kapitalistische Besteuerung).

---

1 Sind (inländische) Kapitalgesellschaften Kommanditaktionäre, ist § 8b KStG anzuwenden.

2 S. § 20 EStG.

3 Vernachlässigt werden insoweit Sonderfälle, die sich aus weiteren Hinzurechnungen und dem gewerbesteuerlichen Schachtelprivileg nach § 9 Nr. 2a und Nr. 2b GewStG ergeben können und die auf der Tatsache basieren, dass ein Gesellschafter aus anderen Gründen als der Gesellschafterstellung bei der KGaA ebenso der Gewerbesteuer unterliegt.

4 Vgl. *Kusterer, S.*, Bedeutung von § 32 c EStG, 1997, S. 11 - 15, der auch darauf hinweist, dass § 32c EStG 2000 (Einkommensteuergesetz in des Fassung vom 22.12.1999) für den KGaA-Komplementär anzuwenden ist, auch wenn dessen Gewinnanteile nicht mit Gewerbesteuer belastet sind. Ebenso werden aktuell die KGaA-Komplementäre von § 35 EStG erfasst.

5 Vgl. *Güroff, G.*, Glanneger / Güroff – § 8 Nr. 4 GewStG, 1999, S. 718 - 721; *Fischer, M.*, Besteuerung, 1997, S. 1520 f.

Das deutsche Unternehmenssteuerrecht ist durch die an das Gesellschaftsrecht angelehnte Zweiteilung in Einzelunternehmer und Mitunternehmerschaften auf der einen Seite und Kapitalgesellschaften auf der anderen Seite gekennzeichnet.[1] Die Unternehmensverfassung der KGaA ist sowohl aus rechtlicher als auch aus betriebswirtschaftlicher Sicht durch kapitalistische – insbesondere die Kommanditaktionäre und die juristische Person KGaA – und durch personalistische – insbesondere der KGaA-Komplementär – Elemente charakterisiert. Die Grundidee des Gesetzgebers zur Besteuerung der KGaA entspricht damit einer Umsetzung der Unternehmensverfassung. Beurteilungsmaßstab für die Qualität der gesetzlichen Kodifikation ist, inwieweit die allgemein gültigen Prinzipien der personalistischen und der kapitalistischen Besteuerung in den jeweiligen Sphären der KGaA auch im Detail konsequent umgesetzt sind.[2]

---

1 Vgl. *Maurer, T.*, Anleger-Kommanditgesellschaften, 1999, S. 33 - 100.

2 Vgl. auch *Ammenwerth, M.*, Rechtsformalternative, 1997, S. 131 m. w. N., sowie bereits *Graß, G.*, Besteuerung, 1969.

II. Prinzipien der Besteuerung von Unternehmen

Das deutsche Steuerrecht definiert weder Unternehmen[1] noch (Konzern-)Unternehmungen[2] als eigenständigen Steuergegenstand.[3] Die Konsequenz daraus ist zum einen, dass die Besteuerung der unternehmerischen Tätigkeit in ein Steuersystem eingebunden ist, das unterschiedliche Anknüpfungspunkte für verschiedene Steuerarten mit jeweils eigenen Besteuerungstatbeständen und Bemessungsgrundlagen aufweist; eine klare Trennung für alle Steuerarten zwischen unternehmensbezogenen und nichtunternehmensbezogenen Sachverhalten existiert nicht. Zum anderen ist das Steuerrecht durch eine Rechtsformabhängigkeit gekennzeichnet, die sich i. S. d. Einheitlichkeit der Rechtsordnung grundsätzlich an der zivilrechtlichen Grundwertung orientiert und damit die Unterscheidung zwischen Einzelunternehmen und Personengesellschaften auf der

---

1 Unternehmen stehen im Mittelpunkt rechtswissenschaftlicher Betrachtungsweisen, ohne dort einheitlich definiert zu sein; vielmehr ist die Unternehmensdefinition dem Zweck der jeweiligen Vorschriften zu entnehmen; vgl. *Salzberger, W.*, Gewinnermittlung einer Konzernunternehmung, 1994, S. 8 m. w. N.

2 Obwohl die Unternehmung das zentrale Erkenntnisobjekt der Betriebswirtschaftslehre darstellt, existiert keine einheitliche Unternehmungsdefinition; vgl. hier und zum Folgenden *Salzberger, W.*, Gewinnermittlung einer Konzernunternehmung, 1994, S. 8 m. w. N. Alle Definitionsansätze weisen die wirtschaftliche Selbstständigkeit bzw. das Autonomieprinzip als konstitutives Merkmal auf. Unternehmungen sind demnach durch Entscheidungskompetenz aufgrund einer initiativen Planung und Verantwortung gekennzeichnet. Die Notwendigkeit der Unterscheidung zwischen Unternehmen und Unternehmungen im Rahmen dieser Arbeit kann mit folgendem Beispiel verdeutlicht werden: Der persönlich haftende Gesellschafter einer KGaA ist eine GmbH, die auch noch die Mehrheit der Kommanditaktien hält. Das einzige Tätigkeitsfeld der GmbH ist die Geschäftsführung der KGaA. Rechtlich bestehen damit zwei getrennte Unternehmen. Aus betriebswirtschaftlicher Sicht muss aber zumindest stark angezweifelt werden, dass zwei getrennte Unternehmungen vorliegen. Vielmehr ist anzunehmen, dass die (Alt-)Unternehmung KGaA trotz ihrer rechtlichen Selbstständigkeit und damit trotz ihrer Unternehmenseigenschaft nicht mehr über entsprechende eigene Entscheidungshoheit verfügt. Aus betriebswirtschaftlicher Sicht liegt eine Konzernunternehmung mit einem Gliedbetrieb vor. Hierdurch wird deutlich, dass der Auffassung von *R.* und *H. Albach*, wonach betriebswirtschaftlich die Unterscheidung zwischen Unternehmen und Unternehmung unfruchtbar geblieben ist, nicht gefolgt werden kann; vgl. *Albach, H. / Albach, R.*, Unternehmen, 1989, S. 14, Fn. 11. Eine Unterscheidung zwischen Betrieb und Unternehmung, die in der betriebswirtschaftlichen Literatur teilweise vorgenommen wird, ist im Rahmen dieser Arbeit aufgrund der Themenstellung nicht relevant; vgl. *Wöhe, G.*, Betriebswirtschaftslehre, 2000, S. 12 f.

3 Vgl. hier und zum Folgenden *Jacobs, O. H.*, Unternehmensbesteuerung, 2002, S. 90 - 92.

einen Seite und Kapitalgesellschaften auf der anderen Seite übernimmt und an deren zivilrechtliche Rechtsfähigkeit anknüpft:[1]

Für die Besteuerung der KGaA und ihrer Gesellschafter ist aufgrund der zivilrechtlichen (hybriden) Zwitterstellung[2] dieser Rechtsform die Anknüpfung der Besteuerung an deren gesellschaftsrechtliche Wertung von besonderer Bedeutung. Die Prinzipien der Besteuerung der rechtlichen Erscheinungsformen Einzelunternehmen, Personengesellschaften sowie Kapitalgesellschaften stellen damit die Kriterien für eine systemkonforme Besteuerung der kapitalistischen KGaA und deren personalistischen KGaA-Komplementäre dar. Außerdem müssen die Prinzipien der Konzernunternehmungsbesteuerung berücksichtigt werden, da sowohl der KGaA-Komplementär als auch der Kommanditaktionär wiederum rechtlich selbstständige Unternehmen sein können und somit wirtschaftlich gesehen aber eine Gruppe von Unternehmen zu besteuern ist.

1. Prinzipien der Ertragsbesteuerung

a. Einzelunternehmer

Kennzeichen eines Einzelunternehmens ist es, dass ein Kaufmann seinen Betrieb ohne Gesellschafter oder lediglich mit einem stillen Gesellschafter betreibt.[3] Einkommensteuerlich werden Einzelunternehmer durch § 15 Abs. 1 Satz 1 Nr. 1 EStG erfasst, soweit eine selbstständige und nachhaltige Tätigkeit vorliegt, die mit Gewinnerzielungsabsicht unternommen wird, sich als Beteiligung am allgemeinen wirtschaftlichen Verkehr darstellt, nicht unter die Einkünfte aus Land- und Forstwirtschaft sowie aus selbst-

---

1 Vgl. auch *BVerfG,* Beschluss vom 24.1.1962, BVerfGE 13, S. 331.
Einen Überblick zur zivilrechtlichen Ausgestaltung der verschiedenen Rechtsformen gibt z. B. *Wöhe, G.*, Steuerlehre II/1, 1990, S. 6 - 21. Während beispielsweise Kapitalgesellschaften der Körperschaftsteuer unterliegen und insoweit Subjekt der Besteuerung vom Einkommen darstellen, sind Personengesellschaften, die zivilrechtlich im Gegensatz zu den Kapitalgesellschaften nur teilrechtsfähig sind, weder selbstständiges Steuersubjekt in der Einkommen- (§ 1 EStG) noch in der Körperschaftsteuer (§ 1 KStG).

2 S. Kap. B., S. 9 - 42.

3 Vgl. *Wöhe, G.*, Steuerlehre II/1, 1990, S. 6 f.

ständiger Arbeit fällt und nicht als private Vermögensverwaltung anzusehen ist.[1] Zivilrechtlich sind Einzelunternehmen nicht verselbstständigt; die Besteuerung wird daher durch das Einheitsprinzip charakterisiert: Schuldrechtliche Beziehungen zwischen dem Inhaber und dem Einzelunternehmen sind weder zivil- noch steuerrechtlich anzuerkennen.[2]

Die Gewerbesteuer basiert historisch gesehen auf dem Äquivalenzprinzip, nach dem Gemeinden einen Ausgleich für die durch einen Gewerbebetrieb unmittelbar oder mittelbar verursachten Lasten erhalten sollen.[3] Die Gewerbesteuer knüpft demzufolge grundsätzlich losgelöst von allen persönlichen Verhältnissen an das Objekt Gewerbebetrieb und nicht an den dahinter stehenden Unternehmer an (so genanntes Objektsteuerprinzip). Ein Einzelunternehmen kann nur kraft seiner gewerblichen Tätigkeit i. S. d. § 15 Abs. 2 EStG der Gewerbesteuer unterliegen.[4]

Für die KGaA-Besteuerung bzw. für die Erfassung der personalistischen Komponente des KGaA-Komplementärs sind diese Ergebnisse bedeutsam, da der Gesetzgeber versucht, Mitunternehmerschaften, die als Referenzmodell für die KGaA-Komplementäre fungieren, im Rahmen der Einkommensteuer dem Einzelunternehmer anzunähern.[5]

---

1 S. § 15 Abs. 2 EStG; vgl. *Daumke, M.*, Grundriß, 2000, S. 71 f.

2 Vgl. *Jacobs, O. H.*, Unternehmensbesteuerung, 2002, S. 91 f.

3 Vgl. hier und zum Folgenden *Tipke, K. / Lang, J.*, Steuerrecht, 2002, S. 476 f., Rz. 1 m. w. N.

4 S. § 2 Abs. 1 GewStG.

5 Dies gilt unabhängig davon, welche der unterschiedlichen Theorien zur Erklärung der Besteuerung von Personenmehrheiten herangezogen werden; vgl. *Rose, G.*, Betriebswirtschaftliche Steuerlehre, 1992, S. 108; *Knobbe-Keuck, B.*, Gleichstellung, 1990, S. 905; *Reiß, W.*, Mitunternehmerschaften, 2001, S. 1225. Zur Diskussion der einzelnen Theorien vgl. *Pinkernell, R.*, Einkünftezurechnung, 2001, S. 21 - 61. Zu unterscheiden ist die heute nicht mehr vertretene Bilanzbündeltheorie, die nicht nur eine Annäherung, sondern eine strenge Angleichung an den Einzelunternehmer mit der Konsequenz forderte, dass die Summe der Einzelbilanzen der Gesellschafter der Gesamthandsbilanz entspricht; vgl. *Niehus, U. / Wilke, H.*, Personengesellschaften, 2001, S. 34.

b. Mitunternehmerschaften

ba. Transparenzprinzip

Personengesellschaften (bzw. Personenunternehmen) verfügen zivilrechtlich gesehen über eine Teilrechtsfähigkeit,[1] die zu einer handelsrechtlichen Anerkennung von Gesellschafter-Gesellschaftsverträgen führt. Einkommensteuerrechtlich – und damit allgemein ertragsteuerlich –[2] werden aber schuldrechtliche Leistungsbeziehungen zwischen den Gesellschaftern – den Mitunternehmern – und dem Personenunternehmen – der Mitunternehmerschaft[3] – aufgrund der Regelung des § 15 Abs. 1 Satz 1 Nr. 2 EStG explizit nicht anerkannt. Mitunternehmerschaften sind dabei weder Subjekt der Einkommensteuer noch der Körperschaftsteuer;[4] vielmehr erfolgt steuerlich ein Durchgriff auf die dahinter stehenden Gesellschafter.

Die theoretische Begründung der gesetzlich vorgegebenen Erfolgsermittlung und damit der Nichtanerkennung von schuldrechtlichen Leistungsbeziehungen zwischen den Mitunternehmern und der Mitunternehmerschaft ist allerdings strittig.[5] Die Bilanzbündeltheorie[6] und damit die Vorstellung, dass die Gesamthand im Ergebnis einkommen-

---

1 Inwieweit eine Personengesellschaft rechtsfähig ist, wird kontrovers in der Literatur diskutiert; vgl. *Schmidt, K.*, Gesellschaftsrecht, 1997, S. 203 - 213 m. w. N.; *Söffing, G.*, Besteuerung, 1994, S. 34; *Brehm, B. / Mihm, F. / Scheel, T.*, Handelsrecht, 2001, S. 34 - 36. Unstrittig ist aber, dass schuldrechtliche Verträge (auch mit Gesellschaftern) eingegangen werden können; vgl. *Jacobs, O. H.*, Unternehmensbesteuerung, 2002, S. 220 f.; *Söffing, G.*, Besteuerung, 1994, S. 34.

2 Das EStG besitzt insoweit Grundlagencharakter; s. beispielsweise § 7 GewStG.

3 Unter einer Mitunternehmerschaft wird ein Zusammenschluss von Personen, die auf gemeinsame Rechnung und Gefahr ein Unternehmen führen und damit zusammen das Unternehmerrisiko tragen sowie gemeinsam Unternehmerinitiative einbringen, verstanden; der Zusammenschluss ist dabei in Form einer Personengesellschaft oder in einer wirtschaftlich vergleichbaren Form zu organisieren; vgl. *Söffing, G.*, Besteuerung, 1994, S. 70 m. w. N.

4 S. §§ 1 EStG, 1 KStG; vgl. *Reiß, W.*, Individualbesteuerung, 2000, S. 405.

5 Vgl. zur historischen Entwicklung und zum aktuellen Meinungsstand *Pinkernell, R.*, Einkünftezurechnung, 2001, S. 21 - 61.

6 Die vom *RFH* entwickelte Bilanzbündeltheorie basiert auf der Annahme, dass die Gesellschafter als Einzelunternehmer anzusehen sind und das Vermögen der Personengesellschaft sich aus diesen Einzelbetriebsvermögen zusammensetzt. Diese Sichtweise wurde von dem Bestreben geprägt, eine steuerliche Gleichbehandlung von Einzelunternehmer und Personengesellschaft herzustellen und die Steuersubjekteigenschaft des einzelnen Gesellschafters zu betonen; vgl. *RFH*, Urteil vom 14.7.1937, RStBl II 1937, S. 937; *Niehus, U. / Wilke, H.*, Personengesellschaften, 2001, S. 33 f. Einen ausführlichen und historischen Überblick gibt *Clausen, U.*, Herrmann / Heuer / Raupach – § 15 EStG, 2002, S. E 118 - E 125, Anm. 27 e; vgl. auch *Barske, K.*, Bilanzbündeltheorie, 1974, S. 177 - 179.

steuerlich zu negieren ist, wird als überholt angesehen.[1] In der aktuellen Literatur existieren verschiedene Erklärungsansätze[2] zur Begründung der Besteuerung von Mitunternehmerschaften und ihrer Gesellschafter. *R. Pinkernell* unterscheidet neben dem von ihm vertretenen Ansatz des Transparenzprinzips die Einheitsbetrachtung, das Einheitsmodell, das Beteiligungstatbestandsmodell sowie vermittelnde Ansichten.[3] Diese Modelle unterscheiden sich mehr begrifflich als inhaltlich;[4] die Unterscheidungen sind größten Teils lediglich nuancenhaft.[5]

Folgende und für diese Untersuchung hinreichende Gemeinsamkeiten weisen die aktuell diskutierten Erklärungsansätze auf: Im Rahmen der Einkommensteuer gilt der Grundsatz der Individualbesteuerung. Personenmehrheiten werden zu Zwecken der steuerlichen Gewinnermittlung bzw. der Gewinnerzielung berücksichtigt. Im Rahmen der Gewinnzurechnung werden sie aber negiert, wodurch eine gewisse Annäherung

---

1 Vgl. u. a. *Niehus, U. / Wilke, H.*, Personengesellschaften, 2001, S. 33 f.; *Söffing, G.*, Besteuerung, 1994, S. 89; *Reiß, W.*, Kirchhof / Söhn / Mellinghoff – § 15 EStG, 2002, S. 20, Rz. E 33; *Pinkernell, R.*, Einkünftezurechnung, 2001, S. 23 - 27; *Reiß, W.*, Kirchhof – § 15, 2002, S. 953 f., Rz. 202; *Lange, J.* u. a., Personengesellschaften, 1998, S. 141; *Jacobs, O. H.*, Unternehmensbesteuerung, 2002, S. 195 f.; *Schreiber, G.*, Mitunternehmer, 1995, S. 15 - 17.

2 Die Erklärungsansätze werden als Theorien, Konzepte, Gedanken, Modelle etc. bezeichnet. An dieser Stelle werden diese Bezeichnungen lediglich als Namen interpretiert und unreflektiert übernommen, um eine sprachlich scharfe Trennung der verschiedenen Erklärungsansätze zu erhalten. Eine methodologische Analyse, inwieweit derartige Begriffe überhaupt angebracht sind, unterbleibt an dieser Stelle. Der diesbezüglich später für die Zwecke dieser Arbeit eingeführte Begriff Transparenzprinzip hingegen genügt diesen methodologischen Anforderungen.

3 Vgl. *Pinkernell, R.*, Einkünftezurechnung, 2001, S. 23 - 204.

4 Nach *R. Pinkernell* sind beispielsweise Personengesellschaften einkommensteuerlich "Regelungsobjekt, nicht aber Subjekt"; vgl. *Pinkernell, R.*, Einkünftezurechnung, 2001, S. 206. *J. Lange* führt in diesem Zusammenhang den Begriff "eingeschränktes (beschränktes) Steuerrechtssubjekt" ein; vgl. *Lange, J.* u. a., Personengesellschaften, 1998, S. 142.

5 Vgl. *Pinkernell, R.*, Einkünftezurechnung, 2001, S. 45.

eines Mitunternehmers an einen Einzelunternehmer hergestellt wird. Im Folgenden wird dieser Erklärungsansatz als Transparenzprinzip[1] bezeichnet.

Das Transparenzprinzip bildet dabei das Grundgerüst zur Besteuerung der Mitunternehmer bzw. zur Lösung der nachstehenden (einkommensteuerlichen) Probleme, die auf die KGaA bzw. auf den KGaA-Komplementär übertragbar sind:[2]

- Die Begriffe Mitunternehmerschaft und Personengesellschaft sind nicht deckungsgleich. Beispielsweise ist auch die KGaA in ihrer Gesamtheit keine Mitunternehmerschaft, die Komplementäre einer KGaA sollen aber wie Mitunternehmer behandelt werden.[3]

- Personengesellschaften sind trotz der zivilrechtlichen (Teil-)Rechtsfähigkeit weder einkommen- noch körperschaftsteuerpflichtig. Die KGaA ist zwar eine Kapitalgesellschaft und unterliegt demnach nach § 1 Abs. 1 Nr. 1 KStG der Körperschaftsteuer; die auf die KGaA-Komplementäre entfallenden Gewinne werden aber bei diesen von dem Anwendungsbereich des EStG erfasst (§§ 9 Abs. 1 Nr. 1 KStG, 15 Abs. 1 Satz 1 Nr. 3 EStG).

---

1 Der Begriff Transparenzprinzip wird u. a. ebenso von *R. Pinkernell* und *W. Reiß* verwendet; vgl. *Pinkernell, R.*, Einkünftezurechnung, 2001, S. 62 - 204; *Reiß, W.*, Kirchhof – § 15, 2002, S. 952 - 956, Rz. 200 - 210. M. E. erfolgt in der Literatur keine scharfe inhaltliche Begriffsabgrenzung zwischen den beiden wohl am häufigsten verwendeten Begriffen Transparenzprinzip und Einheitstheorie; vgl. auch *Reiß, W.*, Kirchhof – § 15, 2002, S. 954, Rz. 203. Unter einer Theorie wird ein System nomologischer Hypothesen verstanden; das sind vereinfacht ausgedrückt wohl begründete bzw. empirisch bestätigte Wenn-Dann-Gesetzmäßigkeiten; vgl. *Schanz, G.*, Methodologie, 1988, S. 23 - 38. Als Prinzip wird hingegen im Allgemeinen eine Idee bezeichnet, die einer Sache zu Grunde liegt. Aufgrund der Aussagekraft bzw. der Gründe für die Existenz der Erklärungsansätze kann nicht von einer Theorie, sondern muss vielmehr von einem Prinzip ausgegangen werden. Daneben sprechen für diese Begriffswahl folgende Aspekte: Die Besteuerung von Kapitalgesellschaften wird durch das so genannte Trennungsprinzip charakterisiert; s. hier und zum Folgenden Kap. C.II., S. 56 - 63. Dieser Begriff wird nicht nur in dieser Arbeit, sondern auch einheitlich in der Literatur verwendet. Somit liegen mit dem Trennungs- bzw. dem Transparenzprinzip korrespondierende Begriffe vor. Außerdem ist der Begriff Einheitstheorie im Zusammenhang mit handelsrechtlichen Überlegungen zum Konzern belegt; vgl. *Wöhe, G.*, Konzernbesteuerung, 1998, S. 330 f.

2 Vgl. hier und zum Folgenden *Niehus, U. / Wilke, H.*, Personengesellschaften, 2001, S. 33 - 38; *Söffing, G.*, Besteuerung, 1994, S. 89 - 92 m. w. N.

3 Vgl. *BFH*, Urteil vom 8.2.1984, BStBl II 1984, S. 381; *Reiß, W.*, Kirchhof – § 15, 2002, S. 1043, Rz. 503; *Kantewein, T.*, Steuerrecht, 1999, S. 1249; *Schmidt, L.*, Schmidt – § 15, 2002, S. 1321, Rz. 890; *Frankenheim, A.*, Kommanditgesellschaft auf Aktien, 1994, S. 129.

- Die (einkommen-)steuerlichen Regelungen für Mitunternehmer sind – wie die für KGaA-Komplementäre – rudimentär.

Die Lösung der genannten Probleme wird im Rahmen des Transparenzprinzips mit Hilfe der so genannten zweistufigen Gewinnermittlung erreicht bzw. versucht zu erreichen. Das Transparenzprinzip betrachtet dabei die Personenmehrheit als Subjekt bzw. Regelungsobjekt[1] der Gewinnerzielung. Die Gesellschafterebene wird erst in einem zweiten Schritt fokussiert. Unter Beachtung der steuerlichen Vorschriften (§§ 4 - 7k EStG) wird zunächst der Gewinn bzw. der Verlust der Personenmehrheit ermittelt; Vertragsbeziehungen zwischen der Gesellschaft und den Gesellschaftern werden dabei wie im Handelsrecht anerkannt. Entsprechend dem vertraglichen Erfolgsverteilungsschlüssel werden die Gewinnanteile dem einzelnen Gesellschafter hinzugerechnet.[2] Dieses als erste Stufe der Gewinnermittlung bezeichnete Vorgehen knüpft dabei zunächst an die Steuerbilanz des Unternehmens an, wird aber um Ergänzungsrechnungen erweitert. Diese sollen dem (zivilrechtlichen) Gesamthandsvermögen in der Form Rechnung tragen, dass steuerliche Korrekturen für den einzelnen Mitunternehmer vorgenommen werden können. Beispielsweise sind aufgrund von Gesellschafterwechseln andere Absetzungen für Abnutzungen denkbar.[3]

In einem zweiten Schritt werden Zahlungen, die zwischen dem Gesellschafter und der Gesellschaft aufgrund einer schuldrechtlichen Beziehung fließen, als Sondervergütungen i. S. d. § 15 Abs. 1 Satz 1 Nr. 2 2. Halbsatz EStG wieder dem Gewinnanteil des Gesellschafters hinzugerechnet und damit aus dem steuerlichen Gesamterfolg der Mitunternehmerschaft[4] eliminiert (so genannte 2. Stufe der Gewinnermittlung).[5] Gesetzlich nicht kodifiziert, aber Konsequenz hieraus ist, dass auch so genanntes Sonderbe-

---

[1] S. Fn. 4, S. 51.

[2] Vgl. hier und zum Folgenden *Jacobs, O. H.*, Unternehmensbesteuerung, 2002, S. 195 f.; *Althoff, F. / Engelsing, F.*, Rechtsgeschäfte, 1999, S. 303 f. Bei Personengesellschaften ist dies der Gewinnanteil i. S. d. § 15 Abs. 1 Satz 1 Nr. 2 1. Halbsatz EStG.

[3] S. Kap. C.II., S. 69 f.

[4] Vgl. zu diesem Begriff *Freidank, C.-C.*, Personenhandelsgesellschaften, 1991, S. 444, der die zweistufige Gewinnermittlung grafisch darstellt.

[5] Bei Personengesellschaften wird dabei von Sondervergütungen i. S. d. § 15 Abs. 1 Satz 1 Nr. 2 2. Halbsatz EStG gesprochen.

triebsvermögen existiert; Wirtschaftsgüter des Mitunternehmers werden steuerlich der Gesamthand zugeordnet, um eine konsequente Annäherung an einen Einzelunternehmer umzusetzen.[1]

Im Rahmen der Einkommensteuer wird auf die einzelnen Gesellschafter zugegriffen; die Gewerbesteuer knüpft hingegen als Objektsteuer an den steuerlichen Gesamterfolg der Mitunternehmerschaft an, der als Summe der Einkünfte nach § 15 Abs. 1 Satz 1 Nr. 2 EStG der einzelnen Gesellschafter interpretiert werden kann.[2] Das Transparenzprinzip wird damit nur formal konterkariert. Eine Mitunternehmerschaft kann wie ein Einzelunternehmen der Gewerbesteuer kraft gewerblicher Tätigkeit i. S. d. § 15 Abs. 2 EStG oder kraft Fiktion unterliegen.[3]

Beispiel:

An der AB-OHG sind die Gesellschafter A und B zu je 50 % beteiligt. Das Ergebnis auf Ebene der Mitunternehmerschaft beträgt 100.000 €. Darin ist die Geschäftsführungsvergütung des A in Höhe von 100.000 € berücksichtigt. Diese ist im Rahmen der 2. Gewinnermittlungsstufe zu Einkünften aus Gewerbebetrieb umzuqualifizieren. Der steuerliche Gesamterfolg der Mitunternehmerschaft, der der Ausgangspunkt für die Gewerbesteuer ist, beträgt 200.000 €. Im Rahmen der Einkommensteuer sind A dabei 150.000 € und B 50.000 € zuzurechnen.

Die Wirkungsweise des Transparenzprinzips kann auch anhand der verdeckten Entnahme verdeutlicht werden: Schuldrechtliche Vereinbarungen zwischen Gesellschaft und Gesellschafter werden dabei im Rahmen der ersten Stufe der Gewinnermittlung

---

1 Vermietet beispielsweise ein Gesellschafter der Personenmehrheit eine Lagerhalle, werden die Mietzahlungen zu Sonderbetriebseinnahmen, die Lagerhalle zu Sonderbetriebsvermögen. Ergebnis ist, dass auch Absetzungen für Abnutzungen der Lagerhalle zu Sonderbetriebsausgaben werden.

2 Vgl. *Freidank, C.-C.*, Personenhandelsgesellschaften, 1991, S. 444; *Schreiber, G.*, Mitunternehmer, 1995, S. 12 - 32; *Tipke, K. / Lang, J.*, Steuerrecht, 2002, S. 476 f., Rz. 1 m. w. N.

3 S. § 2 Abs. 1 GewStG. Die Institute der gewerblich gefärbten bzw. der gewerblich geprägten Mitunternehmerschaften i. S. d. § 15 Abs. 3 EStG werden auch auf die Gewerbesteuer angewendet; vgl. *Tipke, K. / Lang, J.*, Steuerrecht, 2002, S. 479 f., Rz. 7 f. m. w. N.

anerkannt, soweit der Betrag angemessen[1] ist.[2] Der als unangemessen eingestufte Teilbetrag wird als verdeckte Entnahme behandelt. Die erste Stufe der Gewinnermittlung wird durch das Rechtsobjekt bzw. durch das beschränkte Steuersubjekt Personenmehrheit geprägt und damit – zumindest im bilanziellen Teil – ausschließlich durch betriebliche Vorgänge beeinflusst. Die unangemessenen Leistungen, die ansonsten das bilanzielle[3] Ergebnis der ersten Stufe vermindert hätten und im Rahmen der zweiten Stufe der Gewinnermittlung wieder in den Gesamterfolg der Mitunternehmerschaft eingegangen wären, werden wie offene Entnahmen behandelt, die außerhalb der Bilanz, auf der ersten Stufe in die Gewinnermittlung eingehen und somit wie ein vertraglicher Gewinnanteil eingestuft werden.[4]

Der Gesamterfolg der Mitunternehmerschaft, der nach §§ 6, 7 GewStG Anknüpfungspunkt der Gewerbesteuer ist, wird durch die Umqualifizierung nicht beeinflusst; lediglich eine latente Abänderung der vereinbarten Gewinnverteilungsabrede erfolgt, die zu einer Verschiebung der Einkünfte zwischen den Gesellschaftern führt. Durch die Umqualifizierung wird der zivilrechtlichen Teilrechtsfähigkeit der Gesellschaft, die in der ersten Stufe der Gewinnermittlung widergespiegelt wird, Rechnung getragen, da durch die Gewinnkorrektur von subjektiven Gesellschafterelementen abstrahiert wird und eine klare Trennung zwischen Gesellschaft und Gesellschaftern hergestellt wird.[5] Verdeckte Entnahmen basieren (im wirtschaftlichen Ergebnis) nicht auf schuldrechtlichen Vereinbarungen zwischen einer Gesellschaft und ihren Gesellschaftern, sondern vielmehr auf

---

1 Ähnlich der Angemessenheitsüberprüfung von Leistungsbeziehungen zwischen Kapitalgesellschaften und deren Anteilseignern ist dabei auf einen Fremdvergleich abzustellen; vgl. *Jacobs, O. H.*, Unternehmensbesteuerung, 2002, S. 221 f.

2 Vgl. hier und zum Folgenden *Jacobs, O. H.*, Unternehmensbesteuerung, 2002, S. 221 f.

3 Auch die KGaA ist als Formkaufmann zur Bilanzierung verpflichtet; s. Kap. B.II., S. 27 - 30.

4 S. § 4 Abs. 1 Satz 1 EStG. Vgl. die grafische Darstellung der zweistufigen Gewinnermittlung bei *Freidank, C.-C.*, Personenhandelsgesellschaften, 1991, S. 444.

5 Argumentationen, die aus der Nichtanerkennung der unangemessenen Vergütungen eine fehlende Rechtsfähigkeit ableiten, sind unter dem Gebot der wirtschaftlichen Betrachtungsweise nicht haltbar. Zur wirtschaftlichen Betrachtungsweise vgl. auch *Beger, W. D.*, Methodenlehre, 2000, S. 39 - 42. Auch die Existenz des analogen Rechtsinstituts der verdeckten Gewinnausschüttung bei Körperschaften, deren Besteuerung vom Trennungsprinzip und damit von der auch steuerlichen Anerkennung der Rechtsfähigkeit der Gesellschaft gekennzeichnet ist, verdeutlicht dies.

einer gesellschaftsrechtlichen Abrede, die unzweifelhaft eine Gewinnverwendung darstellt und damit den bilanziellen Erfolg der ersten Stufe nicht beeinflussen darf.[1]

bb. Zwischenergebnis

Die KGaA-Komplementäre sind im bestehenden System zwar keine Mitunternehmer, sollen aber wie diese im Rahmen der Einkommensteuer behandelt werden.[2] Somit müsste das Transparenzprinzip auf die (ertrag-)steuerliche Erfassung der KGaA-Komplementäre übertragen werden können. Beurteilungsmaßstab für eine systemkonforme Besteuerung der KGaA-Komplementäre ist die Übereinstimmung der Ergebnisse mit der zweistufigen Gewinnermittlung bzw. Gewinnzurechnung im Rahmen der Einkommensteuer und mit dem im materiellen Ergebnis auch für die Gewerbesteuer geltenden Transparenzprinzip.

c. Kapitalgesellschaften

ca. Trennungsprinzip

Von diesen Grundsätzen der steuerlichen Erfassung von Personengesellschaften bzw. Einzelunternehmen ist die ertragsteuerliche Erfassung der anderen Kapitalgesellschaften[3] bzw. das so genannte Körperschaftsteuersystem zu unterscheiden. Im Rahmen der Körperschaftsteuer wird aufgrund des Trennungsprinzips streng zwischen der Gesellschafts- und der Gesellschafterebene differenziert.[4]

---

1 Vgl. *BFH*, Urteil vom 16.3.1967, BStBl III 1967, S. 626. Allerdings bezieht sich dieses Urteil auf Kapitalgesellschaften. Die Argumentation kann aber aufgrund der Vergleichbarkeit der Sachverhalte insoweit auf Mitunternehmerschaften übertragen werden.

2 S. Kap. E.I., S. 142 f.; vgl. stellvertretend für viele *BFH*, Urteil vom 8.2.1984, BStBl II 1984, S. 381; *Reiß, W.*, Kirchhof – § 15, 2002, S. 1043, Rz. 503; *Kantewein, T.*, Steuerrecht, 1999, S. 1249; *Schmidt, L.*, Schmidt – § 15, 2002, S. 1321, Rz. 890; *Frankenheim, A.*, Kommanditgesellschaft auf Aktien, 1994, S. 129.

3 Der Begriff "andere Kapitalgesellschaft" wird hier gewählt, da die GmbH- bzw. die AG-Besteuerung als Referenzmodell dienen soll. Insgesamt kennt das deutsche Gesellschafts- bzw. Steuerrecht drei Arten von Kapitalgesellschaften: die AG, die GmbH und die KGaA; s. § 1 Abs. 1 Nr. 1 KStG.

4 Vgl. *Rose, G.*, Unternehmenssteuerrecht, 2001, S. 76 f.

Das Trennungsprinzip basiert auf der zivilrechtlichen Rechtsfähigkeit und den damit verbundenen getrennten Vermögenssphären,[1] an welche die Besteuerung anknüpft.[2] Es wirkt sich auf die Steuerpflicht und auf die steuerliche Bemessungsgrundlage der (anderen) Kapitalgesellschaften aus.

Das Trennungsprinzip führt zu einer potenziellen steuerlichen Doppelbelastung der Gewinne der Gesellschaft[3], da diese zum einen auf der Ebene der juristischen Person Kapitalgesellschaft der Körperschaftsteuer unterliegen und zum anderen im Falle einer Gewinnausschüttung beim Gesellschafter grundsätzlich erneut mit einer Steuer vom Einkommen zu belasten sind.[4]

Diese Doppelbelastung der gleichen Einkunftsteile wird durch das Körperschaftsteuersystem begrenzt: Ausschüttungen an eine andere inländische[5] Kapitalgesellschaft sind

---

1 Vgl. *Frotscher, G.*, Frotscher / Maas – § 8 KStG, 2002, S. 32, Rz. 64 f., S. 68, Rz. 119.

2 Die Besteuerung ist grundsätzlich an die Rechtsform eines Unternehmens gebunden; vgl. *BVerfG*, Beschluss vom 24.1.1962, BVerfGE 13, S. 331.

3 Im Gegensatz dazu sind Mitunternehmerschaften lediglich "Regelungsobjekt" bei der Gewinnzurechnung.

4 Bei natürlichen Personen, die die Anteile im Privatvermögen halten, unterliegen Gewinnausschüttungen als Einkünfte aus Kapitalvermögen i. S. d. §§ 2 Abs. 1 Nr. 5, 20 EStG zur Hälfte der Einkommensteuer (Halbeinkünfteverfahren); vgl. *Rose, G.*, Ertragsteuern, 2001, S. 38. Werden die Anteile im Betriebsvermögen einer Mitunternehmerschaft oder eines Einzelunternehmens gehalten, unterliegen die Gewinnanteile ebenso hälftig der Einkommensteuer und der Gewerbesteuer. Soweit die Anteilseigner als Körperschaften der Körperschaftsteuer unterliegen, ist die Regelung des § 8b KStG zu beachten, die sicherstellt, dass keine Kumulierung der Körperschaftsteuerbelastung erfolgt; vgl. *Grefe, C.*, Unternehmenssteuern, 2002, S. 259; *Scheffler, W.*, Besteuerung von Unternehmen I, 2002, S. 140, 160, 167 f. Im Verlustfall führt das Trennungsprinzip dazu, dass die Verluste bei der Kapitalgesellschaft verhaftet bleiben; vgl. hierzu *Düll, A. / Fuhrmann, G. / Eberhard, M.*, Verlustvor- und Rücktrag, 2001, S. 641 - 647.

5 Fragestellungen bezüglich grenzüberschreitender Konzernstrukturen bleiben an dieser Stelle außen vor, da hier lediglich das Grundprinzip der Körperschaftsbesteuerung dargestellt wird. Einen Überblick hierzu gibt *Breithecker, V.*, Internationale Betriebswirtschaftliche Steuerlehre, 1999, S. 277 - 311. Einen Überblick zu Änderungen aufgrund der Unternehmenssteuerreform 2001 gibt *PWC Deutsche Revision* (Hrsg.), Unternehmenssteuerreform 2001, 2000, S. 142 - 160.

bei dieser nach § 8b Abs. 1 KStG steuerfrei.[1] Auf die – am Ende der gegebenenfalls existierenden Beteiligungskette stehende – natürliche Person wird das Halbeinkünfteverfahren angewendet, wobei nach § 3 Nr. 40 EStG die (ausgeschütteten) Gewinnanteile einkommensteuerlich nur hälftig erfasst werden. Dadurch wird – zumindest partiell bzw. bezüglich der Gesamtbelastung – eine doppelte Belastung des Gewinns vermieden.

Weiterhin spiegelt sich das Trennungsprinzip auch in der steuerlichen Behandlung von Verträgen zwischen der Gesellschaft und den Gesellschaftern wider: Während schuldrechtliche Vereinbarungen zwischen einem Mitunternehmer und einer Mitunternehmerschaft zwar handelsrechtlich, aber nicht steuerlich anerkannt werden,[2] sind die schuldrechtlichen Leistungsbeziehungen[3] zwischen einer Körperschaft und deren Gesellschaftern nicht nur handelsrechtlich, sondern auch steuerlich gewinnwirksam zu

---

1 Dies gilt auch, soweit Personengesellschaften in die Beteiligungskette eingebunden sind: Dabei wird aufgrund des Transparenzprinzips durch die Personengesellschaft durchgegriffen. Ist der Gesellschafter der Personengesellschaft eine natürliche Person, gilt bei dieser das Halbeinkünfteverfahren, soweit die Personengesellschaft Dividenden bzw. eine Gewinnausschüttung von einer Kapitalgesellschaft erhält. Die Personengesellschaft selbst unterliegt weder der Einkommen- noch der Körperschaftsteuer. Ist eine Personengesellschaft zwischen zwei Kapitalgesellschaften geschaltet und werden die Gewinne von der Enkelkapitalgesellschaft über die Tochterpersonengesellschaft an die Mutterkapitalgesellschaft ausgeschüttet, greift § 8b Abs. 6 KStG mit dem Ergebnis, dass auch hier letztlich nur die am Ende der Kette stehende natürliche Person dem Halbeinkünfteverfahren unterliegt; vgl. *Köster, B.-K.*, Befreiung, 2000, S. 1269 f.; *Seifried, C.*, Zweifelsfragen, 2001, S. 244.

2 Die Zahlungen werden im Rahmen der zweiten Stufe der (einkommen-)steuerlichen Gewinnermittlung durch den Sonderbetriebserfolg erfasst (Sondervergütungen i. S. d. § 15 Abs. 1 Satz 1 Nr. 2 2. Halbsatz EStG); s. Kap. C.II., S. 50 - 56; vgl. *Freidank, C.-C.*, Personenhandelsgesellschaften, 1991, S. 444.

3 Dies können beispielsweise Dienst-, Miet-, Pacht- oder Darlehensverträge sein.

erfassen, soweit diese angemessen sind.[1] Unangemessene Vergütungen im Rahmen schuldrechtlicher Gesellschafts-Gesellschafter-Beziehungen fallen in den Anwendungsbereich der Rechtsinstitute verdeckte Gewinnausschüttung[2] bzw. verdeckte Einlage[3].[4]

Aufgrund einer weitgehenden Interessensidentität zwischen Gesellschaft und Gesellschaftern können durch schuldrechtliche Verträge dem Gesellschafter latente Vorteile zugewendet werden, die bei Anwendung der Sorgfalt eines ordentlichen und gewissenhaften Kaufmanns einem nicht an der Gesellschaft beteiligten fremden Dritten nicht zuteil geworden wären.[5] § 8 Abs. 3 KStG bestimmt, dass Zuwendungen, soweit deren eigentlicher Rechtsgrund nicht die schuldrechtliche Vertragsbasis, sondern die gesellschaftsrechtliche Stellung[6] ist, der Gewinnverwendung und nicht der Gewinnerzielung zuzuordnen sind. Auch die verdeckte Gewinnausschüttung führt aufgrund der grundsätzlichen handelsrechtlichen Anerkennung[7] der Verträge zu einer Minderung des Handelsbilanz- bzw. Steuerbilanzerfolgs; eine Hinzurechnung außerhalb der Bilanz erhöht aber den steuerlichen Erfolg und damit die Körperschaftsteuerbelastung auf Ebene der Gesellschaft.[8]

---

1 Vgl. stellvertretend für viele *Jacobs, O. H.*, Unternehmensbesteuerung, 2002, S. 92; *Scheffler, W.*, Besteuerung von Unternehmen I, 2002, S. 147 - 150.

2 Die Gegenleistung des Gesellschafters ist zu gering bzw. die Gegenleistung der Gesellschaft ist zu hoch.

3 Die Gegenleistung des Gesellschafters ist zu hoch bzw. die Gegenleistung der Gesellschaft ist zu gering.

4 Einen Überblick zur verdeckten Gewinnausschüttung und zur verdeckten Einlage geben *Lange, J.*, Verdeckte Gewinnausschüttungen, 1998, m. w. N.; *Lange, J.*, Aktuelle Entwicklungen, 1999, S. 327 - 335 m. w. N. Aktuelle Aspekte sind zu finden bei *Hey, J.*, Besteuerungsfolgen der verdeckten Gewinnausschüttung, 2001, S. 1 - 7; *Rättig, H. / Protzen, P. D. G.*, Anwendung, 2001, S. 495 - 501. Das Rechtsinstitut verdeckte Gewinnausschüttung ist gesetzlich nicht definiert, obwohl es in § 8 Abs. 3 Satz 2 KStG – einer Spezialnorm zur Entnahmevorschrift § 4 Abs. 1 Satz 2 EStG – explizit genannt ist. Nach der Rechtsprechung des *BFH* ist eine verdeckte Gewinnausschüttung eine Vermögensminderung bzw. eine verhinderte Vermögensmehrung, die durch das Gesellschaftsverhältnis veranlasst ist, sich auf die Höhe des Einkommens auswirkt und in keinem Zusammenhang mit einer offenen Gewinnausschüttung steht; vgl. *BFH*, Urteil vom 22.2.1989, BStBl II 1989, S. 475; *BFH*, Urteil vom 22.2.1989, BStBl II 1989, S. 631; *BFH*, Urteil vom 11.10.1989, BStBl II 1990, S. 89; *Lange, J.*, Verdeckte Gewinnausschüttungen, 1998, S. 42 - 45 m. w. N.

5 Vgl. hier und zum Folgenden *Frotscher, G.*, Frotscher / Maas – § 8 KStG, 2002, S. 69, Rz. 120.

6 Hierfür wird auch die Bezeichnung "societaris causa" verwendet; vgl. *Frotscher, G.*, Frotscher / Maas – § 8 KStG, 2002, S. 69, Rz. 120.

7 Das Rechtsinstitut der handelsrechtlichen verdeckten Gewinnausschüttung wird vernachlässigt.

8 Vgl. *Frotscher, G.*, Frotscher / Maas – Anhang vGA zu § 8 KStG, 2002, S. 118 f., Rz. 212.

Beim begünstigten Gesellschafter führt eine verdeckte Gewinnausschüttung zu einer Erhöhung des Einkommens bzw. zu einer Umqualifizierung, wenn die verdeckte Gewinnausschüttung bereits im Rahmen der Einkünfteermittlung erfasst wurde: Die unangemessenen Teile der Vergütung sind beim Gesellschafter als Einkünfte aus Kapitalvermögen zu behandeln bzw. als Einkünfte aus Gewerbebetrieb zu qualifizieren, falls die Beteiligung einem Gewerbebetrieb des Gesellschafters zuzurechnen ist.[1]

Mit dem Systemwechsel[2] vom körperschaftsteuerlichen Vollanrechnungs- zum Halbeinkünfteverfahren kommt der verdeckten Gewinnausschüttung (tendenziell) mehr materielle Bedeutung zu.[3] Während vor dem Systemwechsel neben dem Gewerbesteuereffekt der Umqualifizierungseffekt[4] eher nachrangig war und der Divergenzeffekt[5] hingegen größere Bedeutung einnahm, ist dies nun umgekehrt.[6] Unabhängig von der Qualifizierung einer Zahlung als verdeckte Gewinnausschüttung oder als Vergütung gelangte im Anrechnungssystem ausschließlich der persönliche Einkommensteuersatz auf Anteilseignerebene[7] zur Anwendung. Aufgrund des Halbeinkünfteverfahrens mit einer Steuerbelastung, die sich aus dem definitiven Körperschaftsteuersatz und dem persönlichen Einkommensteuersatz zusammensetzt, hängt die "Vorteilhaftigkeit" der Qualifizierung von dem Verhältnis zwischen persönlichem Einkommensteuersatz und definitiver Körperschaftsteuerbelastung ab (Auswirkung des Umqualifizierungs-

---

1 Vgl. *Lange, J.*, Verdeckte Gewinnausschüttungen, 1998, S. 243 - 245.

2 Zu den Anwendungsregelungen vgl. *Förster, G.*, Systemwechsel, 2001, S. 1273 - 1279.

3 Vgl. *Hey, J.*, Besteuerungsfolgen der verdeckten Gewinnausschüttung, 2001, S. 1 - 7; *Ax, R. / Harle, G.*, Gewinnausschüttung, 2001, S. 763 - 767; *Kulemann, G. / Harle, G.*, Ausschüttungspolitik, 2001, S. 67 - 69.

4 Die Belastungswirkung einer verdeckten Gewinnausschüttung, die durch die Umqualifizierung der Leistungsvergütung in eine Einnahme nach § 20 Abs. 1 Nr. 1 Satz 3 EStG entsteht, wird als Umqualifizierungseffekt bezeichnet; vgl. *Binz, M. / Sorg, M. H.*, Die verdeckte Gewinnausschüttung, 2001, S. 1458.

5 Die Belastungswirkung einer verdeckten Gewinnausschüttung, die durch die etwaige Mehrbelastung (auf Gesellschaftsebene) der verdeckten Gewinnausschüttung im Vergleich zur offenen Gewinnausschüttung entstehen kann, wird als Divergenzeffekt bezeichnet; vgl. *Binz, M. / Sorg, M. H.*, Die verdeckte Gewinnausschüttung, 2001, S. 1458.

6 Vgl. *Binz, M. / Sorg, M. H.*, Die verdeckte Gewinnausschüttung, 2001, S. 1458 f. Die Probleme der Übergangsregelungen werden hier vernachlässigt.

7 Unter der Annahme, dass der Anteilseigner eine in *Deutschland* unbeschränkt steuerpflichtige natürliche Person ist und die Anteile im Privatvermögen gehalten werden.

effekts).[1] Der Divergenzeffekt ist nur noch ausnahmsweise – im Konzernverbund bei Nutzungsüberlassung über die gemeinsame Muttergesellschaft ohne Organschaft – existent.[2]

Die AG und GmbH sind als Kapitalgesellschaften stets kraft Rechtsform in vollem Umfang und unabhängig von der Art der Tätigkeit Gewerbebetriebe.[3] Auch hier knüpft die Gewerbesteuer aufgrund des Äquivalenz- bzw. Objektsteuerprinzips an den Gewerbebetrieb Kapitalgesellschaft an.[4] Das Trennungsprinzip wird insoweit nicht konterkariert.

Die Anteilseigner unterliegen nicht aufgrund ihrer Gesellschafterstellung der Gewerbesteuer, können aber kraft Rechtsform oder kraft anderer Betätigung gewerbesteuerpflichtig sein. Die Erträge aus der Beteiligung sind dann grundsätzlich in den einheitlichen Gewerbeertrag mit einzubeziehen. Ist der Anteilseigner eine (inländische) Kapitalgesellschaft, bewirkt die körperschaftsteuerliche Befreiungsvorschrift des § 8b Abs. 1 KStG[5] auch eine gewerbesteuerliche Freistellung der Dividenden der Körperschaft.[6] Damit bleiben diese Dividenden bei der Beteiligungsgesellschaft gewerbesteuerlich grundsätzlich außer Ansatz, obwohl auch die Beteilungsgesellschaft als Kapitalgesellschaft nach § 2 Abs. 2 GewStG kraft Rechtsform der sachlichen Gewerbesteuerpflicht

---

1 Der kritische Einkommensteuersatz beträgt (unter Vernachlässigung des Solidaritätszuschlags, der Kirchensteuer und der Gewerbesteuereffekte) 40 %. Ist der durchschnittliche persönliche Steuersatz größer als 40 %, wäre aus Anteilseignersicht eine Ausschüttung vorteilhafter als eine Vergütung (Formel zur Berechnung: 100*s = 25 + 75/2*s). Für weitere Belastungsrechnungen vgl. *Schiffers, J.*, Konsequenzen, 2001, S. 885 - 892.

2 Vgl. *Schmitz, T.*, Verdeckte Gewinnausschüttung, 2001, S. 1166 - 1168; *Binz, M. / Sorg, M. H.*, Die verdeckte Gewinnausschüttung, 2001, S. 1459.

3 S. § 2 Abs. 2 GewStG.

4 Vgl. *Tipke, K. / Lang, J.*, Steuerrecht, 2002, S. 480 f., Rz. 9 m. w. N.

5 Diese Regelung wurde durch die Unternehmenssteuerreform 2001 neu eingeführt.

6 Zur Regelung des § 8b Abs. 1 KStG vgl. *Köhler, S.*, Holdinggesellschaft, 2001, S. 229 - 231; *PWC Deutsche Revision* (Hrsg.), Unternehmenssteuerreform 2001, 2000, S. 53 - 57; *Breithecker, V.* u. a., Unternehmenssteuerreform, 2001, S. 26 f.; *Benz, S.*, Steuerbefreiung, 2000, S. 228 - 237; *Steinhoff, S.*, § 8b KStG, 2000, S. 208 - 214; *Rödder, T.*, Erläuterungen, 2000, S. 537 - 545.

unterliegt. Insoweit verliert § 9 Nr. 2a GewStG[1] (sowie § 9 Nr. 7 GewStG[2]) durch das StSenkG an praktischer Bedeutung.[3] Durch die im Rahmen des UntStFG eingeführte Hinzurechnung nach § 8 Nr. 5 GewStG wird gewerbesteuerlich aber nur dann die Steuerfreiheit aufrechterhalten, wenn die – bereits aus § 9 Nr. 2a GewStG bekannte –[4] Mindestbeteiligung von 10 % gegeben ist.[5]

Einzelunternehmer oder Personengesellschaften sind nach § 2 Abs. 1 Satz 2 GewStG sachliches Gewerbesteuersubjekt kraft Betätigung, wenn ein gewerbliches Unternehmen i. S. d. § 15 EStG vorliegt.[6] Unter dieser Voraussetzung gehen die entsprechenden Gewinnanteile aus der Beteiligung an einer anderen Kapitalgesellschaft gemäß § 7 GewStG in die Einkünfte aus Gewerbebetrieb ein. Besteht zu Beginn des Erhebungszeitraumes eine Beteiligungsquote vom mindestens 10 %,[7] wird die potenzielle gewerbesteuerliche Doppelerfassung durch die Kürzung nach § 9 Nr. 2a GewStG vermieden: Die natürliche Person bzw. die Personengesellschaft kann durch dieses

---

1 § 9 Nr. 2a GewStG ist Teil des so genannten gewerbesteuerlichen Schachtelprivilegs. Nach dieser Vorschrift werden die Gewinne aus Anteilen an einer (nicht steuerbefreiten) inländischen Kapitalgesellschaft von der Gewerbesteuer befreit, wenn und *soweit* die Beteiligung mindestens 10 % beträgt und die Gewinnanteile bei der Ermittlung des Gewinns nach § 7 GewStG angesetzt worden sind; vgl. stellvertretend für viele *Theisen, M. R.*, Konzern, 2000, S. 567.

2 § 9 Nr. 7 GewStG erweitert das Schachtelprivileg auf Gewinnanteile von ausländischen Tochterkapitalgesellschaften; vgl. hierzu stellvertretend für viele *Meyer-Scharenberg, D. E.*, § 9 Nr. 7, 1996, S. 790 - 801, Rz. 1 - 37.

3 Vgl. *Köhler, S.*, Holdinggesellschaft, 2001, S. 239 f. Bis dato wurde nur durch die genannten Kürzungsvorschriften eine gewerbesteuerliche Freistellung der Dividenden auf Ebene der Beteiligungsgesellschaft erreicht.

4 Zur Mindestbeteiligung in Höhe von 10 % als Freistellungsvoraussetzung vgl. *Güroff, G.*, Glanneger / Güroff – § 9 Nr. 2a, § 9 Nr. 7 GewStG, 1999, S. 789 - 794, Rz. 1 - 5, S. 812 - 820, Rz. 1 - 14; *Stäuber, H.-W.*, Lenski / Steinberg – § 9 Nr. 2a GewStG, 2002, S. 1 - 10, Rz. 1 - 45; *Gosch, D.*, Blümich – § 9 GewStG, 2002, S. 53 - 62, Rz. 160 - 188.

5 Vgl. *Rödder, T. / Schumacher, A.*, Wesentliche Änderungen, 2002, S. 108 f.; *Melchior, J.*, Übersicht, 2002, S. 9.

6 Vgl. *Zitzelsberger, H.*, Grundlagen der Gewerbesteuer, 1990, S. 263 - 265; *Schaumburg, H. / Jesse, L.*, Die nationale Holding, 1998, S. 661.

7 Die Beteiligung muss nicht unmittelbar bestehen; vgl. *Güroff, G.*, Glanneger / Güroff – § 9 Nr. 2a, 1999, S. 791, Rz. 3 m. w. N.

gewerbesteuerliche Schachtelprivileg die Beteiligungserträge kürzen und somit auf dieser Ebene von der Gewerbesteuer freistellen.[1]

cb. Zwischenergebnis

Die Kommanditaktionäre sind gesellschaftsrechtlich als Anteilseigner einer Kapitalgesellschaft einzustufen.[2] Somit müsste das Trennungsprinzip sowohl im Rahmen der Besteuerung vom Einkommen als auch im Rahmen der Gewerbesteuer auf KGaA und der Kommanditaktionäre übertragen werden können und als Beurteilungsmaßstab für eine systemkonforme Besteuerung der KGaA und der Kommanditaktionäre herangezogen werden.

d. Konzernunternehmungen

Die KGaA kann in vielfältiger Weise in Konzernstrukturen eingebunden sein:[3] Obwohl in der *Bundesrepublik Deutschland* sowohl ein Konzernaktienrecht als auch handelsrechtliche Vorschriften zur Konzernrechnungslegung existieren, gibt es kein entsprechendes Konzernsteuerrecht, das mit Hilfe von konzerndimensional einheitlichen Ermittlungsvorschriften die Mehrfachbesteuerung von Gewinnen auf verschiedenen Konzernebenen vermeidet, einen Verlustausgleich zwischen den Konzerngesellschaften ermöglicht und die lediglich konzernintern realisierten (Zwischen-)Ergebnisse neutralisiert.[4] Vielmehr knüpft das Steuerrecht an die gesellschaftsrechtlichen Formen der

---

1 Vgl. *Güroff, G.*, Glanneger / Güroff – § 9 Nr. 2a, 1999, S. 789 - 794, Rz. 1 - 5; *Stäuber, H.-W.*, Lenski / Steinberg – § 9 Nr. 2a GewStG, 2002, S. 1 - 10, Rz. 1 - 45; *Gosch, D.*, Blümich – § 9 GewStG, 2002, S. 53 - 62, Rz. 160 - 188. Zur Kritik an der 10%-Grenze vgl. auch *Killinger, W.*, Berücksichtigung von Betriebsausgaben, 1999, S. 500 m. w. N.

2 S. Kap. B., S. 9 - 42.

3 S. Kap. B.IV., S. 34.

4 Vgl. *Wöhe, G.*, Konzernbesteuerung, 1998, S. 327; *Theisen, M. R.*, Konzern, 2000, S. 561; *Salzberger, W.*, Gewinnermittlung einer Konzernunternehmung, 1994, S. 1; *Krebühl, H.-H.*, Konzernbesteuerung, 2001, S. 1731.

einzelnen Unternehmen an; Konzernunternehmungen und damit auch deren ökonomische Komponente werden insoweit ignoriert.[1]

Das deutsche Steuerrecht kennt lediglich mit dem Schachtelprivileg (§ 8b KStG), dem gewerbesteuerlichen Schachtelprivileg (§§ 9 Nr. 2 und 2a GewStG, 8 Nr. 5 GewStG) und mit den Rechtsinstituten der körperschaft- sowie gewerbesteuerlichen Organschaft erste Anknüpfungspunkte zur konzernweiten Berücksichtigung der Verbundwirkungen auf Ebene der Bemessungsgrundlage.[2]

Sowohl das körperschaftsteuerliche Schachtelprivileg[3] als auch das gewerbesteuerliche Schachtelprivileg verhindern allerdings nur eine Mehrfachbelastung von (ausgeschütteten) Gewinnen. Das kapitalistische Trennungsprinzip bleibt davon unberührt: Korrespondierend dazu sind beispielsweise auch Teilwertabschreibungen und Gewinne bzw. Verluste aus Veräußerungen nach § 8b Abs. 2 KStG nicht zu berücksichtigen.[4] Abgesehen von der Mindestbeteiligungsquote in Höhe von 10 % nach § 8 Nr. 5 bzw. nach § 9 Nr. 2a GewStG knüpfen die Schachtelprivilegien nicht an rechtliche oder betriebswirtschaftliche Konzernmerkmale an, sondern an die Rechtsform der Gesellschaften.[5] Die betriebswirtschaftlichen Anforderungen an eine Konzernbesteuerung werden nicht

---

1 Vgl. *BVerfG*, Beschluss vom 24.1.1962, BVerfGE 13, S. 331; *Tipke, K. / Lang, J.*, Steuerrecht, 2002, S. 683 f., Rz. 2 m. w. N.; *Theisen, M. R.*, Konzern, 2000, S. 561; *Salzberger, W.*, Gewinnermittlung einer Konzernunternehmung, 1994, S. 1. Die Konzernunternehmung ist jedoch aus betriebswirtschaftlicher Sicht eine Planungs-, Koordinierungs- und Entscheidungseinheit, die zur Aufhebung der wirtschaftlichen Selbstständigkeit der Töchter führen kann. Eine getrennte Betrachtung der einzelnen Konzerngesellschaften steht im Widerspruch zu einer systematischen Konzernbesteuerung.

2 Vgl. *Theisen, M. R.*, Konzern, 2000, S. 562; *Sauter, T. / Heurung, R.*, Errichtung, 2001, S. 165 - 171.

3 Vgl. *Köhler, S.*, Holdinggesellschaft, 2001, S. 229 - 231; *PWC Deutsche Revision* (Hrsg.), Unternehmenssteuerreform 2001, 2000, S. 53 - 57; *Breithecker, V.* u. a., Unternehmenssteuerreform, 2001, S. 26 f.; *Benz, S.*, Steuerbefreiung, 2000, S. 228 - 237; *Steinhoff, S.*, § 8b KStG, 2000, S. 208 - 214; *Rödder, T.*, Erläuterungen, 2000, S. 537 - 545; *Kessler, W.*, Holdingstandort, 2001, S. 351 - 370.

4 S. § 8b Abs. 3 KStG. An dieser Stelle wird deutlich, dass lediglich eine Korrektur der Steuerbemessungsgrundlage der einzelnen Unternehmen vorliegt und keine konzerndimensionale einheitliche Ermittlung: Verluste aus einer solchen Beteiligung bleiben aufgrund des auch hier gültigen Trennungsprinzips unberücksichtigt. Somit wird mit dieser Regelung eine Doppelbesteuerung im Gewinnfall vermieden, aber auch eine Negierung der Beteiligung im Verlustfall erreicht. Vgl. auch *Eilers, S. / Wienands, H.-G.*, Anteilsveräußerungen, 2000, S. 1229 - 1240.

5 Daher wurden diese Fragen im Rahmen der Besteuerung von Mitunternehmerschaften bzw. von Kapitalgesellschaften behandelt, da von einer Konzernbesteuerung insoweit nicht gesprochen werden kann; s. Kap. C.II., S. 50 - 68.

erfüllt. Die allgemein verwendete Bezeichnung Privileg[1] ist allerdings irreführend: Es liegt keine Begünstigung der Beteiligungserträge vor; vielmehr wird eine mehrfache steuerliche Erfassung der wirtschaftlich identischen Bemessungsgrundlage vermieden.

Sowohl die gewerbesteuerliche als auch die körperschaftsteuerliche Organschaft[2] ermöglichen zwar einen konzerndimensionalen Verlustausgleich, die Eliminierung konzerninterner Zwischenergebnisse unterbleibt allerdings auch hier.[3] Die einzelnen Organgesellschaften ermitteln ihren Gewinn so, als ob keine Organschaft bestehen würde; konzerninterne Lieferungs- und Leistungsbeziehungen sind dabei grundsätzlich[4] erfolgswirksam.[5] Die Erfolge der Organgesellschaften[6] werden unabhängig davon, ob Gewinne oder Verluste vorliegen, dem Organträger[7] zugerechnet und von diesem versteuert. Diese "steuerrechtliche Lehre von der wirtschaftlichen Einheit rechtlich selbständiger Wirtschaftsobjekte"[8] führt zu einer Durchbrechung des Trennungsprinzips und wird als Zurechnungstheorie[9] bzw. als Organtheorie[10] bezeichnet.

Die (kumulativ zu erfüllenden) Voraussetzungen zur Bildung einer körperschaftsteuerlichen Organschaft sind:

- Die Organgesellschaft ist eine inländische Kapitalgesellschaft (§§ 14, 17 KStG).

---

1 So beispielsweise *Grefe, C.*, Unternehmenssteuern, 2002, S. 301 f.

2 Einen Überblick zur Organschaft geben u. a. *Wöhe, G.*, Konzernbesteuerung, 1998, S. 328 - 356; *Theisen, M. R.*, Konzern, 2000, S. 567 - 573; *Wöhe, G.*, Steuerlehre II/2, 1996, S. 67 - 181; *Witt, G.*, Organschaft, 1999; *Baetge, J. / Beermann, T.*, Organschaft, 1998, S. 265 - 288.

3 Vgl. *Theisen, M. R.*, Konzern, 2000, S. 561 m. w. N.

4 Die Ausnahme bilden verdeckte Gewinnausschüttungen bzw. verdeckte Einlagen; s. Kap. C.II., S. 59 - 61.

5 Vgl. *Scheffler, W.*, Besteuerung von Unternehmen I, 2002, S. 185.

6 Das sind mit anderen Worten die Tochterunternehmen; vgl. *Wöhe, G.*, Konzernbesteuerung, 1998, S. 334 f.

7 Das sind mit anderen Worten die Mutterunternehmen; vgl. *Wöhe, G.*, Konzernbesteuerung, 1998, S. 334 f.

8 *RFH*, Urteil vom 30.1.1930, RStBl 1930, S. 151.

9 Vgl. *Scheffler, W.*, Besteuerung von Unternehmen I, 2002, S. 185.

10 Vgl. *Wöhe, G.*, Steuerlehre II/2, 1996, S. 86 - 100 m. w. N.

- Eine finanzielle Eingliederung i. S. d. § 14 Nr. 1 KStG liegt vor. Dem Organträger muss die Mehrheit der Stimmrechte an der Organgesellschaft unmittelbar oder mittelbar zustehen. Eine mittelbare Beteiligung ist nur dann von Bedeutung, wenn aufgrund dieser die Mehrheit der Stimmrechte dem (potenziellen) Organträger zusteht.[1]
- Der Organträger ist eine unbeschränkt steuerpflichtige natürliche Person, eine Mitunternehmerschaft i. S. d. § 15 Abs. 1 Satz 1 Nr. 2 EStG oder eine juristische Person, die ein inländisches Gewerbe betreibt (§ 14 Nr. 2 KStG), bzw. ein ausländisches gewerbliches Unternehmen mit inländischer und ins Handelsregister eingetragener Zweigniederlassung (§ 18 KStG).
- Ein Gewinnabführungsvertrag nach § 291 AktG i. V. m. § 14 KStG wurde abgeschlossen.[2]

Bedeutung erlangt das Rechtsinstitut der ertragsteuerlichen Organschaft auch im Gewerbesteuerrecht.[3] Die körperschaftsteuerlichen Regelungen (§§ 14 - 19 KStG) sind gemäß § 2 Abs. 2 Satz 2 GewStG grundsätzlich auf die gewerbesteuerliche Organschaft anzuwenden.[4] Durch das UntStFG sind die Voraussetzungen zur Bildung einer gewerbesteuerlichen Organschaft vollständig an die Voraussetzungen zur Bildung einer körperschaftsteuerlichen Organschaft angepasst worden.[5] Die wirtschaftliche[6] und die

---

1 Vgl. *Witt, G.*, Organschaft, 1999, S. 89 - 94; *Kollruss, T.*, Organschaft, 2001, S. 17 f.; *Pache, S.*, Organschaft, 2000, S. 318 f.; *Pache, S.*, Steuersenkungsgesetz, 2000, S. 764; *Prinz, U.*, Organschaftsbesteuerung, 2000, S. 1257 - 1259.

2 Vgl. *Witt, G.*, Organschaft, 1999, S. 47 f.

3 Einen Überblick geben u. a. *Wöhe, G.*, Konzernbesteuerung, 1998, S. 328 - 356; *Theisen, M. R.*, Konzern, 2000, S. 567 - 573; *Wöhe, G.*, Steuerlehre II/2, 1996, S. 67 - 181; *Witt, G.*, Organschaft, 1999.

4 Vgl. *Schöne, W.-D.*, Gewerbesteuer, 1998, S. 23 - 25.

5 Vgl. *Melchior, J.*, Übersicht, 2002, S. 8; *Rödder, T. / Schumacher, A.*, Wesentliche Änderungen, 2002, S. 110; *Stadler, R. / Elser, T.*, Organschaft, 2002, S. 49.

6 Das beherrschte Unternehmen (die potenzielle Organgesellschaft) muss nach Art einer unselbstständigen Betriebsabteilung in das herrschende Unternehmen eingegliedert sein; vgl. *BFH*, Urteil vom 26.4.1989, BStBl II 1989, S. 668; *BFH*, Urteil vom 13.9.1989, BStBl II 1990, S. 24; *Wöhe, G.*, Steuerlehre II/2, 1996, S. 123 - 132 m. w. N.; *Witt, G.*, Organschaft, 1999, S. 104.

organisatorische[1] Eingliederung sind nicht mehr notwendig, der Abschluss eines Gewinnabführungsvertrages ist nun aber erforderlich.[2]

Die gewerbesteuerliche Konsequenz einer Organschaft besteht darin, dass die Organgesellschaft gemäß § 2 Abs. 2 GewStG als Betriebsstätte des Organträgers behandelt wird. Gewerbesteuerlich sind die beiden Unternehmen aber nicht als ein Einheitsunternehmen anzusehen; vielmehr werden die Gewerbeerträge jeweils getrennt bestimmt und dem Organträger zur Ermittlung seines Steuermessbetrags zugeordnet. Gewinne, die aus organkreisinternen Lieferungen resultieren, werden nicht eliminiert.[3] Um gewerbesteuerliche Doppelbelastungen zu vermeiden, unterbleiben alle Hinzurechnungen nach § 8 GewStG, soweit die dort erfassten Beträge bereits in den zusammenzurechnenden Gewerbeerträgen enthalten sind.[4]

Sowohl die körperschaft- als auch die gewerbesteuerliche Organschaft führen bei Körperschaften zur Durchbrechung des Trennungsprinzips. Mitunternehmerschaften können zwar Organträger sein, nicht aber Organgesellschaften. Aufgrund des

---

1 Die Organisation der Betriebsführung darf der Tochtergesellschaft keine selbstständigen Entscheidungen im Bereich der wichtigsten betrieblichen Funktionen (z. B. Finanzierung, Investition, Beschaffung, Produktion und Absatz) zugestehen. Diese Eingliederung kann mittels eines Beherrschungsvertrags i. S. d. § 291 Abs. 1 AktG, durch eine Eingliederung nach den Vorschriften §§ 319 - 327 AktG oder durch faktische Beherrschung erfolgen. Vgl. *Wöhe, G.*, Steuerlehre II/2, 1996, S. 132 - 139; *Kirsch, M. / Grube, F.*, Organschaft, 2001, S. 371 - 375.

2 Im Rahmen des StSenkG wurden die wirtschaftliche und organisatorische Eingliederung für eine körperschaftsteuerliche Organschaft obsolet. In den ursprünglichen Plänen des Gesetzgebers zum StSenkG waren für die gewerbesteuerliche Organschaft die gleichen Neuerungen vorgesehen wie für die körperschaftsteuerliche. Dieser Regierungsentwurf wurde aber aufgrund der dadurch bewirkten gewerbesteuerlichen "Zwangsorganschaft" und der damit verbundenen Aufkommensverschiebung der Gewerbesteuer zwischen den Gemeinden nicht umgesetzt; vgl. *Prinz, U.*, Organschaftsbesteuerung im Wandel, 2000, S. 1259 f.; *Heurung, R. / Heinsen, O. / Springer, M.*, Steuerreform, 2001, S. 185. Gewerbesteuerlich hätte jede Mehrheitsbeteiligung faktisch – auch entgegen dem Willen der Beteiligten – zu einer Organschaft geführt, da das GewStG nicht wie das KStG einen Gewinnabführungsvertrag als Voraussetzung vorgesehen hat. In der Literatur wurde zu Recht darauf hingewiesen, dass die Zwangsorganschaft bei einer Übernahme der körperschaftsteuerlichen Neuregelung einschließlich des Gewinnabführungsvertrags in das GewStG oder durch eine Option hätte vermieden werden können; vgl. *Kröner, I.*, Organschaft, 2001, S. 162. In der Literatur wurde das durch das StSenkG herbeigeführte Auseinanderfallen der Organschaftsvoraussetzungen stark kritisiert; vgl. *Herlinghaus, A.*, Organschaftsbestimmungen, 2001, S. 957 m. w. N. Der Gesetzgeber reagierte darauf im Rahmen des UntStFG und passte die Voraussetzungen aneinander an.

3 Vgl. *Witt, G.*, Organschaft, 1999, S. 356.

4 Vgl. *Rose, G.*, Ertragsteuern, 2001, S. 203.

Transparenzprinzips besteht keine Veranlassung, auch eine einkommensteuerliche Organschaft zu schaffen, da insoweit eine Ergebnisverrechnung erfolgt.

Konzernunternehmungen sind aus betriebswirtschaftlicher Sicht eine organisatorische Alternative zur Einheitsunternehmung.[1] Allerdings folgen weder das Gesellschaftsrecht noch das Steuerrecht dieser ökonomischen Betrachtungsweise.[2] Dieses allgemeine (negierende) Prinzip der Konzernbesteuerung ist Beurteilungsmaßstab für die Besteuerung einer konzernierten KGaA. Von besonderem Interesse sind dabei KGaA mit nicht natürlichen Personen als KGaA-Komplementäre. In diesem Fall liegt eine gesellschafterorientierte Verflechtung vor,[3] bei der Organfunktionen[4] in andere rechtlich selbstständige Unternehmen ausgelagert werden. Ebenso kann eine nicht natürliche Person als Kommanditaktionär zu KGaA-spezifischen Konzernverflechtungen führen.

2. Prinzipien der Besteuerung der Unternehmensübertragung

Sowohl bei Kapital- als auch bei Personengesellschaften ist ein Wechsel im Gesellschafterbestand möglich. Dieser kann entgeltlich oder unentgeltlich erfolgen. Grundsätzlich sind dabei drei Besteuerungsebenen zu betrachten: die Gesellschaft, der Altgesellschafter und der Neugesellschafter. Auch hier dienen die Prinzipien der jeweiligen Steuerrechtsregime als Vergleichsmaßstab für die Besteuerung der KGaA und ihrer Gesellschafter. Entgegen der laufenden Ertragsbesteuerung ist hier kein Rückgriff auf die Besteuerung eines Einzelunternehmers als Ausgangspunkt für die Besteuerung aperiodischer Geschäftsvorfälle von Mitunternehmerschaften notwendig, da insoweit unmittelbar aus dem Transparenzprinzip Grundsätze abgeleitet werden können.

---

1 Vgl. *Theisen, M. R.*, Konzern, 2000, S. 15 - 25; *Salzberger, W.*, Gewinnermittlung einer Konzernunternehmung, 1994, S. 250.

2 Zu einer umfassenden Analyse de lege lata und de lege ferenda vgl. *Salzberger, W.*, Gewinnermittlung einer Konzernunternehmung, 1994.

3 Vgl. *Theisen, M. R.*, Konzern, 2000, S. 132. *M. R. Theisen* unterscheidet (aus betriebswirtschaftlicher Sicht) zwischen personen-, institutionen- sowie funktionen- bzw. ressourcenverbundenen Unternehmen; zu den personenverbundenen Unternehmen gehören neben der gesellschafterorientierten Verflechtung die aufsichtsrats- sowie die geschäftsführungsorientierte Verflechtung und Kombinationsmodelle; vgl. *Theisen, M. R.*, Konzern, 2000, S. 127 - 153.

4 Zur Organeigenschaft des KGaA-Komplementärs s. Kap. B.I., S. 13.

a. Mitunternehmerschaften

aa. Entgeltliche Übertragung

Die Veräußerung eines Mitunternehmeranteils an einen Dritten bringt auf Ebene der Mitunternehmerschaft, die aufgrund des Transparenzprinzips ohnehin nicht einkommensteuerpflichtig ist, bzw. bei den verbleibenden Gesellschaftern keine (einkommen-) steuerlichen Konsequenzen mit sich.[1] Die Identität der Gesellschaft bleibt erhalten, eine Auflösung der Gesellschaft erfolgt grundsätzlich nicht.[2] Nicht ausgeglichene Verluste verbleiben einkommensteuerlich aufgrund des Transparenzprinzips – und der damit verbundenen personenbezogenen Besteuerung – beim Altgesellschafter.[3] Die Verlustberücksichtigung im Rahmen der objektorientierten Gewerbesteuer erfolgt nach § 10a GewStG: Verluste werden nur in dem Umfang berücksichtigt, in dem die Unternehmergleichheit erfüllt ist.[4]

Der ausscheidende Gesellschafter erzielt einen (einkommensteuer-)pflichtigen Veräußerungsgewinn in Höhe der Differenz zwischen dem Buchwert der Beteiligung und dem Veräußerungserlös abzüglich der Veräußerungskosten (§ 16 Abs. 1 Nr. 2 EStG).[5] Sonderbetriebsvermögen bzw. die darin enthaltenen stillen Reserven sind dabei grundsätzlich mit einzubeziehen.[6] Bei natürlichen Personen ist der Freibetrag nach § 16 Abs. 4 EStG und die Steuersatzermäßigung nach § 34 EStG zu beachten.[7] Die Veräußerung

---

1 Vgl. *Niehus, U. / Wilke, H.*, Personengesellschaften, 2001, S. 234; *Jacobs, O. H.*, Unternehmensbesteuerung, 2002, S. 453. Zu den handelsbilanziellen Konsequenzen vgl. *Thömmes, O.*, Handelsbilanz, 1991.

2 Vgl. *BFH*, Urteil vom 29.4.1993, BStBl II 1993, S. 666; *Piehler, K.*, Ausscheiden, 1995, S. 263, Rz. 59.

3 Vgl. *Jacobs, O. H.*, Unternehmensbesteuerung, 2002, S. 453.

4 Vgl. *Schöne, W.-D.*, Gewerbesteuer, 1998, S. 57 f.

5 Vgl. *Benz, S.*, Veräußerung, 2002, S. 21; *Knobbe-Keuk, B.*, Bilanz- und Unternehmenssteuerrecht, 1993, S. 902 f.; *Jacobs, O. H.*, Unternehmensbesteuerung, 2002, S. 453 f.

6 Vgl. hierzu ausführlich *Wacker, R.*, Schmidt – § 16 EStG, 2002, S. 1443 f., Rz. 407 m. w. N.; *Schoor, H. W.*, Veräußerung, 2001, S. 1051 - 1061.

7 Vgl. *Schulze zur Wiesche, D.*, Betriebsveräußerungen, 2001, S. 1377 - 1386; *Knobbe-Keuk, B.*, Bilanz- und Unternehmenssteuerrecht, 1993, S. 989 f. Der Veräußerer kann gegebenenfalls die Reinvestitionsregelung nach § 6b EStG in Anspruch nehmen.

eines Mitunternehmeranteils führt zu gewerbesteuerlichen Folgen, soweit die Gewinne nicht unmittelbar auf natürliche Personen entfallen.[1]

Der neu eintretende Gesellschafter erwirbt steuerlich nicht einen Gesellschaftsanteil i. S. eines einheitlichen Wirtschaftguts, sondern fiktiv *anteilig* die einzelnen zum *Gesamthandsvermögen* gehörenden Wirtschaftsgüter.[2] Diese Fiktion[3] führt dazu, dass der Neugesellschafter die einzelnen Wirtschaftgüter mit seinen Anschaffungskosten und damit zu Teilwerten zu aktivieren hat. Mit Hilfe einer Ergänzungsbilanz werden die Mehr- oder Minderwerte der einzelnen Wirtschaftsgüter im Vergleich zur Gesamthandsbilanz für den Neugesellschafter erfasst. Neben der unveränderten Gesamthandsbilanz existieren damit Ergänzungsbilanzen für einzelne (Neu-)Gesellschafter, in denen die anteiligen stillen Reserven bzw. stillen Lasten sowie gegebenenfalls ein anteiliger Geschäfts- oder Firmenwert ausgewiesen werden.[4] In den Folgeperioden werden auch die in den Ergänzungsbilanzen ausgewiesenen Werte entsprechend der allgemeinen Regelungen fortgeschrieben;[5] die Anschaffungskosten werden zum (planmäßigen oder gegebenenfalls außerplanmäßigen) Abschreibungspotenzial. Analoges gilt, wenn der Anteil auf einen Altgesellschafter übergeht.

---

1 Vgl. *Melchior, J.*, Übersicht, 2002, S. 9.

2 Vgl. *Niehus, U. / Wilke, H.*, Personengesellschaften, 2001, S. 234.

3 Zur Kritik daran vgl. *Lange, J.* u. a., Personengesellschaften, 1998, S. 430 f. m. w. N.

4 Vgl. hierzu ausführlich und mit zahlreichen Beispielen *Niehus, U. / Wilke, H.*, Personengesellschaften, 2001, S. 234 - 239; *Knobbe-Keuk, B.*, Bilanz- und Unternehmenssteuerrecht, 1993, S. 899 - 901; *Jacobs, O. H.*, Unternehmensbesteuerung, 2002, S. 456 - 459; *Lange, J.* u. a., Personengesellschaften, 1998, S. 430 f.; *Söffing, G.*, Besteuerung, 1994, S. 246 - 248.

5 Vgl. *Schmidt, L.*, Schmidt – § 15, 2002, S. 1243 f., Rz. 464 - 469.

ab. Unentgeltliche Übertragung

Durch den Tod eines Gesellschafters wird eine GbR grundsätzlich aufgelöst;[1] bei einer oHG bzw. KG führt der Tod eines unbeschränkt haftenden Gesellschafters grundsätzlich zu dessen Ausscheiden.[2] Durch so genannte Fortsetzungs- bzw. Nachfolgeklauseln kann der jeweilige Fortbestand der Gesellschaft mit Dritten als neue Gesellschafter statutarisch bestimmt werden.[3] Ebenso ist durch entsprechende Vereinbarungen mit den anderen Gesellschaftern eine Nachfolge zu Lebzeiten möglich.[4] Unter Annahme der Unternehmensfortführung mit einem Nachfolgegesellschafter ergeben sich auf Gesellschaftsebene bzw. auf Ebene der verbliebenen Gesellschafter[5] keine steuerlichen Konsequenzen.[6]

Auf Ebene des Begünstigten sind sowohl ertrag- als auch erbschaftsteuerliche Aspekte zu beachten. Erhält der Neugesellschafter den Mitunternehmeranteil (einschließlich des funktional wesentlichen Sonderbetriebsvermögens) ohne Gegenleistung, gilt ertragsteuerlich der Grundsatz der Buchwertverknüpfung:[7] Der Rechtsnachfolger muss die Buchwerte nach § 6 Abs. 3 EStG fortführen. Stille Reserven werden damit nicht aufgedeckt.

Beim Begünstigten unterliegt die Bereicherung durch den Mitunternehmeranteil der Erbschaft- bzw. Schenkungsteuer.[8] Eine Schenkung führt im Vergleich zu einem

---

1 S. § 727 BGB; vgl. *Brehm, B. / Mihm, F. / Scheel, T.*, Handelsrecht, 2001, S. 49 - 52.

2 S. § 131 Abs. 3 Nr. 1, § 161 Abs. 2 HGB. Beim Tod eines Kommanditisten wird die Gesellschaft – soweit nichts anderes vereinbart ist – mit den verbleibenden Gesellschaftern bzw. den Erben fortgesetzt; vgl. *Brehm, B. / Mihm, F. / Scheel, T.*, Handelsrecht, 2001, S. 72, 79.

3 Vgl. *Hörger, H.*, Nachfolge, 1998, S. 417, Rz. 812; *Brehm, B. / Mihm, F. / Scheel, T.*, Handelsrecht, 2001, S. 49 - 52.

4 Vgl. *Piehler, K.*, Ausscheiden, 1995, S. 263, Rz. 59.

5 Dies gilt nur, soweit die Anteile auf einen neuen Gesellschafter übertragen werden.

6 Vgl. *Söffing, G.*, Besteuerung, 1994, S. 252. Werden die Anteile auf einen oder mehrere Altgesellschafter übertragen, gelten insoweit dieselben Konsequenzen wie bei einem fremden Dritten als Begünstigtem.

7 Vgl. *Fischer, P.*, Kirchhof – § 6 EStG, 2002, S. 478 - 480, Rz. 181; *Söffing, G.*, Besteuerung, 1994, S. 252; *Fabian, R.*, Lebzeiten, 1995, S. 1246 f., Rz. 53; *Glanegger, P.*, Schmidt – § 6 EStG, 2002, S. 607 f., Rz. 473 f.

8 S. §§ 1, 3, 7 ErbStG.

Erbschaftsvorgang zu keiner unterschiedlichen Bemessungsgrundlage – abgesehen vom Versorgungsfreibetrag nach § 17 ErbStG – oder einem anderen Steuersatz;[1] von einer diesbezüglichen Differenzierung kann somit abgesehen werden. Der Wert der Bereicherung richtet sich nicht nach dem Nennbetrag des Kapitalkontos, sondern nach dem Wert des anteiligen Gesellschaftsvermögens.[2] Die nach bewertungsrechtlichen Gesichtspunkten bestimmte Bereicherung umfasst – dem Transparenzprinzip folgend – neben dem Gesamthandsvermögen auch das Sonderbetriebsvermögen und basiert aufgrund der so genannten verlängerten Maßgeblichkeit – mit wenigen Ausnahmen – auf den Steuerbilanzwerten.[3] Die Anteile an einer Personengesellschaft fallen als Produktivvermögen unter die Begünstigungsvorschriften der §§ 13a, 19a ErbStG (s. Abb. 6).[4]

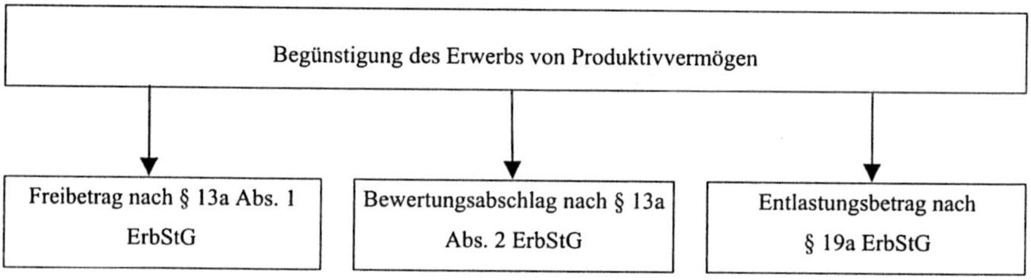

Abb. 6: Begünstigung des Erwerbs von Produktivvermögen
(Quelle: *Herrler, H.* u. a., Betriebliche Steuern, 2001, S. 321)

Neben der Begünstigung nach §§ 13a, 19a ErbStG ist – im Erbfall sogar zinslos – die Erbschaft- bzw. Schenkungsteuer nach § 28 ErbStG auf Antrag zu stunden.[5]

---

1 Vgl. *Knobbe-Keuk, B.*, Bilanz- und Unternehmenssteuerrecht, 1993, S. 1003; *Fabian, R.*, Lebzeiten, 1995, S. 1238, Rz. 22.

2 Vgl. *Tipke, K. / Lang, J.*, Steuerrecht, 2002, S. 700, Rz. 53.

3 Vgl. *Jacobs, O. H.*, Unternehmensbesteuerung, 2002, S. 476 f.; *Ebeling, J.*, Kapp / Ebeling – § 12 ErbStG, 2002, S. 73 - 82, Rz. 311.3 - 318; *Tipke, K. / Lang, J.*, Steuerrecht, 2002, S. 510 f., Rz. 48; s. § 12 Abs. 5 ErbStG. Grundstücke und Anteile an Kapitalgesellschaften werden nicht mit Steuerbilanzwerten angesetzt.

4 S. § 13a Abs. 4 Nr. 3 ErbStG; vgl. *BVerfG*, Beschluss vom 22.6.1995, BStBl II 1995, S. 671; *Ebeling, J.*, Kapp / Ebeling – § 13a ErbStG, 2002, S. 35 - 38/2, Rz. 101 - 110; *Crezelius, G.*, Überlegungen, 1997, S. 1584 - 1589.

5 Vgl. hierzu kritisch *Meincke, J. P.*, Erbschaftsteuer, 1997, S. 637 - 643, Rz. 1 - 10.

b. Kapitalgesellschaften

ba. Entgeltliche Übertragung

Die entgeltliche Übertragung von Anteilen an einer anderen Kapitalgesellschaft ist für den rechtlichen Fortbestand der Gesellschaft ohne Bedeutung und steuerlich durch das Trennungsprinzip gekennzeichnet.[1] Dieser Vorgang auf Gesellschafterebene ist für die Kapitalgesellschaft ohne ertragsteuerliche Konsequenzen. Stille Reserven sowie der Verlustabzug auf Gesellschaftsebene bleiben unberührt. Die einzige Ausnahme bildet § 8 Abs. 4 KStG: Geht die wirtschaftliche Identität der Gesellschaft durch den Gesellschafterwechsel verloren, so ist der Verlustabzug nach § 10d EStG bzw. ein innerperiodischer Verlustausgleich nicht mehr möglich.[2] Der gesetzlich vorgesehene Hauptanwendungsfall hierzu ist ein Mehrheitswechsel in Kombination mit einer Zuführung überwiegend neuen Betriebsvermögens[3], soweit dieses nicht der Sanierung dient und das bisherige Geschäft nicht fünf Jahre fortgeführt wird. Diese Einschränkung der Verlustverrechnung betrifft nach § 10a GewStG auch die Gewerbesteuer.

Die (Ertrags-)Besteuerung der Anteilsveräußerung auf Gesellschafterebene wird durch drei Einflussfaktoren determiniert. Neben der Besitzzeit und der Beteiligungsquote ist die Zuordnung zum Privatvermögen einer natürlichen Person, zum Betriebsvermögen einer Kapitalgesellschaft oder zum Betriebsvermögen eines anderen Unternehmens[4] entscheidend. Die wichtigsten Steuerfolgen sind in der nachstehenden Abbildung zusammengestellt (s. Abb. 7).[5]

---

1 Vgl. hier und zum Folgenden *Jacobs, O. H.*, Unternehmensbesteuerung, 2002, S. 403 - 410.

2 Einen Überblick zu § 8 Abs. 4 KStG geben *Streck, M.*, Körperschaftsteuergesetz, 1997, S. 273 - 275; *Rengers, J.*, Blümich – § 9 KStG, 2002, S. 140 - 145a, Rz. 901 - 947; *Eilers, S.*, Tax due diligence, 2000, S. 122 - 125; *Frotscher, G.*, Frotscher / Maas – § 8 KStG, 2002, S. 100 - 134, Rz. 185 - 196; *Olbrich, M.*, Mantelgesellschaft, 2001, S. 1326 - 1331; *Lang, B.*, Arthur Andersen – § 8 KStG, 2002, S. 291 - 340, Rz. 1247 - 1305.21; *Herzberg, T.*, § 8 Abs. 4 KStG, 2001, S. 553 - 557; zur Ansicht der Finanzverwaltung vgl. *BMF*, Schreiben vom 16.4.1999, BStBl I 1999, S. 455 - 460.

3 Hierunter fällt auch die fremdfinanzierte Zufuhr; vgl. *Holzapfel, H.-J. / Pöllath, R.*, Unternehmenskauf, 2001, S. 144 f., Rz. 155.

4 In diesem Fall ist zu berücksichtigen, in welcher Rechtsform die Gesellschafter organisiert sind.

5 Vgl. auch *Kanzler, H.-J.*, Problematik, 2000, S. 1245 - 1255; *Lechner, F.*, Kapitalgesellschaft, 2001, S. 201 - 214; *Prinz, U. / Ommerborn, F.*, Rechtsfragen, 2001, S. 977 - 983.

	Anteile im Privatvermögen			Anteile im Betriebsvermögen eines Einzelunternehmens bzw. einer Personengesellschaft		Anteile im Betriebsvermögen einer Kapitalgesellschaft
	innerhalb der Veräußerungsfrist	**außerhalb der Veräußerungsfrist**		**Beteiligungsquote < 100 %**	**Beteiligungsquote = 100 %**	
		keine wesentliche Beteiligung	**wesentliche Beteiligung**			
ESt / KSt	§ 23 EStG	nicht steuerbar	§§ 17, 34 EStG	§ 15 EStG bzw. § 8b KStG[1]	§§ 16, 34 EStG bzw. § 8b KStG[2]	§ 8b KStG
GewSt	nein	nein	nein	ja / nein[3]	ja / nein[4]	nein

Abb. 7: Überblick zu den ertragsteuerlichen Folgen einer Anteilsveräußerung.
(Quelle: In Anlehnung an *Jacobs, O. H.*, Unternehmensbesteuerung, 2002, S. 405, 407)

bb. Unentgeltliche Übertragung

Der rechtliche Fortbestand einer GmbH oder AG wird auch bei einer unentgeltlichen Anteilsübertragung nicht berührt.[5] Auf Ebene der Gesellschaft, deren Anteile übertragen werden, ergeben sich im Vergleich zu einer entgeltlichen Übertragung grundsätzlich keine Unterschiede. Die einzige Ausnahme besteht darin, dass die Regelung des § 8 Abs. 4 KStG bei einer Erbauseinandersetzung nicht greift.[6]

---

1 Ist eine Kapitalgesellschaft Gesellschafter der veräußernden Personengesellschaft, wird nach § 8b KStG durch die Gesellschaft durchgegriffen.

2 Ist eine Kapitalgesellschaft Gesellschafter der veräußernden Personengesellschaft, wird nach § 8b KStG durch die Gesellschaft durchgegriffen.

3 Beachte § 8b KStG sowie den durch das UntStFG eingeführten § 8 Nr. 5 GewStG.

4 Beachte § 8b KStG sowie den durch das UntStFG eingeführten § 8 Nr. 5 GewStG.

5 Vgl. *Jacobs, O. H.*, Unternehmensbesteuerung, 2002, S. 439 f.

6 Vgl. *Lang, B.*, Arthur Andersen – § 8 KStG, 2002, S. 297, Rz. 1263 f.; *Frotscher, G.*, Frotscher / Maas – § 8 KStG, 2002, S. 102 f., Rz. 186. Beide kommen – unter kritischer Bezugnahme auf das *BMF*-Schreiben vom 16.4.1999 – zu diesem Ergebnis; vgl. *BMF*, Schreiben vom 16.4.1999, BStBl I 1999, S. 455 - 460.

Die durch die Übertragung der Anteile hervorgerufene Bereicherung wird beim Neugesellschafter (Begünstigten) durch die Erbschaft- bzw. Schenkungsteuer erfasst.[1] Bewertet wird die Bereicherung mit dem gemeinen Wert, der sich zum Stichtag aus festgestellten Börsenkursen, aus abgeleiteten Verkäufen innerhalb des vergangenen Jahres bzw. aus dem Stuttgarter Verfahren[2] ergibt.[3] Dabei werden basierend auf Steuerbilanzwerten das Vermögen[4] und die Ertragsaussichten der Gesellschaft ermittelt und mit Hilfe der Übergewinnmethode gewichtet.[5] Die Anteile an einer Kapitalgesellschaft fallen unter die Begünstigungsvorschriften für Produktivvermögen, wenn der Erblasser oder Schenker zu mehr als einem Viertel an der Kapitalgesellschaft beteiligt war (s. Abb. 6).[6]

Beim Übertragenden entstehen keine steuerpflichtigen Einkünfte, falls die Anteile im Privatvermögen gehalten werden.[7] Gehören die Anteile zu einem Betriebsvermögen, sind grundsätzlich nach §§ 4 Abs. 1, 6 Abs. 1 Nr. 4 EStG die stillen Reserven Gewinn erhöhend aufzulösen. Dies gilt nicht, falls ein Betrieb oder Teilbetrieb übertragen wird; in diesem Fall ist eine gewinnneutrale Übertragung möglich, wenn die Besteuerung der stillen Reserven sichergestellt ist.[8]

---

1 Vgl. *Hörger, H.*, Nachfolge, 1998, S. 450, Rz. 876.

2 Das Stuttgarter Verfahren ist anzuwenden, wenn der gemeine Wert der Anteile weder aufgrund einer Börsennotierung noch aus zeitnahen Verkäufen abgeleitet werden kann; vgl. *Pach-Hanssenheimb, F. von*, Erbschaftsteuerrecht, 1998, S. 215, Rz. 490. Zum Stuttgarter Verfahren vgl. stellvertretend für viele *Rose, G.*, Substanzsteuern, 1997, S. 81 - 86 m. w. N.; *Ebeling, J.*, Kapp / Ebeling – § 12 ErbStG, 2002, S. 24/2 - 28/2, Rz. 125 - 140.1; *Haas, P.*, Nachfolge, 1995, S. 126 - 129; R 95 - 108 ErbStR.

3 S. § 12 ErbStG; vgl. *Jacobs, O. H.*, Unternehmensbesteuerung, 2002, S. 439.

4 Dies entspricht der Bewertungs*technik* bei Personengesellschaften; s. § 12 Abs. 2 Satz 2 ErbStG; vgl. *Tipke, K. / Lang, J.*, Steuerrecht, 2002, S. 510 - 514, Rz. 48 - 54. Zu beachten ist aber, dass bei Personengesellschaften nicht nur das (Gesamthands-)Vermögen, sondern auch das Sonderbetriebsvermögen in die Bewertung einbezogen wird.

5 Vgl. *Pach-Hanssenheimb, F. von*, Erbschaftsteuerrecht, 1998, S. 215, Rz. 490.

6 S. § 13a Abs. 4 Nr. 3 ErbStG; vgl. *BVerfG*, Beschluss vom 22.6.1995, BStBl II 1995, S. 671; *Ebeling, J.*, Kapp / Ebeling – § 13a ErbStG, 2002, S. 35 - 38/2, Rz. 101 - 110; *Finanzministerium Baden-Württemberg* u. a., Erlass vom 17.6.1997, BStBl I 1997, S. 673 - 688.

7 Vgl. *Jacobs, O. H.*, Unternehmensbesteuerung, 2002, S. 444 f. Zu beachten ist jedoch § 17 Abs. 1 Satz 5 EStG.

8 S. § 6 Abs. 3 EStG; vgl. *Fischer, P.*, Kirchhof – § 6 EStG, 2002, S. 478 - 480, Rz. 181; *Glanegger, P.*, Schmidt – § 6 EStG, 2002, S. 607 f., Rz. 473 f.

3. Zwischenergebnis

Der gesellschaftsrechtliche Dualismus der KGaA spiegelt sich auch in deren Besteuerung wider, da sich diese im Sinne der Einheitlichkeit der Rechtsordnung grundsätzlich an der zivilrechtlichen Grundwertung orientiert.[1] In diesem Zusammenhang wird die KGaA auch als hybride Rechtsform bezeichnet.[2] Die Rechtsformabhängigkeit des deutschen Steuerrechts führt dazu, dass die Besteuerung der KGaA sowohl durch das personalistische Transparenzprinzip als auch durch das kapitalistische Trennungsprinzip beeinflusst werden muss. Dieser Dualismus ist strikt zu trennen von dem einkommensteuerlichen Dualismus der Einkünfteermittlung, der zwischen Gewinneinkünften und damit der Reinvermögenszugangstheorie[3] sowie Überschusseinkünften und damit der Quellentheorie[4] differenziert.[5]

Daneben ist die KGaA – nicht zuletzt aufgrund der Möglichkeit, dass der KGaA-Komplementär eine nicht natürliche Person sein kann – gegebenenfalls auch den Prinzipien der Konzernbesteuerung zu unterwerfen (s. Abb. 8). Auch die GmbH & Co. KG tangiert beide Steuerregime. Parallelen zur GmbH & Co. KG können im Rahmen der Besteuerung nicht grundsätzlich, aber partiell[6] gezogen werden, obwohl auch bei der KGaA der persönlich haftende Gesellschafter in einer haftungsbeschränkten Rechtsform organisiert sein kann, da die GmbH & Co. KG (steuerrechtlich) eine Personengesellschaft ist, die KGaA hingegen eine Kapitalgesellschaft.[7]

---

1 Vgl. auch *BVerfG,* Beschluss vom 24.1.1962, BVerfGE 13, S. 331.

2 Vgl. u. a. *Schaumburg, H. / Schulte, C.*, Die KGaA, 2000, S. 3.

3 Gemäß dieser Theorie erfasst der Gewinnbegriff i. S. d. §§ 2 Abs. 2 Nr. 1, 4 Abs. 1 Satz 1 EStG den Gesamterfolg der unternehmerischen Tätigkeit inklusive dem Veräußerungserfolg von Wirtschaftsgütern des Betriebsvermögens; vgl. *Tipke, K. / Lang, J.*, Steuerrecht, 2002, S. 260, Rz. 181.

4 Gemäß dieser Theorie sollen lediglich die Erträge ständig fließender Quellen wirtschaftliche Leistungsfähigkeit indizieren, nicht aber die Quellen selbst. Veräußerungseinkünfte sowie Substanz- und Wertveränderungen des Privatvermögens sind damit steuerlich irrelevant; vgl. *Tipke, K. / Lang, J.*, Steuerrecht, 2002, S. 260, Rz. 181.

5 Vgl. *Tipke, K. / Lang, J.*, Steuerrecht, 2002, S. 260 - 262, Rz. 181 - 187.

6 S. Kap. E.I., S. 152 f.

7 Zur GmbH & Co. KG vgl. *Binz, M. K. / Sorg, M. H.*, Die GmbH & Co, 1992.

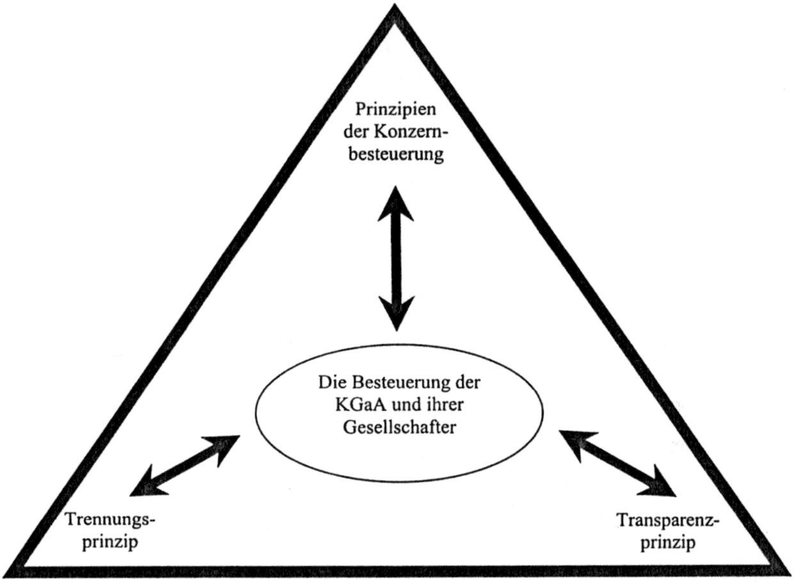

Abb. 8: Die Besteuerung der KGaA und ihrer Gesellschafter im Spannungsfeld von Transparenz- und Trennungsprinzip sowie den Prinzipien der Konzern(-unternehmungs-)besteuerung.

Die Gewerbesteuer knüpft aufgrund des Äquivalenz- bzw. Objektsteuerprinzips an gewerbliche Unternehmen als Einheit an. Für eine systemgerechte gewerbesteuerliche Erfassung der KGaA darf sich der steuerliche Dualismus der KGaA nicht in der Gestalt auswirken, dass formal zwei getrennte Gewerbesteuersubjekte – auf der einen Seite der personalistische Teil und auf der anderen Seite der kapitalistische Teil – besteuert werden.

D. Ertragsbesteuerung der KGaA

Die gesetzliche Grundkonzeption zur Besteuerung der KGaA und ihrer Gesellschafter sieht eine strikte Trennung von drei Besteuerungsebenen vor: die KGaA als Körperschaft und die Gesellschaftergruppen Kommanditaktionäre sowie KGaA-Komplementäre.[1]

Die KGaA unterliegt zum einen der Körperschaftsteuer und zum anderen der Gewerbesteuer.[2] Von besonderer Bedeutung ist, wie die personalistische Komponente der KGaA im Rahmen der Ertragsbesteuerung berücksichtigt wird.

I. Körperschaftsteuer

1. Steuerpflicht

In § 1 Abs. 1 Nr. 1 KStG wird die Rechtsform KGaA explizit genannt. Damit unterliegt die KGaA der unbeschränkten Körperschaftsteuerpflicht, wenn die Geschäftsleitung[3] oder der Sitz[4] im Inland ist.[5] Insoweit weisen das Körperschaftsteuerrecht und das Gesellschaftsrecht Parallelen auf: Die KGaA wird jeweils als Gesellschaft mit eigener

---

1 Vgl. *Schaumburg, H.*, Rechtsform, 1998, S. 533; *Crezelius, G.*, Komplementärsbesteuerung, 1999, S. 318 f.

2 Zur Körperschaftsteuer der KGaA wird der Solidaritätszuschlag als Ergänzungsabgabe erhoben (§ 1 Abs. 1 Satz 1 SolZG, Solidaritätszuschlagsgesetz vom 23.6.1993). Da dabei keine KGaA-Spezifika zu beachten sind, wird auf eine Darstellung verzichtet.

3 § 10 AO definiert die Geschäftsleitung als den Mittelpunkt der geschäftlichen Oberleitung; vgl. *Kruse, H. W.*, Tipke / Kruse – § 10 AO, 2002, S. 40 f., Rz. 1 - 3.

4 Nach § 11 AO ist der Sitz einer Körperschaft an dem Ort, der durch Gesetz, Gesellschaftsvertrag, Satzung, Stiftungsgeschäft oder dergleichen bestimmt ist. Der Sitz einer KGaA wird gemäß den §§ 278 Abs. 3 i. V. m. 5 AktG durch den statutarischen Sitz determiniert; vgl. *Frankenheim, A.*, Kommanditgesellschaft auf Aktien, 1994, S. 76 f.

5 Vgl. hierzu ausführlich und grundlegend *Kalbfleisch, E.*, Arthur Andersen – § 1 KStG, 2002, S. 1 - 60 , Rz. 1 - 132; *Graffe, I.*, Dötsch u. a. – § 1 KStG, 2002, S. 1 - 16/33, Rz. 1 - 116; *Herrmann, C.*, Herrmann / Heuer / Raupach – § 1 KStG, 2002, S. K 1 - K 50, Rz. 1 - 106; *Rengers, J.*, Blümich – § 1 KStG, 2002, S. 1 - 32, Rz. 1 - 200; *Streck, M.*, Körperschaftsteuergesetz, 1997, S. 16 - 26.
KGaA mit Geschäftsleitung oder Sitz im Inland werden im Rahmen dieser Arbeit als inländische KGaA bezeichnet.

Rechtspersönlichkeit qualifiziert und als Rechts- bzw. Steuersubjekt angesehen.[1] In § 1 Abs. 1 KStG ist somit der Einheitsgedanke[2] der KGaA körperschaftsteuerlich kodifiziert.[3]

Folge der unbeschränkten Körperschaftsteuerpflicht ist gemäß § 1 Abs. 2 KStG, dass die KGaA mit ihrem Welteinkommen der deutschen Körperschaftsteuer unterliegt; hieraus gegebenenfalls resultierende Doppelbesteuerungen werden mittels unilateraler Maßnahmen, DBA und anderer zwischenstaatlicher Vereinbarungen geregelt.[4] Die duale Rechtsstruktur der KGaA wird auch im Außensteuerrecht übernommen: Sowohl die KGaA selbst als auch der KGaA-Komplementär erzielen jeweils Unternehmensgewinne i. S. d. Art. 7 OECD-MA.[5] Insgesamt sind allerdings Qualifikationskonflikte[6] zu verzeichnen, da die KGaA im Ausland weitgehend unbekannt ist.[7]

---

1 Vgl. *Schaumburg, H. / Schulte, C.*, Die KGaA, 2000, S. 67 f.

2 S. Kap. B.II., S. 27 - 30.

3 Vgl. *Maurer, T.*, Anleger-Kommanditgesellschaften, 1999, S. 171; *Ammenwerth, M.*, Rechtsformalternative, 1997, S. 132. Die KGaA wird auch im Rahmen der externen Rechnungslegung als Einheitsgesellschaft verstanden, s. Kap. B.II., S. 27 - 30.

4 Vgl. *Grafmüller, F.*, Kommanditgesellschaft auf Aktien, 1994, S. 201; Abschn. 2 Abs. 5 KStR.

5 Vgl. hier und zum Folgenden *BFH*, Urteil vom 17.10.1990, BStBl II 1991, S. 211; *Schaumburg, H. / Schulte, C.*, Die KGaA, 2000, S. 342. Dem steht nicht entgegen, dass in einem ersten Schritt ausschließlich die KGaA betrachtet wird; s. Kap. D.I., S. 108 - 112.

6 Unter einem Qualifikationskonflikt wird ein Konflikt verstanden, der dann entsteht, "wenn Sachverhalte von verschiedenen Steuerverwaltungen unterschiedlich gewürdigt werden, woraus unterschiedliche Zuordnungen oder unterschiedliche Normanwendungen resultieren", *Breithecker, V.*, Internationale Betriebswirtschaftliche Steuerlehre, 1999, S. 251.
Diese Qualifikationskonflikte sind allerdings nicht unmittelbar durch den hybriden Charakter der KGaA begründet, sondern beruhen vielmehr auf der Tatsache, dass die steuerliche Sonderstellung der KGaA und damit das bestehende Besteuerungssystem im Ausland nicht bekannt sind. Demzufolge wird im Rahmen dieser Analyse de lega lata und de lege ferenda von internationalen Aspekten abgesehen.

7 Vgl. *Schaumburg, H. / Schulte, C.*, Die KGaA, 2000, S. 104, sowie allgemein *Schaumburg, H.*, Internationales Steuerrecht, 1998, S. 799 - 802.

Die unbeschränkte Steuerpflicht der (inländischen) KGaA beginnt mit deren Entstehung.[1] Damit ist bereits die Vorgesellschaft, die mit der Feststellung der Satzung[2] entsteht, körperschaftsteuerpflichtig. Die Vorgründungsgesellschaft ist als Personengesellschaft zu qualifizieren und damit nicht körperschaftsteuerpflichtig.[3] Beendet wird die unbeschränkte Körperschaftsteuerpflicht durch die Liquidation der KGaA; der Zeitpunkt der Löschung der Gesellschaft aus dem Handelsregister ist dagegen nicht maßgeblich.[4] Ebenfalls führt eine Verlagerung der Geschäftsleitung oder des Sitzes ins Ausland zur Beendigung der unbeschränkten Steuerpflicht.[5]

2. Bemessungsgrundlage

Die Körperschaftsteuer einer KGaA bemisst sich nach dem zu versteuernden Einkommen.[6] Dieses bestimmt sich nach den (Ermittlungs-)Vorschriften des EStG[7] und des KStG.[8] Eine KGaA ist – wie eine AG – eine Handelsgesellschaft und ein Formkauf-

---

1 Vgl. hier und zum Folgenden *Kalbfleisch, E.*, Arthur Andersen – § 1 KStG, 2002, S. 56 f., Rz. 123 - 126; *Graffe, I.*, Dötsch u. a. – § 1 KStG, 2002, S. 16/30 - 16/32, Rz. 103 - 110; *Herrmann, C.*, Herrmann / Heuer / Raupach – § 1 KStG, 2002, S. K 43, Rz. 84; *Rengers, J.*, Blümich – § 1 KStG, 2002, S. 29 - 30, Rz. 180 - 183; *Streck, M.*, Körperschaftsteuergesetz, 1997, S. 19 f.

2 S. § 280 AktG.

3 Vgl. *Kalbfleisch, E.*, Arthur Andersen – § 1 KStG, 2002, S. 55, Rz. 122; *Graffe, I.*, Dötsch u. a. – § 1 KStG, 2002, S. 16/30 - 16/32, Rz. 104 - 110; *Herrmann, C.*, Herrmann / Heuer / Raupach – § 1 KStG, 2002, S. K 40 f., Rz. 76; *Rengers, J.*, Blümich – § 1 KStG, 2002, S. 28 f., Rz. 172 - 174; *Streck, M.*, Körperschaftsteuergesetz, 1997, S. 19.

4 Vgl. *Frankenheim, A.*, Kommanditgesellschaft auf Aktien, 1994, S. 77; *Kalbfleisch, E.*, Arthur Andersen – § 1 KStG, 2002, S. 57 f., Rz. 127; *Graffe, I.*, Dötsch u. a. – § 1 KStG, 2002, S. 16/32, Rz. 112 f.; *Herrmann, C.*, Herrmann / Heuer / Raupach – § 1 KStG, 2002, S. K 44, Rz. 87; *Rengers, J.*, Blümich – § 1 KStG, 2002, S. 31 f., Rz. 190 f.; *Streck, M.*, Körperschaftsteuergesetz, 1997, S. 20 f.

5 Vgl. *Frankenheim, A.*, Kommanditgesellschaft auf Aktien, 1994, S. 77 f. m w. N. Im Rahmen dieser Arbeit erfolgt eine Fokussierung auf KGaA mit unbeschränkter Steuerpflicht, da die Umsetzung des hybriden Charakters den Mittelpunkt der Analyse bildet. Insoweit können beschränkt steuerpflichtige KGaA vernachlässigt werden, ohne dass KGaA-Spezifika verloren gehen.

6 S. § 7 Abs. 1 KStG.

7 Dies sind § 2, § 2a, § 3 Nr. 7, 11, 18, 21, 42, 44, 54 und 66, § 3c, § 4a, § 4b, § 4c, § 4d, § 5, § 6, § 6a, § 6b, § 6c, § 6d, § 7, § 7a, § 7b, § 7c, § 7d, § 7e, § 7f, § 7g, § 7h, § 7i, § 7k, § 8, § 9, § 9a, § 9b, § 10d, § 10g, § 11, § 11a, § 11b, § 13, § 13a, § 14, § 14a, § 15, § 15a, § 16, § 17, § 18, § 20, § 21, § 22, § 23, § 24, § 25, § 34c, § 34d, § 36, § 36a, § 36b, § 36c, § 36d, § 37, § 43, § 43a, § 44, § 44a, § 44b, § 44c, § 44d, § 45, § 45a, § 45b, § 45c, § 45d, § 49, § 50, § 50a, § 50b, § 50c, § 50d, § 50e, § 51, § 51a, § 52, § 55 sowie § 56 - § 58 EStG; vgl. Abschn. 27 KStR.

8 S. § 7 Abs. 2, § 8 Abs. 1 KStG. Vgl. stellvertretend für viele *Wöhe, G. / Bieg, H.*, Betriebswirtschaftliche Steuerlehre, 1994, S. 67; *Grefe, C.*, Unternehmenssteuern, 2002, S. 242 f.

mann.[1] Sie ist damit sowohl handelsrechtlich (§ 238 HGB) als auch steuerrechtlich (§ 140 AO) zur Führung von Büchern verpflichtet. Damit sind im Rahmen der Körperschaftsteuer nach § 8 Abs. 2 KStG alle Einkünfte als Einkünfte aus Gewerbebetrieb zu behandeln und mittels eines Betriebsvermögensvergleichs i. S. d. § 4 Abs. 1, § 5 EStG zu ermitteln.[2] KGaA-Spezifika treten insbesondere bei Vergütungen zwischen der Gesellschaft und den Gesellschaftern bzw. den Organen der KGaA auf.

a. Umsetzung des hybriden Charakters

§ 9 Abs. 1 Nr. 1 KStG bestimmt, dass "bei der Kommanditgesellschaft auf Aktien der Teil des Gewinns, der an persönlich haftende Gesellschafter auf ihre nicht auf das Grundkapital gemachten Einlagen oder als Vergütung (Tantieme) für die Geschäftsführung verteilt wird", als Betriebsausgabe abziehbar ist.

Um zu überprüfen, ob in § 9 Abs. 1 Nr. 1 KStG der hybride KGaA-Charakter systemkonform und konsequent umgesetzt wird, ist zunächst zu analysieren, welche der Beträge, die von der KGaA an den KGaA-Komplementär fließen, bereits den um einkommensteuerliche Korrekturen veränderten Handels- sowie Steuerbilanzerfolg vermindert haben, und in einem zweiten Schritt, welche Beträge von § 9 Abs. 1 Nr. 1 KStG erfasst werden:[3] Formal geht ein Betrag i. S. d. § 9 Abs. 1 Nr. 1 KStG als abziehbarer Aufwand außerhalb des gewerblichen Ergebnisses in das zu versteuernde Einkommen ein (s. Abb. 9).

---

1 S. §§ 278 Abs. 3, 3 AktG, §§ 6 i. V. m. 1 HGB.

2 Vgl. *Grafmüller, F.*, Kommanditgesellschaft auf Aktien, 1994, S. 202; *Kahle, H.*, Europarechtliche Einflüsse, 2001, S. 126 - 136.

3 Diese Unterscheidung ist von elementarer Bedeutung, da mittels des Zusammenspiels der §§ 9 Abs. 1 Nr. 1 KStG, 8 Nr. 4 GewStG sowie 9 Nr. 2b GewStG und § 15 Abs. 1 Satz 1 Nr. 3 EStG der hybride Charakter der KGaA steuerlich umgesetzt werden soll; s. Kap. C.I., S. 43 - 46. Ob dies gelingt, hängt davon ab, inwieweit die Anwendungsbereiche der genannten Regelungen deckungsgleich sind. In der Literatur gibt es Unklarheiten dahingehend, welche KGaA-Komplementärsbezüge in das gewerbliche Ergebnis eingehen: So merkt beispielsweise *F. Grafmüller* nicht zutreffend an (s. Kap. D.I., S. 84 - 88), dass alle gewinn*un*abhängigen Vergütungen auf der KGaA-Ebene Betriebsausgaben sind; vgl. *Grafmüller, F.*, Kommanditgesellschaft auf Aktien, 1994, S. 208.

Betrachtet man die Körperschaftsteuer isoliert, wäre es ohne Belang, ob die KGaA-Komplementärsbezüge als Betriebsausgabe nach §§ 4 Abs. 4 EStG i. V. m. 8 Abs. 1 KStG in das zu versteuernde Einkommen der KGaA eingehen oder ob mittels der Betriebsausgabenfiktion nach § 9 Abs. 1 Nr. 1 KStG das Besteuerungssubstrat der KGaA vermindert wird. Da diese Zuordnung aber mittelbare Konsequenzen für andere Steuerarten hat, kommt dieser Unterscheidung zentrale Bedeutung zu.[1]

Beispiel:

Die KGaA-Komplementärsbezüge stellen *eine* Betriebsausgabe nach §§ 4 Abs. 4 EStG i. V. m. 8 Abs. 1 KStG dar und fallen *nicht* unter die Betriebsausgabenfiktion nach § 9 Abs. 1 Nr. 1 KStG. Die gewerbesteuerliche Hinzurechnung nach § 8 Nr. 4 GewStG ist *nicht* vorzunehmen.

Die KGaA-Komplementärsbezüge stellen *keine* Betriebsausgabe nach §§ 4 Abs. 4 EStG i. V. m. 8 Abs. 1 KStG dar, fallen aber unter die Betriebsausgabenfiktion nach § 9 Abs. 1 Nr. 1 KStG. Die gewerbesteuerliche Hinzurechnung nach § 8 Nr. 4 GewStG ist vorzunehmen.

---

1 S. Kap. D.II., S. 125 - 140.

	Ergebnis der Handelsbilanz
+/–	bilanzsteuerliche Korrekturen zur Anpassung an steuerliche Vorschriften (§ 60 Abs. 2 EStDV)
+/–	einkommensteuerliche Korrekturen
=	**gewerbliches Ergebnis vor körperschaftsteuerlichen Korrekturen (§ 8 Abs. 2 KStG)**
+	verdeckte Gewinnausschüttungen (§ 8 Abs. 3 KStG, § 8a KStG)
–	verdeckte Einlagen
–	steuerfreie Erträge
+	nicht abziehbare Aufwendungen (§ 10 KStG)
–	besondere abziehbare Aufwendungen (z. B. § 9 Abs. 1 Nr. 1 KStG: Gewinnanteile des persönlich haftenden Gesellschafters einer KGaA)
=	**Einkommen vor Verlustabzug**
–	Verlustabzug (§§ 8 Abs. 4 KStG i. V. m. 10d EStG)
=	**zu versteuerndes Einkommen**

Abb. 9: Ermittlung des zu versteuernden Einkommens einer KGaA
(Quelle: In Anlehnung an *Scheffler, W.*, Besteuerung von Unternehmen I, 2001, S. 128 f.; *Grefe, C.*, Unternehmenssteuern, 2002, S. 243; Abschn. 24 KStR)

aa. Berücksichtigung im gewerblichen Ergebnis

Gesellschaftsrechtliche Gewinnanteile, die dem KGaA-Komplementär zustehen, können in der handelsrechtlichen Gewinn- und Verlustrechnung unter dem Posten "sonstige betriebliche Aufwendungen" ausgewiesen werden (§ 286 Abs. 3 AktG).[1] Dennoch werden dadurch die gewerblichen Einkünfte nicht gemindert, da zwischen der Gewinnerzielung und der Gewinnverwendung unterschieden werden muss. Ausgangspunkt der

---

[1] S. Kap. B.II., S. 27 - 30; vgl. *Wichert, J.*, Finanzen, 1998, S. 143 f.; *Herfs, A.*, Kommanditgesellschaft auf Aktien, 1999, S. 1233 m. w. N. Alternativ können die Gewinn- bzw. Verlustanteile nach dem Jahresüberschuss / Jahresfehlbetrag gesondert mit entsprechender Bezeichnung in das Gliederungsschema gemäß § 158 AktG aufgenommen werden; vgl. *Herfs, A.*, Kommanditgesellschaft auf Aktien, 1999, S. 1233.

handelsrechtlichen Gewinnverwendung und damit körperschaftsteuerlicher Anknüpfungspunkt ist der nach den für die Kapitalgesellschaft geltenden handelsrechtlichen Vorschriften ermittelte Jahresüberschuss *vor* Berücksichtigung des auf die KGaA-Komplementäre entfallenden (handelsrechtlichen) Gewinns.[1] Dieses Ergebnis lässt sich auch aus der Interpretation des § 4 Abs. 1 EStG ableiten. Der Gewinn bestimmt sich demnach als Unterschiedsbetrag zwischen dem Betriebsvermögen am Schluss des Wirtschaftsjahres und dem Betriebsvermögen am Schluss des vorangegangenen Wirtschaftsjahres, vermehrt um den Wert der Entnahmen und vermindert um den Wert der Einlagen (Reinvermögenszugangstheorie).[2] Wird der Gewinnanteil dem Kapitalkonto des KGaA-Komplementärs gutgeschrieben, liegt keine Reinvermögensminderung vor. Fließt dem Gesellschafter Geld zu, liegt eine Gewinn erhöhende Entnahme vor.[3]

Verluste sind entsprechend zu behandeln. Auch für Verlustanteile des KGaA-Komplementärs gilt das handels- bzw. aktienrechtliche Ausweiswahlrecht nach § 286 Abs. 3 AktG bzw. die strikte Unterscheidung zwischen der Ergebniserzielung und -verteilung. In dem (körperschaft-)steuerlichen Anknüpfungspunkt sind die Verlustanteile des KGaA-Komplementärs enthalten.[4]

Werden an den KGaA-Komplementär Vergütungen – z. B. für seine Geschäftsführungstätigkeit – bezahlt, ist zu untersuchen, inwieweit diese bilanziell anzuerkennen sind.[5] Entscheidend ist damit die Frage, ob der Vorgang der Gewinnerzielung zuzuordnen und damit schuldrechtlich basiert ist oder als Gewinnverwendung zu qualifizieren und damit gesellschaftsrechtlich begründet ist. Bei der KGaA kommt dieser Unterscheidung besondere Bedeutung zu: Die Gewinnermittlung der KGaA erfolgt auf Basis der kapitalgesellschaftsrechtlichen Rechnungslegungsvorschriften, die Gewinnverteilung

---

1 Vgl. *Herfs, A.*, Kommanditgesellschaft auf Aktien, 1999, S. 1236.

2 S. § 4 Abs. 1 Satz 1 EStG.

3 Unter eine Entnahme i. S. d. § 4 Abs. 1 S. 1 EStG fällt auch eine Gewinnentnahme; vgl. stellvertretend für viele *Heinicke, W.*, Schmidt – § 4, 2002, S. 206 f., Rz. 300 f.

4 Vgl. *Herfs, A.*, Kommanditgesellschaft auf Aktien, 1999, S. 1236.

5 Vgl. *Jacobs, O. H.*, Unternehmensbesteuerung, 2002, S. 220 f.; *Herrmann, H.*, Personenhandelsgesellschaften, 1994, S. 502; *Hoffmann, W.-D.*, Beck' sches Handbuch der Personengesellschaften – § 5 Rechnungslegung, 2002, S. 424 - 426.

fußt – soweit ein KGaA-Komplementär betroffen ist – auf den personenhandelsgesellschaftsrechtlichen Regelungen.[1]

Soweit die Leistungen (an den KGaA-Komplementär) auf *gesellschaftsrechtlicher* Grundlage erfolgen, sind die Vergütungen als Vorabgewinn zu qualifizieren und mindern das gewerbliche Ergebnis der KGaA nicht.[2] Vergütungen aus *schuldrechtlichen* Vereinbarungen (Gesellschaft-Gesellschafter-Verträge[3]), die auch handelsrechtlich anerkannt werden, mindern grundsätzlich[4] das gewerbliche Ergebnis. Dies entspricht der steuerlichen Behandlung einer Mitunternehmerschaft auf der ersten Stufe der Gewinnermittlung: Aufgrund der (Teil-)Rechtsfähigkeit von Mitunternehmerschaften werden bei der Gewinnermittlung auf der ersten Stufe die Vergütungen aus schuldrechtlichen Verträgen zwischen einer Gesellschaft und ihren Gesellschaftern berücksichtigt.[5]

Beispiel:[6]

An einer KGaA ist A als (einziger) KGaA-Komplementär beteiligt. A ist demnach geborener Geschäftsführer der KGaA.[7] Ohne Berücksichtigung evtl. Geschäftsführungsvergütungen fallen handelsrechtlich 200.000 € Gewinn an. Folgende Alternativen sind denkbar:

Alternative 1:

A und die KGaA schließen neben dem Gesellschaftsvertrag einen schuldrechtlichen Dienstvertrag, in dem eine Geschäftsführungsvergütung in Höhe von 50.000 € vereinbart wird. Außerdem existiert eine Satzungsregelung bezüglich der Gewinnverteilung. Das Geschäftsführergehalt des A ist handelsrechtlich als Personalaufwand einzustufen und damit in dem gewerblichen Ergebnis (vor körperschaftsteuerlichen Korrekturen) Gewinn mindernd zu berücksichtigen.

---

1 S. Kap. B.II., S. 27 - 30.

2 Vgl. *Herrmann, H.*, Personenhandelsgesellschaften, 1994, S. 502; *Jacobs, O. H.*, Unternehmensbesteuerung, 2002, S. 220 f.

3 Vgl. hierzu *Jacobs, O. H.*, Unternehmensbesteuerung, 2002, S. 220 f.

4 Zur Problematik der verdeckten Entnahme s. Kap. D.I., S. 54 - 56.

5 Zur zweistufigen Gewinnermittlung bei Mitunternehmerschaften im Rahmen der Ertragsbesteuerung; vgl. *Freidank, C.-C.*, Personenhandelsgesellschaften, 1991, S. 442 - 444; *Lange, J.* u. a., Personengesellschaften, 1998, S. 143 - 146.

6 In Anlehnung an *Jacobs, O. H.*, Unternehmensbesteuerung, 2002, S. 220 f.

7 S. Kap. B.I., S. 12 f.

Alternative 2:

A erhält für seine Geschäftsführungstätigkeit einen um 50.000 € erhöhten Gewinnanteil. Diese Zahlung ist als (Vorab-)Gewinn auch handels- und steuerrechtlich der Gewinnverwendung und nicht der Gewinnerzielung zuzurechnen.[1]

Auch die steuerliche Behandlung unangemessener – d. h. einem Fremdvergleich nicht standhaltender – Teile der Vergütungen entspricht auf KGaA-Ebene dem Trennungsprinzip (und auf KGaA-Komplementärsebene dem Transparenzprinzip).[2] Der als unangemessen eingestufte (Teil-)Betrag wird als verdeckte Entnahme behandelt und dem KGaA-Komplementär nach § 4 Abs. 1 Satz 1 EStG als Vorabgewinn zugerechnet. Dieser Vorabgewinn mindert den gewerblichen Erfolg der KGaA nicht, da die verdeckte Entnahme nicht in den korrigierten Steuerbilanzgewinn[3] bzw. in das gewerbliche Ergebnis[4] eingeht.[5] Eine verdeckte Gewinnausschüttung i. S. d. § 8 Abs. 3 KStG ist aufgrund der gesellschaftsrechtlichen Stellung des KGaA-Komplementärs ausgeschlossen.[6]

In das gewerbliche Ergebnis (vor körperschaftsteuerlichen Korrekturen) gehen Leistungsbeziehungen zwischen der KGaA und dem persönlich haftenden Gesellschafter erfolgswirksam ein, soweit sie handelsrechtlich anzuerkennen, damit schuldrechtlich basiert und nicht als verdeckte Entnahme zu qualifizieren sind. Alle Zahlungen, die der Gewinnverwendung zuzuordnen sind, werden hingegen auf dieser Ebene[7] nicht

---

1 Ebenso *Lange, J.* u. a., Personengesellschaften, 1998, S. 274, Rz. 618. Beachte hierzu die obigen Hinweise, dass trotz des optionalen Ausweises in der (handelsrechtlichen) Gewinn- und Verlustrechnung keine Beeinflussung des Steuerbilanzergebnisses erfolgt.

2 Vgl. hier und zum Folgenden *Jacobs, O. H.*, Unternehmensbesteuerung, 2002, S. 220 - 222.

3 Diese Bezeichnung wird im Rahmen der Gewinnermittlung von Mitunternehmerschaften gewählt; vgl. *Freidank, C.-C.*, Personenhandelsgesellschaften, 1991, S. 442 - 444.

4 Dies ist die dem "korrigierten Steuerbilanzgewinn" entsprechende Bezeichnung, die im Rahmen der Gewinnermittlung von Körperschaften verwendet wird; s. Abb. 9, S. 83.

5 S. Kap. C.II., S. 54 f.

6 Vgl. *Jost, W. F.*, Dötsch u. a. – § 9 KStG, 2002, S. 236/4, Rz. 43; *Jünger, P.*, Stellung des persönlich haftenden Gesellschafters einer KGaA, 1998, S. 1971; *Frotscher, G.*, Frotscher / Maas – § 9 KStG, 2002, S. 7, Rz. 14. Zum Meinungsstand vgl. auch *Frankenheim, A.*, Kommanditgesellschaft auf Aktien, 1994, S. 100.

7 Die Regelung des § 9 Abs. 1 Nr. 1 KStG ist an dieser Stelle noch nicht zu berücksichtigen; s. Kap. D.I., S. 89 - 106.

erfolgswirksam. Diese strikte Trennung von Gewinnverwendung und Gewinnerzielung entspricht dem kapitalistischen Trennungsprinzip.

Insoweit wird auch das Transparenzprinzip als Maßstab der KGaA-Komplementärsbesteuerung[1] nicht konterkariert: Zur Ermittlung des gewerblichen Ergebnisses (vor körperschaftsteuerlichen Korrekturen), in das – ähnlich wie die erste Stufe der Gewinnermittlung einer Mitunternehmerschaft – die Gesellschaft als Einheit in die Gewinnermittlung einbezogen wird, werden schuldrechtliche Vergütungen anerkannt. Ein dem Sonderbetriebserfolg[2] entsprechendes Rechtsinstitut wird *insoweit* nicht angewendet. Ob auch die zweite Stufe der personalistischen Gewinnermittlung und damit das Transparenzprinzip insgesamt im Rahmen der KGaA-Komplementärsbesteuerung umgesetzt wird, hängt vom Umfang der in die Regelung des § 9 Abs. 1 Nr. 1 KStG einbezogenen Größen ab. Diese Vorschrift muss als Bindeglied zwischen Trennungs- und Transparenzprinzip auf Gesellschaftsebene die Voraussetzungen schaffen, damit durch die Regelung des § 15 Abs. 1 Satz 1 Nr. 3 EStG keine Doppelbelastung entsteht. § 9 Abs. 1 Nr. 1 KStG wird in diesem Zusammenhang als Ausgliederungsvorschrift bezeichnet.[3]

---

1 Die KGaA-Komplementäre sind keine Mitunternehmer, sie werden einkommensteuerlich lediglich wie Mitunternehmer behandelt; s. hierzu ausführlich Kap. E.I., S. 142 f. und vgl. stellvertretend für viele *BFH*, Urteil vom 8.2.1984, BStBl II 1984, S. 381; *Reiß, W.*, Kirchhof – § 15, 2002, S. 1043, Rz. 503; *Kantewein, T.*, Steuerrecht, 1999, S. 1249; *Schmidt, L.*, Schmidt – § 15, 2002, S. 1321, Rz. 890; *Frankenheim, A.*, Kommanditgesellschaft auf Aktien, 1994, S. 129.

2 Dies entspricht der zweiten Stufe der Gewinnermittlung einer Mitunternehmerschaft: Zahlungen, die zwischen der Gesellschaft und den Gesellschaftern aufgrund von schuldrechtlichen Vereinbarungen fließen, werden aus dem Unternehmenserfolg wieder herausgerechnet; vgl. *Freidank, C.-C.*, Personenhandelsgesellschaften, 1991, S. 442 - 444; *Lange, J.* u. a., Personengesellschaften, 1998, S. 143 - 146.

3 Vgl. *Ammenwerth, M.*, Rechtsformalternative, 1997, S. 142.

ab. Regelung des § 9 Abs. 1 Nr. 1 KStG

Nach dem Wortlaut des § 9 Abs. 1 Nr. 1 KStG gehört zu den abziehbaren Aufwendungen einer KGaA auch der Teil des Gewinns,

- der an die KGaA-Komplementäre auf ihre nicht auf das Grundkapital gemachte Einlage (§ 9 Abs. 1 Nr. 1 1. Alternative KStG) und
- der als Vergütung (Tantieme) für die Geschäftsführung (§ 9 Abs. 1 Nr. 1 2. Alternative KStG) verteilt wird.

aba. § 9 Abs. 1 Nr. 1 1. Alternative KStG

Dem KGaA-Komplementär stehen auf seine nicht auf das Grundkapital geleistete Vermögenseinlage nach §§ 168 f., 121 f. HGB sowie 188 Abs. 1 AktG Gewinnanteile zu.[1] Diese sind – dem steuerlich hybriden Charakter entsprechend – dem personalistischen Teil der KGaA zuzuordnen und werden somit systematisch korrekt durch die Betriebsausgabenfiktion des § 9 Abs. 1 Nr. 1 1. Alternative KStG nicht auf Ebene der KGaA der Körperschaftsteuer unterworfen.[2] Gewinnausschüttungen, die der KGaA-Komplementär aufgrund einer gleichzeitigen Kommanditaktionärsstellung erhält, fallen nicht in den Anwendungsbereich des § 9 Abs. 1 Nr. 1 KStG, sind als kapitalistische Gewinnverwendung auf Ebene der KGaA einzustufen und somit bei dieser der Körperschaftsteuer zu unterwerfen.[3] Auch auf der Ebene des KGaA-Komplementärs wird diese Trennung der Stellung als Kommanditaktionär von der KGaA-Komplementärsstellung beibehalten.[4]

---

1 Vgl. *Wichert, J.*, Finanzen, 1998, S. 153. Das Entnahmerecht ist dabei zum einen durch die personalistische Satzungsdispositivität und zum anderen durch den aktienrechtlichen Grundsatz der Kapitalerhaltung gekennzeichnet.

2 Vgl. *Frotscher, G.*, Frotscher / Maas – § 9 KStG, 2002, S. 7, Rz. 15a; *Hofmeister, F.*, Blümich – § 9 KStG, 2002, S. 7, Rz. 13; *Jost, W. F.*, Dötsch u. a. – § 9 KStG, 2002, S. 236/2 f., Rz. 40 f.; *Ammenwerth, M.*, Rechtsformalternative, 1997, S. 141; *Frankenheim, A.*, Kommanditgesellschaft auf Aktien, 1994, S. 84; *Streck, M.*, Körperschaftsteuergesetz, 1997, S. 301.

3 Vgl. *Hofmeister, F.*, Blümich – § 9 KStG, 2002, S. 7, Rz. 13.

4 Denkbar wäre, dass die Kommanditaktien – in Analogie zur GmbH & Co. KG – zum Sonderbetriebsvermögen des KGaA-Komplementärs werden. Dies ist aber abzulehnen; s. Kap. E.I., S. 151 - 153.

Verlustanteile des KGaA-Komplementärs fallen als "Gewinnanteile mit negativem Vorzeichen" unter § 9 Abs. 1 Nr. 1 1. Alternative KStG. Das nachfolgende Beispiel verdeutlicht, dass dies bereits auf körperschaftsteuerlicher Ebene und nicht erst – wie in der Literatur teilweise gefordert –[1] auf gewerbesteuerlicher Ebene angezeigt ist.

Beispiel:

Der Gesamtverlust der KGaA beträgt 100.000 €. Hiervon entfallen jeweils 50.000 € auf die Gruppe der KGaA-Komplementäre und auf die Gruppe der Kommanditaktionäre. Körperschaftsteuerlicher Anknüpfungspunkt ist der Gesamtverlust in Höhe von 100.000 €. Würde der auf die KGaA-Komplementäre entfallende Verlust in Höhe von 50.000 € nicht als negative Betriebsausgabe fingiert und somit als Einnahme nach § 9 Abs. 1 Nr. 1 KStG erfasst werden, verfügte die KGaA (bzw. im wirtschaftlichen Ergebnis die Gruppe der Kommanditaktionäre) über ein zu großes Verlustabzugsvolumen für die vergangenen bzw. für die zukünftigen (Kommanditaktionärs-)Gewinne.

abb. § 9 Abs. 1 Nr. 1 2. Alternative KStG

In der Literatur und in der Rechtsprechung wird kontrovers diskutiert, welche Vergütungen an den Komplementär einer KGaA unter den zweiten Teil der Vorschrift, nämlich unter den Wortlaut "Vergütung (Tantieme) für die Geschäftsführung"[2] zu subsumieren sind. Zur Klärung dieser Frage müssen zunächst sowohl die Formulierung "Vergütung (Tantieme)"[3] als auch der Begriff "Geschäftsführung"[4] ausgelegt werden. In einem zweiten Schritt muss die Formulierung "Anteil des Gewinns" interpretiert werden.[5]

---

1 Vgl. *Meyer-Scharenberg, D. E.*, § 8 Nr. 4, 1996, S. 694, Rz. 10; *Hofmeister, F.*, Blümich – § 8 GewStG, 2002, S. 55, 59, Rz. 126, 144 m. w. N.; *BFH*, Urteil vom 21.4.1971, BStBl II 1971, S. 743 (mit ausschließlichem Bezug zum stillen Gesellschafter).

2 § 9 Abs. 1 Nr. 1 KStG.

3 S. Kap. D.I., S. 95 - 97.

4 S. Kap. D.I., S. 97 - 99.

5 S. Kap. D.I., S. 102.

abba. Systematische Einordnung

Unter den Begriff Vergütung können gewinnabhängige und gewinn*un*abhängige Bestandteile wie beispielsweise feste Gehälter, (gewinnabhängige) Gratifikationen, aber auch Ruhegehälter gefasst werden.[1] Eine Tantieme hingegen ist immer gewinnabhängig.[2] Somit ist zunächst zu klären, ob unter der Formulierung "Vergütung (Tantieme)" neben gewinnabhängigen auch gewinn*un*abhängige Vergütungen zu verstehen sind.

In der Literatur wird argumentiert, dass gewinn*un*abhängige Vergütungen bereits als Betriebsausgaben gemäß §§ 4 Abs. 4 EStG i. V. m. 8 Abs. 1 KStG erfasst werden und somit ohnehin nicht unter den subsidiär anzuwendenden § 9 Abs. 1 Nr. 1 KStG fallen können.[3] Richtig ist davon, dass die Regelung des § 9 Abs. 1 Nr. 1 KStG lediglich subsidiären Charakter besitzt. Dies wird durch die Formulierung "auch" des § 9 Abs. 1 KStG deutlich. Nicht zutreffend ist aber, dass alle gewinn*un*abhängigen Vergütungen bereits nach §§ 4 Abs. 4 EStG i. V. m. 8 Abs. 1 KStG erfasst werden. Wie aufgezeigt, gehen in das gewerbliche Ergebnis (vor körperschaftsteuerlichen Korrekturen) Leistungsbeziehungen zwischen der KGaA und dem persönlich haftenden Gesellschafter nur dann erfolgswirksam ein, wenn sie steuerlich anzuerkennen und nicht als verdeckte Entnahme zu qualifizieren sind.[4]

---

1 Vgl. *Frankenheim, A.*, Kommanditgesellschaft auf Aktien, 1994, S. 84 f.

2 Vgl. *Drenseck, W.*, Schmidt – § 19, 2002, S. 1667, Rz. 50.

3 Vgl. beispielsweise *Ammenwerth, M.*, Rechtsformalternative, 1997, S. 141 f.; *Frankenheim, A.*, Kommanditgesellschaft auf Aktien, 1994, S. 90.

4 S. Kap. D.I., S. 84 - 88.

Im Umkehrschluss bedeutet dies: Folgende Beträge, die zwischen der KGaA und dem persönlich haftenden Gesellschafter zu verrechnen sind,[1] werden *nicht* von den Vorschriften der §§ 4 Abs. 4 EStG i. V. m. 8 Abs. 1 KStG erfasst:

- Beträge, die auf gesellschaftsrechtlichen Vereinbarungen basieren. Diese können sowohl gewinnabhängig als auch gewinn*un*abhängig sein.[2]
- Beträge, die als verdeckte Entnahme zu qualifizieren sind. Auch diese können gewinnabhängig oder gewinn*un*abhängig sein.[3]

Ebenso kann eine gewinnabhängige Vergütung sowohl schuld- als auch gesellschaftsrechtlich begründet sein. Durch die Unterscheidung zwischen gewinnabhängig und gewinn*un*abhängig kann keine eindeutige Trennlinie zwischen dem Betriebsausgabenabzug nach §§ 4 Abs. 4 EStG i. V. m. 8 Abs. 1 KStG und der Betriebsausgabenfiktion nach § 9 Abs. 1 Nr. 1 KStG gezogen werden. Die Analyse von § 9 Abs. 1 Nr. 1 KStG, ob darunter auch gewinn*un*abhängige Vergütungen zu erfassen sind, kann daher nicht aufgrund der dargestellten pragmatischen, aber – wie gezeigt – nicht zutreffenden Überlegungen unterlassen werden.

Der subsidiäre Charakter des § 9 Abs. 1 Nr. 1 KStG verhindert einen nochmaligen Abzug der schuldrechtlichen Vergütungen, so dass keine körperschaftsteuerlichen Folgen damit verbunden sind. Dennoch ist diese Differenzierung nach Verursachung der Vergütung nicht obsolet. Die §§ 9 Abs. 1 Nr. 1 KStG[4] und 8 Nr. 4 GewStG sind in

---

1 Die Beträge müssen nicht als Zahlungsstrom geflossen sein. Sie können auch nur dem Kapitalkonto des KGaA-Komplementärs zugerechnet worden sein.

2 So auch *Klaas, H.*, Vorabgewinnregelung, 1991, S. 209; *Schulze zur Wiesche, D.*, Gewinnverteilungsvereinbarungen, 1994, S. 177 - 180. Ebenso können neben den Geschäftsführungsvergütungen auch Haftungsvergütungen an den KGaA-Komplementär gewinn*un*abhängig sein, auch wenn diese immer gesellschaftsrechtlich begründet sind; vgl. *Schulze zur Wiesche, D.*, Gewinnverteilungsvereinbarungen, 1994, S. 179.
Sonderfälle in Verlustsituationen werden vernachlässigt.

3 Ein schuldrechtliches Geschäftsführergehalt, das erfolgsabhängig bezahlt wird, aber in der Höhe keinem Fremdvergleich standhält, ist beispielsweise als verdeckte Entnahme zu qualifizieren und gewinnabhängig.

4 Früher unter § 9 Nr. 2 bzw. § 11 Nr. 3 KStG zu finden.

ihrem Wortlaut bezüglich der Bestimmung der abziehbaren bzw. der wieder hinzuzurechnenden Gewinnanteile nahezu identisch. Einziger Unterschied ist, dass § 9 Abs. 1 Nr. 1 KStG sich auf den "Teil des Gewinns" und § 8 Nr. 4 GewStG sich auf "Gewinnanteile" bezieht. Eine einheitliche Auslegung der Anwendungsbereiche ist aufgrund des nur geringfügig variierenden Wortlauts geboten.[1] Dabei gilt die Regelung des § 9 Abs. 1 Nr. 1 KStG als Primärnorm und die des § 8 Nr. 4 GewStG als Folgenorm.[2]

Folglich ist de lege lata bereits entscheidend, ob der Betrag theoretisch in den Anwendungsbereich des § 9 Abs. 1 Nr. 1 KStG fallen würde, auch wenn er das gewerbliche Ergebnis gemindert hat. Verdeutlicht wird dies durch eine Analyse, welche materiellen Konsequenzen sich aus der Subsumtion einer Vergütung unter § 9 Abs. 1 Nr. 1 KStG ergeben. Dabei sind sowohl die Körperschaft- als auch die Gewerbesteuerbelastung der Gesellschaft zu betrachten; die KGaA-Komplementärsebene ist insoweit unbeachtlich.[3] Zusammenfassend sind folgende Konstellationen zu unterscheiden:

1 Vgl. *Frankenheim, A.*, Kommanditgesellschaft auf Aktien, 1994, S. 115.

2 Vgl. *BFH*, Urteil vom 4.5.1965, BFHE 82, S. 471, 473; *Hofmeister, F.*, Blümich – § 8 GewStG, 2002, S. 57, Rz. 140 m. w. N.

3 Der KGaA-Komplementär kann insoweit vernachlässigt werden, da alle Vergütungen unter § 15 EStG fallen, s. Kap. E.I., S. 141 - 156.

	Konstellationen	Konsequenzen
i.	Der Sachverhalt geht erfolgswirksam in das gewerbliche Ergebnis ein und wird von § 9 Abs. 1 Nr. 1 KStG erfasst.	Der Sachverhalt führt nach §§ 4 Abs. 4 EStG i. V. m. 8 Abs. 1 KStG zu einer Körperschaftsteuerminderung, aber aufgrund der Regelung des § 8 Nr. 4 GewStG nicht zu einer Gewerbesteuerminderung.
ii.	Der Sachverhalt geht erfolgswirksam in das gewerbliche Ergebnis ein und wird *nicht* von § 9 Abs. 1 Nr. 1 KStG erfasst.	Der Sachverhalt führt gemäß §§ 4 Abs. 4 EStG i. V. m. 8 Abs. 1 KStG sowie § 7 GewStG zu einer Körperschaft- und zu einer Gewerbesteuerminderung auf KGaA-Ebene.
iii.	Der Sachverhalt geht *nicht* erfolgswirksam in das gewerbliche Ergebnis ein, wird aber von § 9 Abs. 1 Nr. 1 KStG erfasst.	Der Sachverhalt führt gemäß § 9 Abs. 1 Nr. 1 KStG zu einer Körperschaftsteuerminderung, aber aufgrund der Regelung des § 8 Nr. 4 GewStG nicht zu einer Gewerbesteuerminderung.
iv.	Der Sachverhalt geht *nicht* erfolgswirksam in das gewerbliche Ergebnis ein und wird auch *nicht* von § 9 Abs. 1 Nr. 1 KStG erfasst.	Der Sachverhalt führt weder zu einer Körperschaft- noch zu einer Gewerbesteuerminderung.

Abb. 10: Konsequenzen der Differenzierung zwischen schuldrechtlichen und gesellschaftsrechtlichen Vergütungen

Kommentierung:
Bei den Grundkonstellationen i. und ii. sind die Körperschaftsteuerbelastungen (vor Gewerbesteuer) identisch, die Gewerbesteuerbelastungen weichen aufgrund der Hinzurechnung gemäß § 8 Nr. 4 GewStG voneinander ab.[1] In den Fällen iii. und iv. sind die Körperschaftsteuerbelastungen unterschiedlich, allerdings ist gemäß § 8 Nr. 4 GewStG in beiden Fällen die gleiche Gewerbesteuerbelastung zu verzeichnen.[2]

Dabei gilt zu beachten: Auch wenn die materiellen Konsequenzen durch die Gewerbesteuer induziert sind, darf die Auslegung der körperschaftsteuerlichen Vorschrift des § 9 Abs. 1 Nr. 1 2. Alternative KStG nicht auf gewerbesteuerlichen Argumenten basieren.[3]

---

1 S. Kap. D.II., S. 125 - 136.
2 S. Kap. D.II., S. 125 - 136.
3 Im Rahmen einer logisch-systematischen Auslegung kann aber die Interpretationsmethode an sich eine Gesetzes übergreifende Argumentation erfordern.

Während § 9 Abs. 1 Nr. 1 1. Alternative KStG ausschließlich gesellschaftsrechtliche Zahlungen betrifft und damit keine Konkurrenzsituation zwischen § 9 Abs. 1 Nr. 1 KStG und §§ 4 Abs. 4 EStG i. V. m. 8 Abs. 1 KStG eintritt, führt diese Konkurrenzsituation bei § 9 Abs. 1 Nr. 1 2. Alternative KStG zu gewerbesteuerlichen Implikationen.

abbb. Auslegung der Formulierung "Vergütung (Tantieme)"

Der äußerste mögliche Wortlaut bildet in einem ersten Schritt der Gesetzesinterpretation die Grenze der Auslegung (grammatikalische Auslegung); in einem zweiten Schritt ist zu analysieren, ob die vom Wortlaut bestimmte Grenze nicht durch den Gesetzeszweck bzw. durch das Gesetzesziel weiter einzuschränken ist.[1] Alternativ ist in einem zweiten Schritt bei Unvollständigkeit des Gesetzes die Notwendigkeit einer ergänzenden Rechtsfortbildung (praeter legem) über den Wortlaut hinaus zu prüfen.[2]

Bereits die grammatikalische Auslegung der Formulierung "Vergütung (Tantieme)" verdeutlicht, dass gewinn*un*abhängige Bezüge unter die Vorschrift subsumiert werden können, da eine "Vergütung"[3] auch gewinn*un*abhängig sein kann. Der nachfolgende Klammerzusatz "(Tantieme)"[4] deutet zwar auf Gewinnabhängigkeit hin, es gibt aber keine Hinweise[5], ob dieser Klammerzusatz beispielhaft oder konkretisierend zu verstehen ist.[6] Daher sind gewinn*un*abhängige Vergütungen unter den äußersten möglichen Wortlaut der Vorschrift zu fassen. Entgegen der *BFH*-Meinung[7] ist somit nicht fraglich, ob die Vorschrift im Wege der teleologischen Extension weiter ausgelegt werden muss,

---

1 Vgl. *Beger, W. D.*, Methodenlehre, 2000, S. 42; *Larenz, K. / Canaris, C.-W.*, Methodenlehre, 1991, S. 132 - 261.

2 Zur Auslegungstechnik vgl. *Beger, W. D.*, Methodenlehre, 2000, S. 35. Beispielsweise spricht der *BFH* in seinem Urteil vom 4.5.1965 von einer "erweiternde(n, *M. H.*) Auslegung"; vgl. *BFH*, Urteil vom 4.5.1965, BFHE 82, S. 471.

3 Vgl. *Frankenheim, A.*, Kommanditgesellschaft auf Aktien, 1994, S. 84 f.

4 *Drenseck, W.*, Schmidt – § 19, 2002, S. 1667, Rz. 50; *Steinkamp, H. H.*, Nur-Gewinntantieme, 2001, S. 398.

5 Materialien zur Anwendung der historischen Auslegungsmethode existieren m. E. nicht.

6 Vgl. beispielsweise die Diskussion bei *Frankenheim, A.*, Kommanditgesellschaft auf Aktien, 1994, S. 84 - 91.

7 Vgl. *BFH*, Urteil vom 4.5.1965, BFHE 82, S. 471; ebenso *BFH*, Urteil vom 8.2.1984, BFHE 140, S. 465, 467; *BFH*, Urteil vom 21.6.1989, BFHE 157, S. 382; a. A. *Ammenwerth, M.*, Rechtsformalternative, 1997, S. 142.

sondern vielmehr ist zu analysieren, ob dieses Ergebnis der rein grammatikalischen Auslegung nicht weiter einzuschränken ist.[1]

Dagegen spricht aber die wirtschaftliche Betrachtungsweise, die verdeutlicht, dass die gewinn*un*abhängigen Vergütungsbestandteile unter § 9 Abs. 1 Nr. 1 KStG zu subsumieren sind: Die KGaA ist durch zahlreiche Informationsasymmetrien, die alle auf der starken Konzentration der Führungsbefugnisse auf dem KGaA-Komplementär fußen, gekennzeichnet.[2] Ein Entlohnungssystem des KGaA-Komplementär-Geschäftsführers, das auf Principal-Agent-theoretischen Überlegungen basiert, um eine auf Wertschöpfung ausgerichtete Leitung (und Kontrolle) der KGaA zu erzielen, setzt sich *realiter* aus gewinnabhängigen, aber auch aus gewinn*un*abhängigen Bestandteilen zusammen.[3] Insoweit gibt es keine Veranlassung, im Steuerrecht – bzw. hier im Rahmen der Körperschaftsteuer – zwischen diesen (Teil-)Beträgen zu differenzieren. Dies gilt unabhängig davon, ob die Vergütungen gesellschafts- oder schuldrechtlich begründet sind.

Auch kann mit Hilfe der logisch-systematischen Auslegungsmethode nicht begründet werden, weshalb die gewinn*un*abhängigen Vergütungsbestandteile nicht in den Anwendungsbereich des § 9 Abs. 1 Nr. 1 KStG fallen sollten: Gewinn*un*abhängige Vergütungsbestandteile können schuld- oder gesellschaftsrechtlich basiert sein. Gesellschaftsrechtlich begründete gewinn*un*abhängige Vergütungsbestandteile würden systemwidrig sowohl auf Gesellschafts- als auch auf Gesellschafterebene[4] mit einer Steuer vom Einkommen belastet werden. Schuldrechtliche Vergütungsbestandteile würden gewerbesteuerlich privilegiert werden: Im Rahmen der Körperschaftsteuer würde unabhängig von der Interpretation des § 9 Abs. 1 Nr. 1 KStG bereits ein Betriebsausgabenabzug nach §§ 4 Abs. 4 EStG i. V. m. 8 Abs. 1 KStG erfolgen. Obwohl § 9 Abs. 1 Nr. 1 KStG als subsidiär anzuwendende Norm körperschaftsteuerlich keine materielle Bedeutung

---

1 So auch *Ammenwerth, M.*, Rechtsformalternative, 1997, S. 144, der allerdings zu Unrecht zu dem Ergebnis kommt, dass gewinn*un*abhängige Vergütungsbestandteile nicht zu erfassen sind; s. Kap. D.I., S. 102 - 105.

2 S. Kap. B.V., S. 35 - 40.

3 Vgl. ausführlich *Decker, R. O. A.*, Prinzipal-Agenten-theoretische Betrachtung, 1994.

4 S. Kap. E.I., S. 141 - 156.

mehr hat, erfolgt im Rahmen der Gewerbesteuer eine Hinzurechnung nach § 8 Nr. 4 GewStG, da hierfür der theoretische Anwendungsbereich der Primärnorm § 9 Abs. 1 Nr. 1 KStG entscheidend ist. Schuldrechtlich begründete gewinn*un*abhängige[1] Vergütungen würden im Gegensatz zu den gewinnabhängigen nicht mit der Gewerbesteuer belastet werden.

Auch im Rahmen anderer Auslegungsmethoden lassen sich keine weiteren Argumente finden. Weder die historische, die verfassungskonforme noch die EU-konforme Auslegung können die Ausgrenzung der gewinn*un*abhängigen Vergütungsbestandteile rechtfertigen. § 9 Abs. 1 Nr. 1 KStG erfasst damit gewinnabhängige und gewinn*un*abhängige Vergütungen.

abbc. Auslegung der Formulierung "Geschäftsführung"

Der Wortlaut der Formulierung "Geschäftsführung" ist eindeutig: § 9 Abs. 1 Nr. 1 KStG erfasst nach der grammatikalischen Auslegung[2] lediglich Vergütungen für die Geschäftsführung, nicht aber Vergütungen für die Hingabe von Darlehen und die Überlassung von Wirtschaftsgütern.[3] Diese werden bereits auf KGaA-Ebene gemäß §§ 4 Abs. 4 EStG i. V. m. 8 Abs. 1 KStG im gewerblichen Einkommen der KGaA Gewinn mindernd erfasst, soweit die Beträge *nicht* als verdeckte Entnahme zu qualifizieren sind.[4] In diesem Fall sind die Vergütungen als Gewinnverteilung einzustufen und somit unter der Regelung des § 9 Abs. 1 Nr. 1 1. Alternative KStG zu subsumieren.

---

1 S. Kap. D.I., S. 92. Sonderfälle in Verlustsituationen werden insoweit vernachlässigt.

2 Der äußerste mögliche Wortsinn (grammatikalische Auslegung) stellt die Grenze der Auslegung dar; ein Überschreiten dieser Grenze bedeutet eine (gegebenenfalls zulässige) ergänzende Rechtsfortbildung; vgl. *Beger, W. D.*, Methodenlehre, 2000, S. 35; *Larenz, K. / Canaris, C.-W.*, Methodenlehre, 1991, S. 141 - 145.

3 Vgl. *Schaumburg, H. / Schulte, C.*, Die KGaA, 2000, S. 68 f.; *Hofmeister, F.*, Blümich – § 9 KStG, 2002, S. 8, Rz. 18; *Woitschell, H.*, Arthur Andersen – § 9 KStG, 2002, S. 10a - 11, Rz. 23.

4 Vgl. *Fischer, M.*, Besteuerung, 1997, S. 1519; s. Kap. D.I., S. 86. Der KGaA-Komplementär ist geborener Geschäftsführer, nicht aber nach dem gesetzlichen Leitbild der KGaA dazu verpflichtet, der Gesellschaft ein Darlehen hinzugeben oder Wirtschaftsgüter zu überlassen. Es ist daher schwer vorstellbar, dass neben den verdeckten Entnahmen auch explizite gesellschaftsrechtliche Vereinbarungen getroffen werden können.

Betrachtet man die Körperschaftsteuer isoliert, wäre es ohne Belang, ob die (schuldrechtlichen) Vergütungen für die Hingabe von Darlehen und die Überlassung von Wirtschaftsgütern von § 9 Abs. 1 Nr. 1, 2. Alternative KStG erfasst werden.[1] Allerdings ist die Primärnorm des § 9 Abs. 1 Nr. 1 KStG maßgeblich für die Auslegung der in § 8 Nr. 4 GewStG geregelten gewerbesteuerlichen Hinzurechnung.[2] Da die Einbeziehung der angemessenen schuldrechtlichen Vergütungen für die Hingabe von Darlehen und die Überlassung von Wirtschaftgütern in § 9 Abs. 1 Nr. 1 KStG und damit in § 8 Nr. 4 GewStG zu gewerbesteuerlichen Konsequenzen führen würde,[3] gilt es auch[4] hier danach zu differenzieren, ob diese Vergütungen theoretisch unter den subsidiär wirkenden § 9 Abs. 1 Nr. 1 KStG fallen könnten. Dies wäre dann der Fall, wenn die Vorschrift über die grammatikalische Interpretation hinaus im Sinne einer teleologischen Extension auf andere Vergütungen ausgedehnt werden könnte.

Eine teleologische Extension kommt dann in Betracht, wenn der Gesetzeswortlaut enger gefasst ist, als der Gesetzeszweck dies vorgibt.[5] Dies ist allerdings hier zu bezweifeln, da der Gesetzgeber in § 15 Abs. 1 Satz 1 Nr. 2 bzw. Nr. 3 EStG eine andere Formulierung gewählt hat, in der ausdrücklich die "Vergütungen ... für die Hingabe von Darlehen .. (und, *M. H.*) für die Überlassung von Wirtschaftsgütern" einbezogen werden. Zu Recht weist *A. H. Menzel* darauf hin, dass dem Gesetzgeber zugebilligt werden muss, dass er sich in den Fällen, in denen er unterschiedliche Sachverhalte regeln will, unterschiedlicher Begriffe bedient.[6] Vielmehr besteht nach h. M. der Zweck der Vorschrift darin, die Bezüge des KGaA-Komplementärs nicht gleichzeitig der

---

1 Ebenso ist dies für den KGaA-Komplementär bedeutungslos, da dieser unabhängig von der körperschaftsteuerlichen Behandlung auf KGaA-Ebene Einkünfte aus Gewerbebetrieb erzielt (§ 15 Abs. 1 Satz 1 Nr. 3 EStG); s. Kap. E.I., S. 141 - 156.

2 Vgl. *BFH*, Urteil vom 4.5.1965, BFHE 82, S. 471, 473; *Hofmeister, F.*, Blümich – § 8 GewStG, 2002, S. 57, Rz. 140 m. w. N; *Frankenheim, A.*, Kommanditgesellschaft auf Aktien, 1994, S. 115.

3 S. Kap. D.II., S. 126 - 136.

4 Ein entsprechendes Problem ist bei den gewinn*un*abhängigen Vergütungen bereits diskutiert worden; s. Kap. D.I., S. 93.

5 Vgl. *Beger, W. D.*, Methodenlehre, 2000, S. 58; *Larenz, K. / Canaris, C.-W.*, Methodenlehre, 1991, S. 141 - 145.

6 Vgl. *Menzel, A. H.*, Entgelte der Kommanditgesellschaft auf Aktien, 1971, S. 206.

Körperschaftsteuer auf KGaA-Ebene und zudem auf Gesellschafterebene nach § 15 Abs. 1 Satz 1 Nr. 3 EStG als gewerbliche Einkünfte einer Steuer vom Einkommen zu unterwerfen.[1]

Die Argumente für eine teleologische Extension können demzufolge nicht überzeugen,[2] da m. E. übersehen wird, dass Vergütungen aufgrund anderer schuldrechtlicher Vereinbarungen bereits gemäß §§ 4 Abs. 4 EStG i. V. m. 8 Abs. 1 KStG erfolgswirksam berücksichtigt werden.[3]

abc. Anwendungsbeispiele

abca. Ruhegehälter und Pensionsanwartschaften

(Gewinn*un*abhängige) Geschäftsführungsvergütungen i. S. d. § 9 Abs. 1 Nr. 1 KStG sind auch Aufwendungen für Ruhegehälter und Zuführungen zu den Rückstellungen für Pensionsanwartschaften.[4] Die (später u. U. durchzuführende) Gewinn erhöhende Auflösung der Pensionsrückstellung führt zu einer Hinzurechnung als "negative Betriebsausgabe".[5]

abcb. (Sonder-)Betriebsausgaben

Die Vorschrift des § 9 Abs. 1 Nr. 1 KStG dient dazu, den korrekten kapitalistischen – auf den Kommanditaktienteil entfallenden – Gewinn zu ermitteln und nur diesen auf KGaA-Ebene der Besteuerung zu unterwerfen. Somit muss die Auslegung aus Sicht der

---

1 Vgl. *Schaumburg, H. / Schulte, C.*, Die KGaA, 2000, S. 68; *Ammenwerth, M.*, Rechtsformalternative, 1997, S. 142; *Woitschell, H.*, Arthur Andersen – § 9 KStG, 2002, S. 9, Rz. 17; *Fischer, M.*, Besteuerung, 1997, S. 1519.

2 Im Ergebnis gl. A. *Fischer, M.*, Besteuerung, 1997, S. 1519; *Ammenwerth, M.*, Rechtsformalternative, 1997, S. 143; *Woitschell, H.*, Arthur Andersen – § 9 KStG, 2002, S. 10a - 11, Rz. 23.

3 So spricht sich beispielsweise *Jost, W. F.*, Dötsch u. a. – § 9 KStG, 2002, S. 236/3, Rz. 41 zu Unrecht für eine teleologische Extension aus.

4 Vgl. *BFH*, Urteil vom 31.10.1990, BFHE 162, S. 445; *RFH*, Urteil vom 21.12.1937, RFHE 43, S. 27; *RFH*, Urteil vom 21.10.1941, RStBl 41, S. 867; stellvertretend für viele *Hofmeister, F.*, Blümich – § 9 KStG, 2002, S. 8, Rz. 16 m. w. N.; *Frankenheim, A.*, Pensionszusage, 1999, S. 481 f.

5 Vgl. *BFH*, Urteil vom 27.3.1961, BFHE 73, S. 31.

KGaA und nicht aus Sicht der KGaA-Komplementäre erfolgen:[1] Nach geltendem Recht sind (Sonder-)Betriebsausgaben des KGaA-Komplementärs[2] nicht unter diese Vorschrift zu subsumieren.[3] Diese der KGaA-Komplementärssphäre zuzuordnenden Aufwendungen gehen auch nicht als Betriebsausgaben in das gewerbliche Ergebnis nach §§ 4 Abs. 4 EStG i. V. m. 8 Abs. 1 KStG ein.[4]

abcc. Auslagen- bzw. Aufwendungsersatz

Leistungen, die die KGaA als Auslagen- bzw. Aufwendungsersatz an einen KGaA-Komplementär erbringt, sind nur dann unter § 9 Abs. 1 Nr. 1 KStG zu subsumieren, falls sie ein Entgelt für die Geschäftsführungstätigkeit sind.[5] Dieses Vorgehen wird einer betriebswirtschaftlichen Betrachtung gerecht, da aus Principal-Agent-theoretischer Sicht derartige Vergütungsteile denkbar sind.[6]

abcd. Haftungsvergütungen

Haftungsvergütungen, die der KGaA-Komplementär für die Übernahme der persönlichen Haftung erhält, sind nach h. M. als Gewinnanteil unter § 9 Abs. 1 Nr. 1 KStG zu

---

1 Vgl. *Janssen, B.*, Kommanditgesellschaft auf Aktien, 2001, S. 3813 m. w. N.; *Jost, W. F.*, Dötsch u. a. – § 9 KStG, 2002, S. 236, Rz. 34.

2 Denkbar sind beispielsweise Aufwendungen des KGaA-Komplementärs an einen Dritten für die krankheitsbedingte Übernahme der Geschäftsführung.

3 Vgl. *Jost, W. F.*, Dötsch u. a. – § 9 KStG, 2002, S. 236, Rz. 34, sowie analog zur Gewerbesteuer *Ammenwerth, M.*, Rechtsformalternative, 1997, S. 147; *Hofmeister, F.*, Blümich – § 8 GewStG, 2002, S. 6, Rz. 147; *Güroff, G.*, Glanneger / Güroff – § 8 Nr. 4 GewStG, 1999, S. 721, Rz. 3; *Stäuber, H.-W.*, Lenski / Steinberg – § 8 Nr. 4 GewStG, 2002, S. 10 f., Rz. 12 f.; *BFH*, Urteil vom 31.10.1990, BFHE 162, S. 445.

4 Vgl. *BFH*, Urteil vom 31.10.1990, BFHE 162, S. 445.

5 Vgl. *BFH*, Urteil vom 31.10.1990, BFHE 162, S. 445; *Hofmeister, F.*, Blümich – § 9 KStG, 2002, S. 8, Rz. 18.

6 S. Kap. B.V., S. 35 - 40.

subsumieren,[1] da gesellschaftsrechtlich die Haftungsübernahme ein Gesellschaftsbeitrag des KGaA-Komplementärs ist, für den ihm ein Beitrag am Gewinn zusteht.[2]

Dieser herrschenden Auffassung kann nicht ohne weiteres gefolgt werden. § 9 Abs. 1 Nr. 1 KStG bezieht sich nicht pauschal auf die Gewinnanteile des KGaA-Komplementärs; vielmehr erfolgt eine Spezifizierung der Gewinnanteile.[3] Eine grammatikalische Auslegung der Vorschrift stützt damit jene herrschende Ansicht nicht. Praeter legem können Haftungsvergütungen unter § 9 Abs. 1 Nr. 1 KStG subsumiert werden, wenn insoweit eine planwidrige Unvollständigkeit (Lücke) im Gesetz gegeben ist. Die sonst gegebene Doppelbesteuerung – auf Gesellschafts- und Gesellschafterebene[4] – lässt diese teleologische Extension zu. Allerdings muss beachtet werden, dass dies eine weit reichende Gesetzesanwendung ist, da mit dieser Interpretation dem Gesetzgeber nicht nur eine planwidrige Lücke, sondern auch Umständlichkeit unterstellt wird: Er hätte sich in § 9 Abs. 1 Nr. 1 1. Alternative KStG statt der Spezifizierung auf bestimmte Gewinnanteile allgemein auf *gesellschaftsrechtliche* Gewinnanteile (oder auf § 15 Abs. 1 Satz 1 Nr. 3 EStG) beziehen können.[5]

Dennoch sind insgesamt die Haftungsvergütungen zur Vermeidung der (planwidrigen) Doppelbelastung zwingend unter § 9 Abs. 1 Nr. 1 KStG zu fassen. Diese Anwendung der Regelung zeigt aber bereits auf, wie *scheinbar* inkonsistent aufgrund des unklaren Gesetzeswortlauts argumentiert wird bzw. werden muss: Der begründete Einwand gegen die Einbeziehung von Vergütungen für die Hingabe von Darlehen und die Überlassung von Wirtschaftsgütern – nämlich, dass dem Gesetzgeber zugebilligt werden muss, sich in den Fällen, in denen er unterschiedliche Sachverhalte regeln will,

---

1 Die gilt selbst dann, wenn der persönlich haftendende Gesellschafter nicht mit der Geschäftsführung betraut ist; vgl. *Hofmeister, F.*, Blümich – § 9 KStG, 2002, S. 8, Rz. 17; *Hofmeister, F.*, Blümich – § 8 GewStG, 2002, S. 59, Rz. 144; *Güroff, G.*, Glanneger / Güroff – § 8 Nr. 4 GewStG, 1999, S. 721.

2 Vgl. *Semler, J.*, Kommanditgesellschaft auf Aktien, 1986, § 281, S. 85, Rz. 9; *Schulze zur Wiesche, D.*, Gewinnverteilungsvereinbarungen, 1994, S. 179.

3 S. § 9 Abs. 1 Nr. 1 1. und 2. Alternative KStG.

4 S. Kap. E.I., S. 141 - 156.

5 Ob damit § 9 Abs. 1 Nr. 1 2. Alternative KStG obsolet wird, hängt von der Frage ab, inwieweit schuldrechtliche Vergütungen unter § 9 Abs. 1 Nr. 1 KStG zu fassen sind.

unterschiedlicher Begriffe zu bedienen –[1] könnte hier entsprechend[2] angebracht werden: Haftungsvergütungen wären damit nicht praeter legem unter § 9 Abs. 1 Nr. 1 KStG zu subsumieren.

Die unterschiedlichen Ausgangssituationen legitimieren aber die abweichenden Argumentationen: Während die anzuwendende weite Interpretation der Norm für Haftungsvergütungen sicherstellt, dass diese gesellschaftsrechtlich begründeten Bezüge nicht der Körperschaftsteuer auf KGaA-Ebene und auf Gesellschafterebene einer Steuer vom Einkommen unterworfen werden, bilden den Kern der Diskussion über Vergütungen für die Hingabe von Darlehen und die Überlassung von Wirtschaftgütern deren gewerbesteuerlichen Implikationen, die aber nicht auf Körperschaftsteuerebene gelöst werden müssen.

abd. Auslegung der Formulierung "Teil des Gewinns"

Während § 9 Abs. 1 Nr. 1 1. Alternative KStG sich ausschließlich auf gesellschaftsrechtliche Gewinnanteile bezieht, sind unter die Formulierung "Vergütung (Tantieme) für die Geschäftsführung" schuld- und gesellschaftsrechtliche Bezüge zu subsumieren. Sowohl gesellschafts- als auch schuldrechtlich basierte Tätigkeitsvergütungen können gewinnabhängig oder gewinn*un*abhängig sein. Schuldrechtliche Tätigkeitsvergütungen können somit in Teilen des Gewinns bemessen sein. Auch die die beiden Alternativen des § 9 Abs. 1 Nr. 1 KStG gemeinschaftlich einleitende Formulierung "Teil des Gewinns" schließt damit schuldrechtliche Vergütungen nicht aus.[3]

---

1 S. Kap. D.I., S. 98 f. m. w. N.

2 Die entsprechende Anwendung erfolgt insoweit, als Haftungsvergütungen gesellschaftsrechtlich basiert sind und Vergütungen für die Hingabe von Darlehen und die Überlassung von Wirtschaftsgütern schuldrechtlich basiert sind bzw. sein können.

3 Der Begriff Gewinn wird im Steuerrecht nicht einheitlich verwendet. Eine Anlehnung der Auslegung an § 15 Abs. 1 Satz 1 Nr. 3 EStG – dort wird der Begriff Gewinnanteil verwendet – ist daher nicht zu rechtfertigen.
Für die Auslegung der Formulierung "Teil des Gewinns" ist an dieser Stelle keine über die grammatikalische Interpretation hinausgehende Methode anzuwenden, da dies bereits im Rahmen der einzelnen Alternativen durchgeführt wurde.

abe. Zwischenergebnis

Wie das Beispiel der Haftungsvergütungen zeigt, werden in der Literatur verschiedene Argumentationen unreflektiert nebeneinander angewendet.[1] Eine über den einzelnen Anwendungsfall hinausgehende Analyse der einzelnen Argumentationen führt für die Unterscheidung zwischen schuld- und gesellschaftsrechtlichen Vergütungen zu folgenden Resultaten:

- Wenn Haftungsvergütungen, die ausschließlich gesellschaftsrechtlich begründet sind, in den Anwendungsbereich des § 9 Abs. 1 Nr. 1 1. Alternative KStG fallen, müssen auch gesellschaftsrechtliche Tätigkeitsvergütungen unabhängig von der expliziten Nennung in § 9 Abs. 1 Nr. 1 *2.* Alternative KStG unter § 9 Abs. 1 Nr. 1 *1.* Alternative KStG zu subsumieren sein. § 9 Abs. 1 Nr. 1 *2.* Alternative KStG ist nur dann nicht bedeutungslos, wenn im Umkehrschluss schuldrechtliche Tätigkeitsvergütungen unter die Regelung zu fassen sind.

- Wenn – wie gezeigt – schuldrechtliche *Tätigkeits*vergütungen zu berücksichtigen sind, können mit entsprechender Argumentation wie bei Haftungsvergütungen[2] alle anderen schuldrechtlichen Vergütungen an den KGaA-Komplementär einbezogen werden. Während Haftungsvergütungen zur Vermeidung der steuerlichen Doppelbelastung auf Gesellschafts- und KGaA-Komplementärsebene berücksichtigt werden und insoweit eine planwidrige Lücke unterstellt wird, kann auch die gewerbesteuerliche Nichterfassung[3] der Vergütungen als planwidrige Lücke angesehen werden. Daraus folgt, dass auch andere schuldrechtliche Vergütungen unter § 9 Abs. 1 Nr. 1 2. Alternative KStG zu subsumieren sind / wären, obwohl dies der herrschenden und zutreffenden Meinung zur Auslegung der Formulierung "Geschäftsführung"

---

1 S. Kap. D.I., S. 100 f.

2 S. Kap. D.I., S. 100 f.

3 Dies gilt unter zwei Prämissen: Zum einen muss § 9 Abs. 1 Nr. 1 KStG als Primärnorm für § 8 Nr. 4 GewStG fungieren und zum anderen muss auch gewerbesteuerlich die Annäherung des KGaA-Komplementärs an einen Mitunternehmer erfolgen.

widerspricht, die keine teleologische Extension vorsieht.[1] Gegen die auf der planwidrigen Lücke aufbauende Argumentation muss nämlich eingewendet werden, dass aufgrund der unterschiedlichen Ausgangssituationen[2] die abweichenden Argumentationen vertretbar sind.

Eine eindeutige Auslegung von § 9 Abs. 1 Nr. 1 KStG ist nicht möglich. Die nachstehende Tabelle fasst den Anwendungsbereich des § 9 Abs. 1 Nr. 1 KStG zusammen (s. Abb. 11). Unter Gewichtung der einzelnen Argumente müssen m. E. alle gesellschaftsrechtlich basierten Vergütungen wie auch schuldrechtliche Tätigkeitsvergütungen unter den (potenziellen) Anwendungsbereich subsumiert werden. Der Gesetzgeber ist aufgefordert, die Unsicherheiten bei der Auslegung durch eine Neuregelung zu beseitigen.

---

1 S. Kap. D.I., S. 97 - 99.
2 S. Kap. D.I., S. 102.

Art des Mittelflusses beim KGaA-Komplementär	**Betriebsausgabe nach §§ 4 Abs. 4 EStG i. V. m. 8 Abs. 1 KStG**	**Im Anwendungsbereich von § 9 Abs. 1 Nr. 1 KStG**	**Kommentar**
Gewinnanteil auf Vermögenseinlage	nein	ja	unstrittig
verdeckte Entnahme	nein	ja	unstrittig
Dividenden bei gleichzeitiger Kommanditaktionärsstellung	nein	h. M. nein / m. E. nein	unstrittig
gewinn*un*abhängige Geschäftsführungsvergütung	möglich	*strittig* / m. E. ja	Eigentliches Problem: Unterscheidung zwischen schuld- und gesellschaftsrechtlicher Begründung
gewinnabhängige Geschäftsführungsvergütung	möglich	h. M. ja / m. E. ja	Eigentliches Problem: Unterscheidung zwischen schuld- und gesellschaftsrechtlicher Begründung
Ruhegehälter	möglich	h. M. ja / m. E. ja	unstrittig
Haftungsvergütungen	nein	h. M. ja / m. E. ja	Begründung nicht immer stringent
Andere Sondervergütungen	ja	h. M. nein / m. E. nein	m. E. körperschaftsteuerlich nein, aber gewerbesteuerlich zentraler Diskussionspunkt
Sonderbetriebsausgaben des KGaA-Komplementärs	nein	h. M. nein / m. E. nein	unstrittig
Verlustanteile	nein	m. E. ja	strittig

Abb. 11: Der Anwendungsbereich des § 9 Abs. 1 Nr.1 KStG im Überblick

ac. Vorschlag de lege ferenda

Probleme, die durch die Gewerbesteuer induziert sind, müssen nicht auf Ebene der Körperschaftsteuer gelöst werden, da von der Prämisse, dass § 9 Abs. 1 Nr. 1 KStG und § 8 Nr. 4 GewStG über einen entsprechenden Wortlaut verfügen müssen, de lege ferenda abgesehen werden kann.[1] Entscheidend ist damit, dass durch § 9 Abs. 1 Nr. 1 KStG-dlf[2] alle auf den KGaA-Komplementär entfallenden Gewinne von der körperschaftsteuerlichen Bemessungsgrundlage abgespalten werden; sämtliche schuldrechtlichen Vergütungen können aufgrund ihrer Betriebsausgabeneigenschaft unberücksichtigt bleiben.[3] Daher sollte § 9 Abs. 1 Nr. 1 KStG-dlf wie folgt gefasst werden:

> **§ 9 KStG Abziehbare Aufwendungen.** (1) Abziehbare Aufwendungen sind auch:
>
> 1. Bei Kommanditgesellschaften auf Aktien der Teil des Gewinns, der an persönlich haftende Gesellschafter *aufgrund gesellschaftsrechtlicher Ansprüche verteilt wird, soweit der Gewinn nicht auf das Grundkapital entfällt.*

b. Aufsichtsratsvergütungen

Nach § 10 Nr. 4 KStG ist die Hälfte der Vergütungen jeder Art, die an die Mitglieder des Aufsichtsrats[4], des Verwaltungsrats[5], des Grubenvorstandes oder an andere mit der Überwachung der Geschäftsführung beauftragte Personen gewährt werden, nicht vom zu versteuernden Einkommen der KGaA abziehbar.[6]

---

1 Vielmehr kann aufgezeigt werden, dass eine inhaltliche Trennung von § 9 Abs. 1 Nr. 1 KStG und § 8 Nr. 4 GewStG sinnvoll sein kann; s. Kap. D.II., S. 133; vgl. *Ammenwerth, M.*, Rechtsformalternative, 1997, S. 151.

2 Mit dem Beisatz "dlf" werden die eigenen Gesetzesvorschläge de lege ferenda gekennzeichnet.

3 Vgl. *Ammenwerth, M.*, Rechtsformalternative, 1997, S. 135 f., 141 f., 148 - 152 m. w. N.

4 Gemäß § 278 Abs. 3 i. V. m. §§ 95 ff. AktG ist bei einer KGaA zwingend ein Aufsichtsrat einzurichten; s. Kap. B.I., S. 16 - 20.

5 Ein Verwaltungsrat kann – auch bei einer KGaA – durch Satzung geschaffen werden. Allerdings setzt die gesetzlich festgelegte Organstruktur bzw. Kompetenzverteilung der Bildung Grenzen, so dass die Verwaltungsräte regelmäßig lediglich eine Beratungsfunktion innehaben; vgl. *Wiesner, G.*, Vorstand, 1999, S. 162, Rz. 9 - 11.

6 Kritisch hierzu *Clemm, H.*, Aufsichtsratsvergütungen, 2001, S. 1873 - 1879.

Im Ergebnis ist unstrittig, dass Vergütungen, die an einen KGaA-Komplementär gezahlt werden, nicht unter den Anwendungsbereich des § 10 Nr. 4 KStG fallen. Einerseits wird dies damit begründet, dass § 9 Abs. 1 Nr. 1 KStG[1] lex specialis zu § 10 Nr. 4 KStG ist.[2] Andererseits wird argumentiert, dass § 10 Nr. 4 KStG nicht anwendbar ist, da die KGaA-Komplementäre nicht zur "Überwachung"[3] der Geschäftsführung ermächtigt werden können.[4]

Es gibt keine Anhaltspunkte dafür, dass § 9 Abs. 1 Nr. 1 KStG lex specialis zu § 10 Nr. 4 KStG ist. Denn eine Spezialnorm ist dann anzunehmen, wenn sie neben den Tatbestandsmerkmalen der Grundnorm noch weitere enthält.[5] Hier ist nicht klar, ob § 9 Abs. 1 Nr. 1 KStG aufgrund des engen KGaA-Bezugs eine Spezialvorschrift gegenüber § 10 Nr. 4 KStG darstellt oder vice versa, da § 10 Nr. 4 KStG sich auf Vergütungen im Zusammenhang mit der Überwachung beschränkt.[6]

Die zweite These ist hingegen zutreffend, da § 10 Nr. 4 KStG sich ausschließlich auf Vergütungen für Überwachungstätigkeiten bezieht, die im Rahmen der möglichen Aktionen[7] eines Aufsichtsrats gezahlt werden.[8] Die Bezeichnung des Organs ist dabei unerheblich; die Aufzählung in § 10 Nr. 4 KStG besitzt lediglich exemplarischen Charakter. Um Interessenkollisionen auszuschließen, sind KGaA-Komplementäre gemäß §

---

1 Dieser regelt mit Hilfe der Betriebsausgabenfiktion die körperschaftsteuerliche Behandlung der Komplementärsbezüge auf KGaA-Ebene; s. Kap. D.I., S. 89 - 106.

2 Vgl. *Hofmeister, F.*, Blümich – § 9 KStG, 2002, S. 9, Rz. 25.

3 Beispielsweise können die persönlich haftenden Gesellschafter gemäß § 287 Abs. 3 AktG nicht dem Aufsichtsrat angehören.

4 Vgl. *Krebs, H.-J. / Herrmann, C.*, Herrmann / Heuer / Raupach – § 9 KStG, 2002, S. K 40, Rz. 55.

5 Vgl. *Beger, W. D.*, Methodenlehre, 2000, S. 42 m. w. N.

6 Daher verwundert auch nicht, dass *F. Hofmeister* seine Aussage nicht begründet; vgl. *Hofmeister, F.*, Blümich – § 9 KStG, 2002, S. 9, Rz. 25.

7 Das entscheidende Kriterium für diese Handlungen ist, dass mit der Überwachungstätigkeit auch gesellschaftsrechtliche Sorgfaltspflichten und Verantwortung verbunden sind und damit Schadensersatzpflichten (§§ 116, 93 AktG) eintreten können; vgl. *Velten, P.*, Arthur Andersen – § 10 KStG, 2002, S. 31, Rz. 116.

8 Vgl. hier und zum Folgenden *BFH*, Urteil vom 30.9.1975, BStBl II 1976, S. 155; *Velten, P.*, Arthur Andersen – § 10 KStG, 2002, S. 30 f., Rz. 108 - 115; *Graffe, I.*, Dötsch u. a. – § 10 KStG, 2002, S. 246/11, Rz. 42; *Hollatz, A.*, Herrmann / Heuer / Raupach – § 10 KStG, 2002, S. K 52, Rz. 117; *Ehmcke, T.*, Blümich – § 10 KStG, 2002, S. 11, Rz. 47 - 50; *Streck, M.*, Körperschaftsteuergesetz, 1997, S. 313 ff.

287 Abs. 3 AktG von der Überwachung ausgeschlossen.[1] § 10 Nr. 4 KStG ist somit nicht auf die Komplementäre einer KGaA anzuwenden.

c. § 8a KStG und KGaA-Komplementäre

Die Restriktionen des § 8a KStG sind nicht auf den KGaA-Komplementär anzuwenden (s. Abb. 12).[2] Der Wortlaut des § 8a Abs. 1 S. 1 KStG ("Anteilseigner ..., der ... wesentlich am Grund- oder Stammkapital beteiligt war ...") ist insoweit eindeutig.

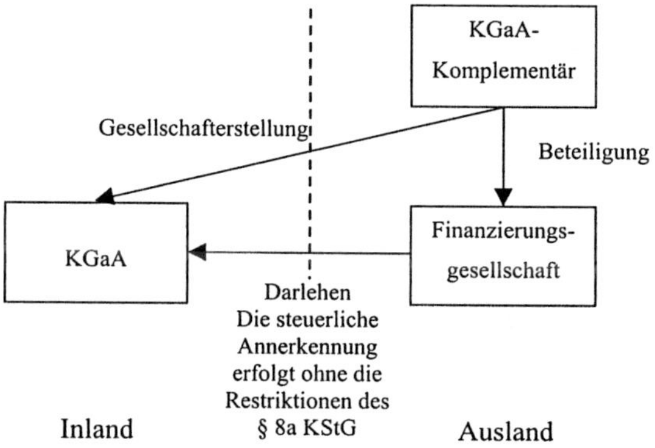

Abb. 12: Keine Anwendung des § 8a KStG auf den KGaA-Komplementär

d. Unterschiedlich zu qualifizierende Einnahmen

Wenig Beachtung findet in der Literatur die Frage nach der Behandlung von Einnahmen, die aus Sicht der KGaA anders zu qualifizieren sind als aus Sicht der KGaA-Komplementäre. Allerdings ist diese Frage – wie das nachstehende und so im Ergebnis

---

[1] Ziel dieser Regelung ist es, das so genannte "checks and balance"-System der KGaA zu stützen, s. Kap. B.I., S. 17 m. w. N.

[2] Vgl. *Schmidt, W. / Levedag, C.*, Grundprofil und Einsatzfelder, 1997, S. 754 f.; *Schaumburg, H. / Schulte, C.*, Die KGaA, 2000, S. 98.

von *W. F. Jost* analog diskutierte Beispiel zu Schachtelerträgen zeigt – von zentraler Bedeutung.[1]

Beispiel:

Der handelsrechtliche Jahresüberschuss vor Gewinnverteilung an den Komplementär einer KGaA beträgt 200.000 €. Sowohl der KGaA-Komplementär als auch die Gruppe der Kommanditaktionäre erhalten jeweils eine Ausschüttung in Höhe von 100.000 €. In dem handelsrechtlichen Ergebnis sind 200.000 € an Dividenden enthalten, die die KGaA von einer inländischen Tochterkapitalgesellschaft bezogen hat. *W. F. Jost* unterscheidet folgende Alternativen zur Behandlung der steuerfreien Einnahmen:[2]

Alternative 1: *Keine* Aufteilung der steuerfreien Einnahmen

Die KGaA vermindert den Steuer- bzw. Handelsbilanzerfolg außerbilanziell zum einen um 200.000 € (steuerfreie Einnahmen nach § 8b Abs. 1 KStG) und zum anderen um 100.000 € (Betriebsausgabenfiktion nach § 9 Abs. 1 Nr. 1 KStG). Insgesamt würden damit der Körperschaftsteuer -100.000 € unterliegen.[3]

Alternative 2: Aufteilung der steuerfreien Einnahmen

Die KGaA vermindert den Steuer- bzw. Handelsbilanzerfolg außerbilanziell zum einen um 100.000 € aufgrund der anteilig auf die Gruppe der Kommanditaktionäre entfallenden steuerfreien Einnahmen nach § 8b Abs. 1 KStG und zum anderen um 100.000 € aufgrund der Betriebsausgabenfiktion nach § 9 Abs. 1 Nr. 1 KStG. Insgesamt würden damit der Körperschaftsteuer 0 € unterliegen.

---

1 Vgl. *Jost, W. F.*, Dötsch u. a. – § 9 KStG, 2002, S. 236/5, Rz. 43a. *W. F. Jost* bezieht sich in seinem Beispiel auf Einkünfte, die nach einem DBA steuerfrei sind. Daneben diskutiert auch *K. Ebling* diese Thematik; vgl. *Ebling, K.*, DBA-Schachtelprivileg, 2001, S. 78. Der durch das StSenkG neu eingeführte Standardfall der steuerfreien Einkünfte nach § 8b KStG wurde in der Literatur zur KGaA noch nicht aufgegriffen.

2 Die Alternative 2 wird nur rudimentär dargestellt und ohne Begründung abgelehnt; vgl. *Jost, W. F.*, Dötsch u. a. – § 9 KStG, 2002, S. 236/5, Rz. 43a.

3 Zur Behandlung auf KGaA-Komplementärsebene s. Kap. E.I., S. 146 - 148.

Zunächst erscheint Alternative 2 – zumindest im ökonomischen Ergebnis – zutreffend zu sein, da die körperschaftsteuerliche Bemessungsgrundlage in Höhe von null einer wirtschaftlichen Betrachtung entspricht. Dieses Vorgehen ist aber nicht mit den Regelungen des KStG in Einklang zu bringen, da die Aufteilung nicht aus dem Gesetzeswortlaut abgeleitet werden kann (grammatikalische Auslegung). Die Alternative 2 kann auch nicht mit einer darüber hinausgehenden Gesetzesauslegung begründet werden, da streng zwischen Einkommenserzielung und -verwendung unterschieden werden muss (§ 8 Abs. 3 Satz 1 KStG).[1] Auf Ebene der Einkommenserzielung wird der personalistische Charakter der KGaA und damit der KGaA-Komplementäre negiert.[2] Eine Aufteilung der Einnahmen widerspricht ohnehin der Unternehmensverfassung der KGaA, da der KGaA-Komplementär insoweit nicht nach außen in Erscheinung tritt, sondern die juristische Person KGaA als Einheit Anteilseigner ist.[3] Wird auch die Gewerbesteuer berücksichtigt, wird deutlich, dass eine teleologische Auslegung des § 8 KStG nicht begründet werden kann.[4] Die Alternative 2 würde aufgrund der Hinzurechnung nach § 8 Nr. 4 GewStG zu einer unsystematischen (und unvertretbaren) Gewerbesteuerbelastung führen.[5]

Beispiel: Fortsetzung der Alternative 2

Im Rahmen der Gewerbesteuer kommt es nach § 8 Nr. 4 GewStG zu einer Hinzurechnung in Höhe von 100.000 €. Somit unterliegen – unter der Annahme, dass keine weiteren Hinzurechnungen bzw. Kürzungen (insbesondere Schachtelprivilegien und die durch das UntStFG eingefügte Hinzurechnung nach § 8 Nr. 5 GewStG) durchzuführen sind – insgesamt diese 100.000 € der Gewerbesteuer.

---

1 So im Ergebnis auch *Ebling, K.*, DBA-Schachtelprivileg, 2001, S. 78.

2 Sowohl handels- als auch steuerrechtlich werden insoweit die kapitalgesellschaftsrechtlichen Regelungen herangezogen; s. hierzu ausführlich Kap. D.I., S. 79 - 106.

3 So auch *Ebling, K.*, DBA-Schachtelprivileg, 2001, S. 76.

4 Der Hinweis auf die gewerbesteuerlichen Implikationen der Alternative 2 dient nicht dazu, gewerbesteuerliche und körperschaftsteuerliche Argumentationen zu vermengen. Vielmehr hilft der Bezug auf die Gewerbesteuer zum einen, den Sachverhalt umfassend darzustellen. Zum anderen erfordert eine logisch-systematische Analyse ein gesetzesübergreifendes Vorgehen.

5 Nach § 8 Nr. 4 GewStG werden die nach § 9 Abs. 1 Nr. 1 KStG abgezogenen Beträge zu Zwecken der Gewerbesteuer wieder hinzugerechnet; s. Kap. D.II., S. 126 - 136.

Die Gewerbesteuer würde in diesem Beispiel Dividenden belasten, die bereits auf Ebene der Tochtergesellschaft der Gewerbesteuer unterworfen wurden. Neben dieser Doppelbelastung[1] ist insbesondere zu kritisieren, dass im wirtschaftlichen Ergebnis die Gewerbesteuer auch von den Kommanditaktionären getragen würde.

Ebenso ist der von *W. F. Jost* präferierten[2] Alternative 1 nicht zuzustimmen, da der körperschaftsteuerliche Verlust, von dem die Gruppe der Kommanditaktionäre bei dieser Variante profitiert, wirtschaftlich und systematisch nicht begründet werden kann. Da die steuerfreien Einnahmen mit den fingierten Betriebsausgaben in einem unmittelbaren wirtschaftlichen Zusammenhang stehen, ist § 3c EStG anzuwenden und der (fiktive) Betriebsausgabenabzug nach § 9 Abs. 1 Nr. 1 KStG zu unterlassen.

Beispiel: Korrektur der Alternative 1 durch § 3c EStG

Die KGaA vermindert den Steuer- bzw. Handelsbilanzerfolg außerbilanziell um 200.000 € (steuerfreie Einnahmen nach § 8b KStG). Die Betriebsausgabenfiktion nach § 9 Abs. 1 Nr. 1 KStG greift gemäß § 3c EStG nicht. Damit ist auch keine Hinzurechnung nach § 8 Nr. 4 GewStG durchzuführen.[3] Insgesamt unterliegen damit der Körperschaftsteuer (und zunächst der Gewerbesteuer) 0 €.[4]

Der *BFH* hat mit dem Urteil vom 17.10.1990[5] entschieden, dass in dem vorliegenden DBA-Streitfall die Qualifikation der Einnahmen nicht ausschließlich aus Sicht der

---

1 Diese Doppelbelastung ist aus systematischer Sicht abzulehnen. Darüber hinaus hält sie insbesondere dem Vergleich zu einer Personengesellschaft, die Dividenden bezieht, die nicht unter das Schachtelprivileg fallen, nicht stand, da insoweit das Halbeinkünfteverfahren berücksichtigt werden müsste.

2 Vgl. *Jost, W. F.*, Dötsch u. a. – § 9 KStG, 2002, S. 236/5, Rz. 43a.

3 Während die Subsidiarität im Vergleich zum Betriebsausgabenabzug nach §§ 4 Abs. 4 EStG i. V. m. 8 Abs. 1 KStG der Hinzurechnung nach § 8 Nr. 4 GewStG nicht entgegensteht, verhindert die Anwendung des § 3c EStG auf körperschaftsteuerlicher Ebene aufgrund der Formulierung "soweit sie bei der Ermittlung des Gewinns abgesetzt worden sind" (§ 8 GewStG) die gewerbesteuerliche Hinzurechnung. Ein entsprechendes Vorgehen ist beispielsweise mit Fremdkapitalzinsen der KGaA, die in unmittelbarem Zusammenhang mit den steuerfreien Einnahmen stehen, durchzuführen; vgl. *Wesselbaum-Neugebauer, C.*, Unternehmenssteuerreform, 2001, S. 181.

4 Auf KGaA-Komplementärsebene bleibt zu untersuchen, unter welchen Voraussetzungen sich die Steuerfreiheit dort widerspiegelt bzw. widerspiegeln müsste; s. Kap. E.I., S. 146 - 148.

5 Vgl. *BFH*, Urteil vom 17.10.1990, BStBl II 1990, S. 211.

Kapitalgesellschaft KGaA vorzunehmen ist. Der Tenor des *BFH*-Urteils kann nicht verallgemeinert werden, da es sich auf Leistungsbeziehungen zwischen der KGaA und dem KGaA-Komplementär bezieht.[1] Anders, als diese das Innenverhältnis betreffende Frage, ist das hier analysierte Beispiel zu beurteilen, da die KGaA genuin eine Körperschaft ist und der KGaA-Komplementär nicht nach außen in Erscheinung tritt. In dem diskutierten Beispiel zu Schachteldividenden besteht keine Rechtsbeziehung zwischen dem KGaA-Komplementär und der ausschüttenden Tochterkapitalgesellschaft.

e. Vergütungen und Gewinnausschüttungen an Kommanditaktionäre

ea. Besteuerung nach dem Trennungsprinzip

Die KGaA ist körperschaftsteuerlich wie eine GmbH oder eine AG zu behandeln, soweit nicht die KGaA-komplementärspezifischen Sonderregelungen und damit Ansätze des Transparenzprinzips zu beachten sind.[2] Auf Vergütungen und Gewinnausschüttungen an die Kommanditaktionäre sind die allgemein gültigen Konsequenzen des Trennungsprinzips anzuwenden.[3]

eb. Verdeckte Gewinnausschüttungen

Bei den Kommanditaktionären ist streng zwischen den Bereichen der Gewinnerzielung und Gewinnverwendung zu unterscheiden.[4] Zahlungen, die aus schuldrechtlichen Vereinbarungen resultieren und nicht als verdeckte Gewinnausschüttung zu qualifizieren sind, mindern sowohl den handelsrechtlichen Erfolg als auch das gewerbliche Ergebnis (vor körperschaftsteuerlichen Korrekturen) der KGaA. (Verdeckte) Gewinnausschüttungen an die Kommanditaktionäre wirken dagegen nicht körperschaftsteuermindernd.

---

1 Vgl. hier und zum Folgenden *Ebling, K.*, DBA-Schachtelprivileg, 2001, S. 76 - 78.
2 Vgl. *Ammenwerth, M.*, Rechtsformalternative, 1997, S. 144.
3 S. zum Trennungsprinzip Kap. C.II., S. 56 - 63.
4 S. hier und zum Folgenden Kap. C.II., S. 58 - 61.

Im Rahmen der höchstrichterlich entwickelten allgemeinen Definition[1] einer verdeckten Gewinnausschüttung ist KGaA-spezifisch zu prüfen, ob aufgrund der Unternehmensverfassung bzw. der ausgeprägten Führungsbefugnisse[2] der KGaA-Komplementäre das Kriterium "gesellschaftsrechtliche Veranlassung", das mit der Befugnis zur Vornahme von Geschäftsführungshandlungen durch die Kommanditaktionäre verbunden ist, erfüllt sein kann. In Fortentwicklung seiner Rechtsprechung bezieht der *BFH* aber auch Minderheitsgesellschafter einer GmbH als mögliche Empfänger von verdeckten Gewinnausschüttungen mit ein.[3] Aufgrund der Vergleichbarkeit der Sachverhalte lässt sich diese Rechtsprechung auf die KGaA bzw. die Kommanditaktionäre übertragen.

Die Unternehmensverfassung der KGaA – insbesondere die Tatsache, dass Kommanditaktionäre i. d. R. nicht das nötige Einflusspotenzial haben, entsprechende Gestaltungen durchzuführen – steht einer tatsächlich durchgeführten verdeckten Gewinnausschüttung aus betriebswirtschaftlicher Sicht nicht entgegen, da sowohl die Gruppe der KGaA-Komplementäre als auch die Gruppe der Kommanditaktionäre von der durch die verdeckte Gewinnausschüttung hervorgerufenen Gewerbesteuerersparnis auf Gesellschaftsebene profitieren können. Keine KGaA-spezifischen Besonderheiten ergeben sich bei einer verdeckten Gewinnausschüttung i. S. d. § 8a KStG an die Kommanditaktionäre.[4]

---

1 Nach der Rechtsprechung des *BFH* ist eine verdeckte Gewinnausschüttung eine Vermögensminderung bzw. eine verhinderte Vermögensmehrung, die durch das Gesellschaftsverhältnis veranlasst ist, sich auf die Höhe des Einkommens auswirkt und in keinem Zusammenhang mit einer offenen Gewinnausschüttung steht. Vgl. *BFH*, Urteil vom 22.2.1989, BStBl II 1989, S. 475; *BFH*, Urteil vom 22.2.1989, BStBl II 1989, S. 631; *BFH*, Urteil vom 11.10.1989, BStBl II 1990, S. 89; *Lange, J.*, Verdeckte Gewinnausschüttungen, 1998, S. 42 - 45 m. w. N.

2 S. Kap. B.I., S. 12 f.

3 Vgl. *BFH*, Urteil vom 14.10.1992, BStBl II 1993, S. 352; *Lang, B.*, Arthur Andersen – § 8 KStG, 2002, S. 127, Rz. 580.

4 Einen Überblick zur verdeckten Gewinnausschüttung nach § 8a KStG gibt beispielsweise *Kröner, I.*, Arthur Andersen – § 8a KStG, 2002, S. 1 - 125, Rz. 1 - 276; *Freiling, C. / Schmucker, Y.*, Anwendungsprobleme, 2001, S. 97 - 128; *Prinz, U.*, Gesellschafter-Fremdfinanzierung, 2000, S. 1061 - 1069.

3. Einheitliche und gesonderte Gewinnfeststellung

Das Erfordernis einer einheitlichen und gesonderten Gewinnfeststellung[1] für die KGaA und der an ihr beteiligten Personen wird im Schrifttum und in der Rechtsprechung kontrovers beurteilt.[2] Die Finanzverwaltung lehnt derzeit eine einheitliche und gesonderte Gewinnfeststellung ab.[3] Aus *systematischer* Sicht kommt dieser Diskussion Bedeutung zu, da höchstrichterlich[4] bestätigt und im Schrifttum allgemein[5] anerkannt ist, dass im *materiell-rechtlichen* Bereich der Gewinnermittlung der KGaA-Komplementär wie ein Mitunternehmer behandelt werden soll.

Im Rahmen der Mitunternehmerbesteuerung wird auf die einheitliche und gesonderte Gewinnfeststellung zurückgegriffen;[6] im Rahmen der durch das Trennungsprinzip charakterisierten Besteuerung von AG bzw. GmbH und deren Anteilseignern wird die einheitliche und gesonderte Gewinnfeststellung jedoch nicht angewendet.[7] Daher ist umstritten, ob bzw. inwieweit sich der hybride gesellschaftsrechtliche und ertragsteuerliche Charakter der KGaA auch im *verfahrensrechtlichen* Bereich niederschlägt.

---

1 Ist eine Besteuerungsgrundlage für mehrere Steuerbescheide maßgeblich, werden aus Rationalisierungsgründen und zur Vermeidung von Abweichungen in den verschiedenen Besteuerungsverfahren gesonderte Feststellungen nach § 179 AO durchgeführt; vgl. hier und zum Folgenden *Ax, R. / Große, T. / Melchior, J.*, Abgabenordnung, 2001, S. 301 - 305. Betrifft der Feststellungsbescheid mehrere Personen, wird nach § 179 Abs. 2 AO die gesonderte Feststellung einheitlich vorgenommen (einheitliche und gesonderte Feststellung).

2 Für eine einheitliche und gesonderte Gewinnfeststellung sprechen sich u. a. aus: *BFH*, Urteil vom 21.7.1967, nicht veröffentlicht - zitiert in *BFH*, Urteil vom 21.6.1989, BFHE 157, S. 382; *Schaumburg, H. / Schulte, C.*, Die KGaA, 2000, S. 82 m. w. N.; *Schmidt, W. / Levedag, C.*, Grundprofil und Einsatzfelder, 1997, S. 749; *Brandis, P.*, Tipke / Kruse – § 180 AO, 2002, S. 27, Rz. 9; *Schlütter, E.*, Gewinnanteile, 1974, S. 297.
Gegen eine einheitliche und gesonderte Gewinnfeststellung wenden sich: *Jost, W. F.*, Dötsch u. a. – § 9 KStG, 2002, S. 233, Rz. 6; *Hofmeister, F.*, Blümich – § 9 KStG, 2002, S. 8 f., Rz. 21; *Jünger, P.*, Stellung des persönlich haftenden Gesellschafters, 1988, S. 1973; *Frankenheim, A.*, Kommanditgesellschaft auf Aktien, 1994, S. 93 - 97; *Stuhrmann, G.*, Blümich – § 15 EStG, 2002, S. 207, Rz. 563; *Janssen, B.*, Kommanditgesellschaft auf Aktien, 2001, S. 3816 f.; *Kusterer, S.*, Gestaltungsalternativen, 2001, S. 867; *Kusterer, S.*, Verschmelzung, 1998, S. 1412.

3 Vgl. so *Kusterer, S.*, Verschmelzung, 1998, S. 1412 ohne weitere Nachweise.

4 Vgl. *BFH*, Urteil vom 8.2.1984, BStBl II 1984, S. 381.

5 Vgl. stellvertretend für viele *Reiß, W.*, Kirchhof – § 15, 2002, S. 1043, Rz. 503; *Kantewein, T.*, Steuerrecht, 1999, S. 1249; *Schmidt, L.*, Schmidt – § 15, 2002, S. 1321, Rz. 890; *Frankenheim, A.*, Kommanditgesellschaft auf Aktien, 1994, S. 129.

6 Vgl. *Jünger, P.*, Stellung des persönlich haftenden Gesellschafters, 1988, S. 1973.

7 Vgl. *Janssen, B.*, Kommanditgesellschaft auf Aktien, 2001, S. 3817.

Voraussetzung für eine einheitliche Gewinnfeststellung ist, dass an den Einkünften mehrere Personen beteiligt sind, denen die Einkünfte (unmittelbar) zuzurechnen sind.[1] Da die Kommanditaktionäre zur KGaA wie Aktionäre und nicht wie Kommanditisten stehen und somit das Trennungsprinzip mit den verfahrensrechtlichen Konsequenzen angewendet wird,[2] kommt in diesem Verhältnis keine einheitliche und gesonderte Gewinnfeststellung in Betracht.[3] Der Betriebsausgabencharakter der KGaA-Komplementärsgewinne und -vergütungen nach § 9 Abs. 1 Nr. 1 KStG bzw. nach §§ 4 Abs. 4 EStG i. V. m. 8 Abs. 1 KStG steht einer einheitlichen und gesonderten Gewinnfeststellung im Verhältnis der KGaA zu den KGaA-Komplementären – bereits formal, aber nicht entkräftbar – entgegen.[4] *Aus Sicht der* juristischen Person *KGaA*, die über eine eigene Rechtspersönlichkeit verfügt, sind damit die KGaA-Komplementäre an ihr und nicht unmittelbar an den Einkünften beteiligt bzw. als ihre Arbeitnehmer einzustufen.[5] Ebenso ist die KGaA im Gegensatz zu einer Mitunternehmerschaft selbst ertragsteuerpflichtig.

Auch wenn die KGaA-Komplementäre untereinander nicht – auch nicht nach § 278 Abs. 2 AktG – in einem übergeordneten Verbandsverhältnis stehen, sondern jeweils nur einzeln an der KGaA beteiligt sind,[6] sind sie aus *ihrer Sicht* als Gruppe an den

---

1 Vgl. *BFH*, Urteil vom 19.2.1981, BStBl II 1981, S. 602; *BFH*, Urteil vom 12.1.1978, BFHE 124, S. 436; *Jünger, P.*, Stellung des persönlich haftenden Gesellschafters, 1988, S. 1973; *Frankenheim, A.*, Kommanditgesellschaft auf Aktien, 1994, S. 95.

2 S. Kap. C.I., S. 56 - 63.

3 Vgl. *Jünger, P.*, Stellung des persönlich haftenden Gesellschafters, 1988, S. 1973.

4 Vgl. *Hofmeister, F.*, Blümich – § 9 KStG, 2002, S. 8 f., Rz. 21 m. w. N.

5 Vgl. *Theisen, M. R.*, Besteuerung, 1989, S. 2192; *Frankenheim, A.*, Kommanditgesellschaft auf Aktien, 1994, S. 129.

6 Vgl. *Frankenheim, A.*, Kommanditgesellschaft auf Aktien, 1994, S. 97; *Jünger, P.*, Stellung des persönlich haftenden Gesellschafters, 1988, S. 1973.

Einkünften unmittelbar beteiligt, ohne dass die KGaA als Besteuerungsebene dazwischen liegt.[1] Damit ist eine einheitliche Gewinnfeststellung für die Gruppe der KGaA-Komplementäre vorzunehmen. Dieses Ergebnis ist auch systematisch überzeugend, da damit sowohl der personalistische als auch der kapitalistische Charakter der KGaA verfahrensrechtlich umgesetzt wird.

4. Organschaft

Die KGaA kann als Organträger, aber auch als Organgesellschaft in einem körperschaftsteuerlichen Organkreis vertreten sein. Eine körperschaftsteuerliche Organschaft ist gegeben, wenn eine inländische Kapitalgesellschaft als Organgesellschaft finanziell[2] in den Gewerbebetrieb eines inländischen Unternehmens (Organträger[3]) eingegliedert ist und sich die Organgesellschaft verpflichtet, den Gewinn an den Organträger abzuführen[4] (§ 14 KStG).

KGaA-spezifische Besonderheiten werden durch die Existenz des KGaA-Komplementärs hervorgerufen. Bei der Zusammensetzung des Organkreises sind nachstehende Grundkonstellationen zu unterscheiden:

i. Die KGaA ist Organträger und der Kommanditaktionär ist Organgesellschaft.
ii. Die KGaA ist Organgesellschaft und der Kommanditaktionär ist Organträger.
iii. Die KGaA ist Organträger und eine KGaA-Komplementär-Kapitalgesellschaft ist Organgesellschaft.
iv. Eine dritte Gesellschaft ist Organträger, die KGaA, eine KGaA-Komplementär-Kapitalgesellschaft und ein Kommanditaktionär sind jeweils Organgesellschaft.
v. Die KGaA ist Organgesellschaft und der KGaA-Komplementär ist Organträger.

---

1 Vgl. *Brandis, P.*, Tipke / Kruse – § 180 AO, 2002, S. 27, Rz. 9.

2 S. Kap. C.II., S. 63 - 68.

3 S. Kap. C.II., S. 63 - 68.

4 Der Gewinnabführungsvertrag nach § 291 Abs. 1 AktG bzw. der Ergebnisübernahmevertrag bei einer GmbH muss zivilrechtlich wirksam sein und mindestens für fünf Jahre abgeschlossen werden (§ 14 Nr. 3 KStG); vgl. *Scheffler, W.*, Besteuerung von Unternehmen I, 2002, S. 181 f.

vi. Ein Kommanditaktionär ist als Organträger zugleich an der KGaA und einer KGaA-Komplementär-Kapitalgesellschaft beteiligt.

ad i.

In diesem Fall muss eine wechselseitige Beteiligung vorliegen. Der Kommanditaktionär ist aufgrund seiner Gesellschafterstellung an der KGaA beteiligt. Diese muss wiederum an dem Kommanditaktionär, der in diesem Fall eine Kapitalgesellschaft sein muss, mehrheitlich beteiligt sein. Gesellschaftsrechtlich sind derartige wechselseitige Beteiligungen[1] möglich.[2] Die übrigen Voraussetzungen zur Bildung einer Organschaft – wie sie in Abb. 13 dargestellt ist – sind erfüllbar, da weder aktienrechtliche Restriktionen[3] noch die Unternehmensverfassung[4] der KGaA dies ausschließen. Die ökonomische Konsequenz dieser Gestaltung ist eine Verlustverrechnung zwischen der KGaA und dem Kommanditaktionär.

---

1 Wechselseitig beteiligte Unternehmen sind aktienrechtlich Kapitalgesellschaften oder bergrechtliche Gewerkschaften mit Sitz im Inland, die dadurch verbunden sind, dass jedem Unternehmen mehr als 25 % des anderen Unternehmens gehören, s. § 19 Abs. 1 AktG.

2 Vgl. *Krieger, G.*, Konzernrecht, 1999, S. 928 - 933.

3 Trotz des Gesellschaft-Gesellschafter-Verhältnisses liegen aktienrechtlich zwei getrennte Unternehmen vor, da die Kommanditaktionäre selbst im Gegensatz zu den KGaA-Komplementären nicht Organ der KGaA sind. Lediglich die Hauptversammlung, die durch die Gesamtheit der Kommanditaktionäre gebildet wird, ist ein Organ der KGaA; s. Kap. B.I., S. 14 f.; vgl. *Herfs, A.*, Kommanditgesellschaft auf Aktien, 1999, S. 1224; *Schmidt, K.*, Deregulierung, 1996, S. 285; *Joost, D.*, Mitbestimmung, 1998, S. 347; *Assmann, H.-D. / Sethe, R.*, Vor § 278, 2001, S. 58 f., Rz. 76 - 78.

4 S. Kap. B., S. 9 - 42.

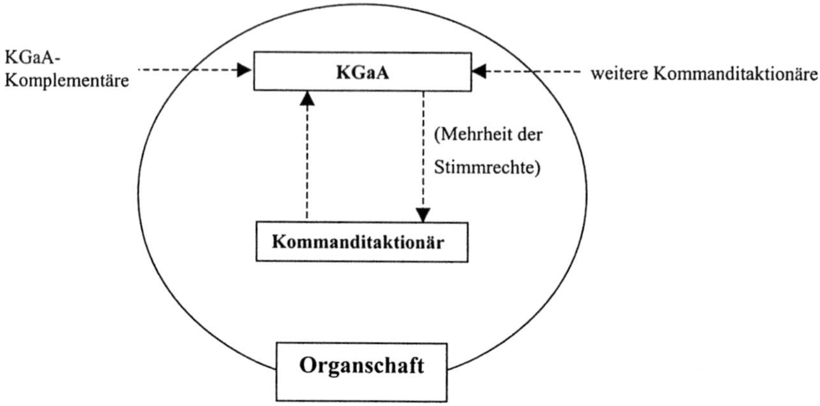

Abb. 13: Die KGaA als Organträger und der Kommanditist als Organgesellschaft

ad ii.

Die KGaA als (inländische) Kapitalgesellschaft und der Kommanditaktionär, soweit er unbeschränkt steuerpflichtig ist, erfüllen die Organschaftsanforderungen hinsichtlich der rechtlichen Organisationsstrukturen. Ob eine finanzielle Eingliederung vorliegt, ist ohne Berücksichtigung der KGaA-Komplementäre zu beurteilen, da diese keine Stimmrechte in der Hauptversammlung ausüben können. Auch eine über den Wortlaut hinausgehende Interpretation der Formulierung "Mehrheit der Stimmrechte" des § 14 Nr. 1 KStG, die das große Einflusspotenzial der KGaA-Komplementäre berücksichtigt, vermag nicht zu überzeugen, da – wie die nachstehenden Überlegungen zum Gewinnabführungsvertrag zeigen – die KGaA-Komplementäre nicht von der Organschaft betroffen sind.[1]

Die Existenz des KGaA-Komplementärs steht dem Tatbestandsmerkmal Ergebnisabführungsvertrag nicht entgegen, da zwar § 14 Satz 1 KStG die Abführung des "ganzen" Gewinns vorschreibt, hiervon aber die Gewinnanteile der KGaA-Komplementäre nicht

1 Vgl. *Schaumburg, H. / Schulte, C.*, Die KGaA, 2000, S. 72 - 75.

erfasst werden.[1] Dies beruht auf der Tatsache, dass bei der Ermittlung des handelsrechtlichen Jahresüberschusses der auf den Kapitalanteil der KGaA-Komplementäre entfallende Gewinn sowie andere Zahlungen wie Haftungsvergütungen bereits als Aufwand verbucht sind bzw. alternativ nach dem Jahresüberschuss / Jahresfehlbetrag gesondert mit entsprechender Bezeichnung in das Gliederungsschema gemäß § 158 AktG aufgenommen werden.[2] Die Gewinnanteile des KGaA-Komplementärs sind damit gemäß § 301 AktG nicht Anknüpfungspunkt für einen Ergebnisabführungsvertrag. Diese Vorgehensweise – die KGaA-Komplementärsvergütungen aus dem kapitalistisch organisierten KGaA-Bereich zu isolieren – entspricht handels-, gesellschafts- und steuerrechtlich der dualen Rechtsstruktur der KGaA.

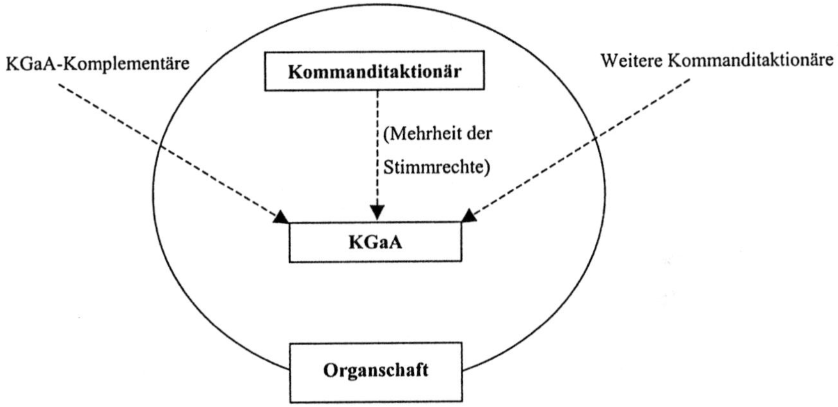

Abb. 14: Kommanditaktionär als Organträger und KGaA als Organgesellschaft

---

1 Vgl. hier und zum Folgendem *Schaumburg, H. / Schulte, C.*, Die KGaA, 2000, S. 75; *Herfs, A.*, Kommanditgesellschaft auf Aktien, 1999, S. 1233.

2 S. Kap. B.II., S. 27 - 30; vgl. *Schaumburg, H. / Schulte, C.*, Die KGaA, 2000, S. 73; *Adler, H. / Düring, W. / Schmaltz, K.*, Rechnungslegung 4, 1997, S. 661 - 667. Auch an dieser Argumentation wird deutlich, dass es unproblematisch ist, im Rahmen der finanziellen Eingliederung den Einfluss der KGaA-Komplementäre außer Acht zu lassen.

Ein Organkreis, bei dem ein Kommanditaktionär als Organträger fungiert und die KGaA Organgesellschaft ist (s. Abb. 14), kann somit gebildet werden. Auch in dieser Variante ist die ökonomische Konsequenz die Möglichkeit zur Verlustverrechnung zwischen der KGaA und dem Kommanditaktionär.

ad iii.

Diese bereits aus betriebswirtschaftlicher Sicht unsinnige Konstellation[1] ist nicht realisierbar. Auch wenn die Rechtsformerfordernisse erfüllt sind, kann der Gewinnabführungsvertrag zwischen der KGaA und dem KGaA-Komplementär nicht wirksam abgeschlossen werden, da konzernrechtlich nicht zwei getrennte Unternehmen vorliegen.[2]

ad iv.

Alternativ kann ein körperschaftsteuerlicher Organschaftskreis mit einer dritten Gesellschaft als Organträger gebildet werden. Der Organträger ist über einen Kommanditaktionär und den KGaA-Komplementär, die jeweils eine Kapitalgesellschaft sein müssen, mittelbar an der KGaA beteiligt (s. Abb. 15). Die Organschaftsvoraussetzungen können ohne KGaA-Spezifika jeweils im Verhältnis dritte Gesellschaft und KGaA-Komplementär bzw. Kommanditaktionär erfüllt werden. Im mittelbaren Verhältnis zur KGaA gelten die Besonderheiten der Variante ii. Zwischen dem KGaA-Komplementär und der KGaA können die Voraussetzungen zur Bildung einer Organschaft nicht erfüllt sein.[3] Weitere konzernrechtliche Implikationen bzw. die Unternehmensverfassung der KGaA stehen einem derartigen Organkreis nicht entgegen. Auch wenn die Organschaftskette zwischen dem KGaA-Komplementär und der KGaA unterbrochen ist, erfolgt aufgrund der Verlustverrechnung (§ 9 Abs. 1 Nr. 1 KStG) zwischen

---

1 Faktisch müsste u. a. der geborene Geschäftsführer seine Bezüge wieder an die Gesellschaft abführen.

2 Vgl. *Herfs, A.*, Kommanditgesellschaft auf Aktien, 1999, S. 1224; *Schmidt, K.*, Deregulierung, 1996, S. 285; *Joost, D.*, Mitbestimmung, 1998, S. 347; *Assmann, H.-D. / Sethe, R.*, Vor § 278, 2001, S. 58 f., Rz. 76 - 78. Vgl. analog zur GmbH & Co. KG *Ehrhardt, A.*, GmbH & CoKG, 1996, S. 10 - 20, 229.

3 S. Variante iii. und v.

der KGaA und dem KGaA-Komplementär eine unbeschränkte Verlustverrechnung im gesamten Organkreis.

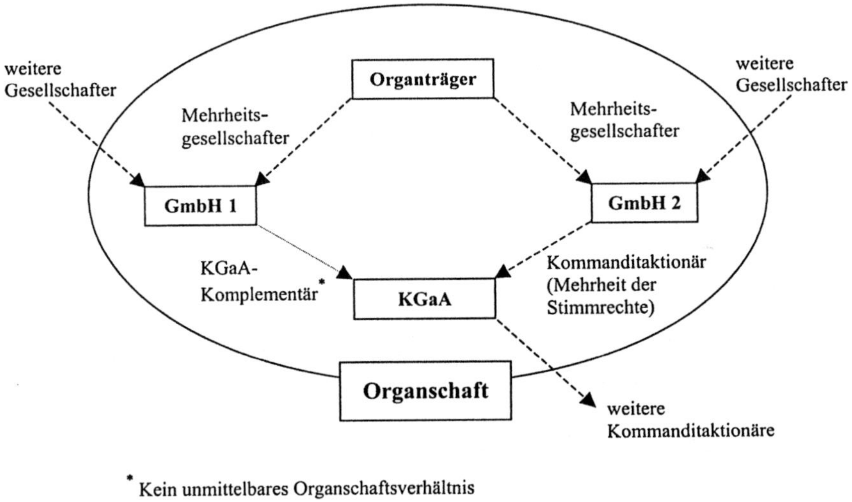

Abb. 15: Die KGaA, ein KGaA-Komplementär und ein Kommanditaktionär in einem Organkreis

ad v.

Diese Variante ist hingegen – soweit der KGaA-Komplementär nicht zugleich Kommanditaktionär ist – nicht realisierbar, obwohl die Rechtsformerfordernisse erfüllt sind. Ein Gewinn- bzw. ein Ergebnisabführungsvertrag kann nicht wirksam abgeschlossen werden, da konzernrechtlich nicht zwei getrennte Unternehmen gegeben sind.[1] Auch fehlt es an der finanziellen Eingliederung, da ein KGaA-Komplementär keine Stimmrechte in der Hauptversammlung ausüben kann.[2]

---

1 Vgl. *Schaumburg, H. / Schulte, C.*, Die KGaA, 2000, S. 74; *Herfs, A.*, Kommanditgesellschaft auf Aktien, 1999, S. 1224; *Schmidt, K.*, Deregulierung, 1996, S. 285; *Joost, D.*, Mitbestimmung, 1998, S. 347; *Assmann, H.-D. / Sethe, R.*, Vor § 278, 2001, S. 58 f., Rz. 76 - 78.

2 S. § 285 AktG; Kap. B.I., S. 11 - 15.

H. Schaumburg und *C. Schulte* weisen zu Recht darauf hin, dass selbst eine über die grammatikalische Interpretation hinausgehende Auslegung der Formulierung "Mehrheit der Stimmrechte" des § 14 Nr. 1 KStG nicht zur Organschaft führen kann.[1] Die Qualifikation des Einflusses des KGaA-Komplementärs[2] als Ersatztatbestand für die "Mehrheit der Stimmrechte" könnte nur unter Bezugnahme auf das anzuwendende Personengesellschaftsrecht[3] erfolgen. Die KGaA ist durch personalistische Strukturelemente charakterisiert, auch wenn sie vom Grundtypus eine Kapitalgesellschaft ist. Es wäre aber nicht konsistent, mit den personengesellschaftstypischen Elementen der Unternehmensverfassung einer KGaA deren Existenz als Organgesellschaft zu begründen, obwohl eine Organgesellschaft zwingend eine Kapitalgesellschaft sein muss.[4] An dieser Stelle wird insbesondere deutlich, dass die konzernrechtliche Voraussetzung von zwei getrennten Unternehmen nicht erfüllt ist.[5]

Aus ökonomischer Sicht ist ein derartiger körperschaftsteuerlicher Organkreis – im Gegensatz zu einem entsprechenden gewerbesteuerlichen Organkreis –[6] bedeutungslos, da der (anteilige) Verlust der KGaA aufgrund des insoweit umgesetzten Transparenzprinzips ohnehin dem KGaA-Komplementär zugerechnet wird.[7]

---

1 Vgl. hier und zum Folgenden *Schaumburg, H. / Schulte, C.*, Die KGaA, 2000, S. 75.

2 S. hierzu Kap. B.I., S. 11 - 15.

3 § 278 Abs. 2 AktG verweist auf die Vorschriften des Handelsgesetzbuches über die Kommanditgesellschaft.

4 S. § 14 KStG 1999.

5 Vgl. *Schaumburg, H. / Schulte, C.*, Die KGaA, 2000, S. 74; *Herfs, A.*, Kommanditgesellschaft auf Aktien, 1999, S. 1224; *Schmidt, K.*, Deregulierung, 1996, S. 285; *Joost, D.*, Mitbestimmung, 1998, S. 347; *Assmann, H.-D. / Sethe, R.*, Vor § 278, 2001, S. 58 f., Rz. 76 - 78.

6 S. Kap. E.II., S. 194.

7 Die betriebswirtschaftliche Relevanz derartiger Gestaltungen wird in der Literatur nicht hinterfragt; vgl. *Schaumburg, H. / Schulte, C.*, Die KGaA, 2000, S. 74 - 76.

Anders verhält es sich, wenn der KGaA-Komplementär zugleich auch mehrheitlicher Kommanditaktionär ist. Die Kommanditaktionäre sind nicht Organe der KGaA; konzernrechtliche Bedenken hinsichtlich fehlender getrennter Unternehmen sind insoweit nicht aufrecht zu erhalten. Alle Voraussetzungen zur Bildung einer Organschaft – Rechtsformerfordernisse (z. B. durch eine GmbH als KGaA-Komplementär-Kommanditaktionär) und finanzielle Eingliederung – können über die Kommanditaktionärsstellung erfüllt werden (s. Abb. 16).

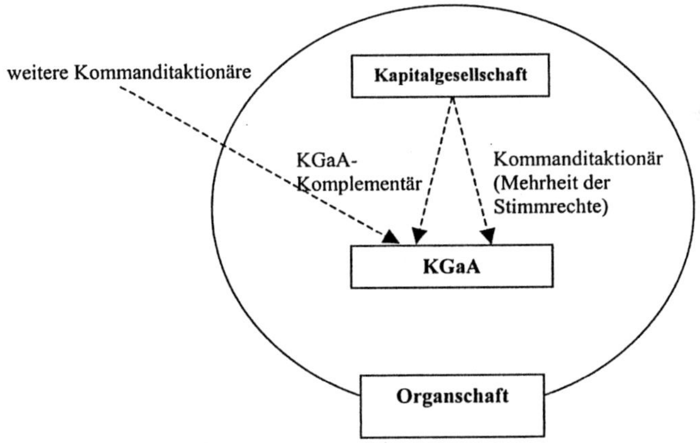

Abb. 16: Die KGaA-Komplementär-Kommanditaktionär-GmbH als Organträger

ad vi.

Wenn ein Kommanditaktionär als Organträger zugleich an der KGaA und einer KGaA-Komplementär-Kapitalgesellschaft beteiligt ist, kann ein Organschaftskreis begründet werden (s. Abb. 17). Konzernrechtliche Überlegungen oder die Unternehmensverfassung einer KGaA stehen dem nicht entgegen.

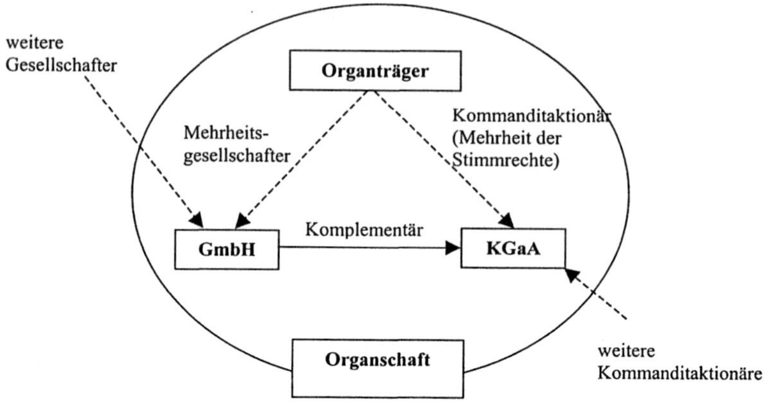

Abb. 17: Kommanditaktionär als Gesellschafter der KGaA-Komplementär-Kapitalgesellschaft

II. Gewerbeertragsteuer

1. Steuerpflicht

Die KGaA unterliegt kraft Rechtsform der Gewerbesteuer.[1] Der hybride Charakter der KGaA wird insoweit vernachlässigt: Eine differenzierte Betrachtung im Sinne einer Aufteilung der Gewerbesteuerpflicht der KGaA auf KGaA-Komplementär- und Kommanditaktionärsanteile erfolgt an dieser Stelle konsequenter Weise nicht,[2] da die Gewerbesteuer als Objekt- bzw. Realsteuer konzipiert ist und an das Objekt Gewerbebetrieb – hier die Kapitalgesellschaft KGaA – anknüpft. Davon unberührt bleibt, dass mit Hilfe von Hinzurechnungen und Kürzungen der hybride Charakter der KGaA gewerbesteuerlich umgesetzt werden muss.[3]

Die KGaA gilt mit der Eintragung in das Handelsregister als entstanden.[4] Spätestens zu diesem Zeitpunkt beginnt kraft Rechtsform die sachliche Gewerbesteuerpflicht der KGaA.[5] Im Gründungsstadium – d. h. vor der Eintragung in das Handelsregister – ist die KGaA kraft Tätigkeit gewerbesteuerpflichtig, wenn sie eine nach außen in Erscheinung tretende geschäftliche Tätigkeit ausübt.[6] Die gewerbesteuerpflichtige Gründungs-

---

1 Gemäß § 2 Abs. 1 und 2 GewStG unterliegt die im Inland betriebene Tätigkeit einer KGaA stets und in vollem Umfang der Gewerbesteuer; vgl. *Güroff, G.*, Glanneger / Güroff – § 2 GewStG, 1999, S. 43, 198 f.; zur Verfassungskonformität vgl. *BFH*, Urteil vom 20.10.1976, BStBl II 1977, S. 10.

2 Inwieweit die Gesellschafter für sich genommen wiederum gewerbesteuerpflichtig sind, muss getrennt beurteilt werden. Hier steht die Gewerbesteuerpflicht der KGaA als Körperschaft im Fokus der Betrachtung.

3 Vgl. stellvertretend für viele *Tipke, K. / Lang, J.*, Steuerrecht, 2002, S. 478, 490 f., Rz. 3 f., 33.

4 S. §§ 278 Abs. 3, 41 Abs. 1 S. 1 AktG.

5 Vgl. hier und zum Folgenden *Sarrazin, V.*, Lenski / Steinberg – § 2 GewStG, 2002, S. 411, Rz. 1781; *Güroff, G.*, Glanneger / Güroff – § 2 GewStG, 1999, S. 236.

6 Zieht die Gründungs- bzw. die Vorgesellschaft lediglich Eigenkapital ein, führt diese Vermögensverwaltung noch nicht zur sachlichen Gewerbesteuerpflicht; vgl. *BFH*, Urteil vom 18.7.1990, BStBl II 1990, S. 1073.

bzw. Vorgesellschaft[1] bildet mit der (in das Handelsregister eingetragenen) KGaA einen einheitlichen Steuergegenstand.[2]

Der Gewerbebetrieb der KGaA bleibt Steuergegenstand bis zur Beendigung der Abwicklung.[3] Das ist i. d. R. der Zeitpunkt, zu dem das Vermögen an die Gesellschafter verteilt worden ist.[4] Die Eröffnung eines Insolvenzverfahrens ist für die Gewerbesteuerpflicht alleine nicht entscheidend.[5]

2. Besteuerungsgrundlage

Nach § 6 GewStG ist die Besteuerungsgrundlage[6] der Gewerbesteuer der Gewerbeertrag der KGaA. Dieser entspricht gemäß § 7 GewStG dem nach den Vorschriften des Körperschaftsteuergesetzes zu ermittelnden Einkommen vor körperschaftsteuerlichem Verlustabzug[7], vermehrt und vermindert um die in den §§ 8 und 9 GewStG abschließend aufgeführten Hinzurechnungen und Kürzungen. § 8 Nr. 4 GewStG enthält eine KGaA-spezifische Hinzurechnung für "Gewinnanteile, die an persönlich haftende Gesellschafter einer Kommanditgesellschaft auf Aktien auf ihre nicht auf das Grundkapital gemachten Einlagen oder als Vergütung (Tantieme) für die Geschäftsführung verteilt worden sind"[8].

---

1 Die Gründungs- bzw. Vorgesellschaft entsteht mit der notariellen Satzungsfeststellung nach § 280 AktG; vgl. hier und zum Folgenden *Sarrazin, V.*, Lenski / Steinberg – § 2 GewStG, 2002, S. 412, Rz. 1783 f. Vor der notariellen Errichtung existiert eine Vorgründungsgesellschaft, die i. d. R. eine Personengesellschaft darstellt und entsprechend gewerbesteuerlich zu behandeln ist.

2 Vgl. *BFH*, Urteil vom 8.4.1960, BStBl III 1960, S. 319.

3 S. § 4 Abs. 1 GewStDV.

4 Vgl. *Frankenheim, A.*, Kommanditgesellschaft auf Aktien, 1994, S. 111 m. w. N.; s. Abschn. 19 Abs. 3 GewStR.

5 Vgl. *Sarrazin, V.*, Lenski / Steinberg – § 2 GewStG, 2002, S. 412/1, Rz. 1791.

6 Davon ist der Gewerbesteuermessbetrag zu unterscheiden.

7 Vgl. *Schöne, W.-D.*, Gewerbesteuer, 1998, S. 36.

8 § 8 Nr. 4 GewStG.

a. Hinzurechnung nach § 8 Nr. 4 GewStG

Die §§ 9 Abs. 1 Nr. 1 KStG und 8 Nr. 4 GewStG sind aufgrund des nahezu gleichen Wortlauts einheitlich auszulegen.[1]

aa. Gesellschaftsrechtlich begründete Vergütungen

Gewinnanteile, die an KGaA-Komplementäre auf ihre Vermögenseinlage verteilt werden, sind aufgrund der eindeutigen Formulierung unzweifelhaft nach § 8 Nr. 4 GewStG wieder hinzuzurechnen.[2] Gewinnanteile (Dividenden), die der KGaA-Komplementär als Kommanditaktionär der KGaA erhalten hat, sind durch den Wortlaut des § 8 Nr. 4 GewStG explizit ausgenommen.[3] Verdeckte Entnahmen von einem KGaA-Komplementär werden im Rahmen der Körperschaftsteuer umqualifiziert und fallen sowohl unter den Anwendungsbereich des § 9 Abs. 1 Nr. 1 KStG als auch des § 8 Nr. 4 GewStG.[4] Ebenso werden entsprechend der Auslegung von § 9 Abs. 1 Nr. 1 KStG[5] alle anderen Bezüge des KGaA-Komplementärs, die auf gesellschaftsrechtlicher Basis begründet sind, in Analogie zur Körperschaftsteuer von der Hinzurechnung erfasst. Die gesellschaftsrechtliche Stellung des KGaA-Komplementärs wird gewerbesteuerlich insoweit systemkonform widergespiegelt.

---

1 S. Kap. D.I., S. 93. § 8 Nr. 4 GewStG bezieht sich auf "Gewinnanteile", § 9 Abs. 1 Nr. 1 KStG auf "Teil des Gewinns". Vgl. *BFH*, Urteil vom 4.5.1965, BFHE 82, S. 471, 473; *Hofmeister, F.*, Blümich – § 8 GewStG, 2002, S. 57, Rz. 140 m. w. N.; *Frankenheim, A.*, Kommanditgesellschaft auf Aktien, 1994, S. 115.

2 Vgl. *BFH*, Urteil vom 4.5.1965, BFHE 82, S. 471, 473; *BFH*, Urteil vom 8.2.1984, BFHE 140, S. 465, 467; *BFH*, Urteil vom 31.10.1990, BFHE 162, S. 445, 447 f.; *Frankenheim, A.*, Kommanditgesellschaft auf Aktien, 1994, S. 111 m. w. N.; *Hofmeister, F.*, Blümich – § 8 GewStG, 2002, S. 58, Rz. 143.

3 S. Kap. D.I., S. 89 f.; vgl. stellvertretend für viele *Hofmeister, F.*, Blümich – § 8 GewStG, 2002, S. 58, Rz. 142.

4 S. hierzu ausführlich Kap. D.I., S. 91 f., vgl. *Frankenheim, A.*, Kommanditgesellschaft auf Aktien, 1994, S. 123 - 125 m. w. N.

5 Zu den Problemen, die auf dem nicht eindeutig interpretierbaren Wortlaut beruhen, s. Kap. D.I., S. 103 - 105.

Verlustanteile des KGaA-Komplementärs fließen in die Hinzurechnung gemäß § 8 Nr. 4 GewStG ein. Ein anderes Vorgehen und damit eine diesbezügliche Ungleichbehandlung von Verlusten und Gewinnen wäre mit dem Objektcharakter der Gewerbesteuer nicht zu vereinbaren: Nach h. M. wird mit einer Analogie zu den Verlustanteilen eines stillen Gesellschafters begründet, dass Verlustanteile des Komplementärs einer KGaA als Gewinnanteile mit negativem Vorzeichen zu behandeln sind.[1] Dies lässt sich aber bereits aus der Analyse der Primärnorm des § 9 Abs. 1 Nr. 1 KStG ableiten.[2] Damit werden – systemkonform – gewerbesteuerlich Verluste auf der verursachenden Ebene des Gewerbebetriebs KGaA belassen.

ab. Schuldrechtlich begründete Vergütungen

Während die Analyse der schuldrechtlichen Vergütungen im Rahmen der Körperschaftsteuer sich ausschließlich am Wortlaut von § 9 Abs. 1 Nr. 1 KStG orientieren konnte, da diese ohnehin bereits als Betriebsausgabe nach §§ 4 Abs. 4 EStG i. V. m. 8 Abs. 1 KStG das gewerbliche Ergebnis vermindert haben, muss gewerbesteuerlich eine weitere Dimension berücksichtigt werden: Soweit auch schuldrechtliche Vergütungen erfasst werden, müssen diese der Gewerbesteuer unterworfen werden. Diese bringen neben den materiellen Konsequenzen die Frage nach der systemkonformen Umsetzung des hybriden KGaA-Charakters mit sich. Schuldrechtliche Vergütungen an einen Anteilseigner einer AG oder GmbH führen grundsätzlich zu einer Minderung der Gewerbesteuer, wohingegen schuldrechtliche Vergütungen an einen Mitunternehmer mit Gewerbesteuer zu belasten sind.[3]

Die (mögliche) Differenzierung zwischen gewinnabhängigen und festen bzw. gewinn*un*abhängigen Vergütungen ist Gegenstand ständiger Rechtsprechung des *BFH*[4]

---

1 Vgl. *Meyer-Scharenberg, D. E.*, § 8 Nr. 4, 1996, S. 694, Rz. 10; *Hofmeister, F.*, Blümich – § 8 GewStG, 2002, S. 55, 59, Rz. 126, 144 m. w. N.; *BFH*, Urteil vom 21.4.1971, BStBl II 1971, S. 743 (mit ausschließlichem Bezug auf den stillen Gesellschafter).

2 S. Kap. D.I., S. 89 f.

3 S. Kap. C.II., S. 55.

4 Vgl. *BFH*, Urteil vom 4.5.1965, BFHE 82, S. 47; *BFH*, Urteil vom 8.2.1984, BFHE 140, S. 465; *BFH*, Urteil vom 21.6.1989, BFHE 157, S. 382 m. w. N.

und kontroverser Diskussionen im Schrifttum[1], da nach ständiger Rechtsprechung des *BFH* auch feste Geschäftsführungsvergütungen unter die Gewinnanteile i. S. d. § 8 Nr. 4 GewStG fallen.[2] Hintergrund dieser Überlegungen ist aber – wie bereits aufgezeigt –[3] vielmehr die Differenzierung zwischen schuld- und gesellschaftsrechtlichen Bezügen, die jeweils gewinnab- und gewinn*un*abhängig sein können.[4]

Der eigentliche Kernpunkt der Diskussionen ist damit die Frage, ob der Geschäftsführer einer KGaA gewerbesteuerlich wie ein Vorstand einer AG bzw. wie ein GmbH-Geschäftsführer behandelt werden soll oder ob der (geschäftsführende) KGaA-Komplementär einem Mitunternehmer einer Personengesellschaft angenähert werden soll. Bei einer partiellen[5] Betrachtung der gewerbesteuerlichen Probleme ist damit strittig, ob die KGaA als Kapitalgesellschaft oder die gesellschaftsrechtliche und KGaA-spezifische Stellung des KGaA-Komplementärs Anknüpfungspunkt der Hinzurechnung nach § 8 Nr. 4 GewStG sein kann.[6] Folgt man der ersten Auffassung, wäre in dem bestehenden System § 8 Nr. 4 2. Alternative GewStG – d. h. der Passus, der sich auf die Geschäftsführungsvergütung bezieht – zu streichen. Die Existenz der Regelung an sich widerspricht dieser Auffassung. Folgt man der zweiten Ansicht, darf keine Differenzierung der Geschäftsführungsvergütungen erfolgen; gewinnabhängige und gewinn*un*abhängige Vergütungsbestandteile sind der Gewerbesteuer zu unterwerfen.[7]

---

1 Vgl. *Frankenheim, A.*, Kommanditgesellschaft auf Aktien, 1994, S. 117 - 122; *Hofmeister, F.*, Blümich – § 8 GewStG, 2002, S. 58 - 61, Rz. 141 - 147; *Maurer, T.*, Anleger-Kommanditgesellschaften, 1999, S. 175 - 177; *Grafmüller, F.*, Kommanditgesellschaft auf Aktien, 1994, S. 229; *Theisen, M. R.*, Besteuerung, 1989, S. 2196; *Ammenwerth, M.*, Rechtsformalternative, 1997, S. 146 - 152; *Stäuber, H.-W.*, Lenski / Steinberg – § 8 Nr. 4 GewStG, 2002, S. 4 - 13, Rz. 5 - 23.

2 Vgl. *Hofmeister, F.*, Blümich – § 8 GewStG, 2002, S. 59, Rz. 143.

3 S. Kap. D.I., S. 86.

4 S. Kap. D.I., S. 91 - 95.

5 Auf Körperschaftsteuerebene wird der Anwendungsbereich des § 9 Abs. 1 Nr. 1 KStG ausschließlich aus Sicht der KGaA als Kapitalgesellschaft bestimmt.

6 Die oben diskutierte *sachliche* Gewerbesteuerpflicht der KGaA als Kapitalgesellschaft wird auf dieser Stufe nicht mehr in Frage gestellt.

7 S. Kap. D.I., S. 103 - 105.

Die in der Literatur genannten Argumente für eine Aufteilung vermögen nicht zu überzeugen. Vergleiche mit aktienrechtlichen Regelungen[1] sind nicht Ziel führend, da diese die Kapitalerhaltung und die Sicherstellung der Geschäftsführung in einer wirtschaftlich schlechten Lage der Gesellschaft bezwecken. Die steuerlichen Regelungen sollen aber die objektivierte Leistungsfähigkeit des Unternehmens umsetzen.[2]

Ebenso wenig führen Steuer minimierende Argumente gezwungenermaßen zu einer systemgerechten Lösung.[3] Der in diesem Zusammenhang vorgebrachte[4] Grundsatz, dass eine Gesetzesinterpretation, die über die grammatikalische Auslegung hinausgeht, nur zu Gunsten des Steuerpflichtigen erfolgen darf, existiert nach h. M. nicht.[5] Nicht zutreffend ist zudem die Aussage, dass eine weite – also die gewinn*un*abhängige Vergütungsbestandteile einbeziehende – Auslegung des § 8 Nr. 4 GewStG gegen den Wortsinn verstößt.[6]

Damit lassen sich auch gewerbesteuerlich keine Argumente für die Aufteilung in gewinnabhängige und gewinn*un*abhängige Vergütungen finden. Vergleichsmaßstab für Belange, die die KGaA-Komplementäre betreffen, ist die Gewerbesteuerbelastung von Mitunternehmerschaften. Die Besteuerung der Bezüge des KGaA-Komplementärs muss den Regelungen für Mitunternehmerschaften entsprechen; die Aufteilung in gewinnab- und gewinn*un*abhängige Bestandteile ist somit hinfällig.

---

1 So beispielsweise *Frankenheim, A.*, Kommanditgesellschaft auf Aktien, 1994, S. 88, 118, der sich auf § 288 AktG bezieht. Auch das Maßgeblichkeitsprinzip kann insoweit nicht als Begründung für den Rückgriff auf aktienrechtliche Regelungen herangezogen werden, da dieses allein durch die Existenz der Sonderregelungen der §§ 9 Abs. 1 Nr. 1 KStG und 8 Nr. 4 GewStG konterkariert werden soll.

2 Vgl. *Tipke, K.*, Steuerrechtsordnung II, 1993, S. 841 f. m. w. N.

3 Vgl. *Grafmüller, F.*, Kommanditgesellschaft auf Aktien, 1994, S. 229.

4 Vgl. *Frankenheim, A.*, Kommanditgesellschaft auf Aktien, 1994, S. 118.

5 Vgl. *Weber-Grellet, H.*, Rechtsfortbildung, 1991, S. 444; *Tipke, K. / Lang, J.*, Steuerrecht, 2002, S. 110 - 112, Rz. 184 - 193. Entscheidend ist vielmehr der Gerechtigkeitssinn; vgl. *Beger, W. D.*, Methodenlehre, 2000, S. 42.

6 S. Kap. D.I., S. 82 - 105. Diese nicht zutreffende These ist u. a. zu finden bei *Frankenheim, A.*, Kommanditgesellschaft auf Aktien, 1994, S. 118; zur Begründung, weshalb diese Auslegung dem Wort*sinn* entspricht vgl. *Stäuber, H.-W.*, Lenski / Steinberg – § 8 Nr. 4 GewStG, 2002, S. 4.

Während der *BFH* gewinn*un*abhängige Vergütungen in ständiger Rechtsprechung[1] § 8 Nr. 4 GewStG unterwirft und so eine systemkonforme Behandlung der Geschäftsführungsbezüge der KGaA-Komplementäre ermöglicht, werden die Sondervergütungen an die KGaA-Komplementäre, beispielsweise für die Hingabe von Darlehen und für die Überlassung von Wirtschaftsgütern, nur insoweit der Gewerbesteuer unterworfen, wie dies bei anderen Kapitalgesellschaften geschieht.[2] D. h., diese anderen Sondervergütungen sind im Rahmen der Körperschaftsteuer Betriebsausgaben und werden gegebenenfalls nach § 8 Nr. 1[3] bzw. Nr. 7[4] GewStG für die Ermittlung der Gewerbesteuer hälftig hinzugerechnet. Systemgerecht ist dies aus den genannten Gründen nicht: Der hybride Charakter der KGaA zeigt sich am stärksten in der Existenz des KGaA-Komplementärs;[5] eine auch gewerbesteuerliche Umsetzung der dualen Rechtsstruktur – und damit eine analoge Behandlung im Verhältnis zum Mitunternehmer – wäre de lege ferenda geboten, da sie de lege lata nicht unter die Regelung des § 8 Nr. 4 GewStG subsumiert werden kann.

Ebenso wenig mindern nach geltendem Recht (Sonder-)Betriebsausgaben des KGaA-Komplementärs die gewerbesteuerliche Bemessungsgrundlage der KGaA.[6] Der *BFH* führt in der Begründung zu seiner Entscheidung[7] vom 31.10.1990 aus, dass aus der

---

1 Vgl. *BFH*, Urteil vom 4.5.1965, BFHE 82, S. 47; *BFH*, Urteil vom 8.2.1984, BFHE 140, S. 465; *BFH*, Urteil vom 21.6.1989, BFHE 157, S. 382; *BFH*, Urteil vom 31.10.1990, BFHE 162, S. 445 m. w. N.

2 Vgl. *Ammenwerth, M.*, Rechtsformalternative, 1997, S. 148.

3 Vgl. beispielsweise *Güroff, G.*, Glanneger / Güroff – § 8 Nr. 1 GewStG, 1999, S. 634 - 697, Rz. 1 - 107; *Hofmeister, F.*, Blümich – § 8 GewStG, 2002, S. 9 - 46, Rz. 20 - 99; *Stäuber, H.-W.*, Lenski / Steinberg – § 8 Nr. 1 GewStG, 2002, S. 1 - 167, Rz. 1 - 384.

4 Vgl. hierzu stellvertretend für viele *Güroff, G.*, Glanneger / Güroff – § 8 Nr. 7 GewStG, 1999, S. 722 - 745, Rz. 1 - 23; *Hofmeister, F.*, Blümich – § 8 GewStG, 2002, S. 61 - 73, Rz. 160 - 184; *Stäuber, H.-W.*, Lenski / Steinberg – § 8 Nr. 7 GewStG, 2002, S. 1 - 60, Rz. 1 - 122.

5 S. Kap. B., S. 9 - 42.

6 Vgl. *Ammenwerth, M.*, Rechtsformalternative, 1997, S. 147; *Hofmeister, F.*, Blümich – § 8 GewStG, 2002, S. 60 f., Rz. 147; *Güroff, G.*, Glanneger / Güroff – § 8 Nr. 4 GewStG, 1999, S. 721, Rz. 3; *Stäuber, H.-W.*, Lenski / Steinberg – § 8 Nr. 4 GewStG, 2002, S. 10 f., Rz. 12 f.
Auf Körperschaftsteuerebene stellt sich diese Frage nicht, da diese Ausgaben nicht der KGaA-Sphäre zuzuordnen sind und damit keine Ausgliederung aus dem Körperschaftsteuersubstrat erfolgen muss.

7 *BFH*, Urteil vom 31.10.1990, BFHE 162, S. 445.

materiellen Bezugnahme von § 8 Nr. 4 GewStG auf § 9 Abs. 1 Nr. 1 KStG eine Hinzurechnung von Bruttogrößen folgt; etwaige Sonderbetriebsausgaben des KGaA-Komplementärs – denkbar sind beispielsweise Aufwendungen des KGaA-Komplementärs an einen Dritten für die krankheitsbedingte Übernahme der Geschäftsführung – mindern den Hinzurechnungsbetrag nicht. Dies ist mit den gleichen Kritikpunkten verbunden wie die Behandlung der Sondervergütungen.[1]

b. Vorschlag de lege ferenda

Die Regelung des § 8 Nr. 4 GewStG spiegelt den Versuch wider, im Rahmen des bestehenden dualistischen Besteuerungssystems der *Bundesrepublik Deutschland* die hybride Rechtsform der KGaA zu erfassen: § 9 Abs. 1 Nr. 1 KStG bewirkt, dass diejenigen Gewinnanteile, welche an KGaA-Komplementäre auf die nicht auf das Grundkapital gemachten Einlagen oder als Vergütung (Tantieme) für die Geschäftsführung verteilt worden sind, nicht gleichzeitig mit Körperschaftsteuer und mit Einkommensteuer belastet werden. Die Hinzurechnung nach § 8 Nr. 4 GewStG stellt damit sicher, dass die nach § 9 Abs. 1 Nr. 1 KStG abgezogenen Beträge der Gewerbesteuer unterliegen;[2] § 8 Nr. 4 GewStG wird daher in der Literatur als Korrekturvorschrift bezeichnet.[3]

Im Ergebnis soll das Objekt Gewerbebetrieb der KGaA (inkl. ihrer Spezifika) erfasst und eine Doppelbesteuerung bzw. eine Nichtberücksichtigung der oben genannten KGaA-Komplementärsbezüge gewerbesteuerlich vermieden werden. Die Fehlfunktion[4] der Primärnorm des § 9 Abs. 1 Nr. 1 KStG führt zu einer Gewerbesteuerbelastung, die mit der Organisationsstruktur der KGaA nicht zu vereinbaren ist, da der Gesetzgeber

---

1 Zu den hieraus resultierenden Problemen und Konsequenzen bei Anwendung des § 9 Nr. 2b GewStG s. Kap. E.II., S. 185 - 193.

2 Die Hinzurechnung nach § 8 Nr. 4 GewStG greift auch dann, wenn der KGaA-Komplementär der sachlichen Gewerbesteuerpflicht unterliegt; s. ausführlich Kap. E.II., S. 184 - 193; vgl. *BFH*, Urteil vom 31.10.1990, BFHE 162, S. 445, 449. Die vermeintliche gewerbesteuerliche Doppelbelastung der oben genannten Bezüge – nämlich auf der einen Seite im Rahmen der Gewerbebesteuerung der KGaA als Kapitalgesellschaft und auf der anderen Seite im Rahmen der Gewerbebesteuerung des KGaA-Komplementärs – wird durch die Kürzung nach § 9 Abs. 2b GewStG vermieden.

3 Vgl. *Hofmeister, F.*, Blümich – § 8 GewStG, 2002, S. 57, Rz. 140.

4 S. die Kritik in Kap. D.I., S. 103 - 105.

das Trennungsprinzip hinsichtlich der KGaA-Komplementärsvergütungen nur unzureichend durchbrochen hat.[1] Das Trennungsprinzip wird de lege lata lediglich durch die an § 9 Abs. 1 Nr. 1 KStG angeknüpfte weite Auslegung des § 8 Nr. 4 GewStG konterkariert, nicht aber für die darüber hinausgehenden anderen Sondervergütungen.[2] Bei einer analogen Anwendung des Mitunternehmerkonzepts auf den KGaA-Komplementär müsste die Hinzurechnung nach § 8 Nr. 4 GewStG sämtliche von § 15 Abs. 1 Satz 1 Nr. 3 EStG erfassten Einkünfte einbeziehen.[3] § 15 Abs. 1 Satz 1 Nr. 3 EStG müsste wiederum in seinem Anwendungsbereich der Mitunternehmerregelung des § 15 Abs. 1 Satz 1 Nr. 2 EStG entsprechen.

In der Literatur werden auf Basis des bestehenden Systems de lege ferenda folgende Vorschläge diskutiert, um die Probleme des Auseinanderfallens von § 9 Abs. 1 Nr. 1 KStG und § 15 Abs. 1 Satz 1 Nr. 2 bzw. 3[4] EStG auf der Ebene der Gewerbesteuer zu lösen: Zum einen wird vorgeschlagen, § 8 Nr. 4 GewStG nicht korrespondierend zu § 9 Abs. 1 Nr. 1 KStG zu formulieren, sondern ihn an § 15 Abs. 1 Satz 1 Nr. 3 EStG anzupassen.[5] Zum anderen wird erörtert, den Wortlaut des § 7 GewStG insoweit zu ändern, damit bereits bei der Ermittlung des Gewerbeertrags i. S. v. § 7 GewStG die Einkünfte des KGaA-Komplementärs i. S. d. § 15 Abs. 1 Satz 1 Nr. 3 EStG in den Gewerbeertrag der KGaA einfließen.[6]

Beide Lösungsansätze verdeutlichen, dass für eine systemkonforme Lösung die §§ 9 Abs. 1 Nr. 1 KStG und 8 Nr. 4 GewStG nicht über denselben Wortlaut verfügen müssen. Im Ergebnis verfolgen beide Lösungsansätze das gleiche und im bestehenden Besteuerungssystem richtige Ziel: Die von § 15 Abs. 1 Satz 1 Nr. 3 EStG (auf KGaA-

---

1 Vgl. *Maurer, T.*, Anleger-Kommanditgesellschaften, 1999, S. 175.

2 S. Kap. D.I., S. 103 - 105; vgl. *Ammenwerth, M.*, Rechtsformalternative, 1997, S. 149.

3 Vgl. *Ammenwerth, M.*, Rechtsformalternative, 1997, S. 149.

4 Die Vorschläge de lege ferenda basieren auf der Prämisse, dass § 15 Abs. 1 Satz 1 Nr. 3 EStG eine systemkonforme Besteuerung des KGaA-Komplementärs gewährleistet.

5 Vgl. *Maurer, T.*, Anleger-Kommanditgesellschaften, 1999, S. 176; *Ammenwerth, M.*, Rechtsformalternative, 1997, S. 148 - 152.

6 Vgl. *BFH*, Urteil vom 26.1.1968, BStBl II 1968, S. 369; *BFH*, Urteil vom 8.2.1984, BStBl II 1984, S. 381; *Ammenwerth, M.*, Rechtsformalternative, 1997, S. 148 - 152.

Komplementärsebene) erfassten Einkünfte sollen bei der KGaA der Gewerbesteuer unterworfen werden.[1]

Die gewerbesteuerlichen Hinzurechnungen und Kürzungen sind von dem Bemühen geprägt, gewerbesteuerliche Besonderheiten und Prinzipien zu erfassen, ohne allerdings diese Besonderheiten und Prinzipien zuvor hinreichend und abschließend definiert zu haben.[2] Da die §§ 8 und 9 GewStG ohne systematisches Gesamtkonzept sind, kann nicht beurteilt werden, welche der beiden in der Literatur diskutierten und im Ergebnis Ziel führenden Alternativen gewerbesteuersystemkonformer ist. §§ 7, 8 GewStG-dlf sind folglich so zu verfassen:

§ 7 GewStG Gewerbeertrag.[3]

Gewerbeertrag ist der nach den Vorschriften des Einkommensteuergesetzes oder des Körperschaftsteuergesetzes zu ermittelnde Gewinn aus dem Gewerbebetrieb, der bei der Ermittlung des Einkommens für den dem Erhebungszeitraum (§ 14) entsprechenden Veranlagungszeitraum zu berücksichtigen ist, vermehrt und vermindert um die in den §§ 8 und 9 bezeichneten Beträge. Der nach § 5a des Einkommensteuergesetzes ermittelte Gewinn gilt als Gewerbeertrag nach Satz 1. *Bei Kommanditgesellschaften auf Aktien ist der Gewinn aus dem Gewerbebetrieb um die Einkünfte der persönlich haftenden Gesellschafter zu erhöhen. Die Einkünfte der persönlich haftenden Gesellschafter sind nach § 15 Abs. 1 Satz 1 Nr. 3 EStG zu bestimmen.*

§ 8 Nr. 4 GewStG ist ersatzlos zu streichen.

1 Vgl. hierzu auch grundlegend *Zitzelsberger, H.*, Grundlagen der Gewerbesteuer, 1990, S. 263 - 265.

2 Vgl. *Tipke, K. / Lang, J.*, Steuerrecht, 2002, S. 485, Rz. 19 m. w. N.

3 Dieser Vorschlag setzt die Umsetzung des Vorschlags de lege ferenda für § 9 Abs. 1 Nr. 1 KStG voraus.

Oder alternativ als lex specialis:

> **§ 8 GewStG Hinzurechnungen.**
>
> Dem Gewinn aus dem Gewerbebetrieb (§ 7) werden folgende Beträge wieder hinzugerechnet, soweit sie bei der Ermittlung des Gewinns abgesetzt worden sind:
>
> ...
>
> 4. *Die Einkünfte der persönlich haftenden Gesellschafter der Kommanditgesellschaft auf Aktien. Die Einkünfte der persönlich haftenden Gesellschafter sind nach § 15 Abs. 1 Satz 1 Nr. 3 EStG zu bestimmen.*

Mit beiden Vorschlägen können auch die aufgezeigten Probleme, die beispielsweise durch steuerfreie Einnahmen entstehen, gewerbesteuerlich gelöst werden.[1] Sind Sachverhalte jeweils für die KGaA und den KGaA-Komplementär (gewerbesteuerlich) unterschiedlich zu beurteilen, kann gewerbesteuerlich eine systemkonforme Lösung nur gefunden werden, indem die Einkünfteermittlung des KGaA-Komplementärs in die Bemessungsgrundlage eingeht.

Beispiel:[2]

Der handelsrechtliche Jahresüberschuss vor Gewinnverteilung an den KGaA-Komplementär beträgt 200.000 €. Sowohl der KGaA-Komplementär als auch die Gruppe der Kommanditaktionäre erhalten jeweils eine Ausschüttung in Höhe von 100.000 €. In dem handelsrechtlichen Ergebnis sind 200.000 € an Dividenden enthalten, die die KGaA von einer inländischen Tochterkapitalgesellschaft bezogen hat.

Die KGaA vermindert den Steuer- bzw. Handelsbilanzerfolg außerbilanziell um 200.000 € (steuerfreie Einnahmen nach § 8b KStG). Die Betriebsausgabenfiktion nach § 9 Abs. 1 Nr. 1 KStG greift gemäß § 3c EStG nicht. Damit ist de lege lata auch keine Hinzurechnung nach § 8

1 S. Kap. D.I., S. 108 - 112.
2 Das Beispiel entspricht dem in Kap. D.I., S. 108 f. diskutierten Sachverhalt.

Nr. 4 GewStG durchzuführen. Insgesamt unterliegen damit der Körperschaftsteuer und grundsätzlich der Gewerbesteuer 0 €.

Ist der KGaA-Komplementär beispielsweise eine natürliche Person, würde nach Umsetzung der Vorschläge de lege ferenda – entsprechend zu einer Mitunternehmerschaft – die gewerbesteuerliche Bemessungsgrundlage grundsätzlich 50.000 € betragen, da dem KGaA-Komplementär 100.000 € zugerechnet werden, die aus dessen Sicht dem Halbeinkünfteverfahren zu unterwerfen sind.[1]

c. Verfassungsrechtliche Beurteilung des § 8 Nr. 4 GewStG

Die Hinzurechnung nach § 8 Nr. 4 GewStG bezieht sich ausschließlich auf KGaA, andere Kapitalgesellschaften sind nicht betroffen.[2] Fraglich ist, ob diese Sonderregelung im Vergleich zu anderen Kapitalgesellschaften einen unzulässigen, da sachlich nicht gerechtfertigten Durchgriff auf die Sphäre der hinter der Gesellschaft stehenden Gesellschafter darstellt.[3]

Das *BVerfG* entschied, dass die vormals kodifizierte Ausdehnung der Hinzurechnungsvorschrift auf Vergütungen an die Ehegatten der KGaA-Komplementäre verfassungswidrig war.[4] Die aktuelle Fassung des § 8 Nr. 4 GewStG ist verfassungsrechtlich unbedenklich.[5] Die Vorschrift stellt auch keinen unzulässigen Durchgriff auf die Gesellschaftersphäre dar, vielmehr wird der hybride steuerliche und gesellschaftsrechtliche Charakter der Rechtsform KGaA im bestehenden Steuersystem umgesetzt.

---

1 Ausgaben des KGaA-Komplementärs liegen insoweit annahmegemäß nicht vor.

2 Vgl. den eindeutigen Wortlaut des § 8 Nr. 4 GewStG.

3 Vgl. *Frankenheim, A.*, Kommanditgesellschaft auf Aktien, 1994, S. 113; *Stäuber, H.-W.*, Lenski / Steinberg – § 8 Nr. 4 GewStG, 2002, S. 3, Rz. 4.

4 Vgl. *BVerfG*, Beschluss vom 24.1.1962, BVerfGE 13, S. 331.

5 Vgl. hier und zum Folgenden *Frankenheim, A.*, Kommanditgesellschaft auf Aktien, 1994, S. 113; *Stäuber, H.-W.*, Lenski / Steinberg – § 8 Nr. 4 GewStG, 2002, S. 3, Rz. 4.

3. Ermittlung der Höhe

Die Ermittlung des Gewerbeertrags einer KGaA erfolgt rechtsformspezifisch. Die weitere Ermittlung der Gewerbesteuer erfolgt wie bei einer AG oder GmbH:[1] Ein Freibetrag nach § 11 Abs. 1 GewStG existiert nicht; die Steuermesszahl beträgt gemäß § 11 Abs. 2 GewStG ohne Gewährung des Staffeltarifs konstant 5 % (s. Abb. 18).[2]

Rechenschritte		Reformbedarf
	Einkünfte aus Gewerbebetrieb (gemäß § 7 GewStG das nach den Vorschriften des KStG zu ermittelnde Einkommen vor körperschaftsteuerlichem Verlustabzug)	De lege ferenda Bedarf
+	Hinzurechnungen nach § 8 GewStG; insbesondere ist § 8 Nr. 4 GewStG zu beachten	
–	Kürzungen nach § 9 GewStG	
=	**Gewerbeertrag (vor Verlustabzug)**	
–	nicht ausgeglichene negative Gewerbeerträge des Vorjahres (Verlustvortrag nach § 10 a GewStG)	
–	Abrundung auf volle 100 DM / 50 € nach § 11 Abs. 1 GewStG	
=	**Gewerbeertrag**	
–	kein Freibetrag nach § 11 Abs. 1 GewStG	De lege ferenda Bedarf
=	gekürzter **Gewerbeertrag**	
*	Steuermesszahl (= 0,05)	De lege ferenda Bedarf
=	**Steuermessbetrag**	
*	Gemeindeabhängiger Gewerbesteuerhebesatz (§ 16 GewStG)	
=	**Gewerbesteuer**	

Abb. 18: KGaA-spezifisches Schema zur Ermittlung der Gewerbesteuer (Quelle: In Anlehnung an *Scheffler, W.*, Besteuerung von Unternehmen I, 2002, S. 182 f.; *Grefe, C.*, Unternehmenssteuern, 2002, S. 288, 307 - 312; *Kaminski, B. / Strunk, G.*, Besteuerung unternehmerischer Tätigkeiten, 2001, S. 111)

---

1 Vgl. *Ammenwerth, M.*, Rechtsformalternative, 1997, S. 152.

2 S. § 11 Abs. 1 GewStG.

M. Ammenwerth weist zu Recht darauf hin, dass die Regelungen des § 11 GewStG bezüglich des hybriden KGaA-Charakters inkonsistent sind.[1] Mit dem Freibetrag nach § 11 Abs. 1 S. 3 GewStG verfolgte der Gesetzgeber die Intention, einen fiktiven Unternehmerlohn in typisierter Form zu berücksichtigen, um damit natürliche Personen bzw. Personengesellschaften den Kapitalgesellschaften anzugleichen, welche die Gewerbesteuerbelastung durch den Abzug der Geschäftsführergehälter mindern können.[2] Die Hinzurechnung der KGaA-Komplementärsgeschäftsführergehälter gemäß § 8 Nr. 4 GewStG bedingt nach *M. Ammenwerth*, dass de lege ferenda auch der KGaA dieser Freibetrag zustehen muss.[3]

M. E. muss de lege ferenda der Freibetrag in der Höhe von 48.000 DM bzw. 24.500 € auf den Umfang des auf die KGaA-Komplementäre entfallenden Anteils des Gewerbeertrags begrenzt werden. Dieser Anteil ist zweistufig zu bestimmen. In einem ersten Schritt muss der Gewerbeertrag vor KGaA-spezifischen Korrekturen nach § 7 GewStG-dlf bzw. nach § 8 Nr. 4 GewStG-dlf, aber nach Berücksichtigung der gesellschaftsrechtlichen Gewinnanteile der KGaA-Komplementäre entsprechend des Gewinnverteilungsschlüssels auf die Gruppe der Kommanditaktionäre und auf die Gruppe der KGaA-Komplementäre aufgeteilt werden. In einem zweiten Schritt werden bei dem auf die KGaA-Komplementäre entfallenden Anteil die weiteren KGaA-spezifischen Korrekturen im Sinne des § 7 GewStG-dlf bzw. § 8 GewStG-dlf berücksichtigt.

Ein entsprechendes Problem stellt sich bei der Anwendung des Staffeltarifs. Dieser dient seit seiner Ausdehnung auf das gesamte Bundesgebiet durch das StÄndG 1992[4] der Mittelstandsförderung.[5] In der Literatur[6] wird die KGaA als Rechtsform für

---

1 Vgl. hier und zum Folgenden *Ammenwerth, M.*, Rechtsformalternative, 1997, S. 152 f.

2 Vgl. *Stäuber, H.-W.*, Lenski / Steinberg – § 11 GewStG, 2002, S. 9 f., Rz. 3; *Gosch, D.*, Blümich – § 11 GewStG, 2002, S. 8, Rz. 9; *Güroff, G.*, Glanneger / Güroff – § 11 GewStG, 1999, S. 871, Rz. 3a.

3 Vgl. *Ammenwerth, M.*, Rechtsformalternative, 1997, S. 152 f.

4 Steueränderungsgesetz 1992 vom 25.2.1992.

5 Vgl. BT-Drs. 12/1108, S. 36.

6 Vgl. stellvertretend für viele *Sethe, R.*, Die personalistische Kapitalgesellschaft, 1996, S. 195 - 203; *Grafmüller, F.*, Kommanditgesellschaft auf Aktien, 1994, S. 327 - 334; *Schaumburg, H. / Schulte, C.*, Die KGaA, 2000, S. 124.

gruppenbezogene[1] und damit für mittelstandsorientierte Unternehmen empfohlen. Daher erscheint der Vorschlag de lege ferenda von *M. Ammenwerth* sachgerecht, den Staffeltarif auch auf die KGaA anzuwenden.[2] Dabei müsste allerdings – so wie dies beim Freibetrag bereits vorgeschlagen wurde – eine Aufteilung des Steuersubstrats erfolgen. Noch sinnvoller wäre es m. E., den Staffeltarif für sämtliche Unternehmen zu streichen, da es nicht möglich ist, eine effiziente Mittelstandsförderung an Rechtsformen anzuknüpfen.

4. Gewerbesteuerliche Organschaft

Durch das UntStFG sind die Voraussetzungen zur Bildung einer gewerbesteuerlichen Organschaft vollständig an die Voraussetzungen zur Bildung einer körperschaftsteuerlichen Organschaft angepasst worden.[3] Damit muss weder die wirtschaftliche Eingliederung i. S. d. § 14 Nr. 2 KStG 1999 noch die organisatorische Eingliederung i. S. d. § 14 Nr. 2 KStG 1999 vorliegen, andererseits aber ein Gewinnabführungsvertrag gegeben sein.[4]

Die KGaA-spezifischen Hindernisse zur Bildung einer gewerbesteuerlichen und körperschaftssteuerlichen Organschaft beruhen auf der Tatsache, dass die KGaA und der KGaA-Komplementär aktienrechtlich nicht als zwei getrennte Unternehmen zu werten sind und damit zwischen einer KGaA und einem KGaA-Komplementär ein Gewinnabführungsvertrag nach § 291 AktG nicht wirksam abgeschlossen werden kann.[5]

Voraussetzung für eine organisatorische Eingliederung kraft Gesetzes – d. h. mittels eines Beherrschungsvertrags i. S. d. § 291 Abs. 1 AktG bzw. durch eine Eingliederung nach den Vorschriften §§ 319 - 327 AktG – oder kraft faktischer Gegebenheiten ist /

---

1 Beispielhaft zu nennen sind familienbezogene Unternehmen.

2 Vgl. *Ammenwerth, M.*, Rechtsformalternative, 1997, S. 153.

3 Vgl. *Melchior, J.*, Übersicht, 2002, S. 8; *Rödder, T. / Schumacher, A.*, Wesentliche Änderungen, 2002, S. 110.

4 S. Kap. C.II., S. 66 f.

5 S. Kap. B.IV., S. 34.

war ebenfalls das Vorliegen von zwei getrennten aktienrechtlichen Unternehmen.[1] Damit bleibt die zugrunde liegende Ursache für die Restriktion zur Bildung von Organschaften mit einer KGaA im Organkreis gleich, auch wenn sich die gewerbesteuerlichen Organschaftsvoraussetzungen verändert haben. KGaA-spezifisch bringt die Reformierung der gewerbesteuerlichen Organschaft im Ergebnis keine Neuerungen mit sich.

---

1 Vgl. *Schaumburg, H. / Schulte, C.*, Die KGaA, 2000, S. 74; *Herfs, A.*, Kommanditgesellschaft auf Aktien, 1999, S. 1224; *Schmidt, K.*, Deregulierung, 1996, S. 285; *Joost, D.*, Mitbestimmung, 1998, S. 347; *Assmann, H.-D. / Sethe, R.*, Vor § 278, 2001, S. 58 f., Rz. 76 - 78.

E. Ertragsbesteuerung der KGaA-Komplementäre

Der KGaA-Komplementär ist nicht nur gesellschaftsrechtlich, sondern auch steuerlich das stärkste personalistische Strukturelement der KGaA. Beurteilungsmaßstab für die konsequente Umsetzung der Besteuerungskonzeption für die KGaA und ihrer Gesellschafter ist auf KGaA-Komplementärsebene das Transparenzprinzip bzw. die Mitunternehmerbesteuerung.[1]

I. Steuern vom Einkommen

Die Angleichung der Besteuerung eines KGaA-Komplementärs an die Besteuerung eines Mitunternehmers muss mehrschichtig erfolgen.[2] Im Rahmen der Einkünfteermittlung ist zu überprüfen, ob die von §§ 15 Abs. 1 Satz 1 Nr. 2 und 15 Abs. 1 Satz 1 Nr. 3 EStG erfassten Personengruppen vergleichbar sind und ob die Bemessungsgrundlagen identisch ermittelt werden. In einem zweiten Schritt muss untersucht werden, ob analoge Tarifvorschriften anzuwenden sind.

1. Natürliche Personen als KGaA-Komplementäre

Die KGaA-Komplementäre fallen in den Anwendungsbereich des EStG, wenn sie als natürliche Person ihren Wohnsitz nach § 8 AO oder ihren gewöhnlichen Aufenthalt nach § 9 AO im Inland haben.[3] Sie erzielen dabei nach §§ 2 Abs. 1 Nr. 2 i. V. m. 15 Abs. 1 Satz 1 Nr. 3 EStG Einkünfte aus Gewerbebetrieb.

---

1 S. Kap. C.II., S. 50 - 56. Zum Transparenzprinzip und zur Mitunternehmerbesteuerung vgl. *Pinkernell, R.*, Einkünftezurechnung, 2001; *Jacobs, O. H.*, Unternehmensbesteuerung, 2002, S. 194 - 239.

2 Vgl. hier und zum Folgenden *Ammenwerth, M.*, Rechtsformalternative, 1997, S. 164.

3 S. § 1 Abs. 1 EStG. Im Rahmen dieser Arbeit werden grundsätzlich nur unbeschränkt steuerpflichtige Personen als Komplementäre einer KGaA betrachtet.

a. Anwendbarkeit der Mitunternehmerkriterien

Trotz der Entsprechungen im Wortlaut der §§ 15 Abs. 1 Satz 1 Nr. *3* EStG und 15 Abs. 1 Satz 1 Nr. *2* Satz 1 1. Halbsatz EStG sowie entgegen der früheren Rechtsprechung ist ein KGaA-Komplementär nicht als Mitunternehmer einzustufen, sondern lediglich – in seiner Stellung als Einnahmenempfänger – wie ein Mitunternehmer zu behandeln.[1] Dies gilt unabhängig von seiner Stellung in der KGaA, aus deren Sicht als juristische Person mit eigener Rechtspersönlichkeit der KGaA-Komplementär ein am Kapital Beteiligter bzw. ein Angestellter ist.[2]

Die zivilrechtliche Stellung als Gesellschafter einer gewerblich tätigen Personengesellschaft allein genügt nicht, um der Vorschrift des § 15 Abs. 1 Satz 1 Nr. 2 EStG zu unterliegen. Die Gesellschafter selbst müssen eine eigenunternehmerische Tätigkeit ausüben, die durch das Tragen von Mitunternehmerrisiko[3] und das Entfalten von Mitunternehmerinitiative[4] gekennzeichnet ist.[5] Für die KGaA-Komplementäre gilt dies nicht. Sie werden unabhängig von den Kriterien Mitunternehmerinitiative und -risiko wie Mitunternehmer behandelt,[6] obwohl die gesellschaftsrechtlichen Rahmenbedingungen bzw. die Unternehmensverfassung der KGaA Raum für die Nichterfüllung dieser

---

1 Vgl. *Reiß, W.*, Kirchhof – § 15, 2002, S. 1043, Rz. 503; *Kantewein, T.*, Steuerrecht, 1999, S. 1249; *Schmidt, L.*, Schmidt – § 15, 2002, S. 1321, Rz. 890; *Frankenheim, A.*, Kommanditgesellschaft auf Aktien, 1994, S. 129. Nach einem Urteil des *RFH* war der Komplementär einer KGaA wie ein Angestellter mit stiller Beteiligung zu behandeln; vgl. *RFH*, Urteil vom 4.12.1929, RStBl 1930, S. 345. In weiteren Urteilen betonten der *RFH* und der *BFH* die Notwendigkeit der Unternehmereigenschaft des KGaA-Komplementärs stärker; vgl. *RFH*, Urteil vom 20.2.1936, RFHE 39, S. 124, 128 m. w. N.; *RFH*, Urteil vom 21.12.1937, RFHE 43, S. 27, 29; *BFH*, Urteil vom 4.5.1965, BFHE 82, S. 471, 475 m. w. N. In einem späteren Urteil erklärt der *BFH*, dass der KGaA-Komplementär nicht Mitunternehmer ist, sondern lediglich wie ein Mitunternehmer behandelt wird; vgl. *BFH*, Urteil vom 8.2.1984, BStBl II 1984, S. 381.

2 Vgl. *Theisen, M. R.*, Besteuerung, 1989, S. 2192; *Frankenheim, A.*, Kommanditgesellschaft auf Aktien, 1994, S. 129.

3 Das Mitunternehmerrisiko kann nach der *BFH*-Rechtsprechung als gesellschaftsrechtliche Teilhabe am Erfolg und Misserfolg (gegebenenfalls einschließlich eines Verlustrisikos) definiert werden; dabei ist die Beteiligung an den stillen Reserven von zentraler Bedeutung; vgl. beispielsweise *BFH*, Urteil vom 24.9.1991, BStBl II 1992, S. 330; *BFH*, Beschluss vom 25.6.1984, BStBl II 1984, S. 751; *Schmidt, L.*, Schmidt – § 15, 2002, S. 1209, Rz. 264 m. w. N.

4 Der *BFH* beschreibt die Mitunternehmerinitiative als grundsätzliche gesellschaftsrechtliche Teilhabe an unternehmerischen Entscheidungen, wie sie Geschäftsführern und leitenden Angestellten obliegen; vgl. *BFH*, Urteil vom 1.8.1996, BStBl II 1997, S. 272.

5 Vgl. stellvertretend für viele *Hallerbach, D.*, Personengesellschaft, 1999, S. 150.

6 Vgl. *Stuhrmann, G.*, Blümich – § 15 EStG, 2002, S. 207, Rz. 562.

Kriterien lassen.[1] Dies ist insbesondere dann denkbar, wenn ein KGaA-Komplementär weder geschäftsführungsbefugt noch vertretungsberechtigt ist.[2] Der Wortlaut des § 15 Abs. 1 EStG lässt insoweit keine andere Interpretation zu, da § 15 Abs. 1 Satz 1 Nr. *3* EStG im Gegensatz zu § 15 Abs. 1 Satz 1 Nr. *2* EStG nicht unter den Vorbehalt der Mitunternehmereigenschaft des Gesellschafters gestellt ist.

Zu Recht schlägt *M. Ammenwerth* vor, die Vorschrift § 15 Abs. 1 Satz 1 Nr. 3 EStG de lege ferenda um einen entsprechenden Vorbehaltspassus zu erweitern.[3] Die bestehende Gesetzeslage führt zu einer steten Anwendung des § 15 Abs. 1 Satz 1 Nr. 3 EStG auf den KGaA-Komplementär, der damit – auch wenn es im Vergleich zu einem Mitunternehmer nicht geboten wäre – immer gewerbliche Einkünfte erzielt und somit dem Transparenzprinzip angenähert wird.[4] De lege ferenda ist beispielsweise ein § 15 Abs. 1 Satz 1 Nr. 3 *Satz 2* EStG-dlf einzufügen, der wie folgt lautet:

§ 15 EStG Einkünfte aus Gewerbebetrieb.

...

neu Abs. 1 Satz 1 Nr. 3 Satz 2 EStG: Dies gilt nur, wenn der persönlich haftende Gesellschafter als Unternehmer (Mitunternehmer) des Betriebs anzusehen ist.

b. Ermittlung der Einkünfte

Die gewerblichen Einkünfte des KGaA-Komplementärs setzen sich nach § 15 Abs. 1 Satz 1 Nr. 3 EStG einerseits aus den Gewinnanteilen, soweit diese nicht auf die Anteile am Grundkapital (Kommanditaktien) entfallen, und andererseits aus den Vergütungen für Tätigkeiten im Dienst der Gesellschaft, für die Hingabe von Darlehen sowie für die Überlassung von Wirtschaftsgütern zusammen. Rein formal ist diese Situation de lege lata mit der Einkünftequalifikation des § 15 Abs. 1 Satz 1 Nr. 2 EStG vergleichbar und entspricht dem Transparenzprinzip: Aus dem Gesetzeswortlaut lässt sich – höchst-

---

1 Vgl. hierzu ausführlich *Ammenwerth, M.*, Rechtsformalternative, 1997, S. 164 - 168 m. w. N.

2 Vgl. stellvertretend für viele *Assmann, H.-D. / Sethe, R.*, Vor § 278, 2001, S. 54, Rz. 65.

3 Vgl. *Ammenwerth, M.*, Rechtsformalternative, 1997, S. 168.

4 Bei Nichterfüllung der Mitunternehmerkriterien wäre es bei einer wirtschaftlichen Betrachtungsweise geboten, dass der KGaA-Komplementär Überschusseinkünfte erzielt.

richterlich ist dies bestätigt – eine zweistufige und damit mitunternehmerschaftstypische Einkünfteermittlung ableiten.[1] Zweck dieser Regelung ist es, die Besteuerung des KGaA-Komplementärs an die Einkunftsquelle – die KGaA-Komplementärs*beteiligung*, nicht aber an die KGaA selbst –[2] zu knüpfen und dabei von Art, Form und Anlass der Zahlungen bzw. Ansprüche zu abstrahieren.[3]

Die Einkünfte aus Gewerbebetrieb des KGaA-Komplementärs werden sowohl auf der ersten als auch auf der zweiten Stufe[4] der Gewinnermittlung durch einen Betriebsvermögensvergleich nach §§ 5 i. V. m. 4 Abs. 1 EStG ermittelt.[5] Da die KGaA-Komplementäre keiner eigenständigen Buchführungspflicht unterliegen und nicht außerhalb der Rechnungslegung der KGaA stehen (§§ 286 Abs. 2 AktG, 238 ff. HGB), kann – in einem ersten Schritt – nur die KGaA für die Gesamtheit der Unternehmenssphäre buchführungs- und abschlusspflichtig sein.[6] Die Betriebsausgabenfiktion des § 9 Abs. 1 Nr. 1 KStG zur Erfassung des KGaA-Komplementärerfolgs auf KGaA-Ebene belegt dies.[7] Hierin ist – zumindest im Ergebnis und damit in materieller Hinsicht – der Einstieg in die konsequente Gleichstellung des KGaA-Komplementärs mit einem Mitunternehmer

---

1 Vgl. *Grafmüller, F.*, Kommanditgesellschaft auf Aktien, 1994, S. 212; *Theisen, M. R.*, Besteuerung, 1989, S. 2192; *Ammenwerth, M.*, Rechtsformalternative, 1997, S. 169.

2 Zusätzliche Einkünfte aus der Kommanditaktionärsbeteiligung sind insoweit ohne Bedeutung.

3 Vgl. *Theisen, M. R.*, Besteuerung, 1989, S. 2192.

4 Dies basiert auf der Theorie der wirtschaftlichen Einheit; vgl. *Ammenwerth, M.*, Rechtsformalternative, 1997, S. 174 m. w. N.; *Söffing, G.*, Besteuerung, 1994, S. 157.

5 Vgl. stellvertretend für viele *BFH*, Urteil vom 21.6.1989, BFHE 157, S. 382; *Grafmüller, F.*, Kommanditgesellschaft auf Aktien, 1994, S. 213; *Theisen, M. R.*, Besteuerung, 1989, S. 2192 m. w. N.; *Ammenwerth, M.*, Rechtsformalternative, 1997, S. 170 - 172 m. w. N.; *Janssen, B.*, Kommanditgesellschaft auf Aktien, 2001, S. 3813 m. w. N.; *Frankenheim, A.*, Kommanditgesellschaft auf Aktien, 1994, S. 132; *Jost, W. F.*, Dötsch u. a. – § 9 KStG, 2002, S. 233 f., Rz. 30; *Jünger, P.*, Stellung des persönlich haftenden Gesellschafters einer KGaA, 1998, S. 1971, 1973.
Der materielle Unterschied zwischen der Gewinnermittlung durch Betriebsvermögensvergleich und der Einnahmenüberschussrechnung nach § 4 Abs. 3 EStG, die nach früher überwiegend vertretener Ansicht zur Ermittlung des KGaA-Komplementärserfolgs anzuwenden war, ergibt sich aus dem Besteuerungszeitpunkt der einzelnen Geschäftsvorfälle; vgl. *Scheffler, W.*, Besteuerung von Unternehmen I, 2002, S. 85; zur Entwicklung des Meinungsstandes vgl. *Frankenheim, A.*, Kommanditgesellschaft auf Aktien, 1994, S. 131 m. w. N.

6 S. Kap. B.II., S. 27 - 30; vgl. *Frankenheim, A.*, Kommanditgesellschaft auf Aktien, 1994, S. 131.

7 Der *BFH* hat seine Entscheidung ausschließlich mit der Buchführungspflicht begründet; vgl. *BFH*, Urteil vom 21.6.1989, BFHE 157, S. 382.

zu sehen: Auch die erste Stufe der Erfolgsermittlung eines Mitunternehmers knüpft an die Steuerbilanz der Gesellschaft an.[1]

ba. Erste Stufe der Gewinnermittlung

baa. Gesellschaftsrechtlich begründete Vergütungen

Im Rahmen der ersten Stufe der Gewinnermittlung werden dem KGaA-Komplementär die auf ihn entfallenden Gewinnanteile zugerechnet (Gewinnanteil i. S. d. § 15 Abs. 1 Satz 1 Nr. 3 1. Halbsatz EStG). Dies sind alle gesellschaftsrechtlich begründeten Zuflüsse und Ansprüche. Mit anderen Worten: Alle Beträge, die dem KGaA-Komplementär zuzurechnen, aber nicht als Betriebsausgabe nach §§ 4 Abs. 4 EStG i. V. m. 8 Abs. 1 KStG auf Ebene der KGaA abzugsfähig sind.[2]

Die Gewinnanteile sind dem KGaA-Komplementär zu dem Zeitpunkt zuzurechnen, zu dem er sie i. S. v. § 2 Abs. 1 Satz 1 EStG erzielt hat: Das ist – bei unveränderten gesellschaftsrechtlichen Verhältnissen[3] – das Ende des jeweiligen Wirtschaftsjahres.[4] Dies gilt unabhängig davon, ob der Gewinn entnommen wurde oder nicht; ebenso ist unbeachtlich, dass die KGaA den Tatbestand der Einkünfteerzielung bereits mit den einzelnen Geschäftsvorfällen umgesetzt hat.[5]

---

1 Vgl. *Ammenwerth, M.*, Rechtsformalternative, 1997, S. 171. Verfahrensrechtlich erfolgt aber m. E. keine Annäherung. Eine einheitliche und gesonderte Gewinnfeststellung, wie sie für die verschiedenen Mitunternehmer einer Mitunternehmerschaft durchgeführt wird, erfolgt rechtstatsächlich bei der KGaA nicht; s. Kap. D.I., S. 114 - 116.

2 Vgl. *Jacobs, O. H.*, Unternehmensbesteuerung, 2002, S. 195 f.; *Reiß, W.*, Kirchhof – § 15, 2002, S. 974 f., Rz. 301.

3 Veränderte gesellschaftsrechtliche Verhältnisse können beispielsweise in einem Gesellschafterwechsel begründet sein.

4 Vgl. hier und zum Folgenden *Schmidt, L.*, Schmidt – § 15, 2002, S. 1238, Rz. 441.

5 Vgl. *Ammenwerth, M.*, Rechtsformalternative, 1997, S. 172; *Theisen, M. R.*, KGaA, 1989, S. 157; *Schmidt, L.*, Schmidt – § 15, 2002, S. 1238, Rz. 441.

Wie bei einer Mitunternehmerschaft kann der auf den KGaA-Komplementär entfallende Gewinn um einen Ergänzungs(bilanz)erfolg modifiziert werden.[1] Die Notwendigkeit derartiger Korrekturen kann beispielsweise durch einen (entgeltlichen) Gesellschafterwechsel begründet sein.[2]

Diesen Ergebnissen steht nicht entgegen, dass die KGaA bzw. die KGaA-Komplementäre – im Gegensatz zu Personengesellschaften bzw. Mitunternehmerschaften – nicht über Gesamthandsvermögen verfügen,[3] welches bei Personengesellschaften den Grund für die Existenz von Ergänzungsbilanzen darstellt.[4] Die KGaA-Komplementäre sind lediglich kapitalmäßig an der juristischen Person KGaA beteiligt.[5] Diese Ergebnisse zeigen bereits, dass de lege lata die Regelung des § 9 Abs. 1 Nr. 1 KStG in keinen Steuergesetze übergreifenden Zusammenhang mit § 15 Abs. 1 Satz 1 Nr. 3 EStG bzw. mit der ersten oder zweiten Gewinnermittlungsstufe gebracht werden kann. Die Widersprüche des Zusammentreffens des Trennungsprinzips auf KGaA-Ebene mit dem Transparenzprinzip im Rahmen der ersten Stufe der Gewinnermittlung des KGaA-Komplementärs zeigen sich insbesondere bei steuerfreien Einnahmen und bei Verlusten.

bab. Einnahmenqualifizierung

Einnahmen, die die KGaA erzielt, können – unabhängig von der Tatsache, dass sie auf Gesellschaftsebene ausschließlich aus Sicht der Kapitalgesellschaft KGaA einzuordnen sind –,[6] auf Gesellschafterebene, wie das folgende Beispiel zeigt, neu zu qualifizieren sein. Steuerfreie Einkünfte, die die KGaA erzielt, sind (wirtschaftlich) anteilig dem KGaA-Komplementär zuzurechnen. Soweit aus dessen Sicht auch auf ihn die Steuerfreiheit zu übertragen ist, wird eine Korrektur des Gewinnanteils im Rahmen der

---

[1] S. Kap. C.II., S. 53.

[2] Die Aufwendungen des eintretenden KGaA-Komplementärs stellen die Anschaffungskosten zur Erlangung des Gesellschaftsanteils dar. Diese sind, soweit sie von den bei der KGaA geführten Buchwerten abweichen, in Ergänzungsbilanzen zu erfassen und gegebenenfalls in den Folgeperioden abzuschreiben; vgl. *Grafmüller, F.*, Kommanditgesellschaft auf Aktien, 1994, S. 235.

[3] Vgl. *Schaumburg, H. / Schulte, C.*, Die KGaA, 2000, S. 88.

[4] Vgl. *Jacobs, O. H.*, Unternehmensbesteuerung, 2002, S. 220 - 222 m. w. N.

[5] Vgl. *Brehm, B. / Mihm, F. / Scheel, T.*, Handelsrecht, 2001, S. 102.

[6] S. Kap. D.I., S. 108 - 112.

ersten Gewinnermittlungsstufe notwendig ("Korrektur außerhalb der Ergänzungsbilanz").

Beispiel:

Eine Holding-KGaA erzielt einen (handelsrechtlichen) Gewinn in Höhe von 100.000 €. Dieser setzt sich ausschließlich aus Dividenden von diversen inländischen Tochterkapitalgesellschaften zusammen und ist jeweils hälftig der Gruppe der Kommanditaktionäre und einem KGaA-Komplementär zuzurechnen.

Die Dividenden sind im Verhältnis zur KGaA steuerfrei.[1] Die Gewinne werden unabhängig von einer Weiterausschüttung anteilig dem KGaA-Komplementär zugerechnet. Die Steuerfreiheit erstreckt sich nur auf das Verhältnis Holding-KGaA und Tochterkapitalgesellschaften. Auf KGaA-Komplementärsebene erfolgt eine eigenständige neue Beurteilung: Hier greift das Halbeinkünfteverfahren; damit wird die Hälfte dieser Einkünfte des KGaA-Komplementärs auf dessen Ebene dem individuellen Einkommensteuersatz unterworfen.

Die Steuerfreiheit auf KGaA-Ebene bleibt unberührt, auch wenn dies zu gewerbesteuerlichen Konsequenzen führt,[2] welche insoweit nicht mit Personengesellschaften vergleichbar sind.[3] Gegebenenfalls wird auf Ebene des KGaA-Komplementärs eine Korrektur notwendig, die außerhalb der Ergänzungsbilanz, aber im Rahmen der ersten Stufe der Gewinnermittlung durchgeführt werden muss. Derartige Korrekturen werden daher hier – wie alle anderen Korrekturen im Rahmen der ersten Stufe der Gewinnermittlung des KGaA-Komplementärs – als Ergänzungserfolg bezeichnet. Im Ergebnis wird auf Gesellschafterebene im Rahmen der Einnahmenqualifizierung rückwirkend durch die Gesellschaft durchgegriffen. Dieses der Gewinnermittlung einer Mitunternehmerschaft entsprechende Vorgehen lässt sich m. E. aus den insoweit

1 Bei Weiterausschüttung an die Kommanditaktionäre greift das Halbeinkünfteverfahren, soweit diese unbeschränkt der Einkommensteuer unterliegen.

2 S. Kap. D.I., S. 108 - 112.

3 Eine Aufteilung ist auf KGaA-Ebene einerseits nicht durch den Gesetzeswortlaut gedeckt und würde andererseits zu unsystematischen Gewerbesteuerimplikationen führen; s. Kap. D.I., S. 108 - 112.

identischen Wortlauten der §§ 15 Abs. 1 Satz 1 Nr. *2* Satz 1 EStG und 15 Abs. 1 Satz 1 Nr. *3* EStG ableiten.

Entsprechendes gilt für Einnahmen der KGaA, die aufgrund von DBA-Bestimmungen steuerfrei sind. Neben der KGaA erzielt damit auch der KGaA-Komplementär abkommensrechtlich Unternehmensgewinne i. S. v. Art. 7 OECD-MA.[1]

bac. Verlustanteile

Verluste der KGaA wirken sich entsprechend der Beteiligung unmittelbar auf den KGaA-Komplementär aus, da die Erfolgsermittlung des KGaA-Komplementärs an die Steuerbilanz der Gesellschaft anknüpft.[2] Das Transparenzprinzip wird somit im Rahmen der ersten Gewinnermittlungsstufe sowohl in zeitlicher als auch in materieller Hinsicht durch den Einbezug von anteiligen (Komplementärs-)Gewinnen und Verlusten sowie von Ergänzungserfolgen umgesetzt. Ohne Bedeutung bleibt, dass das Trennungsprinzip eine Verlustverrechnung zwischen einer Kapitalgesellschaft und deren Gesellschafter ausschließt.

§ 15a EStG[3] findet unabhängig davon, ob der KGaA-Komplementär eine Sondereinlage getätigt hat, keine Anwendung.[4] Dabei ist ohne Belang, ob der KGaA-Komplementär im Innenverhältnis von der Haftung freigestellt wird.[5] Der KGaA-Komplementär fällt wie ein KG-Komplementär nicht in den Anwendungsbereich des § 15a EStG.

---

1 Vgl. *Schaumburg, H. / Schulte, C.*, Die KGaA, 2000, S. 102.

2 Vgl. *Ammenwerth, M.*, Rechtsformalternative, 1997, S. 171.

3 Einen Überblick zu § 15a EStG geben *John, G. / Theisen M. R.*, Verlustverrechnung, 1981; *Lüdemann, P.*, Verluste, 1998; *Helmreich, H.*, Verluste, 1998; *Haarmann, W.*, Einschränkung, 2001, S. 149.

4 Vgl. *Frankenheim, A.*, Kommanditgesellschaft auf Aktien, 1994, S. 153 f.

5 KGaA-Komplementäre können im Innenverhältnis in vollem Umfang von der Haftung freigestellt werden: Eine Freistellung durch die Kommanditaktionäre kann nur auf schuldrechtlicher Basis erfolgen, eine Freistellung durch (andere) KGaA-Komplementäre kann auch mittels einer statutarischen Zusage bestimmt werden; vgl. *Assmann, H.-D. / Sethe, R.*, § 288 AktG, 2001, S. 342, Rz. 39; *Herfs, A.*, Kommanditgesellschaft auf Aktien, 1999, S. 1192 - 1194; *Grafmüller, F.*, Kommanditgesellschaft auf Aktien, 1994, S. 164 - 167.

bad. Zwischenergebnis

Die erste Stufe der Gewinnermittlung eines KGaA-Komplementärs entspricht somit dem Transparenzprinzip. Konsequenterweise beschränkt sich die Erfolgsermittlung im Rahmen der ersten Stufe auf die KGaA-Komplementärsbeteiligung, da Gewinne aus einer zusätzlich gegebenen Kommanditaktionärsstellung durch den Wortlaut des § 15 Abs. 1 Satz 1 Nr. 3 1. Halbsatz EStG explizit ausgenommen sind. Während die (unmittelbare) Mitgliedschaft in einer KG immer (gesellschaftsrechtlich) einheitlich beurteilt wird und ein KG-Komplementär somit nicht gleichzeitig Kommanditist sein kann, ist es bei einer KGaA aktienrechtlich zulässig, dass der KGaA-Komplementär zugleich die Stellung eines Kommanditaktionärs einnimmt.[1] Dennoch wäre ein Einbezug der Erfolge aus der Kommanditaktionärsbeteiligung (auch bei wirtschaftlicher Betrachtungsweise) in die erste Stufe der Gewinnermittlung nicht angebracht bzw. nicht dem Transparenzprinzip entsprechend, da diese rein kapitalistische Beteiligung einem anderen Steuerregime unterliegt und gesellschaftsrechtlich wie auch betriebswirtschaftlich[2] unabhängig zu behandeln ist.[3]

Umstritten ist aber im Schrifttum, ob – in Analogie zur GmbH & Co. KG oder zur Betriebsaufspaltung – im Rahmen der zweiten Stufe der Gewinnermittlung die Erfolge aus der zusätzlichen Kommanditaktionärsbeteiligung als Sonderbetriebseinkünfte Berücksichtigung finden sollen.[4]

bb. Zweite Stufe der Gewinnermittlung

Die Höhe der gewerblichen Einkünfte eines Mitunternehmers auf der zweiten Gewinnermittlungsstufe hängt von Sondervergütungen[5] bzw. von Wertveränderungen des Son-

---

1 Vgl. *Ammenwerth, M.*, Rechtsformalternative, 1997, S. 169. Die Kommanditaktien sind auch nicht dem Sonderbetriebsvermögen zuzuordnen; s. Kap. E.I., S. 152 f.

2 Zur Begründung s. Kap. B., S. 9 - 42.

3 Materielle Konsequenzen hätte dies gegebenenfalls aufgrund der Technik der Einkünfteermittlung und aufgrund anderer Verlustverrechnungsmöglichkeiten.

4 S. Kap. E.I., S. 152 f.

5 Diese werden auf Gesellschaftsebene und damit im Rahmen der ersten Stufe der Gewinnermittlung der Gesellschafter noch erfolgswirksam erfasst.

derbetriebsvermögens ab. Beide Aspekte lassen sich auf die steuerliche Gewinnermittlung des KGaA-Komplementärs übertragen.

bba. Sondervergütungen

Sondervergütungen sind nach § 15 Abs. 1 Satz 1 Nr. 3 2. Halbsatz EStG alle Vergütungen an den KGaA-Komplementär für seine Tätigkeit im Dienst der Gesellschaft, für die Hingabe von Darlehen oder für die Überlassung von Wirtschaftsgütern, soweit diese nicht der Gewinnsphäre zuzuordnen sind, sondern auf KGaA-Ebene Betriebsausgaben im Sinne der §§ 4 Abs. 4 EStG i. V. m. 8 Abs. 1 KStG darstellen.[1]

Die in diesem Zusammenhang diskutierte Unterscheidung zwischen gewinnabhängigen und gewinn*un*abhängigen Vergütungsbestandteilen ist nicht Ziel führend.[2] Die Zuordnung zur ersten oder zweiten Stufe der Gewinnermittlung auf KGaA-Komplementärsebene hängt ausschließlich von der Qualifikation auf Gesellschaftsebene ab: Entscheidend ist, ob die Vergütungen dort als Gewinnverwendung oder als Betriebsausgabe nach §§ 4 Abs. 4 EStG i. V. m. 8 Abs. 1 KStG eingestuft werden.[3] Die Art der Vergütung ist insoweit irrelevant. Materielle Bedeutung hat dies ohnehin nicht, da die Gewinnermittlungsart auf beiden Ebenen identisch ist.[4]

§ 15 Abs. 1 Satz 1 Nr. 3 EStG enthält eine – dem Wortlaut von § 15 Abs. 1 Satz 1 Nr. 2 EStG entsprechende – explizite Aufzählung der Sondervergütungen. Diese aber beschreibt die zweite Stufe der Gewinnermittlung nur rudimentär, da bei Mitunternehmerschaften neben den Sondervergütungen auch der durch Wertveränderungen des Sonderbetriebsvermögens erzielte Gewinn bzw. Verlust mit in die zweite Stufe der

---

1 Vgl. *Söffing, G.*, Besteuerung, 1994, S. 155 f.

2 S. Kap. D.I., S. 89 - 97; vgl. beispielsweise die ausführliche Diskussion bei *Frankenheim, A.*, Kommanditgesellschaft auf Aktien, 1994, S. 135 - 137 m. w. N.; *Menzel, A. H.*, Entgelte der Kommanditgesellschaft auf Aktien, 1971, S. 209.

3 Vgl. *Söffing, G.*, Besteuerung, 1994, S. 155 f.

4 Dies beruht auf der Theorie der wirtschaftlichen Einheit; vgl. *Ammenwerth, M.*, Rechtsformalternative, 1997, S. 174 m. w. N.

Gewinnermittlung einbezogen wird, auch wenn dieser im Gesetz – d. h. in § 15 Abs. 1 Satz 1 Nr. 2 / 3 EStG – nicht explizit erwähnt wird.[1]

bbb. Sonderbetriebsvermögen

Der *BFH* hat entschieden, dass neben den Gewinnanteilen auf der ersten Stufe der Gewinnermittlung und neben den Sondervergütungen auf der zweiten Stufe der Gewinnermittlung auch Gewinne bzw. Verluste aus Wertveränderungen des Sonderbetriebsvermögens im Rahmen der zweiten Stufe der Gewinnermittlung Eingang in die steuerliche Bemessungsgrundlage für die gewerblichen Einkünfte eines KGaA-Komplementärs finden.[2] Aus Sicht des KGaA-Komplementärs, *nicht* aber aus Sicht der KGaA existiert somit Sonderbetriebsvermögen. Diese *BFH*-Entscheidung, die sich gegen die vormals herrschende Literaturmeinung stellt, ist zu Recht im Schrifttum unbestritten:[3] Der diesbezüglich identische Wortlaut der Regelungen von § 15 Abs. 1 Satz 1 Nr. 2 EStG und § 15 Abs. 1 Satz 1 Nr. 3 EStG sowie die intendierte Annäherung der KGaA-Besteuerung an einen Mitunternehmer lassen nur diese Konsequenz zu.[4] Somit sind die für Mitunternehmerschaften geltenden Grundsätze für die Bestimmung der Gewinne und Verluste aus dem Sonderbetriebsvermögen auf KGaA-Komplementäre übertragbar.

Neben der Behandlung einer Pensionszusage an den KGaA-Komplementär steht die Frage, ob bei gleichzeitiger Kommanditaktionärsstellung die Kommanditaktien Sonderbetriebsvermögen darstellen, im Mittelpunkt der Diskussionen über das Sonderbetriebsvermögen eines KGaA-Komplementärs.[5]

---

1 Vgl. *BFH*, Urteil vom 15.10.1975, BStBl II 1976, S. 188; *Lange, J.* u. a., Personengesellschaften, 1998, S. 196 m. w. N.; *Söffing, G.*, Besteuerung, 1994, S. 156.

2 Vgl. *BFH*, Urteil vom 21.6.1989, BFHE 157, S. 382.

3 Vgl. auch zur historischen Entwicklung *Schmidt, L.*, Schmidt – § 15, 2002, S. 1321, Rz. 891; *Frankenheim, A.*, Kommanditgesellschaft auf Aktien, 1994, S. 140; *Ammenwerth, M.*, Rechtsformalternative, 1997, S. 173; *Theisen, M. R.*, Besteuerung, 1989, S. 2193; *Theisen, M. R.*, KGaA, 1989, S. 156 f.; *Grafmüller, F.*, Kommanditgesellschaft auf Aktien, 1994, S. 212 f.

4 So auch *Ammenwerth, M.*, Rechtsformalternative, 1997, S. 173.

5 Der Meinungsstreit ist u. a. zu finden bei *Frankenheim, A.*, Kommanditgesellschaft auf Aktien, 1994, S. 143 - 145; *Ammenwerth, M.*, Rechtsformalternative, 1997, S. 176 - 180; *Grafmüller, F.*, Kommanditgesellschaft auf Aktien, 1994, S. 213.

bbba. Kommanditaktien

Falls eine natürliche Person zugleich KGaA-Komplementär und Kommanditaktionär ist, wird in der Literatur diskutiert, ob diese gesellschaftsrechtlich zu differenzierenden Beteiligungsverhältnisse für Zwecke der Besteuerung einheitlich beurteilt werden müssen, wie dies beispielsweise bei der typischen GmbH & Co. KG und bei der Betriebsaufspaltung der Fall ist.[1] Die Konsequenz dieser einheitlichen steuerlichen Beurteilung liegt darin, dass das körperschaftsteuerliche Trennungsprinzip (partiell) durchbrochen wird: Die Anteile der Kommanditisten an der Komplementär-GmbH, die einer typischen GmbH & Co. KG zuzuordnen ist, bzw. die Anteile der Betriebskapitalgesellschaft des an dem personalistischen Besitzunternehmen beteiligten Gesellschafters im Betriebsaufspaltungsfall werden nicht als Privatvermögen, sondern als Sonderbetriebsvermögen im Rahmen der jeweiligen Mitunternehmerstellung qualifiziert.

Begründet wird dieses Vorgehen in beiden Fällen mit der durch die Kapitalgesellschaftsbeteiligung hervorgerufenen erweiterten Einflussnahme auf die Mitunternehmerschaft.[2] Beispielsweise wird im Fall der GmbH & Co. KG nur mit Hilfe der Beteiligung des Kommanditisten an der Komplementär-GmbH die KG-Geschäftsführung des Kommanditisten begründet.[3] Bei Betriebsaufspaltungen argumentiert der *BFH* mit der "Durchsetzung des einheitlichen geschäftlichen Betätigungswillens"[4]. Entscheidendes Kriterium für die Qualifikation als Sonderbetriebsvermögen ist damit

---

1 Vgl. hier und zum Folgenden *Ammenwerth, M.*, Rechtsformalternative, 1997, S. 176.
Einen Überblick zur GmbH & Co. KG geben *Binz, M. K.*, Die GmbH & Co., 1992; *Jacobs, O. H.*, Unternehmensbesteuerung, 2002, S. 253 - 268.
Einen Überblick zur Betriebsaufspaltung geben *Jacobs, O. H.*, Unternehmensbesteuerung, 2002, S. 268 - 301; *Zenthöfer, W. / Schulze zur Wiesche, D.*, Einkommensteuer, 2001, S. 682 - 702; *Brandmüller, G.*, Betriebsaufspaltung, 1997; *Söffing, G.*, Betriebsaufspaltung, 1999.

2 Vgl. *Frankenheim, A.*, Kommanditgesellschaft auf Aktien, 1994, S. 143 m. w. N.

3 Vgl. *Jacobs, O. H.*, Unternehmensbesteuerung, 2002, S. 253 - 268.

4 *BFH*, Urteil vom 24.4.1991, BStBl II 1991, S. 713; *BFH*, Urteil vom 23.7.1981, BStBl II 1982, S. 60; *BFH*, Urteil vom 19.1.1973, BStBl II 1973, S. 438.

die Funktion der (Kapitalgesellschafts-)Anteile: Die Anteile müssen der Stärkung eigener unternehmerischer Interessen des Mitunternehmers dienen.[1]

Dieses funktionale Kriterium ist aber beim KGaA-Komplementär nicht gegeben, da die Unternehmensverfassung einer KGaA – auch nicht durch Satzungsgestaltung – eine Stärkung eigener unternehmerischer Interessen des KGaA-Komplementärs nicht zulässt.[2] Dies ist insbesondere in der ohnehin starken KGaA-Komplementärsstellung begründet, welche auch durch die zusätzliche, gegebenenfalls auch mehrheitliche, Kommanditaktionärsstellung aufgrund des Stimmrechtsausschlusses des KGaA-Komplementärs in der Hauptversammlung nach § 285 Abs. 1 AktG nicht noch weiter ausgebaut werden kann.[3]

Die Kommanditaktien stellen somit kein Sonderbetriebsvermögen dar und finden – wie auch auf der ersten Stufe der Gewinnermittlung – keinen Eingang in die Ermittlung der gewerblichen Einkünfte des KGaA-Komplementärs. Die KGaA-Komplementärsstellung und die Kommanditaktionärsstellung sind somit in der steuerlichen Behandlung strikt zu trennen. Auf die Einkünfte aus den Kommanditaktien des KGaA-Komplementärs finden die gleichen Besteuerungsgrundsätze wie beim "Nur-Kommanditaktionär" Anwendung.[4] Die ökonomischen Konsequenzen liegen in der Gewinnermittlungsart[5] und im Verlustverrechnungspotenzial[6].

---

1 Vgl. *Ammenwerth, M.*, Rechtsformalternative, 1997, S. 178.

2 Vgl. *Ammenwerth, M.*, Rechtsformalternative, 1997, S. 178 - 180.

3 Vgl. stellvertretend für viele *Semler, J.*, Kommanditgesellschaft auf Aktien, 1986, S. 112. Nach § 285 Abs. 1 Satz 2 AktG können die KGaA-Komplementäre keine Stimmrechte bei Beschlussfassungen über Wahl und Abberufung des Aufsichtsrats, Entlastung der persönlich haftenden Gesellschafter und der Mitglieder des Aufsichtsrats, Bestellung von Sonderprüfungen, Geltendmachung von Ersatzansprüchen, Verzicht auf Ersatzansprüche und Wahl von Abschlussprüfern ausüben; dies gilt auch dann, wenn sie zugleich Kommanditaktionäre sind; s. Kap. B.I., S. 13 - 15.

4 S. Kap. F., S. 195 - 197.

5 Bei Einkünften aus Kapitalvermögen i. S. d. §§ 20 i. V. m. 2 Nr. 5 EStG wird der Erfolg unter Beachtung des Zuflussprinzips nach § 11 EStG ermittelt.

6 Die Mindestbesteuerung nach § 2 Abs. 3 EStG knüpft ceteris paribus u. a. an das Erfolgsverhältnis der einzelnen Einkunftsarten an und beschränkt damit den vertikalen Verlustausgleich bzw. den Verlustabzug nach § 10d EStG im Verhältnis zum horizontalen Verlustausgleich, der innerhalb einer Einkunftsart erfolgt.

bbbb. Pensionszusagen

Pensionszusagen an den KGaA-Komplementär sind – auf KGaA-Ebene – steuerlich unter den Voraussetzungen des § 6a EStG anzuerkennen.[1] Diese können – zumindest theoretisch – entsprechend den allgemeinen Grundsätzen gesellschaftsrechtlich oder schuldrechtlich begründet sein;[2] die Bildung der Pensionsrückstellung führt auf KGaA-Ebene demzufolge entweder gemäß §§ 4 Abs. 4 EStG i. V. m. 8 Abs. 1 KStG oder unter der subsidiär anzuwendenden Betriebsausgabenfiktion nach § 9 Abs. 1 Nr. 1 KStG in jedem Fall zu einer Gewinnminderung im Rahmen der Körperschaftsbesteuerung der KGaA.[3]

Auf Gesellschafterebene ist es ohne Bedeutung, wie die Körperschaftsteuerminderung begründet wird. Dort wird nach der *BFH*-Rechtsprechung – im Gegensatz zu den allgemeinen Grundsätzen[4] – die Pensionszusage der zweiten Gewinnermittlungsstufe zugeordnet, da auch insoweit der KGaA-Komplementär wie ein Mitunternehmer behandelt wird.[5]

Der *BFH* sieht zwar in einer Pensionszusage an den Gesellschafter-Geschäftsführer einer Mitunternehmerschaft eine Gewinnverteilungsabrede.[6] Auf Gesellschaftsebene ist die Zuführung zur Pensionsrückstellung dennoch als Aufwand anzuerkennen; auf Ge-

---

1 Vgl. *Frankenheim, A.*, Pensionszusage, 1999, S. 482.

2 S. Kap. D.I., S. 84 - 88.

3 So auch *Frankenheim, A.*, Kommanditgesellschaft auf Aktien, 1994, S. 145 m. w. N.

4 Bezüge, die der Gewinnverwendung zuzuordnen sind, werden grundsätzlich im Rahmen der ersten Stufe der Gewinnermittlung erfasst; Bezüge, die schuldrechtlich basiert und der Gewinnerzielung zuzuordnen sind, werden (auch) der zweiten Stufe der Gewinnermittlung zugeordnet; vgl. *Jacobs, O. H.*, Unternehmensbesteuerung, 2002, S. 195 f.

5 Vgl. stellvertretend für viele *BFH*, Urteil vom 21.6.1989, BFHE 157, S. 382; *Grafmüller, F.*, Kommanditgesellschaft auf Aktien, 1994, S. 213; *Theisen, M. R.*, Besteuerung, 1989, S. 2192 m. w. N.; *Ammenwerth, M.*, Rechtsformalternative, 1997, S. 170 - 172 m. w. N.; *Janssen, B.*, Kommanditgesellschaft auf Aktien, 2001, S. 3813 m. w. N.; *Frankenheim, A.*, Kommanditgesellschaft auf Aktien, 1994, S. 132; *Jost, W. F.*, Dötsch u. a. – § 9 KStG, 2002, S. 233 f., Rz. 30; *Jünger, P.*, Stellung des persönlich haftenden Gesellschafters einer KGaA, 1998, S. 1971, 1973.

6 Vgl. *BFH*, Urteil vom 16.2.1967, BStBl III 1967, S. 222; *BFH*, Urteil vom 21.12.1972, BStBl II 1973, S. 298; *BFH*, Urteil vom 29.1.1976, BStBl II 1976, S. 372; *BFH*, Urteil vom 8.1.1975, BStBl II 1975, S. 437; *BFH*, Urteil vom 22.6.1977, BStBl II 1977, S. 798; *BFH*, Urteil vom 7.12.1984, BStBl II 1984, S. 239.

sellschafterebene ist in gleicher Höhe eine Sonderbetriebseinnahme für eine eingeräumte, aber noch nicht ausgezahlte Vergütung anzusetzen.[1] Dieses Vorgehen wird auf den KGaA-Komplementär bzw. auf die KGaA – höchstrichterlich bestätigt – übertragen:[2] Auf KGaA-Ebene sind – wie dargestellt – die Zuführungen als Aufwendungen zu verbuchen. Der KGaA-Komplementär erzielt jährlich in Höhe der Zuführung zur Pensionsrückstellung Einkünfte aus Gewerbebetrieb i. S. d. § 15 Abs. 1 Satz 1 Nr. 3 EStG, wobei die Pensionsanwartschaft aus Sicht des KGaA-Komplementärs faktisch zum Sonderbetriebsvermögen wird.[3] Das Korrespondenzprinzip des § 15 Abs. 1 Satz 1 Nr. *2* EStG wird damit auf § 15 Abs. 1 Satz 1 Nr. *3* EStG übertragen.[4] Im Ergebnis werden die KGaA-Komplementäre insoweit systemkonform einem Mitunternehmer, jedoch korrekterweise weder bezüglich der Einkünftequalifikation noch bezüglich des Besteuerungszeitpunkts dem Vorstand einer AG gleichgestellt, denn dieser erzielt Einkünfte aus nichtselbstständiger Arbeit zum Zeitpunkt des Pensionszuflusses.[5]

Trotz der Systemkonformität – d. h., der KGaA-Komplementär unterliegt dem gleichen Steuerregime wie ein Mitunternehmer – werden in der Literatur Pensionszusagen an den KGaA-Komplementär intensiv diskutiert.[6] Dies mag daran liegen, dass auch die Behandlung von Pensionszusagen an Gesellschafter-Geschäftsführer einer Mitunternehmerschaft in der Literatur umstritten ist. Dies muss und kann jedoch nicht als KGaA-Spezifikum diskutiert werden.[7] Darüber hinaus beruhen die Argumente auf der

---

1 Vgl. *Lange, J.* u. a., Personengesellschaften, 1998, S. 254 f.

2 Vgl. *BFH*, Urteil vom 21.6.1989, BFHE 157, S. 382. Dass die KGaA eine Kapitalgesellschaft und keine Personenmehrheit i. S. d. § 15 EStG darstellt, ist insoweit ohne Belang, da Pensionsrückstellungen auf Gesellschaftsebene in beiden Fällen – Kapitalgesellschaft bzw. Personenmehrheit – gleich behandelt werden.
Bereits vor diesem Urteil haben *P. Jünger* und *M. R. Theisen* diese Vorgehensweise vorgeschlagen; vgl. *Jünger, P.*, Stellung des persönlich haftenden Gesellschafters einer KGaA, 1988, S. 1972; *Theisen, M. R.*, KGaA, 1989, S. 157.

3 Vgl. *Frankenheim, A.*, Kommanditgesellschaft auf Aktien, 1994, S. 145 - 152.

4 Vgl. *Janssen, B.*, Kommanditgesellschaft auf Aktien, 2001, S. 3819 m. w. N.

5 Vgl. *Streck, M.*, Körperschaftsteuergesetz, 1997, S. 239 - 247.

6 So beispielsweise *Frankenheim, A.*, Pensionszusage, 1999, S. 481 - 485; *Frankenheim, A.*, Kommanditgesellschaft auf Aktien, 1994, S. 145 - 153; *Jost, W. F.*, Dötsch u. a. – § 9 KStG, 2002, S. 234 - 236, Rz. 32 - 34; *Gocke, R.*, Zur Aktivierung von Pensionsansprüchen, 1994, S. 2162 - 2165; *Patt, J. / Rasche, R.*, Besteuerung der Pensionszusagen, 1994, S. 2400 - 2405.

7 Einen Überblick zum Diskussionsstand gibt u. a. *Seeger, S. F.*, Schmidt – § 6a, 2002, S. 616 - 644, Rz. 1 - 70.

Tatsache, dass die KGaA eine Kapitalgesellschaft ist.[1] Dies ist aber ohne Bedeutung, da Pensionszusagen auf Gesellschaftsebene unabhängig von der Rechtsform als Betriebsausgaben behandelt werden und bei Kapitalgesellschaften sowie bei Mitunternehmerschaften unter gleichen Voraussetzungen in die Steuerbilanz der Gesellschaft eingehen.[2] Kapitalistische Systematiken auf den KGaA-Komplementär zu übertragen ist – wie gezeigt – ohnehin nicht angebracht.

c. Tarif

Die Höhe der Einkommensteuerbelastung des KGaA-Komplementärs hängt von dessen persönlicher Situation sowie von dessen gesamten Einkünften – einschließlich der aus anderen Quellen – ab. Beeinflusst wird die Höhe der Steuer darüber hinaus von besonderen Tarifvorschriften wie § 35 EStG. Einzig diese Regelung bringt im Rahmen der Tarifbestimmungen KGaA-Spezifika mit sich.

ca. Entlastung von der Gewerbesteuer

Mitunternehmerschaften bzw. die Mitunternehmer werden in zwei Stufen von der Gewerbesteuer entlastet: Zum einen wirkt die Gewerbesteuer als Betriebsausgabe (im Rahmen des gewerblichen Ergebnisses der Gesellschaft) auf Gesellschafterebene Einkommensteuer mindernd und zum anderen kann auch die Tarifentlastung nach § 35 EStG zu einer Einkommensteuerreduzierung führen.[3] Das Ziel des Gesetzgebers besteht darin, den Mitunternehmer "wirtschaftlich regelmäßig in vollem Umfang von der Gewerbesteuer zu entlasten"[4]. Dieses Konzept findet – trotz des zwischen der KGaA und dem KGaA-Komplementär *zunächst* geltenden Trennungsprinzips – grundsätzlich

---

[1] So beispielsweise *Frankenheim, A.*, Kommanditgesellschaft auf Aktien, 1994, S. 150.

[2] S. § 6a EStG; vgl. *Streck, M.*, Körperschaftsteuergesetz, 1997, S. 239 - 247.

[3] Vgl. *Kollruss, T.*, Anrechnung, 2000, S. 559 f.; *Korezkij, L.*, Anrechnung, 2001, S. 333; *Herzig, N. / Lochmann, U.*, Steuerermäßigung für gewerbliche Einkünfte, 2000, S. 1728; *Herzig, N. / Lochmann, U.*, Grundmodell, 2000, S. 540; *Meinhövel, H.*, Gewerbesteueranrechnung, 2000, S. 298 - 302; *Rogall, M.*, Personengesellschaften, 2001, S. 586 - 593.
Die Entlastung nach § 35 EStG wurde durch das StSenkG neu eingeführt und ersetzt die Regelung des § 32c EStG 2000; § 35 EStG 2000, der eine Einkommensteuerermäßigung bei Erbschaftsteuerbelastung vorsah, wurde ersatzlos gestrichen; vgl. *Rosenberg, O.*, § 35 EStG, 2000, S. 128.

[4] BT-Drucks. 14/2683, S. 97.

auch beim KGaA-Komplementär Anwendung. Die Gewinnanteile des KGaA-Komplementärs unterliegen auf Gesellschaftsebene der Gewerbesteuer,[1] die dort von sich selbst abzugsfähig ist[2] und damit nur partiell Einkommensteuer mindernd in den Gewinnanteil des KGaA-Komplementärs bzw. in dessen Einkünfte nach § 15 Abs. 1 Satz 1 Nr. 3 EStG eingeht (erster Schritt der Entlastung). Auch KGaA-Komplementäre[3] können von der Steuerermäßigung im Rahmen der Einkommensteuer für gewerbliche Einkünfte Gebrauch machen, da die Einkünfte i. S. d. § 15 Abs. 1 Satz 1 Nr. 3 EStG explizit in § 35 Abs. 1 und Abs. 3 S. 1 EStG genannt sind (zweiter Schritt der Entlastung). Der KGaA-Komplementär wird insoweit grundsätzlich wie ein Mitunternehmer von der Gewerbesteuer entlastet.

Die Höhe der Entlastung nach § 35 EStG bemisst sich nach denselben Regeln wie bei Mitunternehmern: Die Steuerermäßigung beträgt das 1,8fache des für den – dem Veranlagungszeitraum entsprechenden – Erhebungszeitraum festgesetzten anteiligen Gewerbesteuer-Messbetrags.[4] Gemäß § 35 Abs. 3 EStG bestimmt sich der "anteilige Gewerbesteuer-Messbetrag" nach dem "Anteil am Gewinn der Mitunternehmerschaft nach Maßgabe des allgemeinen Gewinnverteilungsschlüssels". Die tarifliche Einkommensteuer[5] mindert sich dabei maximal um den Betrag, der dem Anteil der gewerblichen Einkünfte am zu versteuernden Einkommen entspricht.[6] Eine rein

---

1 Die Betriebsausgabenfiktion des § 9 Abs. 1 Nr. 1 KStG wird zu Zwecken der Gewerbesteuer rückgängig gemacht; s. Kap. D.II., S. 126 - 136.

2 Die Gewerbesteuer ist als Betriebsausgabe im Rahmen der Körperschaftsteuer gemäß § 4 Abs. 4 EStG voll abzugsfähig; das Abzugsverbot nach § 10 Nr. 2 KStG greift nicht.

3 Beachte die oben getroffenen Annahmen: Der KGaA-Komplementär ist eine natürliche Person und im Inland unbeschränkt steuerpflichtig.

4 S. § 35 Abs. 1 Nr. 2 EStG.
G. Söffing weist zu Recht darauf hin, dass diese gesetzliche Formulierung nicht gelungen ist, da ein anteiliger Gewerbesteuer-Messbetrag nicht festgesetzt wird. Vielmehr wäre der Ausdruck "... Gewerbesteuer-Messbetrag, soweit er anteilig auf den Mitunternehmer (bzw. den persönlich haftenden Gesellschafter einer KGaA, *M. H.*) entfällt", passender; *Söffing, G.*, Mängel, 2000, S. 689. Nach § 14 GewStG wird auch bei mehreren Beteiligten nur ein Gewerbesteuer-Messbetrag festgesetzt; vgl. *Danelsing, W.*, Blümich – § 35 EStG, 2002, S. 10, Rz. 31.

5 Das ist die Einkommensteuerbelastung des KGaA-Komplementärs vor Anwendung des § 35 EStG; s. § 32a EStG.

6 S. § 35 Abs. 1 EStG. Der in diesem Zusammenhang verwendete Begriff "Anrechnung der Gewerbesteuer" ist insoweit missverständlich; passender wäre "begrenzte pauschalierte Anrechnung der Gewerbesteuer".

grammatikalische Auslegung dieser gesetzlichen Formulierungen (§§ 35 Abs. 1 Nr. 2, 35 Abs. 3 EStG) würde einem KGaA-Komplementär die Tarifbegünstigung nach § 35 EStG versagen, da keine Mitunternehmerschaft vorliegt. Da dies aber aufgrund der expliziten Nennung von § 15 Abs. 1 Satz 1 Nr. 3 EStG in den jeweiligen Vorschriften widersinnig wäre, fallen qua teleologischer Extension die KGaA-Komplementäre in den Anwendungsbereich von § 35 EStG.

Nicht in die Bestimmung des Anteils am Gewinn i. S. d. § 35 EStG gehen gewinn*un*abhängige Vorabgewinne[1] sowie gewinn*un*abhängige Sondervergütungen ein.[2] Der Gewerbeertrag der KGaA setzt sich nach §§ 7, 8 Nr. 4 GewStG aus dem auf die Kommanditaktien entfallenden Gewinn sowie aus den Gewinnanteilen der KGaA-Komplementäre und deren Vergütungen für die Geschäftsführung zusammen.[3] Die KGaA-Komplementärsstellung führt nicht zur Gewerbesteuerpflicht auf dessen Ebene.[4] Somit unterliegen die auf KGaA-Komplementäre entfallenden gewinn*un*abhängigen Vorabgewinne sowie die (im Zusammenhang mit der Geschäftsführung stehenden)[5] gewinn*un*abhängigen Sondervergütungen auf KGaA-Ebene der Gewerbesteuer; beides wird aber bei der Bestimmung des Anteils am Gewinn i. S. v. § 35 EStG nicht berücksichtigt. Die wirtschaftliche Belastung der KGaA-Komplementäre mit der Gewerbesteuer kann somit mit dem vorliegenden Aufteilungsmodus nicht abgebildet werden.[6]

---

1 Unter einem Vorabgewinn sind diejenigen Beträge zu fassen, welche ein Gesellschafter auf gesellschaftsrechtlicher Basis erhält und welche den Steuerbilanzgewinn der Gesellschaft nicht mindern; vgl. *Gosch, D.*, Kirchhof – § 35 EStG, 2002, S. 1681 f., Rz. 37 m. w. N.

2 S. § 35 Abs. 3 S. 2 EStG. Alle Vorabgewinne sind explizit ausgenommen. Aus der Formulierung "nach Maßgabe des allgemeinen Gewinnverteilungsschlüssels" und der Gesetzgebungsgeschichte wird in der Literatur gefolgert, dass auch alle Sondervergütungen außen vor bleiben; vgl. *Wendt, M.*, Herrmann / Heuer / Raupach – § 35 EStG, 2002, S. E 26, Rz. 31 m. w. N.; *Gosch, D.*, Kirchhof – § 35 EStG, 2002, S. 1681 f., Rz. 37 f.; *Danelsing, W.*, Blümich – § 35 EStG, 2002, S. 11 f., Rz. 37; *Neininger, M. / Maier-Frischmuth, M.*, Entlastungswirkungen, 2001, S. 1218 f. Die Finanzverwaltung vertritt – trotz des eindeutigen Wortlauts des § 35 Abs. 3 S. 2 EStG – die Ansicht, dass lediglich gewinn*un*abhängige Vorabgewinne und Sondervergütungen unberücksichtigt bleiben; vgl. *BMF*, Schreiben vom 15.5.2002, DStR 40 (2002), S. 906 - 908, Rz. 18 - 28.

3 S. Kap. D.II., S. 126 - 136.

4 S. Kap. E.II., S. 184.

5 Zur KGaA-spezifischen Einschränkung der Sondervergütungen bzw. der Hinzurechnung von schuldrechtlichen Vergütungen s. Kap. D.II., S. 126 - 136.

6 Vgl. *Wendt, M.*, Herrmann / Heuer / Raupach – § 35 EStG, 2002, S. E 26 f., Rz. 31 m. w. N.

Beispiele:

Variante 1:

Der einzige KGaA-Komplementär der A-KGaA ist A. Der handelsrechtliche Erfolg (vor Berücksichtigung der KGaA-Komplementärsbezüge, aber nach Gewerbesteuer in Höhe von 60.000 €) beträgt im Wirtschaftsjahr (= Kalenderjahr) 2002 300.000 €. Der Erfolg verteilt sich folgendermaßen: **100.000 €** bezieht A als **festes, schuldrechtlich vereinbartes** Geschäftsführergehalt. Der verbleibende Erfolg wird je zur Hälfte auf **A** und die Gruppe der **Kommanditaktionäre** verteilt. Weitere Einkünfte erzielt A nicht.

Auf Gesellschaftsebene unterliegen nach §§ 7, 8 Nr. 4 GewStG 300.000 € der Gewerbesteuer;[1] vor Berücksichtigung der Einkommensteuer ist A wirtschaftlich belastet mit **30.000 €** Gewerbesteuer und somit 50 % der Gewerbesteuer, da das Geschäftsführergehalt in seiner Höhe unabhängig von der Gewerbesteuer ist. Die Einkünfte des A i. S. d. § 15 Abs. 1 Satz 1 Nr. 3 EStG setzen sich aus **100.000 €** Geschäftsführergehalt und **100.000 €** Gewinnanteil zusammen. Die (i. S. v. § 35 EStG anteilige) tarifliche Einkommensteuer beträgt **87.127 €**;[2] die Anrechnung wird damit nicht begrenzt. Die Entlastung im Rahmen der **ersten Stufe** erfolgt in Höhe von **14.544 €**.[3] Die Entlastung nach **§ 35 EStG** beträgt 0,5 * 300.000 € * 0,05 * 1,8 = **13.500 €.**

Variante 2:

Die Ausgangssituation bleibt gegenüber der Variante 1 unverändert. Nun verteilt sich der Erfolg wie folgt: **200.000 €** bezieht A als **gewinnabhängiges**[4] Geschäftsführergehalt. Der verbleibende Erfolg wird auf die Gruppe der **Kommanditaktionäre** verteilt. Weitere Einkünfte erzielt A nicht.

Auf Gesellschaftsebene unterliegen nach §§ 7, 8 Nr. 4 GewStG wie bei Variante 1 300.000 € der Gewerbesteuer; vor Berücksichtigung der Einkommensteuer ist A wirtschaftlich mit **40.000 €** Gewerbesteuer und somit **67 %** der Gewerbesteuer belastet. Die Einkünfte des A i. S.

---

1 Dies entspricht einem Hebesatz von 500.

2 S. § 32a Abs. 1 Nr. 4 EStG.

3 Die Entlastung wird aus der fiktiven tariflichen Einkommensteuer bestimmt, die sich ergäbe, wenn die Gewerbesteuer nicht von der Bemessungsgrundlage abziehbar wäre, abzüglich der tariflichen Einkommensteuer. Hier: 101.671 - 87.127 = 14.544 (§ 32a Abs. 1 Nr. 4 EStG).

4 Unbeachtlich ist hier, ob das Geschäftsführergehalt schuldrechtlich ist oder als Vorabgewinn zu qualifizieren ist.

d. § 15 Abs. 1 Satz 1 Nr. 3 EStG resultieren aus den **200.000 €** Geschäftsführergehalt. Die (i. S. v. § 35 EStG anteilige) tarifliche Einkommensteuer beträgt **87.127 €.** Die Entlastung im Rahmen der **ersten Stufe** erfolgt in Höhe von **19.398 €.**[1] Die Entlastung nach **§ 35 EStG** beträgt 0,67 * 300.000 € * 0,05 * 1,8 = **18.090 €.**

Variante 3:

Die Ausgangssituation bleibt gegenüber Variante 1 unverändert. Diesmal verteilt sich der Erfolg wie folgt: Der Erfolg wird zu **67 %** auf **A (200.000 €)** und zu **33 %** auf die Gruppe der **Kommanditaktionäre (100.000 €)** verteilt. A hat seine Vermögenseinlage fremdfinanziert. Hieraus entstehen Sonderbetriebsausgaben in Höhe von 200.000 €. Weitere Einkünfte erzielt A nicht.

Auf Gesellschaftsebene unterliegen nach §§ 7, 8 Nr. 4 GewStG wie bei Variante 1 300.000 € der Gewerbesteuer; vor Berücksichtigung der Einkommensteuer ist A wirtschaftlich belastet mit **40.000 €** Gewerbesteuer und somit **67 %** der Gewerbesteuer. Die Einkünfte i. S. d. § 15 Abs. 1 Satz 1 Nr. 3 EStG des A betragen **0 €** und setzen sich aus **200.000 €** (Gewinnanteil) sowie **200.000 €** (Sonderbetriebsausgaben) zusammen. Die Entlastung im Rahmen der **ersten Stufe** beträgt **10.158 €.**[2] Die Entlastung nach § 35 EStG erfolgt in Höhe von **0 €**,[3] da die anteilige tarifliche Steuer 0 € ist, und somit die Entlastung auf 0 € begrenzt wird.

---

1 Die Entlastung wird aus der fiktiven tariflichen Einkommensteuer bestimmt, die sich ergäbe, wenn die Gewerbesteuer nicht von der Bemessungsgrundlage abziehbar wäre, abzüglich der tariflichen Einkommensteuer. Hier: 106.525 - 87.127 = 19.398 (§ 32a Abs. 1 Nr. 4 EStG).

2 Die Entlastung wird aus der fiktiven tariflichen Einkommensteuer bestimmt, die sich ergäbe, wenn die Gewerbesteuer nicht von der Bemessungsgrundlage abziehbar wäre, abzüglich der tariflichen Einkommensteuer. Die fiktive tarifliche Einkommensteuer beträgt hier nach § 32a Abs. 1 Nr. 3 EStG 10.158 €; die tarifliche Einkommensteuer 0 €. Damit erfolgt eine Entlastung in Höhe 10.158 €.

3 Zu diesem Ergebnis kommen auch *Wendt, M.*, Herrmann / Heuer / Raupach – § 35 EStG, 2002, S. E 29 f.; Rz. 35; *Glanegger, P.*, Schmidt – § 35 EStG, 2002, S. 2110, Rz. 10; *Danelsing, W.*, Blümich – § 35 EStG, 2002, S. 13, Rz. 41.

Zusammenfassung der Ergebnisse:

Variante	*Entlastung*			
	1. Stufe	2. Stufe	Gesamt	Quote[1]
1. Variante	14.544 €	13.500 €	28.044 €	93,5 %
2. Variante	19.398 €	18.090 €	37.488 €	93,7 %
3. Variante	10.158 €	0 €	10.158 €	25,4 %

Variante	wirtschaftliche *Belastung* mit Gewerbesteuer	
	vor Einkommensteuer	nach Einkommensteuer
1. Variante	30.000 €	1.956 €
2. Variante	40.000 €	2.512 €
3. Variante	40.000 €	29.842 €

Die Beispiele zeigen, dass die Gewerbesteuerentlastung des KGaA-Komplementärs nach § 35 EStG weder aus wirtschaftlicher Sicht zu akzeptablen Ergebnissen führt, noch aus juristischer Sicht dem (objektiven) Leistungsfähigkeitsprinzip entspricht, da die Entlastung weder mit dem Mittelzufluss noch mit der wirtschaftlichen Belastung durch die Gewerbesteuer korreliert. Diese Mängel können nicht de lege lata durch eine entsprechende Gesetzesanwendung behoben werden; vielmehr bedarf es einer Gesetzesänderung.[2]

cb. Analyse de lege ferenda

Die aufgezeigten Probleme sind teils auf Mitunternehmerschaften übertragbar, teils aber auch KGaA-spezifisch. Die in den Varianten 1 und 2[3] aufgezeigten Probleme sind auch ohne KGaA-Bezug bei Mitunternehmerschaften wiederzufinden. Anders verhält es sich hingegen mit der in der Variante 3 aufgezeigten Problemstellung. Diese ist aus-

---

1 Diese wird durch den Quotient aus Gesamtentlastung und wirtschaftlicher Belastung mit Gewerbesteuer vor Einkommensteuer bestimmt.

2 Vgl. *Wendt, M.*, Herrmann / Heuer / Raupach – § 35 EStG, 2002, S. E 29 f., Rz. 35.

3 S. Kap. E.I., S. 159 f.

schließlich KGaA-spezifisch und beruht auf der Tatsache, dass die Gewerbesteuerbemessungsgrundlage der KGaA nicht analog zur Mitunternehmerschaft bestimmt wird. Der entscheidende Unterschied besteht darin, dass die Sonderbetriebseinnahmen des KGaA-Komplementärs nur partiell und die Sonderbetriebsausgaben überhaupt nicht in die Gewerbesteuerbemessungsgrundlage der KGaA eingehen.[1]

In den Beispielen – insbesondere in der Variante 3 – ist die Gewerbesteuer*ent*lastung niedriger als die Gewerbesteuer*be*lastung. Bei Mitunternehmerschaften ist neben der Unterentlastung auch eine Überentlastung denkbar, da die Entlastung eine Funktion des Zusammenspiels von Sonderbetriebserfolg, persönlichem Einkommensteuersatz und Hebesatz ist.[2] Der in Variante 3 gezeigte KGaA-spezifische Effekt der Vernachlässigung von Sonderbetriebsausgaben kann hingegen – hebesatzunabhängig (H > 0) – nur zu Unterentlastungen führen. Für eine Analyse de lege ferenda muss daher zwischen KGaA-spezifischen gesetzlichen Unzulänglichkeiten und allgemeinen Konzeptionsmängeln[3] des § 35 EStG differenziert werden.[4]

Die im Rahmen dieser Arbeit vorgeschlagene Neukonzeption des Zusammenspiels der §§ 9 Abs. 1 Nr. 1 KStG, 8 Nr. 4 GewStG und 15 Abs. 1 Satz 1 Nr. 3 EStG macht diese Unterscheidung obsolet.[5] Die gewerbesteuerliche Gleichstellung des KGaA-Komplementärs mit einem Mitunternehmer eliminiert den KGaA-spezifischen Effekt der

---

1 Dies ist auf das Zusammenspiel der Regelungen §§ 9 Abs. 1 Nr. 1 KStG, 7, 8 Nr. 4 GewStG und 15 Abs. 1 Satz 1 Nr. 3 EStG zurückzuführen.

2 Vgl. hierzu *Hey, J.*, Verlegenheitslösung, 2001, S. 872; *Schiffers, J.*, Gewerbebetrieb, 2001, S. 441.

3 Kritisiert werden in diesem Zusammenhang insbesondere die relativen und absoluten Entlastungshöchstbeträge, die Behandlung von Mitunternehmerschaften, die Behandlung von Organschaften sowie § 35 EStG als Instrument der Rechtsformneutralität; vgl. *Hey, J.*, Verlegenheitslösung, 2001, S. 870 - 880; *Kollruss, T.*, Anrechnung, 2000, S. 559 - 570; *Korezkij, L.*, Anrechnung, 2001, S. 333 - 344, 389 - 394; *Neu, N.*, Die pauschalierte Gewerbesteueranrechnung, 2000, S. 1933 - 1939; vgl. *Siegel, T.*, Reform der Gewerbesteueranrechnung, 2001, S. 701 - 703.

4 Die Regelung des § 35 EStG wird ohnehin nur als "Verlegenheitslösung" bzw. "second-best"-Lösung bezeichnet; vgl. *Hey, J.*, Verlegenheitslösung, 2001, S. 872; *Thiel, J.*, Ermäßigung der Einkommensteuer, 2000, S. 420.

5 S. Kap. D.I., S. 106; D.II., S. 134 f.

Entlastung nach § 35 EStG, da die Ermittlung der Gewerbesteuerbemessungsgrundlage diesen Effekt verursacht. Mit der vorgeschlagenen Gesetzesänderung würde die in § 15 Abs. 1 Satz 1 Nr. 3 EStG vom Gesetzgeber intendierte und auch vom *BFH* geforderte Annäherung[1] des KGaA-Komplementärs an einen Mitunternehmer in § 35 EStG eine konsequente Fortsetzung finden, da § 35 Abs. 1 und Abs. 3 S. 1 EStG bereits über einen gemeinsamen Wortlaut bezüglich Mitunternehmer und KGaA-Komplementäre verfügt.

Dem Gesetzgeber scheinen die KGaA-spezifischen Probleme der Gewerbesteuerentlastung nach § 35 EStG bewusst gewesen zu sein. Die Entwurfsfassung des § 35 EStG sah folgende Berechnung des "anteiligen Gewerbesteuer-Messbetrags" vor:[2]

$$\text{anteiliger Gewerbesteuer-Messbetrag} = \frac{\text{gewerbliche Einkünfte des KGaA-Komplementärs}}{\text{Gewinnanteile des KGaA-Komplementärs + Sondervergütungen + Gewinn der KGaA}}$$

Abb. 19: Entwurfsfassung zur Berechnung des "anteiligen Gewerbesteuer-Messbetrags"

Aber auch dieser Entwurf gewährleistet nicht, den KGaA-Komplementär "wirtschaftlich regelmäßig in vollem Umfang von der Gewerbesteuer zu entlasten"[3]. Die Variante 3 würde – selbst ohne Beachtung der Anrechnungshöchstbeträge – zum gleichem Ergebnis führen, da der Zähler 0 beträgt.[4] Darüber hinaus ist die Formulierung "Gewinn der Kommanditgesellschaft auf Aktien"[5] unpräzise.[6]

---

1 Vgl. *BFH*, Urteil vom 8.2.1984, BStBl II 1984, S. 381; *Reiß, W.*, Kirchhof – § 15, 2002, S. 1043, Rz. 503; *Kantewein, T.*, Steuerrecht, 1999, S. 1249; *Schmidt, L.*, Schmidt – § 15, 2002, S. 1321, Rz. 890; *Frankenheim, A.*, Kommanditgesellschaft auf Aktien, 1994, S. 129.

2 S. BT-Drucks. 14/2683, S. 6 f.

3 BT-Drucks. 14/2683, S. 97.

4 Die gewerblichen Einkünfte des A betragen in der 3. Variante 0 €.

5 S. BT-Drucks. 14/2683, S. 6 f.

6 Wie die Formulierung zu interpretieren ist, bleibt unklar. *T. Kollruss* mutmaßt, dass der auf das Grundkapital entfallende Gewinn gemeint ist; vgl. *Kollruss, T.*, Anrechnung, 2000, S. 569. Falls hierunter der körperschaftsteuerliche Gewinn zu verstehen ist, werden zu Unrecht alle Hinzurechnungen und Kürzungen i. S. d. §§ 8, 9 GewStG vernachlässigt. Einzig § 8 Nr. 4 GewStG würde - indirekt - erfasst werden. Ist hingegen die Formulierung dahingehend auszulegen, dass der auf das Grundkapital anteilig entfallende Gewerbesteuer-Messbetrag einzubeziehen ist, wäre ein Zirkelschluss gegeben. Unklar bleibt auch, wie die Formel zu interpretieren sein soll, falls mehrere KGaA-Komplementäre existieren.

Unter der Prämisse eines veränderten Zusammenspiels der §§ 9 Abs. 1 Nr. 1 KStG, 8 Nr. 4 GewStG und 15 Abs. 1 Satz 1 Nr. 3 EStG kann eine Ziel erreichende Reformierung des § 35 EStG nur dann umgesetzt werden, wenn die wirtschaftliche Betrachtungsweise sich in der Aufteilung des Gewerbesteuer-Messbetrages widerspiegelt; als Aufteilungsmaßstab kann nur die wirtschaftliche Belastung des Steuerpflichtigen mit der Gewerbesteuer dienen. Die bestehende (partielle) Vernachlässigung von Vorabgewinnen und Sondervergütungen stellt eine Perforation des Gesellschaftsrechts dar; die in der Praxis häufig anzutreffenden vertraglichen Abreden, wonach der von den einzelnen Gesellschaftern zu tragende Anteil an der Gewerbesteuer ihrem Anteil am Gesamtgewinn der Gesellschaft entspricht, verdeutlichen die Notwendigkeit einer den ökonomischen Tatsachen entsprechenden Entlastungsregelung.[1]

2. Besonderheiten bei nicht natürlichen Personen als KGaA-Komplementäre

KGaA-Komplementäre können nicht natürliche Personen sein.[2] Rechtstatsächlich fungieren sowohl Kapitalgesellschaften – insbesondere GmbH – als auch Personengesellschaften – insbesondere GmbH & Co. KG – als KGaA-Komplementäre.[3]

In der Literatur finden sich zahlreiche Bezeichnungen für derartig ausgestaltete KGaA: Dabei werden zum einen gleiche Sachverhalte anders und zum anderen unterschiedliche Sachverhalte gleich bezeichnet.[4] Im Rahmen dieser Arbeit wird zur Präzisierung der

---

1 Vgl. *Hey, J.*, Verlegenheitslösung, 2001, S. 874; *Priester, H.-J.*, Gesellschaftsvertrag, 2001, S. 800 f. Einschränkend ist zu beachten, dass die pauschalierte Anrechnung (vgl. hierzu *Diener, R. / Schulte, W.*, § 35 EStG, 2000, S. 123 - 125; *Hey, J.*, Verlegenheitslösung, 2001, S. 872 - 874; *Korezkij, L.*, Anrechnung, 2001, S. 337 - 344; *Neu, N.*, Die pauschalierte Gewerbesteueranrechnung, 2000, S. 1935 f.) aber nicht – zumindest solange man an der Grundkonzeption der Gewerbesteuer festhält – durch eine exakte Anrechnung ersetzt werden kann. Eine exakte Anrechnung würde die im Grundgesetz kodifizierte kommunale Hebesatzautonomie bedeutungslos werden lassen und damit die gewollten territorialen Belastungsunterschiede innerhalb des Bundesgebiets konterkarieren; vgl. *Hey, J.*, Verlegenheitslösung, 2001, S. 878 - 880 m. w. N. zu gleichen und zu gegenteiligen Meinungen.

2 Vgl. *BGH*, Urteil vom 24.2.1997, DStR 35 (1997), S. 1012.

3 Vgl. *Schaumburg, H. / Schulte, C.*, Die KGaA, 2000, S. 29.

4 Vgl. *Frankenheim, A.*, Kommanditgesellschaft auf Aktien, 1994, S. 175 m. w. N.; *Assmann, H.-D. / Sethe, R.*, § 279, 2001, S. 177 f., Rz. 11 - 14.

Ausführungen durch einen Zusatz die Rechtsform des KGaA-Komplementärs angedeutet, soweit dieser nicht eine natürliche Person ist.[1]

a. Kapitalgesellschaften

Der KGaA-Komplementär repräsentiert die personalistische Seite der KGaA. (Einkommen-)Steuerlich ist der KGaA-Komplementär konsequenterweise grundsätzlich in seiner Stellung als Einnahmenempfänger wie ein Mitunternehmer zu behandeln.[2] Folglich findet das Transparenzprinzip – zumindest weitgehend – auf den KGaA-Komplementär, soweit dieser eine natürliche Person ist, Anwendung.[3] Eine Kapitalgesellschaft als KGaA-Komplementär steht aber im Widerspruch zu diesem Grundprinzip der KGaA-Besteuerung, da die Besteuerung der KGaA-Komplementär-Kapitalgesellschaft durch das Trennungsprinzip gekennzeichnet ist (s. Abb. 20).

---

1 So werden beispielsweise die Bezeichnung *GmbH KGaA* und *KGaA-Komplementär-GmbH* verwendet, wenn der KGaA-Komplementär eine GmbH ist. Entsprechend werden die Bezeichnungen *AG KGaA* und *GmbH & Co. KGaA* verwendet. Dies entspricht dem Aktienrecht, da nach § 279 Abs. 2 AktG die Firma der KGaA eine Bezeichnung enthalten muss, die gegebenenfalls auf eine Haftungsbeschränkung hinweist; vgl. *Hesselmann, M.*, Kommanditgesellschaft auf Aktien, 1988, S. 474.

2 S. Kap. E.I., S. 142 f.; vgl. stellvertretend für viele *BFH*, Urteil vom 8.2.1984, BStBl II 1984, S. 381; *Reiß, W.*, Kirchhof – § 15, 2002, S. 1043, Rz. 503; *Kantewein, T.*, Steuerrecht, 1999, S. 1249; *Schmidt, L.*, Schmidt – § 15, 2002, S. 1321, Rz. 890; *Frankenheim, A.*, Kommanditgesellschaft auf Aktien, 1994, S. 129.

3 S. ausführlich Kap. E.I., S. 141 - 156.

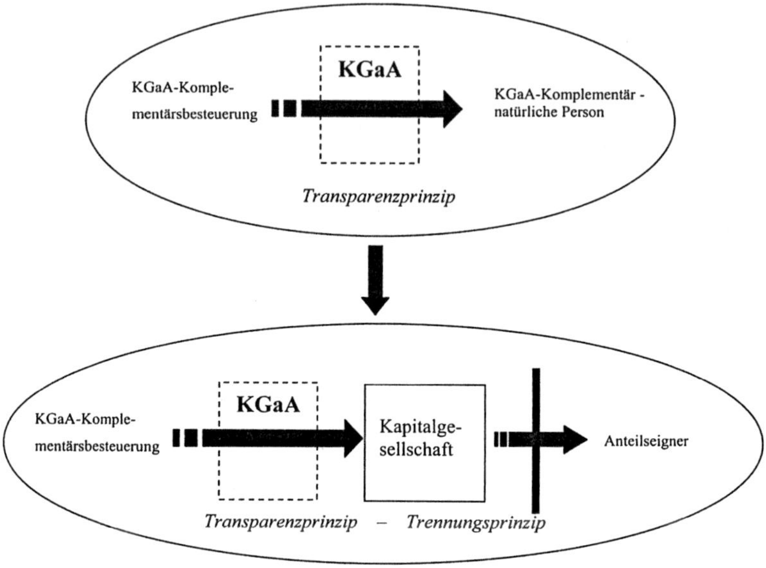

Abb. 20: Das Spannungsfeld zwischen Transparenz- und Trennungsprinzip bei einer KGaA-Komplementär-Kapitalgesellschaft

aa. Systematische Einordnung

Die KGaA-Komplementär-Kapitalgesellschaft ist – wie die KGaA – gemäß § 1 Abs. 1 Nr. 1 KStG unbeschränkt körperschaftsteuerpflichtig, falls Sitz oder Geschäftsleitung im Inland belegen sind.[1] Die Körperschaftsteuer einer KGaA-Komplementär-Kapitalgesellschaft bemisst sich nach dem zu versteuernden Einkommen, das sich nach

[1] Vgl. *Frankenheim, A.*, Kommanditgesellschaft auf Aktien, 1994, S. 176 m. w. N.
Im Rahmen dieser Arbeit wird grundsätzlich unterstellt, dass der KGaA-Komplementär im Inland unbeschränkt steuerpflichtig ist.

den (Ermittlungs-)Vorschriften des EStG[1] und des KStG bestimmt.[2] Als Handelsgesellschaft und Formkaufmann ist die KGaA-Komplementär-Kapitalgesellschaft sowohl handelsrechtlich (§ 238 HGB) als auch steuerrechtlich (§ 140 AO) zur Führung von Büchern verpflichtet. Körperschaftsteuerlich sind alle Einkünfte nach § 8 Abs. 2 KStG als Einkünfte aus Gewerbebetrieb zu behandeln.[3]

Aufgrund des auch auf der ersten Stufe der Gewinnermittlung anzuwendenden Transparenzprinzips kann der Erfolg der ersten Stufe durch Ergänzungsrechnungen korrigiert werden müssen.[4] Falls beispielsweise die KGaA nach § 8b KStG Dividenden oder Veräußerungsgewinne steuerfrei[5] vereinnahmt, sind auf Ebene der KGaA-Komplementär-Kapitalgesellschaft Korrekturen vorzunehmen, da auch dort nach § 8b Abs. 6 KStG diese Einnahmen steuerfrei sind. Im Rahmen des UntStFG wurde § 8b Abs. 6 Satz 1 KStG neu formuliert. Dabei wurde die explizite Bezugnahme auf § 15 Abs. 1 Satz 1 Nr. *2 und 3* EStG gestrichen, der pauschale Verweis auf die Zurechnung "aus Einkünften aus einer Mitunternehmerschaft" wurde aber beibehalten. Auch wenn der KGaA-Komplementär kein Mitunternehmer ist, sondern nur wie ein solcher behandelt werden soll, ist § 8b Abs. 6 KStG weiterhin auf die KGaA-Komplementär-Kapitalgesellschaft anzuwenden, da insoweit nur von einer redaktionellen Unschärfe des Gesetzgebers auszugehen ist.[6] Hierfür spricht, dass bereits in der Altfassung des § 8b Abs. 6 KStG der Gesetzgeber die KGaA explizit als Mitunternehmerschaft bezeichnet hat.

Im Rahmen der zweiten Stufe der Gewinnermittlung ist strittig, ob eine Übertragung der Zuordnungsgrundsätze von Wirtschaftsgütern bei so genannter Bilanzierungskonkurrenz auf die KGaA angebracht ist.[7] Widmet ein Gesellschafter seiner (Personen-)Gesellschaft Vermögen, das dem Sonderbetriebsvermögen zuzuordnen wäre, sich aber in

---

1 S. Fn. 7, S. 81; vgl. Abschn. 27 KStR.

2 S. § 7 Abs. 1 und 2, § 8 Abs. 1 KStG. Vgl. stellvertretend für viele *Wöhe, G. / Bieg, H.*, Betriebswirtschaftliche Steuerlehre, 1994, S. 67; *Grefe, C.*, Unternehmenssteuern, 2002, S. 242 f.

3 Vgl. *Scheffler, W.*, Besteuerung von Unternehmen I, 2002, S. 147.

4 S. Kap. E.I., S. 145 - 148.

5 S. Kap. D.I., S. 108 - 112.

6 Vgl. *Halasz, C. / Kloster, L. / Kloster, A.*, KGaA, 2002, S. 90.

7 Vgl. *Wehrheim, M.*, GmbH & Co. KGaA, 2001, S. 948.

einem eigenen Gewerbebetrieb befindet, stellt sich die Frage, ob diese Konkurrenz zu Gunsten der Bilanzierung als Sonderbetriebsvermögen der Personengesellschaft oder zu Gunsten der Bilanzierung als Betriebsvermögen des Gesellschafters gelöst werden soll. Für Mitunternehmerschaften gilt nach zu Recht kritisierter ständiger Rechtsprechung, dass vorrangig eine Erfassung als Sonderbetriebsvermögen zu erfolgen hat.[1] Eine entsprechende Anwendung dieses Grundsatzes auf die KGaA ist jedoch nicht möglich, da das Grundprinzip der Besteuerung der KGaA und ihrer Gesellschafter eine derartige Bilanzierungskonkurrenz ausschließt.[2] Bei einer KGaA ist streng zwischen der Besteuerungsebene der KGaA und des KGaA-Komplementärs zu unterscheiden. Ein KGaA-Komplementär ist nämlich gerade kein Mitunternehmer, sondern wird lediglich bezüglich der Stellung als Einnahmenempfänger einem Mitunternehmer gleichgestellt.[3] Auf KGaA-Ebene gibt es kein Sonderbetriebsvermögen.[4] Manifestiert wird dies durch die Tatsache, dass für die KGaA und die KGaA-Komplementäre keine einheitliche und gesonderte Gewinnfeststellung erfolgt.[5]

Folglich bleibt das gewidmete Vermögen im Betriebsvermögen des KGaA-Komplementärs. Da dieser unabhängig von der KGaA einem eigenen Steuerregime unterliegt, ist die Besteuerung der Einkünfte aus dem gewidmeten Betriebsvermögen unabhängig von der KGaA (als Kapitalgesellschaft) vorzunehmen.

---

1 Vgl. *BFH*, Urteil vom 18.7.1979, BStBl II 1979, S. 750; *BFH*, Urteil vom 13.7.1993, BStBl II 1994, S. 282, 286 m. w. N. in einem obiter dictum zur Rechtsprechung; *Rose, G.*, Sonderbetriebsvermögen, 1994, S. 1100; *Schmidt, L.*, Schmidt – § 15, 2002, S. 1288, Rz. 712; a. A. mit überzeugenden Argumenten *Söffing, G.*, Besteuerung, 1994, S. 180 - 186; *Lange, J.* u. a., Personengesellschaften, 1998, S. 173 - 175, Rz. 346 - 349 m. w. N.

2 So im Ergebnis auch *Frankenheim, A.*, Kommanditgesellschaft auf Aktien, 1994, S. 182 f.; *Ammenwerth, M.*, Rechtsformalternative, 1997, S. 185; a. A. *Wehrheim, M.*, GmbH & Co. KGaA, 2001, S. 948.

3 S. Kap. E.I., S. 142 f.; vgl. *Reiß, W.*, Kirchhof – § 15, 2002, S. 1043, Rz. 503; *Kantewein, T.*, Steuerrecht, 1999, S. 1249; *Schmidt, L.*, Schmidt – § 15, 2002, S. 1321, Rz. 890; *Frankenheim, A.*, Kommanditgesellschaft auf Aktien, 1994, S. 129; *BFH*, Urteil vom 8.2.1984, BStBl II 1984, S. 381.

4 Dies gilt auch bei einer natürlichen Person als KGaA-Komplementär; s. Kap. E.I., S. 151.

5 S. Kap. D.I., S. 114 - 116; vgl. *Frankenheim, A.*, Kommanditgesellschaft auf Aktien, 1994, S. 182 f.

Ist aber der KGaA-Komplementär bezüglich der Stellung als Einnahmenempfänger einem Mitunternehmer gleichzustellen, so muss das gewidmete Betriebsvermögen bei ihm so behandelt werden, als ob es Sonderbetriebsvermögen wäre. Bei der Besteuerung vom Einkommen ist dies de lege lata mit dem Wortlaut des § 15 Abs. 1 Satz 1 Nr. 3 EStG vereinbar.[1] Die materiellen Konsequenzen im Rahmen der Besteuerung vom Einkommen sind aber nur marginal: Eine Teilwertabschreibung auf Forderungen der KGaA-Komplementär-Kapitalgesellschaft gegenüber der KGaA wäre nicht mehr möglich.[2]

Der hinter der KGaA-Komplementär-Kapitalgesellschaft stehende Gesellschafter kann Einkünfte aus Gewinnausschüttungen der KGaA-Komplementär-Kapitalgesellschaft oder aus dem Verkauf von Anteilen an der KGaA-Komplementär-Kapitalgesellschaft erzielen. Die Besteuerung dieser Einkünfte erfolgt entsprechend den allgemeinen Grundsätzen der Besteuerung einer Kapitalgesellschaft und deren Anteilseignern.[3] Die KGaA findet auf dieser Ebene keine Beachtung mehr. Schuldrechtliche Beziehungen der Gesellschafter der KGaA-Komplementär-Kapitalgesellschaft mit der KGaA werden grundsätzlich[4] wie die von fremden Dritten behandelt.

Die KGaA-Kapitalgesellschaft konterkariert damit das für die KGaA-Komplementärsbesteuerung grundsätzlich anzuwendende Transparenzprinzip insoweit, als bei einer – aus betriebswirtschaftlicher Sicht notwendigen – Einbeziehung der hinter der KGaA-Komplementär-Kapitalgesellschaft stehenden natürlichen Personen das Trennungsprinzip auf dieser Ebene anzuwenden ist (s. Abb. 20). Im Folgenden werden die hieraus resultierenden Unterschiede im Vergleich zu einem KGaA-Komplementär in Form einer natürlichen Person analysiert.

---

1 Auch eine natürliche Person kann als KGaA-Komplementär Sonderbetriebseinnahmen erzielen; s. Kap. E.I., S. 149 - 156.

2 Vgl. *Sommer, J.*, Bilanzierung von Anteilen an Personengesellschaften, 1996, S. 84; *Ammenwerth, M.*, Rechtsformalternative, 1997, S. 186.

3 Zu den Grundsätzen s. Kap. C.II., S. 56 - 63.

4 Das Rechtsinstitut der verdeckten Entnahme bzw. Gewinnausschüttung ist denkbar; s. Kap. C.II., S. 54 - 56.

ab. Gleichzeitige Kommanditaktionärsstellung

Die KGaA-Komplementär-Kapitalgesellschaft kann gleichzeitig als Kommanditaktionär an der KGaA beteiligt sein. Mit beiden Einkunftsquellen erzielt die "Kommanditaktionär-KGaA-Komplementär-Kapitalgesellschaft" nach § 8 Abs. 2 KStG Einkünfte aus Gewerbebetrieb.[1] Insoweit wird die strikte Trennung im Rahmen der einkommensteuerlichen Gewinnermittlung zwischen Einkünften aus der KGaA-Komplementärsstellung und Einkünften aus der Kommanditaktionärsstellung, welche bei einer natürlichen Person als KGaA-Komplementär vollzogen wird, nicht umgesetzt.

Ökonomische Konsequenzen können in Verlustsituationen[2] auftreten. Bei der Besteuerung vom Einkommen sind drei Formen der Verlustberücksichtigung zu beachten: der horizontale Verlustausgleich, der durch die Mindestbesteuerung nach § 2 Abs. 3 EStG[3] eingeschränkte vertikale Verlustausgleich sowie daran anknüpfend der Verlustabzug.[4] Die Regelung der Mindestbesteuerung basiert auf der Unterscheidung von Einkunftsarten. Da im vorliegenden Fall aber keine Differenzierung von verschiedenen Einkunftsarten erfolgt, ist die KGaA-Komplementär-Kapitalgesellschaft nicht von der Verlustverrechnungsbeschränkung nach § 2 Abs. 3 EStG betroffen. Aufgrund der Regelungen des § 8b KStG sowie des § 3c EStG besteht aber – im Ergebnis – für die KGaA-Kom-

---

1 Zur Besteuerung eines Kommanditaktionärs, der in der Rechtsform einer Kapitalgesellschaft organisiert ist, vgl. Kap. C.II., S. 58 f.

2 Bei wirtschaftlicher Betrachtungsweise sind hier folgende Fallkonstellationen relevant:
a) Die KGaA erwirtschaftet Verluste, die der KGaA-Komplementär-Kapitalgesellschaft (entsprechend ihrer Beteiligung) zugerechnet werden.
b) Die KGaA erzielt Gewinne, die der KGaA-Komplementär-Kapitalgesellschaft (entsprechend ihrer Beteiligung) zugerechnet werden. Diesem Gewinnanteil stehen aber Betriebsausgaben der KGaA-Komplementär-Kapitalgesellschaft gegenüber, so dass diese aus der KGaA-Komplementärsstellung insgesamt einen Verlust erwirtschaftet.
c) Die KGaA erzielt Gewinne, die an die KGaA-Komplementär-Kapitalgesellschaft aufgrund der Kommanditaktionärsstellung ausgeschüttet werden. Diesem Gewinnanteil stehen Betriebsausgaben der KGaA-Komplementär-Kapitalgesellschaft gegenüber, so dass diese hieraus insgesamt einen Verlust erwirtschaftet.

3 Zur Mindestbesteuerung vgl. *Ritzer, C.*, Mindestbesteuerung, 2000.

4 Einen Überblick zu den verschiedenen Möglichkeiten der Verlustverrechnung geben *Kaminski, B. / Strunk, G.*, Besteuerung unternehmerischer Tätigkeiten, 2001, S. 97 - 107.
Unter einem Verlust*ausgleich* ist eine Verrechnung von Verlusten mit Gewinnen der gleichen Periode zu verstehen. Ein horizontaler Verlustausgleich erfolgt innerhalb einer Einkunftsart, ein vertikaler Verlustausgleich zwischen verschiedenen Einkunftsarten. Ein Verlust*abzug* bezieht sich auf eine Verrechnung von Verlusten mit Gewinnen aus anderen Perioden.

plementär-Kapitalgesellschaft ein partielles Verlustverrechnungsverbot zwischen den Erfolgen aus der KGaA-Komplementärsstellung und den (faktischen) Verlusten aus der Kommanditaktionärsstellung.[1]

Somit kann der Wegfall der Differenzierung nach Einkunftsarten de lege lata zu wirtschaftlichen Konsequenzen in Verlustsituationen führen. Die materiellen Auswirkungen können sich aber unter der – aus ökonomischer Betrachtungsweise gebotenen – Einbeziehung der hinter der KGaA-Komplementär-Kapitalgesellschaft stehenden natürlichen Person relativieren. Zwar sind die auf Gesellschaftsebene nicht verrechneten Verluste (bzw. nicht abzugsfähigen Betriebsausgaben) dem Gesellschafter aufgrund des Trennungsprinzips nicht unmittelbar zuzuordnen; diese können aber unter Umständen als Veräußerungsverluste, die sich aus einer Wertminderung aufgrund der nicht abzugsfähigen Betriebsausgaben ergeben, Eingang in die Besteuerung finden.[2]

Während bei einer natürlichen Person als KGaA-Kommanditaktionär-Komplementär die Einkünfte aus den Kommanditaktien nach dem Zuflussprinzip (§ 11 Abs. 1 EStG) besteuert werden,[3] ist bei einer KGaA-Komplementär-Kapitalgesellschaft der Gewinnverwendungsbeschluss der KGaA der maßgebende Besteuerungszeitpunkt.[4]

ac. Geschäftsführungsvergütungen und Pensionsrückstellungen

Die Vergütungen für die Geschäftsführung der KGaA sind bei der KGaA-Komplementär-Kapitalgesellschaft Einkünfte aus Gewerbebetrieb (§ 8 Abs. 2 KStG). Die KGaA-Komplementär-Kapitalgesellschaft muss wiederum einen Gesellschafter oder einen fremden Dritten zum Geschäftsführer bestellen. Die Besteuerung der Vergütungen er-

---

1 Vgl. zur Begrenzung des Abzugsverbots nach § 3c EStG *Beckerath, H.-J. von*, Kirchhof – § 3c EStG, 2002, S. 169, Rz. 16.

2 S. Kap. C.II., S. 73 f.

3 Vgl. *Frankenheim, A.*, Kommanditgesellschaft auf Aktien, 1994, S. 177.

4 Vgl. *Weber-Grellet, H.*, Schmidt – § 5 EStG, 2002, S. 417 f., Rz. 270; *Adler, H. / Düring, W. / Schmaltz, K.*, Rechnungslegung 6, 1998, S. 245 - 249, Rz. 213 - 223. Der Beschluss des Großen Senats, der eine phasengleiche Dividendenaktivierung (steuerlich) verbietet, ist hier zu beachten, da der Gewinnverwendungsbeschluss nicht durch eine gleichzeitige KGaA-Komplementärsstellung beeinflusst werden kann; s. Kap. B.I., S. 14 f.; vgl. *BFH*, Beschluss vom 7.8.2000, BStBl II 2000, S. 632.

folgt dabei nach den Grundsätzen des Trennungsprinzips.[1] Damit stellen Vergütungen Betriebsausgaben bei der KGaA-Komplementär-Kapitalgesellschaft dar und sind beim Gesellschafter-Geschäftsführer Einkünfte aus nichtselbstständiger Tätigkeit nach §§ 19 Abs. 1 i. V. m. 2 Abs. 1 Nr. 4 EStG. Eine natürliche Person als KGaA-Komplementär erzielt dagegen aufgrund der Geschäftsführertätigkeit gewerbliche Einkünfte nach § 15 Abs. 1 Satz 1 Nr. 3 EStG.

Wird einem (Gesellschafter-)Geschäftsführer eine Pensionszusage erteilt, unterscheidet sich nicht nur die Einkunftsart, sondern auch der Zeitpunkt der Besteuerung. Während eine natürliche Person als KGaA-Komplementär aufgrund des Korrespondenzprinzips des § 15 Abs. 1 Satz 1 Nr. 3 EStG einer Sofortbesteuerung unterliegt,[2] greift hier das Zuflussprinzip.[3]

ad. Organschaft

Die KGaA-Komplementär-Kapitalgesellschaft kann als Organträger aber auch als Organgesellschaft Mitglied in einem körperschaftsteuerlichen Organkreis sein.[4] Insbesondere wenn neben der KGaA-Komplementär-Kapitalgesellschaft die KGaA im Organkreis vertreten ist, sind KGaA-Spezifika zu beachten.[5]

ae. Anrechnung der Gewerbesteuer

Ist der KGaA-Komplementär eine natürliche Person, fällt dieser in den Anwendungsbereich der Tarifbegünstigung nach § 35 EStG.[6] Weder die KGaA-Komplementär-Kapitalgesellschaft noch deren Anteilseigner können dagegen an dieser Tarifbegünstigung

---

1 S. Kap. C.II., S. 56 - 63.
2 S. Kap. E.I., S. 154 - 156.
3 S. § 11 EStG; vgl. *Puhl, T.*, Kirchhof – § 11, 2002, S. 787 - 806, Rz. 1 - 65.
4 S. Kap. D.I., S. 116 - 124.
5 S. Kap. D.I., S. 116 - 124.
6 S. Kap. E.I., S. 156 - 164. Einen Überblick zu § 35 EStG geben u. a. *Kollruss, T.*, Anrechnung, 2000, S. 559 f.; *Korezkij, L.*, Anrechnung, 2001, S. 333; *Herzig, N. / Lochmann, U.*, Steuerermäßigung für gewerbliche Einkünfte, 2000, S. 1728.

partizipieren.[1] Ferner ist zu beachten, dass ohnehin insgesamt – d. h. bei der KGaA und bei der KGaA-Komplementär-Kapitalgesellschaft – eine andere[2] Gewerbesteuerbelastung vorliegt, da der Anwendungsbereich der §§ 8 Nr. 4 bzw. 9 Nr. 2b GewStG nicht mit dem des § 15 Abs. 1 Satz 1 Nr. 3 EStG übereinstimmt.

Sofern die Anteile an der KGaA-Komplementär-Kapitalgesellschaft im Betriebsvermögen eines Einzelunternehmers oder einer Mitunternehmerschaft sind, kommt die Gewerbesteueranrechnung nach § 35 EStG beim Einzelunternehmer bzw. beim Mitunternehmer in Form einer natürlichen Person zur Anwendung. Eine allgemeine Gestaltungsempfehlung kann nicht gegeben werden, da im jeweiligen Einzelfall entschieden werden muss, ob die Anwendung der Kürzungsvorschrift des § 9 Nr. 2a GewStG auf Ebene des gewerblichen Betriebs, in dessen Betriebsvermögen sich die Anteile an der KGaA-Komplementär-Kapitalgesellschaft befinden, § 35 EStG faktisch entgegensteht und ob aus § 35 EStG ein Anrechnungsüberhang zur Kompensation der gegebenenfalls zusätzlich[3] entstehenden Gewerbesteuer folgt.

---

1 Kapitalgesellschaften unterliegen gemäß § 23 KStG einem definitiven Körperschaftsteuersatz in Höhe von 25 %. Die Anteilseigner der KGaA-Komplementär-Kapitalgesellschaft fallen selbst dann nicht in den Anwendungsbereich des § 35 EStG, wenn sie natürliche Personen sind, da diese – soweit die Anteile im Privatvermögen gehalten werden – nicht begünstigte Einkünfte aus Kapitalvermögen erzielen. § 35 EStG bezieht sich ausschließlich auf gewerbliche Einkünfte.

2 Es liegt eine höhere Gewerbesteuerbelastung vor, soweit die schuldrechtlichen, aber nicht für die Geschäftsführung geleisteten Vergütungen nach Korrektur um die gegebenenfalls durchzuführenden Kürzungen betragsmäßig höher sind als alle damit in unmittelbarem Zusammenhang stehenden und zu berücksichtigenden Betriebsausgaben. Andererseits führen die (Sonder-)Betriebsausgaben des KGaA-Komplementärs, die mit der Beteiligung und mit der Geschäftsführungsvergütung in Zusammenhang stehen, zu weiteren Entlastungseffekten.

3 S. Kap. E.II., S. 184 - 194.

b. Personengesellschaften

Auch Personengesellschaften können als Komplementäre einer KGaA fungieren. Rechtstatsächlich wird der GmbH & Co. KG eine besondere Bedeutung zugesprochen.[1]

ba. Abschirmwirkung der Personengesellschaft

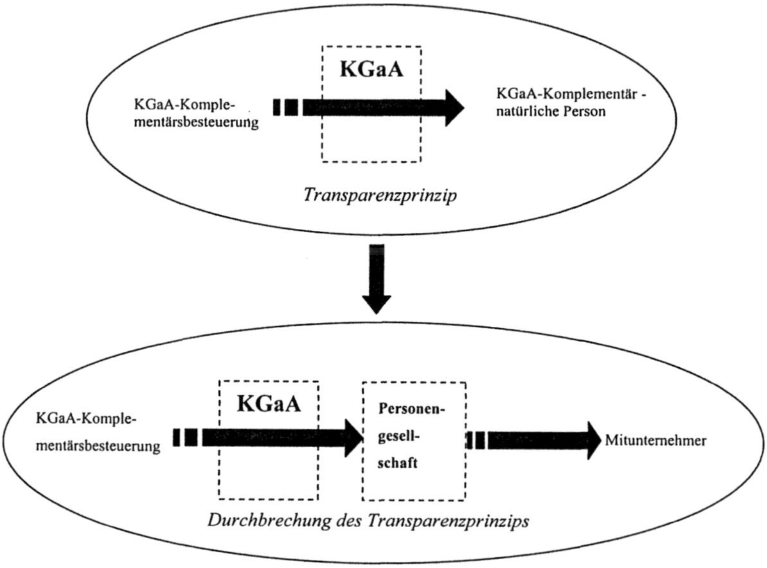

Abb. 21: Durchbrechung des Transparenzprinzips durch Zwischenschaltung einer Personengesellschaft

Der mittelbar über eine oder mehrere Personengesellschaften beteiligte Gesellschafter ist nach § 15 Abs. 1 Satz 1 Nr. 2 Satz 2 EStG einem unmittelbar beteiligten Gesellschafter gleichzustellen: Auch der mittelbar beteiligte Gesellschafter ist Mitunternehmer

---

[1] Vgl. *Schaumburg, H. / Schulte, C.*, Die KGaA, 2000, S. 30.

der Unterpersonengesellschaft.[1] Dieser Grundsatz kann aber nicht auf die KGaA-Komplementär-Personengesellschaft und deren Gesellschafter übertragen werden, da die KGaA-spezifische Regelung § 15 Abs. 1 Satz 1 Nr. 3 EStG über keinen entsprechenden Beisatz verfügt.[2] Diese Gesetzesanwendung entspricht der nach herrschender und (höchst-)richterlich bestätigter Meinung vorzunehmenden Gesetzesauslegung zur (Nicht-)Anwendung der Mitunternehmerkriterien auf den KGaA-Komplementär, da auch insoweit § 15 Abs. 1 Satz 1 Nr. 3 EStG von § 15 Abs. 1 Satz 1 Nr. 2 EStG abweicht und auch eine analoge Anwendung ausgeschlossen wird.[3]

Die nachstehend aufgezeigten Konsequenzen zeigen den Bedarf de lege ferenda auf, eine entsprechende Regelung für den KGaA-Komplementär in § 15 Abs. 1 Satz 1 Nr. 3 EStG zu implementieren. Die Folgen beruhen alle auf der Tatsache, dass die KGaA-Komplementär-Personengesellschaft – unabhängig davon, ob sie ein Gewerbebetrieb ist – eine (unangemessene) Abschirmwirkung entfacht (s. Abb. 21): Denn nach dem Grundsatz des *BFH*-Beschlusses vom 25.2.1991 ist zwischen einer mittelbaren und unmittelbaren Mitunternehmerstellung zu unterscheiden.[4] Dieser Grundsatz war bis zur

---

1 Zur Rechtsentwicklung dieser Vorschrift, die durch das Steueränderungsgesetz vom 25.2.1992 (BGBl. I 1992, S. 297) eingeführt wurde, vgl. stellvertretend für viele *Schmidt, L.*, Schmidt – § 15, 2002, S. 1268 - 1271, Rz. 610 - 622.

2 Vgl. *Hempe, R. / Siebels, R. / Uhl, A.*, Einkünftequalififkation, 2001, S. 2270; *Frankenheim, A.*, Kommanditgesellschaft auf Aktien, 1994, S. 216 f.; nicht zutreffend ist allerdings die Anmerkung von *A. Frankenheim*, wonach dies aus der Tatsache abzuleiten ist, dass es sich bei der KGaA um eine Kapitalgesellschaft handelt. Entscheidend ist nicht das Wesen der KGaA als Kapitalgesellschaft, sondern dass de lege lata aus Sicht des KGaA-Komplementärs dieser kein Mitunternehmer ist.

3 S. Kap. E.I., S. 142 f.; vgl. *Reiß, W.*, Kirchhof – § 15, 2002, S. 1043, Rz. 503; *Kantewein, T.*, Steuerrecht, 1999, S. 1249; *Schmidt, L.*, Schmidt – § 15, 2002, S. 1321, Rz. 890; *Frankenheim, A.*, Kommanditgesellschaft auf Aktien, 1994, S. 129; *BFH*, Urteil vom 8.2.1984, BStBl II 1984, S. 381.

4 Vgl. *BFH*, Beschluss vom 25.2.1991, BStBl II 1991, S. 691; zur Analyse des Urteils vgl. *Raupach, A.*, Zur Entscheidung des Großen Senats, 1991, S. 278 - 283; *Söffing, G.*, Kein Durchgriff, 1991, S. 253 - 259; *Groh, M.*, Personengesellschaft, 1991, S. 879 - 884; *Meyer-Scharenberg, D. E.*, Die doppelstöckige Personengesellschaft, 1991, S. 919 - 922.

Einführung von § 15 Abs. 1 Satz 1 Nr. 2 Satz 2 EStG auf doppelstöckige Personengesellschaften anzuwenden.[1]

Lediglich aufgrund der Organstellung ist die KGaA-Komplementär-Personengesellschaft nicht Gewerbebetrieb i. S. v. § 15 Abs. 2 EStG, da sie nicht am allgemeinen wirtschaftlichen Verkehr teilnimmt.[2] Nur kraft anderer gewerblicher Betätigung[3] (Abfärbe- bzw. Infektionstheorie) oder kraft gewerblicher Prägung[4] (Geprägetheorie) kann sie ein Gewerbebetrieb sein.

bb. Nicht gewerbliche Personengesellschaft

Ist der KGaA-Komplementär in der Rechtsform einer Personengesellschaft kein Gewerbebetrieb, sind die Grundsätze der vermögensverwaltenden Personengesellschaft anzuwenden: Die KGaA-Komplementär-Personengesellschaft erzielt zwar gewerbliche Einkünfte i. S. d. § 15 Abs. 1 Satz 1 Nr. 3 EStG, wird aber hierdurch nicht selbst zum Gewerbebetrieb nach § 15 Abs. 2 EStG, da ceteris paribus keine Beteiligung am allgemeinen wirtschaftlichen Verkehr erfolgt.[5]

---

1 Der Gesetzgeber reagierte auf den *BFH*-Beschluss vom 25.2.1991, indem er in § 15 Abs. 1 Satz 1 Nr. 2 EStG verankerte, dass die Oberpersonengesellschaft steuerlich als vollkommen transparent zu behandeln ist und die mittelbaren Mitunternehmer – d. h. die Mitunternehmer der Obergesellschaft – den unmittelbaren Mitunternehmern – d. h. den Mitunternehmern der Untergesellschaft – gleichgestellt werden; vgl. stellvertretend für viele *Schmidt, L.*, Schmidt – § 15, 2002, S. 1268 - 1271, Rz. 610 - 622.

2 Vgl. *Frankenheim, A.*, Kommanditgesellschaft auf Aktien, 1994, S. 211, 217; *Biergans, E.*, Einkommensteuer, 1992, S. 1000; *Söffing, G.*, Lademann – § 15 EStG, 2002, S. 46 f., Rz. 106.

3 Erfüllt eine Personengesellschaft nur in Teilbereichen die Merkmale eines Gewerbebetriebs kraft gewerblicher Betätigung, werden nach § 15 Abs. 3 Nr. 1 EStG alle Tätigkeitsbereiche dem Gewerbebetrieb zugeordnet. Dies gilt nur dann nicht, wenn die gewerbliche Tätigkeit lediglich einen äußerst geringen Anteil ausmacht; vgl. *BFH*, Urteil vom 11.8.1999, BStBl II 2000, S. 229; *Scheffler, W.*, Besteuerung von Unternehmen I, 2002, S. 51 f.

4 Personengesellschaften, die nicht kraft gewerblicher Betätigung Gewerbebetrieb sind, deren persönlich haftende Gesellschafter ausschließlich Kapitalgesellschaften sind und deren Geschäftsführer entweder fremde Dritte oder die Komplementär-Kapitalgesellschaften sind, gelten nach § 15 Abs. 3 Nr. 2 EStG als Gewerbebetrieb; vgl. *Scheffler, W.*, Besteuerung von Unternehmen I, 2002, S. 52.

5 Vgl. *Biergans, E.*, Einkommensteuer, 1992, S. 1000; *Frankenheim, A.*, Kommanditgesellschaft auf Aktien, 1994, S. 211, 217.

Beteiligt sich eine vermögensverwaltende Personengesellschaft an einer gewerblich tätigen Personengesellschaft, so werden auch alle anderen Einkünfte als gewerblich qualifiziert.[1] Begründet wird dies mit der systematischen Struktur des § 15 EStG, welche aus der Gleichstellung des mittelbaren mit dem unmittelbaren Mitunternehmer nach § 15 Abs. 1 Satz 1 Nr. 2 Satz 2 EStG folgt. Da eine analoge Anwendung der Regelung des § 15 Abs. 1 Satz 1 Nr. 2 Satz 2 EStG auf den KGaA-Komplementär abzulehnen ist, kann die in der Rechtsprechung[2], in der Literatur[3] und von der Finanzverwaltung[4] bei Mitunternehmerschaften vertretene Ansicht, dass eine Beteiligung an einer gewerblich tätigen Personengesellschaft nach § 15 Abs. 3 Nr. 1 EStG (Infektionstheorie) zur Gewerblichkeit führt, nicht auf den vorliegenden KGaA-Fall übertragen werden.

Auf KGaA-Komplementär-Gesellschaftsebene sind im Rahmen der Gewinnermittlung im Vergleich zu einer natürlichen Person keine KGaA-spezifischen Besonderheiten zu beachten. Den Gesellschaftern der KGaA-Komplementär-Personengesellschaft sind die Überschüsse entsprechend den Grundsätzen einer vermögensverwaltenden Personengesellschaft zuzurechnen:[5] Diese erzielen demzufolge Einkünfte i. S. d. § 15 Abs. 1 Satz 1 Nr. 3 EStG,[6] wobei sich im Rahmen der ersten Stufe[7] der Gewinnermittlung der Umfang der Einkünfte nach dem anteiligen Überschuss der Personengesellschaft bestimmt.[8] Auch wenn die zugrunde liegende Gesellschaft kein Gewerbebetrieb ist, werden dem

---

1 Vgl. *BFH*, Urteil vom 8.12.1994, BStBl II 1996, S. 264; *Söffing, G.*, Beteiligung einer nicht gewerblich tätigen Personengesellschaft, 1994, S. 805 - 808; *Stuhrmann, G.*, Blümich – § 15 EStG, 2002, S. 83, Rz. 230 f.; *BMF*, Schreiben vom 13.5.1996, BStBl I 1996, S. 621 f.

2 Vgl. *BFH*, Urteil vom 8.12.1994, BStBl II 1996, S. 264.

3 Vgl. *Stuhrmann, G.*, Blümich – § 15 EStG, 2002, S. 83, Rz. 230 f.

4 Vgl. *BMF*, Schreiben vom 13.5.1996, BStBl I 1996, S. 621 f.

5 Vgl. *Schmidt, L.*, Schmidt – § 15, 2002, S. 1268 - 1271, Rz. 610 - 622.

6 Die Gesellschafter der vermögensverwaltenden KGaA-Komplementär-Personengesellschaft werden selbst zu "Einkünfteerzielern"; vgl. *Hallerbach, D.*, Vermögensverwaltende Personengesellschaft, 2001, S. 109.

7 Die erste Stufe der Gewinnermittlung findet unter Berücksichtigung der Tatsache statt, dass keine Steuerbilanz der Gesellschaft existiert.

8 Vgl. *Frankenheim, A.*, Kommanditgesellschaft auf Aktien, 1994, S. 214 f. Dies gilt sowohl für die erste als auch für die zweite Gewinnermittlungsstufe. Hinsichtlich der Konsequenzen des hybriden KGaA-Charakters für die Bilanzierungskonkurrenz s. Kap. E.I., S. 167 f.

hinter der KGaA-Komplementär-Personengesellschaft stehenden Gesellschafter durch § 15 Abs. 1 Satz 1 Nr. 3 EStG Einkünfte aus Gewerbebetrieb zugeordnet.[1]

Die zweite Stufe der Gewinnermittlung ist auf den hinter der KGaA-Komplementär-Personengesellschaft stehenden Gesellschafter nur eingeschränkt anzuwenden, da für die Gesellschaft keine Steuerbilanz zu erstellen ist und somit kein Sonderbetriebsvermögen existiert.[2] Ebenso ist zu beachten, dass im Verhältnis zur KGaA weder Sonderbetriebsvermögen noch Sondervergütungen existieren, wenn – wie hier – de lege lata eine analoge Anwendung der Grundsätze über die doppelstöckige Personengesellschaft abgelehnt wird. Im Ergebnis erzeugt die zwischengeschaltete vermögensverwaltende Personengesellschaft eine Abschirmwirkung insoweit, als Leistungsbeziehungen zwischen den Gesellschaftern der KGaA-Komplementär-Personengesellschaft und der KGaA anzuerkennen sind.[3] Sind die Gesellschafter der vermögensverwaltenden Personengesellschaft natürliche Personen, erzielen sie beispielsweise bei einer Darlehensgewährung an die KGaA Einkünfte aus Kapitalvermögen.[4]

Die materiellen Konsequenzen für eine natürliche Person als Gesellschafter einer vermögensverwaltenden KGaA-Komplementär-Personengesellschaft im Vergleich zu einer natürlichen Person, die unmittelbar an der KGaA als KGaA-Komplementär beteiligt ist, beruhen auf den einkunftsartspezifischen Unterschieden. Dazu gehören besondere Freibeträge und differierende Besteuerungszeitpunkte wie bei Pensionszusagen[5]. Die Tarifermäßigung nach § 35 EStG bei Einkünften aus Gewerbebetrieb wird gewährt, da § 35 Abs. 3 Satz 4 EStG eine Durchrechnung auf den Schlussgesellschafter vorsieht.[6]

---

1 Insoweit können Parallelen zum Gesellschaftsrecht gezogen werden, da der KGaA-Komplementär nur kapitalmäßig an der KGaA beteiligt ist.

2 Vgl. *Söffing, G.*, Besteuerung, 1994, S. 205 f.

3 Vgl. *BFH*, Beschluss vom 25.2.1991, BStBl II 1991, S. 691 sowie mit kritischen Anmerkungen *Raupach, A.*, Zur Entscheidung des Großen Senats, 1991, S. 278 - 283; *Söffing, G.*, Kein Durchgriff, 1991, S. 253 - 259; *Groh, M.*, Personengesellschaft, 1991, S. 879 - 884; *Meyer-Scharenberg, D. E.*, Die doppelstöckige Personengesellschaft, 1991, S. 919 - 922. Die Grenze der Abschirmwirkung stellt § 42 AO dar.

4 S. §§ 20 Abs. 1 i. V. m. 2 Abs. 1 Nr. 5 EStG.

5 S. Kap. E.I., S. 154 - 156.

6 Vgl. *Gosch, D.*, Kirchhof – § 35 EStG, 2002, S. 1683, Rz. 40.

§ 35 Abs. 3 Satz 4 EStG bezieht sich in seinem Wortlaut auf mittelbare Beteiligungen an Mitunternehmerschaften. Dies steht aber einer Anwendung auf eine (nicht gewerbliche) mittelbare Beteiligung an einer KGaA als persönlich haftender Gesellschafter nicht entgegen, da § 35 EStG begrifflich auch an anderen Stellen nicht hinreichend zwischen einem KGaA-Komplementär und einem Mitunternehmer differenziert.[1] Ebenso ist die fehlende Gewerblichkeit der zwischengeschalteten Personengesellschaft irrelevant, da ausschließlich die gewerbliche Tätigkeit der Einkunftsquelle – hier der KGaA – entscheidend ist.

Der Umfang der Gewerbesteueranrechnung ist im Vergleich zu einer direkten KGaA-Komplementärsstellung grundsätzlich[2] unverändert, da Sondervergütungen bzw. Wertänderungen des Sonderbetriebsvermögens ohnehin nicht von § 35 EStG berücksichtigt werden, diese aber den materiellen Unterschied im Rahmen der Einkünfteermittlung bewirken.

bc. Gewerbliche Personengesellschaft

Ist die KGaA-Komplementär-Personengesellschaft ein gewerbliches Unternehmen, werden die Grundsätze über die Besteuerung von doppelstöckigen Personengesellschaften angewandt, welche vor Einführung der Regelung des § 15 Abs. 1 Satz 1 Nr. 2 Satz 2 EStG existierten.[3] Die Obergesellschaft entfacht dabei zwischen ihren Gesellschaftern und der Untergesellschaft eine Abschirmwirkung in der Form, dass nicht durch die Obergesellschaft hindurchgegriffen werden kann.[4]

---

1 S. Kap. E.I., S. 157 f.

2 Eine Ausnahme tritt z. B. dann auf, wenn der hinter der KGaA-Komplementär-Personengesellschaft stehende Gesellschafter (schuldrechtliche) Geschäftsführerbezüge von der KGaA erhält, da sich hierdurch der Gewerbesteuermessbetrag der KGaA verändert.

3 S. Kap. E.I., S. 175 f.; zu diesen Grundsätzen vgl. *BFH*, Beschluss vom 25.2.1991, BStBl II 1991, S. 691; *Raupach, A.*, Zur Entscheidung des Großen Senats, 1991, S. 278 - 283; *Söffing, G.*, Kein Durchgriff, 1991, S. 253 - 259; *Groh, M.*, Personengesellschaft, 1991, S. 879 - 884; *Meyer-Scharenberg, D. E.*, Die doppelstöckige Personengesellschaft, 1991, S. 919 - 922.

4 Vgl. *BFH*, Beschluss vom 25.2.1991, BStBl II 1991, S. 691.

Die Ermittlung der Einkünfte auf KGaA-Komplementär-Personengesellschaftsebene weist im Vergleich zu einer natürlichen Person als KGaA-Komplementär keine Besonderheiten auf,[1] da § 15 Abs. 1 Satz 1 Nr. 3 EStG unmittelbar auch für eine Personengesellschaft als eigenständiges Gewinnerzielungs- und -ermittlungssubjekt gilt.[2] Die zweite Stufe der Gewinnermittlung ist (faktisch) insoweit hinfällig, als Sondervergütungen bzw. Wertänderungen des Sondervermögens ohnehin im Steuerbilanzergebnis der KGaA-Komplementärgesellschaft enthalten sind. Die Grundsätze der Vermögenszuordnung bei einer Bilanzierungskonkurrenz sind mit der gleichen Begründung wie bei einer KGaA-Komplementär-Kapitalgesellschaft nicht anzuwenden.[3]

Die Gesellschafter der gewerblich tätigen KGaA-Komplementär-Personengesellschaft erzielen Einkünfte aus Gewerbebetrieb nach § 15 Abs. 1 Satz 1 Nr. 2 EStG; die aus der KGaA erzielten Einkünfte sind dabei den Gesellschaftern i. d. R. nach dem Gewinnverteilungsschlüssel zuzurechnen.[4] Die KGaA-Komplementär-Personengesellschaft entfacht insofern eine Abschirmwirkung, als ihre Gesellschafter im Verhältnis zu ihr Mitunternehmer, aber nicht mittelbare KGaA-Komplementäre sind. Dies führt dazu, dass die Gesellschafter der KGaA-Komplementär-Personengesellschaft im Verhältnis zur KGaA keine Ergänzungsbilanzen haben. Ebenso verfügen die Gesellschafter der KGaA-Komplementär-Personengesellschaft im Verhältnis zur KGaA nicht über Sonderbetriebsvermögen; auch Sonderbetriebseinnahmen bzw. -ausgaben existieren nicht.[5] Natürliche Personen als Gesellschafter der KGaA-Komplementär-

---

1 Vgl. *Frankenheim, A.*, Kommanditgesellschaft auf Aktien, 1994, S. 219.

2 Vgl. *Schaumburg, H. / Schulte, C.*, Die KGaA, 2000, S. 92; *Knobbe-Keuk, B.*, Bilanz- und Unternehmenssteuerrecht, 1993, S. 372 f.

3 S. ausführlich Kap. E.I., S. 167 f.

4 Vgl. *Fischer, M.*, Besteuerung, 1997, S. 1523.

5 Vgl. *BFH*, Beschluss vom 25.2.1991, BStBl II 1991, S. 691; *Raupach, A.*, Zur Entscheidung des Großen Senats, 1991, S. 278 - 283; *Söffing, G.*, Kein Durchgriff, 1991, S. 253 - 259; *Groh, M.*, Personengesellschaft, 1991, S. 879 - 884; *Meyer-Scharenberg, D. E.*, Die doppelstöckige Personengesellschaft, 1991, S. 919 - 922. KGaA-spezifisch so auch *Frankenheim, A.*, Kommanditgesellschaft auf Aktien, 1994, S. 226.

Personengesellschaft erzielen beispielsweise aus Vermietungen und Verpachtungen an die KGaA Überschusseinkünfte.[1]

Bestehen aber zwischen der KGaA-Komplementär-Personengesellschaft und der KGaA schuldrechtliche Beziehungen, führt dies zu Betriebseinnahmen auf Ebene der Personengesellschaft und zu Einkünften aus Gewerbebetrieb auf Ebene ihrer Gesellschafter. Der Gesellschafter einer gewerblichen KGaA-Komplementär-Personengesellschaft erzielt somit im Gegensatz zu einer natürlichen Person als KGaA-Komplementär Einkünfte nach § 15 Abs. 1 Satz 1 Nr. 2 EStG und nicht nach § 15 Abs. 1 Satz 1 Nr. 3 EStG. Dies führt auf Gesellschafterebene dazu, dass auch die Einkünfte aus schuldrechtlichen Beziehungen zwischen der KGaA und der KGaA-Komplementär-Personengesellschaft ebenso wie die (mittelbaren) Anteile am Gewinn der KGaA umfänglicher in die Tarifermäßigung nach § 35 EStG eingehen.[2]

Ein allgemein gültiger Belastungsvergleich mit einer natürlichen Person als KGaA-Komplementär kann nicht vorgenommen werden, da der Gewerbesteuer-Messbetrag auf Ebene der KGaA-Komplementär-Personengesellschaft als zusätzlicher[3] Ausgangspunkt für die Gewerbesteuerbe- und -entlastung zu berücksichtigen ist.[4] Dieser kann durch Sonderbetriebseinnahmen positiv, aber auch durch Sonderbetriebsausgaben negativ sein.

Die gewerbliche KGaA-Komplementär-Personengesellschaft kann als Organträger Mitglied in einem körperschaftsteuerlichen Organkreis sein.[5] Nur wenn neben der KGaA-Komplementär-Personengesellschaft als Organträger die KGaA in dem Organkreis vertreten ist, sind KGaA-Spezifika zu beachten. Dieses Konstrukt ist allerdings nicht unmittelbar umsetzbar, da kein Gewinn- bzw. Ergebnisabführungsvertrag zwischen der

---

1 S. §§ 21 i. V. m. 2 Abs. 1 Nr. 6 EStG.

2 Zu § 35 EStG s. Kap. E.I., S. 156 - 164.

3 Zunächst ist der Gewerbesteuer-Messbetrag der KGaA entscheidend.

4 Diese veränderte Gewerbesteuergesamtbelastung findet z. T. keine Berücksichtigung in der Literatur; so beispielsweise *Schaumburg, H. / Schulte, C.*, Die KGaA, 2000, S. 92; anders *Schmidt, W. / Levedag, C.*, Grundprofil und Einsatzfelder, 1997, S. 752.

5 S. Kap. D.I., S. 116 - 124.

KGaA und der KGaA-Komplementär-Personengesellschaft wirksam abgeschlossen werden kann, nachdem konzernrechtlich nicht zwei rechtlich getrennte Unternehmen vorliegen.[1] Soweit aber die KGaA-Komplementär-Personengesellschaft zugleich auch eine Kommanditaktionärsstellung inne hat, ist eine Organschaft denkbar.[2]

bd. GmbH & Co. KG

Im Vergleich zu einer natürlichen Person als Komplementär einer KGaA weisen i. d. R. sowohl KGaA-Komplementär-Personengesellschaften als auch KGaA-Komplementär-Kapitalgesellschaften andere Steuerbelastungen auf.[3] Dies gilt auch dann, wenn die hinter den jeweiligen KGaA-Komplementär-Gesellschaften stehenden Gesellschafter in den Vergleich mit einbezogen werden. Eine allgemein gültige Aussage über die Vorteilhaftigkeit einer Gestaltungsvariante kann allerdings nicht getroffen werden.[4] In der Literatur wird der GmbH & Co. KG als Komplementärin einer KGaA – auch aufgrund der Haftungsbeschränkung – besondere Bedeutung beigemessen.[5]

Grundsätzlich gelten auch für eine KGaA-Komplementär-GmbH & Co. KG die für KGaA-Komplementär-Personengesellschaften dargestellten Regelungen zur Besteuerung. Zu beachten ist dabei, dass die GmbH & Co. KG bereits kraft gewerblicher Prägung nach § 15 Abs. 3 Nr. 2 EStG Gewerbebetrieb sein kann und damit auch bei einer ausschließlichen KGaA-Komplementärsstellung ein Gewerbebetrieb ist.[6] Auf

---

1 Vgl. *Herfs, A.*, Kommanditgesellschaft auf Aktien, 1999, S. 1224; *Schmidt, K.*, Deregulierung, 1996, S. 285; *Joost, D.*, Mitbestimmung, 1998, S. 347; *Assmann, H.-D. / Sethe, R.*, Vor § 278, 2001, S. 58 f., Rz. 76 - 78.

2 S. ausführlich Kap. D.I., S. 116 - 124.

3 S. Kap. E.I., S. 165 - 182.

4 Wie aufgezeigt, hängt die Vorteilhaftigkeit zum einen vom individuellen Einkommensteuersatz der hinter der Komplementärsbeteiligung stehenden natürlichen Person und zum anderen von der Ausgestaltung der Zahlungsströme zwischen der KGaA und dem KGaA-Komplementär bzw. der KGaA-Komplementärgesellschaft und deren Gesellschaftern ab.

5 Vgl. beispielsweise *Frankenheim, A.*, Kommanditgesellschaft auf Aktien, 1994, S. 205 - 230; *Kusterer, S.*, Gestaltungsalternativen, 2001, S. 865 - 870; *Fischer, M.*, Besteuerung, 1997, S. 1523; *Wehrheim, M.*, GmbH & Co. KGaA, 2001, S. 947 f.; *Hartel, U. M.*, KG auf Aktien, 1992, S. 2329 - 2335; *Kusterer, S.*, Die ertragsteuerneutrale Übertragung, 2000, S. 250 f.

6 Existieren neben der GmbH keine weiteren nicht haftungsbeschränkte Komplementäre und sind nur die haftungsbeschränkten Komplementäre oder fremde Dritte zur Geschäftsführung befugt, so liegt im vollen Umfang ein Gewerbebetrieb vor; vgl. hierzu einführend *Scheffler, W.*, Besteuerung von Unternehmen I, 2002, S. 52; *Niehus, U. / Wilke, H.*, Personengesellschaften, 2001, S. 252 - 261.

Ebene der GmbH & Co. KG ergeben sich keine weiteren KGaA-spezifischen Besonderheiten. Auch die GmbH & Co. KG entfacht eine Abschirmwirkung zwischen ihren Gesellschaftern und der KGaA. Somit sind auch bei den hinter der GmbH & Co. KG stehenden Gesellschaftern keine weiteren Besonderheiten zu beachten. Neben der Abschirmwirkung gelten die allgemeinen Grundsätze über die Besteuerung einer GmbH & Co. KG und deren Gesellschafter.[1]

1 Zur Besteuerung der GmbH & Co. KG und ihrer Gesellschafter vgl. stellvertretend für viele *Niehus, U. / Wilke, H.*, Personengesellschaften, 2001, S. 252 - 261.

II. Gewerbeertragsteuer

Die KGaA unterliegt nach § 2 Abs. 2 GewStG kraft Rechtsform der Gewerbesteuer.[1] Die Gewinnanteile der KGaA-Komplementäre sind bereits auf Gesellschaftsebene Gegenstand der Gewerbesteuer.[2] Inwieweit die KGaA-Komplementäre mit ihren KGaA-Gewinnanteilen erneut der Gewerbesteuer unterliegen und wie diese Doppelbelastung gegebenenfalls vermieden bzw. vermindert wird, hängt von der rechtlichen Organisationsform der KGaA-Komplementäre ab.

1. Systematische Einordnung

Die KGaA-Komplementäre werden einkommensteuerlich nicht als Mitunternehmer sondern in ihrer Stellung als Einnahmenempfänger wie Mitunternehmer behandelt.[3] Für die Gewerbesteuer bedeutet dies: Die Stellung als KGaA-Komplementär führt grundsätzlich nicht zu einer sachlichen Gewerbesteuerpflicht kraft gewerblicher Betätigung.[4] Die Gewerbesteuer fällt bereits auf Ebene der Kapitalgesellschaft KGaA an.[5] Eine doppelte Belastung mit Gewerbesteuer erfolgt insoweit nicht. Anders verhält es sich, wenn der KGaA-Komplementär aufgrund anderer Tatsachen als der Gesellschafterstellung – beispielsweise aufgrund der Rechtsform – der Gewerbesteuer unterliegt. Bei Vorliegen der sachlichen Gewerbesteuerpflicht gehen in die Bemessungsgrundlage der Gewerbesteuer des KGaA-Komplementärs die Einkünfte nach § 15 Abs. 1 Satz 1 Nr. 3 EStG ein (§§ 6, 7 GewStG).

---

1 S. Kap. D.II., S. 125.
2 S. Kap. D.II., S. 127 - 136.
3 S. Kap. E.I., S. 142 f.
4 Vgl. *Ammenwerth, M.*, Rechtsformalternative, 1997, S. 163.
5 S. Kap. D.II., S. 125 - 136.

2. Kürzung nach § 9 Nr. 2b GewStG

Die gewerbesteuerliche Doppelbelastung der KGaA-Komplementärsbezüge wird durch eine Kürzung gemäß § 9 Nr. 2b GewStG vermieden. Alle dem KGaA-Komplementär aufgrund seiner Gesellschafterstellung zufließenden Beträge, die infolge der Hinzurechnung nach § 8 Nr. 4 GewStG auf Ebene der KGaA der Gewerbesteuer unterliegen,[1] sind gemäß § 9 Nr. 2b GewStG auf KGaA-Komplementärsebene von der Gewerbesteuer auszunehmen. Soweit der KGaA-Komplementär auch Kommanditaktionär der KGaA ist, gelangt nicht § 9 Nr. 2b GewStG, sondern § 9 Nr. 2a GewStG zur Anwendung.[2]

Der Wortlaut des § 9 Nr. 2b GewStG sieht für den Umfang der Kürzung eine strikte Anknüpfung an die Hinzurechnung nach § 8 Nr. 4 GewStG auf Ebene der KGaA vor.[3] Dabei ist es de lege lata unerheblich, inwieweit im Einzelfall die gewerbesteuerliche Doppelbelastung der entsprechenden KGaA-Komplementärsbezüge vermieden wird.[4] Abweichungen zwischen Be- und Entlastung können bereits aufgrund gewerbesteuerlicher Verluste[5] oder unterschiedlicher Hebesätze auftreten.

Folgt man zudem der herrschenden[6], aber de lege ferenda abzulehnenden[7] Ansicht, wonach bei der Hinzurechnung nach § 8 Nr. 4 GewStG die (Sonder-)Betriebsausgaben[8]

---

1 S. hierzu ausführlich Kap. D.II., S. 127 - 136.

2 S. Kap. C.II., S. 62 f.; F.II., S. 197.

3 Vgl. *Stäuber, H.-W.*, Lenski / Steinberg – § 9 Nr. 2b GewStG, 2002, S. 4, Rz. 4; *Gosch, D.*, Blümich – § 9 GewStG, 2002, S. 64, Rz. 202; *Güroff, G.*, Glanneger / Güroff – § 9 Nr. 2b GewStG, 1999, S. 794.

4 Vgl. *Frankenheim, A.*, Kommanditgesellschaft auf Aktien, 1994, S. 195.

5 Vgl. *Stäuber, H.-W.*, Lenski / Steinberg – § 9 Nr. 2b GewStG, 2002, S. 4, Rz. 4; *Gosch, D.*, Blümich – § 9 GewStG, 2002, S. 64, Rz. 205. Auch wenn der KGaA-Komplementär beispielsweise aufgrund einer Verlustverrechnung nach § 10a GewStG keine Gewerbesteuerminderung durch die Kürzung gemäß § 9 Nr. 2b GewStG erzielt, erfolgt dennoch eine Hinzurechnung auf KGaA-Ebene.

6 Vgl. *Ammenwerth, M.*, Rechtsformalternative, 1997, S. 147; *Hofmeister, F.*, Blümich – § 8 GewStG, 2002, S. 60 f., Rz. 147; *Güroff, G.*, Glanneger / Güroff – § 8 Nr. 4 GewStG, 1999, S. 721, Rz. 3; *Gosch, D.*, Blümich – § 9 GewStG, 2002, S. 64, Rz. 206; *BFH*, Urteil vom 31.10.1990, BFHE 162, S. 445.

7 S. Kap. D.II., S. 127 - 136.

8 Ebenso sind die Sonderbetriebseinnahmen auf KGaA-Ebene zu Unrecht nicht mit der Gewerbesteuer zu belasten. Ein der Doppelentlastung entsprechendes Problem stellt sich jedoch nicht.

des KGaA-Komplementärs nicht berücksichtigt werden, führen die mit der Beteiligung zusammenhängenden (Sonder-)Betriebsausgaben des KGaA-Komplementärs aufgrund des so genannten Bruttoprinzips zu einer ungerechtfertigten und vom Gesetzgeber wohl ungewollten, doppelten gewerbesteuerlichen Entlastung des KGaA-Komplementärs.[1] Dies kann mit den folgenden Beispielen verdeutlicht werden:

Beispiel 1:[2]

Der Gewinnanteil (i. S. d. § 8 Nr. 4 GewStG) beträgt 100.000 € und geht auf Ebene des KGaA-Komplementärs gemäß § 7 GewStG grundsätzlich in die Gewerbesteuer ein. Die Aufwendungen des KGaA-Komplementärs, die in unmittelbarem Zusammenhang mit dem Gewinnanteil stehen, belaufen sich auf 10.000 € und vermindern dessen Einkünfte aus Gewerbebetrieb. Damit stehen den Einkünften in Höhe von 100.000 € Ausgaben in Höhe von 10.000 € sowie die Kürzung in Höhe von 100.000 € gegenüber.

Beispiel 2:[3]

KGaA-Komplementär ist eine GmbH. Die KGaA-Komplementär-GmbH erhält von der KGaA einen Gewinnanteil in Höhe von 20.000 € und eine erfolgsabhängige Geschäftsführungsvergütung in Höhe von 100.000 €; bei der KGaA verbleibt ein Gewinn von 0 €. Die GmbH zahlt wiederum 100.000 € als Vergütung an ihren Geschäftsführer, der eine natürliche Person ist.

Bei der KGaA unterliegen nach § 9 Abs. 1 Nr. 1 KStG 0 € der Körperschaftsteuer, aber nach § 8 Nr. 4 GewStG 120.000 € der Gewerbesteuer.

Die KGaA-Komplementär-GmbH hat (vor Berücksichtigung der Abzugsfähigkeit der Gewerbesteuer) 20.000 € der Körperschaftsteuer zu unterwerfen (100.000 € Geschäftsführungsvergütung von der KGaA + 20.000 € Gewinn - 100.000 € Geschäftsführungsvergütung an den eigenen Geschäftsführer). Gewerbesteuerlich liegt ein Verlust in Höhe von 100.000 € vor (20.000 € Einkünfte aus Gewerbebetrieb - 120.000 € Kürzung nach § 9 Nr. 2b GewStG).

---

1 Vgl. *Frankenheim, A.*, Kommanditgesellschaft auf Aktien, 1994, S. 196; *Gosch, D.*, Blümich – § 9 GewStG, 2002, S. 64, Rz. 206.
2 Vgl. *Gosch, D.*, Blümich – § 9 GewStG, 2002, S. 65, Rz. 206.
3 Vgl. *Frankenheim, A.*, Kommanditgesellschaft auf Aktien, 1994, S. 198.

Der GmbH-Geschäftsführer unterliegt nicht der Gewerbesteuer, die Geschäftsführungsvergütung in Höhe von 100.000 € ist aber in die Einkommensteuer einzubeziehen (§ 2 Abs. 1 Nr. 4, § 19 EStG).

Zu Recht stellt *A. Frankenheim* im Rahmen des Beispiels 2 für die Gewerbesteuer fest, "daß eine systemwidrige zweifache Entlastung bei der GmbH vorliegt."[1] Der gewerbesteuerliche Verlust der KGaA-Komplementärgesellschaft ist weder mit dem Objektcharakter der Gewerbesteuer – nämlich der Besteuerung eines objektivierten Ergebnisses des Betriebes, das vom jeweiligen Rechtsträger abstrahiert –[2] noch mit dem gesellschafts- und steuerrechtlich hybriden Charakter der KGaA zu vereinbaren, da der KGaA-Komplementär steuersystematisch zutreffend als personalistische Komponente der KGaA zu interpretieren ist.[3] Gewerbesteuerlich ist eine Annäherung an die Besteuerung von Mitunternehmerschaften und damit de lege ferenda eine gewerbesteuerliche Erfassung der (Sonder-)Betriebsausgaben des KGaA-Komplementärs auf Ebene der KGaA geboten.[4]

Unterstellt man in dem oben dargestellten Beispiel, dass die Geschäftsführungsvergütungen dauerhaft höher als die anteiligen KGaA-Gewinne der GmbH sind und bei dieser keine anderen positiven Einkünfte der Gewerbesteuer unterliegen, kann die implizit[5] getroffene vereinfachende Annahme der Verlustverrechnung im Rahmen der Gewerbesteuer nicht aufrecht erhalten werden. Die Geschäftsführungsvergütung, welche die GmbH an den Geschäftsführer zahlt, würde faktisch die Gewerbesteuerbemessungsgrundlage nicht mindern. Dieses Problem kann aber durch Organschaftsgestaltungen gelöst werden.[6]

---

1 *Frankenheim, A.*, Kommanditgesellschaft auf Aktien, 1994, S. 198.

2 Vgl. hierzu stellvertretend für viele *Tipke, K. / Lang, J.*, Steuerrecht, 2002, S. 484, Rz. 18.

3 S. Kap. C.I., S. 43 - 46; vgl. *Sethe, R.*, Die personalistische Kapitalgesellschaft, 1996, S. 190; *Grafmüller, F.*, Kommanditgesellschaft auf Aktien, 1994, S. 67 - 83; *Schaumburg, H. / Schulte, C.*, Die KGaA, 2000, S. 87 sowie ausführlich *Maurer, T.*, Anleger-Kommanditgesellschaften, 1999, S. 142 - 186.

4 Zur Erfassung von Mitunternehmerschaften in der Gewerbesteuer vgl. stellvertretend für viele *Lange, J.* u. a., Personengesellschaften, 1998, S. 717 -748.

5 Die doppelte Entlastung hat nur unter dieser Prämisse materielle Konsequenzen.

6 S. Kap. D.II., S. 139 f.

Dieses Ergebnis zeigt auch die Probleme auf, die auf der Tatsache beruhen, dass die GmbH-KGaA nicht als Einheitsunternehmung der Besteuerung unterworfen wird: Im geltenden (deutschen) Steuerrecht gibt es kein den handelsrechtlichen Vorschriften zur Konzernrechnungslegung entsprechendes bzw. dem Konzernaktienrecht folgendes Konzernsteuerrecht.[1] Vielmehr knüpft das Steuerrecht an Rechtsformen an, ohne dass dabei (Konzern-)Unternehmungsformen, die nicht mit dem zivilrechtlichen Ordnungsrahmen *einer* Rechtsform kompatibel sind, sondern aus mehreren Rechtsformen bestehen, berücksichtigt werden.[2]

Die Besteuerung der KGaA-Komplementärsbezüge knüpft auf KGaA-Ebene zunächst an den personalistischen KGaA-Teil an und wird in zweiter Stufe aufgrund der KGaA-Komplementär-*GmbH* durch das Trennungsprinzip charakterisiert. D. h., das Transparenzprinzip, das grundsätzlich den mitunternehmerischen Charakter der Besteuerung des KGaA-Komplementärs umsetzt,[3] wird hierbei durch den Grundsatz über die Besteuerung von Kapitalgesellschaften – nämlich das Trennungsprinzip – konterkariert. Der Geschäftsführungsvertrag zwischen dem KGaA-Komplementär und der KGaA wird – um dem Transparenzprinzip Rechnung zu tragen –[4] steuerlich (faktisch) nicht anerkannt: Die Geschäftsführungsvergütung darf den "gesamten Unternehmungsgewinn" und damit die Gewerbesteuer nicht mindern. Die Existenz der GmbH macht allerdings das Transparenzprinzip obsolet; eine Korrektur ist daher (durch § 8 Nr. 4 GewStG in einem zweiten Schritt) auf GmbH-Ebene notwendig. Auf dieser Ebene führt dann die Anerkennung der Geschäftsführungsvergütung (an den eigenen Geschäftsführer) als Betriebsausgabe zu einer Gewerbesteuerminderung. Da die beiden Unternehmen nicht als einheitliche Unternehmung besteuert werden, stehen Transparenz- und Trennungsprinzip widersprüchlich nebeneinander.

---

1 Vgl. *Wöhe, G.*, Konzernbesteuerung, 1998, S. 327; *Theisen, M. R.*, Konzern, 2000, S. 561.

2 Vgl. *BVerfG*, Beschluss vom 24.1.1962, BVerGE 13, S. 331; *Tipke, K. / Lang, J.*, Steuerrecht, 2002, S. 683 f., Rz. 2 m. w. N.

3 S. Kap. E.I., S. 141 - 164.

4 Vgl. *Maurer, T.*, Anleger-Kommanditgesellschaften, 1999, S. 49 m. w. N.

De lege lata ist keine andere Interpretation der Kürzungsvorschrift möglich. Ein denkbarer Einwand wäre, die Kürzung des Bruttobetrags, d. h. eine Kürzung in Höhe der Zurechnung auf Ebene der KGaA nach § 8 Nr. 4 GewStG ohne eine Minderung von etwaigen (Sonder-)Betriebsausgaben, die den Gewerbeertrag des KGaA-Komplementärs bereits gemäß § 7 GewStG verringern, am letzten Halbsatz von § 9 Nr. 2b GewStG scheitern zu lassen.[1] Das Wort "wenn" der Formulierung "wenn .. (die Gewinnanteile, *M. H.*) bei der Ermittlung des Gewinns (§ 7 GewStG) angesetzt worden sind"[2] bringt nach herrschender und zutreffender Meinung lediglich eine "Ob-"Komponente und nicht eine "Soweit-"Komponente zum Ausdruck.[3] Somit kann de lege lata die Kürzung des Nettobetrags nicht begründet werden; nur de lege ferenda ist ein anderes Ergebnis erreichbar.[4]

Aufgrund der strikten Verknüpfung von § 9 Nr. 2b GewStG mit § 8 Nr. 4 GewStG werden von der Kürzung auch anteilige Verluste der KGaA erfasst, die als negative Gewinne zu interpretieren sind und damit zu einer Hinzurechnung nach § 9 Nr. 2b GewStG auf KGaA-Komplementärsebene führen.[5] Die Formulierung "Gewinnanteile" steht dem nicht entgegen.

3. Hinzurechnung nach § 8 Nr. 8 GewStG

Mit der Hinzurechnung nach § 8 Nr. 8 GewStG soll erreicht werden, dass sich Verluste eines Gewerbebetriebes nur einmal und lediglich in dem gewerblichen Unternehmen Gewerbesteuer mindernd auswirken, in dem sie entstanden sind.[6] Demzufolge sind die

---

1 Vgl. *Gosch, D.*, Kommanditgesellschaft auf Aktien, 1991, S. 348.

2 S. § 9 Nr. 2b GewStG.

3 Vgl. *Gosch, D.*, Kommanditgesellschaft auf Aktien, 1991, S. 348; *Güroff, G.*, Glanneger / Güroff – § 9 Nr. 2b GewStG, 1999, S. 795; *Gosch, D.*, Blümich – § 9 GewStG, 2002, S. 65, Rz. 210; im Ergebnis so wohl auch *Stäuber, H.-W.*, Lenski / Steinberg – § 9 Nr. 2b GewStG, 2002, S. 4, Rz. 4.

4 S. Kap. D.II., S. 132 - 136 und insbesondere E.II., S. 193 f.

5 Vgl. *Hofmeister, F.*, Blümich – § 8 GewStG, 2002, S. 55, 59, Rz. 126, 144 m. w. N.; *Stäuber, H.-W.*, Lenski / Steinberg – § 9 Nr. 2b GewStG, 2002, S. 4, Rz. 4; *Gosch, D.*, Blümich – § 9 GewStG, 2002, S. 64, Rz. 202; *Güroff, G.*, Glanneger / Güroff – § 9 Nr. 2b GewStG, 1999, S. 794. Für die Verlusterfassung im Rahmen des § 8 Nr. 4 GewStG s. Kap. D.II., S. 128.

6 Vgl. *Hofmeister, F.*, Blümich – § 8 GewStG, 2002, S. 73, Rz. 190.

Anteile am Verlust einer in- oder ausländischen offenen Handelsgesellschaft, einer Kommanditgesellschaft oder einer anderen Gesellschaft, bei der die Gesellschafter als Mitunternehmer des Gewerbebetriebs zu qualifizieren sind, dem Gewinn aus Gewerbebetrieb wieder hinzuzurechnen, soweit sie bei der Ermittlung des Gewinns abgezogen wurden.[1]

In der Literatur wird diskutiert, ob die dem KGaA-Komplementär zuzurechnenden Verluste unter § 8 Nr. 8 GewStG fallen.[2] Dies ist – auch in Konformität mit dem bestehenden Besteuerungskonzept der KGaA – abzulehnen. Der KGaA-Komplementär ist kein Mitunternehmer, sondern er wird lediglich im Rahmen der Einkommensteuer wie ein Mitunternehmer behandelt.[3] Der Wortlaut des § 8 Nr. 8 GewStG schließt damit den KGaA-Komplementär von der Anwendung dieser Norm aus.

Eine analoge Anwendung dieser Vorschrift auf die Verlustanteile des KGaA-Komplementärs würde außerdem zu einem Ergebnis führen, das dem Sinn und Zweck der Vorschrift widerspricht. Im bestehenden System ist bereits sichergestellt, dass ein Verlust der KGaA ausschließlich auf Ebene der verursachenden KGaA in die Gewerbesteuerbemessungsgrundlage eingeht, da auch Verluste vom Zusammenspiel des § 8 Nr. 4 GewStG auf KGaA-Ebene und des § 9 Nr. 2b GewStG auf KGaA-Komplementärsebene erfasst werden.[4]

D. E. Meyer-Scharenberg weist zu Unrecht darauf hin, dass durch die Nichtanwendung des § 8 Nr. 8 GewStG für diejenigen Verluste, welche einem KGaA-Komplementär zuzurechnen sind, eine doppelte Verlustberücksichtigung erfolgt.[5] Er geht bei seiner

---

1 S. § 8 Nr. 8 GewStG.

2 Vgl. *Meyer-Scharenberg, D. E.*, § 8 Nr. 8, 1996, S. 718, Rz 5.

3 S. Kap. E.I., S. 142 f.; vgl. stellvertretend für viele *BFH*, Urteil vom 8.2.1984, BStBl II 1984, S. 381; *Reiß, W.*, Kirchhof – § 15, 2002, S. 1043, Rz. 503; *Kantewein, T.*, Steuerrecht, 1999, S. 1249; *Schmidt, L.*, Schmidt – § 15, 2002, S. 1321, Rz. 890; *Frankenheim, A.*, Kommanditgesellschaft auf Aktien, 1994, S. 129.

4 Vgl. *Meyer-Scharenberg, D. E.*, § 8 Nr. 4, 1996, S. 694, Rz. 10; *Hofmeister, F.*, Blümich – § 8 GewStG, 2002, S. 55, 59, Rz. 126, 144 m. w. N.; s. Kap. D.II., S. 128.

5 Vgl. hier und zum Folgenden *Meyer-Scharenberg, D. E.*, § 8 Nr. 8, 1996, S. 718, Rz 5.

Argumentation zu Unrecht davon aus, dass die Formulierung "Gewinnanteile" des § 9 Nr. 2b GewStG nicht auch Verluste umfasst.[1]

An dieser Stelle werden die Unterschiede zwischen dem kapitalistischen Trennungsprinzip und dem personalistischen Transparenzprinzip und somit die Zwitterstellung der KGaA deutlich: Verluste einer Kapitalgesellschaft bleiben stets mit der Gesellschaft verhaftet; eine Zurechnung auf die Gesellschafter ist steuerlich grundsätzlich nicht möglich.[2] Die Verluste einer Personengesellschaft werden hingegen im Rahmen der einheitlichen und gesonderten Gewinnfeststellung den Gesellschaftern zugerechnet. Im Rahmen der Gewerbesteuer sollen aber die Verluste nur auf Ebene der verursachenden Gesellschaft erfasst werden;[3] eine Korrektur gemäß § 8 Nr. 8 GewStG wird notwendig.

Die KGaA ist eine Kapitalgesellschaft, der KGaA-Komplementär soll aber wie ein Mitunternehmer behandelt werden.[4] Die Verluste der KGaA sind steuer- und handelsrechtlich (anteilig) dem KGaA-Komplementär zuzurechnen. Eine Korrektur für Zwecke der Gewerbesteuer erfolgt im Rahmen der Hinzurechnung nach § 8 Nr. 4 GewStG, da durch diese Regelung das Gewerbesteuerobjekt KGaA erfasst werden soll.[5] Korrespondierend erfolgt auf Ebene des KGaA-Komplementärs gegebenenfalls eine Kürzung nach § 9 Nr. 2b GewStG.[6]

Während bei GmbH und AG aufgrund des Trennungsprinzips bei Verlusten keine gewerbesteuerlichen Korrekturen durchgeführt werden müssen und Verluste einer Personengesellschaft eine Korrektur nach § 8 Nr. 8 GewStG zur Folge haben, bewirkt der hybride Charakter der KGaA bzw. die Regelungen der §§ 9 Abs. 1 Nr. 1 KStG, 8 Nr. 4 GewStG, 9 Nr. 2b GewStG und 15 Abs. 1 Satz 1 Nr. 3 EStG sowohl bei Verlusten als auch bei Gewinnen eine Korrektur für Zwecke der Gewerbesteuer.

---

1 S. hierzu ausführlich Kap. D.II., S. 128.

2 Vgl. hier und zum Folgenden stellvertretend für viele *Wöhe, G. / Bieg, H.*, Betriebswirtschaftliche Steuerlehre, 1994, S. 221.

3 *Hofmeister, F.*, Blümich – § 8 GewStG, 2002, S. 73, Rz. 190.

4 S. Kap. E.I., S. 142 f.

5 S. Kap. D.II., S. 125 - 140.

6 S. Kap. E.II., S. 185 - 189.

4. Schuldrechtliche Leistungsbeziehungen

Schuldrechtliche Leistungsbeziehungen zwischen einem KGaA-Komplementär und der KGaA werden zivil- und steuerrechtlich anerkannt.[1] Gibt beispielsweise der persönlich haftende Gesellschafter der KGaA ein Darlehen hin, das gewerbesteuerlich als Dauerschuldverhältnis anzusehen ist, werden die entsprechenden Entgelte von der Hinzurechnung gemäß § 8 Nr. 1 GewStG erfasst: Die Hälfte dieser Entgelte erhöht die gewerbesteuerliche Bemessungsgrundlage der KGaA, soweit sie bei der Ermittlung des Gewinns abgesetzt worden sind.[2] Auf KGaA-Komplementärsebene ist keine Kürzung zur Vermeidung der gewerbesteuerlichen Mehrfachbelastung vorgesehen, obwohl sie dort erhöhend in den Gewerbeertrag nach § 7 GewStG eingehen.[3] Anders – und im Ergebnis den KGaA-Charakter systematisch widerspiegelnd – verhält es sich mit Miet- und Pachtvergütungen für die Überlassung von nicht in Grundbesitz bestehenden Wirtschaftsgütern, welche die KGaA an KGaA-Komplementäre leistet: Diese werden gemäß § 8 Nr. 7 GewStG[4] auf Gesellschaftsebene hälftig hinzugerechnet, soweit sie den Gewinn gemindert haben, und auf KGaA-Komplementärsebene nach § 9 Nr. 4 GewStG in dieser Höhe wieder gekürzt.[5]

Die gewerbesteuerliche Mehrfachbelastung (1,5-mal) der oben genannten Zinsen ist unsystematisch, da der mitunternehmerische Charakter des KGaA-Komplementärs unberücksichtigt bleibt, weil schuldrechtlich vereinbarte Vergütungen von der KGaA an einen KGaA-Komplementär nicht wie bei einer Mitunternehmerschaft auf KGaA-Ebene Gewerbesteuer erhöhend wirken und auf KGaA-Komplementär-Ebene irrelevant sind. Der mitunternehmerische Charakter wird hingegen bei den diskutierten Miet- und Pachtzinsen im bestehenden System korrekt umgesetzt. Allerdings muss konstatiert

---

1 S. Kap. D.I., S. 84 - 88.

2 Vgl. hierzu stellvertretend für viele *Güroff, G.*, Glanneger / Güroff – § 8 Nr. 1 GewStG, 1999, S. 634 - 697, Rz. 1 - 107; *Hofmeister, F.*, Blümich – § 8 GewStG, 2002, S. 9 - 46, Rz. 20 - 99; *Stäuber, H.-W.*, Lenski / Steinberg – § 8 Nr. 1 GewStG, 2002, S. 1 - 167, Rz. 1 - 384.

3 Vgl. *Schaumburg, H. / Schulte, C.*, Die KGaA, 2000, S. 93.

4 Vgl. hierzu stellvertretend für viele *Güroff, G.*, Glanneger / Güroff – § 8 Nr. 7 GewStG, 1999, S. 722 - 745, Rz. 1 - 23; *Hofmeister, F.*, Blümich – § 8 GewStG, 2002, S. 61 - 73, Rz. 160 - 184; *Stäuber, H.-W.*, Lenski / Steinberg – § 8 Nr. 7 GewStG, 2002, S. 1 - 60, Rz. 1 - 122.

5 Hinsichtlich Fragen zur Bilanzierungskonkurrenz s. Kap. E.I., S. 167 - 169.

werden, dass diese – gemessen am Anwendungsbereich ohnehin nur partielle[1] – Systematik nur zufällig zustande kommt und nicht auf der gesetzgeberischen Intention[2] von § 8 Nr. 7 GewStG beruht.

5. Zwischenergebnis

De lege ferenda ist hier auf die Ausführungen zu § 8 Nr. 4 GewStG zu verweisen.[3] Im bestehenden Steuerrechtssystem kann nur durch eine Synchronisierung von §§ 9 Abs. 1 Nr. 1 KStG, 8 Nr. 4 GewStG und 9 Nr. 2b GewStG mit § 15 Abs. 1 Satz 1 Nr. 3 EStG eine systemkonforme Besteuerung der KGaA und der KGaA-Komplementäre erfolgen.

Unter der Prämisse, dass die Gewerbesteuerbelastung der KGaA entsprechend des im Rahmen dieser Arbeit entwickelten Vorschlages de lege ferenda bestimmt wird, würden weder Doppelentlastungen noch Mehrfachbelastungen auftreten, wenn § 9 Nr. 2b GewStG sich auf die Einkünfte des KGaA-Komplementärs beziehen würde. § 9 Nr. 2b GewStG-dlf ist folglich so zu verfassen:

---

1 Vgl. hierzu den beschränkten Anwendungsbereich dieser korrespondierenden Vorschriften; vgl. *Güroff, G.*, Glanneger / Güroff – § 8 Nr. 1 GewStG, 1999, S. 634 - 697, 722 - 745, Rz. 1 - 107, 1 - 23; *Hofmeister, F.*, Blümich – § 8 GewStG, 2002, S. 9 - 46, 61 - 73, Rz. 20 - 99, 160 - 184; *Stäuber, H.-W.*, Lenski / Steinberg – § 8 Nr. 1 GewStG, § 8 Nr. 7 GewStG, 2002, S. 1 - 167, 1 - 60, Rz. 1 - 384, 1 - 122.

2 Durch § 8 Nr. 7 GewStG soll der Objektcharakter der Gewerbesteuer umgesetzt, nicht aber schuldrechtliche Leistungsbeziehungen zwischen der Gesellschaft und einem Gesellschafter eliminiert werden; vgl. *Schöne, W.-D.*, Gewerbesteuer, 1999, S. 47.

3 S. Kap. D.II., S. 132 - 136.

§ 9 **Kürzungen**. Die Summe des Gewinns und der Hinzurechnungen wird gekürzt um

...

2b. die Einkünfte des persönlich haftenden Gesellschafters einer Kommanditgesellschaft auf Aktien im Sinne von § 15 Abs. 1 Satz 1 Nr. 3 EStG, soweit sie bei der Ermittlung des Gewinns angesetzt worden sind;

6. Gewerbesteuerliche Organschaft

Eine Organschaft ermöglicht es, Verluste einer Kapitalgesellschaft mit Gewinnen anderer Gesellschaften zu verrechnen und somit das Trennungsprinzip insoweit außer Kraft zu setzen. Im obigen Beispiel[1] zur doppelten Entlastung des KGaA-Komplementärs stellt sich die Frage, inwieweit die Verluste der KGaA-Komplementär-GmbH mit den Gewinnen der KGaA verrechnet werden können. Eine derartige Organschaft ist entweder mit einem dritten Unternehmen als Organträger zu realisieren oder mit der KGaA-Komplementär-GmbH als Organträgerin, soweit diese zugleich auch mehrheitlicher Kommanditaktionär ist.[2]

7. Ermittlung der Gewerbesteuer

Die Ermittlung der Gewerbesteuer des KGaA-Komplementärs erfolgt nach den allgemeinen Grundsätzen. Weitere KGaA-spezifische Besonderheiten treten nicht auf.

---

1 S. Kap. E.II., S. 186 f.
2 S. Kap. D.II., S. 139 f. m. w. N.

F. Ertragsbesteuerung der Kommanditaktionäre

I. Steuern vom Einkommen

Die Kommanditaktionäre repräsentieren gesellschaftsrechtlich den kapitalistischen Teil der KGaA.[1] Da auch bei betriebswirtschaftlicher Betrachtungsweise die Kommanditaktionäre als Anteilseigner einer Kapitalgesellschaft zu behandeln sind,[2] stellen die Prinzipien der Besteuerung von AG bzw. GmbH und ihrer Anteilseigner den Maßstab für eine systemgerechte Besteuerung der KGaA und ihrer Gesellschafter dar.

Die Steuern vom Einkommen der Kommanditaktionäre sind mit keinerlei KGaA-spezifischen Schwierigkeiten verbunden. Dies hat zwei Gründe:

- Die KGaA selbst ist eine Kapitalgesellschaft und unterliegt der Körperschaftsteuer.[3] Damit müssen nicht wie bei der KGaA-Komplementärsbesteuerung sowohl gesellschaftsrechtlich als auch schuldrechtlich begründete Zahlungen von einem Steuerregime in das andere transferiert werden.

- Auch bei gleichzeitiger Stellung als KGaA-Komplementär und Kommanditaktionär wird die strenge Trennung zwischen personalistischer und kapitalistischer Besteuerung aufrechterhalten.[4] Bedeutung kommt dem auch bei einer Organschaft zu. Während der Kommanditaktionär Organträger sein kann, kann dies der KGaA-Komplementär nur unter der Voraussetzung, dass er auch Kommanditaktionär ist.[5]

---

1 S. § 278 AktG; vgl. *Maurer, T.*, Anleger-Kommanditgesellschaften, 1999, S. 183 f.

2 S. Kap. B., S. 9 - 42.

3 S. Kap. D.I., S. 79 - 81.

4 S. Kap. E.I., S. 149, 152 f.; *Frankenheim, A.*, Kommanditgesellschaft auf Aktien, 1994, S. 159; *Janssen, B.*, Kommanditgesellschaft auf Aktien, 2001, S. 3819 m. w. N.

5 S. Kap. D.I., S. 116 - 124.

Unabhängig von der Rechtsform des Kommanditaktionärs[1] und von der konkreten gesellschaftsrechtlichen Ausgestaltung der KGaA werden die Kommanditaktionäre wie Aktionäre einer AG besteuert.[2] Das Trennungsprinzip ist vollständig umgesetzt; im bestehenden Steuersystem besteht insoweit kein Regelungsbedarf de lege ferenda.

---

1 Denkbar sind insbesondere natürliche Personen, welche die Kommanditaktien im Privatvermögen halten, Einzelunternehmer, Personengesellschaften oder Kapitalgesellschaften.

2 Vgl. *Ammenwerth, M.*, Rechtsformalternative, 1997, S. 144, 162; *Schmidt, W. / Levedag, C.*, Grundprofil und Einsatzfelder, 1997, S. 751; *Theisen, M. R.*, Besteuerung, 1989, S. 2194; *Theisen, M. R.*, KGaA, 1989, S. 159.

II. Gewerbeertragsteuer

Die KGaA ist nach § 2 Abs. 2 GewStG kraft Rechtsform als Kapitalgesellschaft gewerbesteuerpflichtig.[1] Inwieweit die Kommanditaktionäre mit ihren Gewinnanteilen der Gewerbesteuer nochmals unterliegen, hängt von deren rechtlicher Organisationsform ab. Dabei sind – wie bei der Besteuerung vom Einkommen – im Vergleich zu anderen Kapitalgesellschaften keine Besonderheiten zu verzeichnen.[2] Die Kommanditaktionäre können damit entweder kraft Rechtsform oder kraft eigener gewerblicher Betätigung der Gewerbesteuer unterliegen. Die Ermittlung der Gewerbesteuer des Kommanditaktionärs erfolgt nach allgemeinen Grundsätzen.

Die Bildung eines gewerbesteuerlichen Organkreises, in dem der Kommanditaktionär und die KGaA vertreten sind, kann ungeachtet der Existenz des KGaA-Komplementärs erfolgen.[3]

---

[1] S. Kap. D.II., S. 125.
[2] S. Kap. F.I., S. 195 f.
[3] S. Kap. D.I., S. 116 - 124.

G. Wechsel im Gesellschafterbestand

I. KGaA-Komplementäre

Das Ausscheiden eines KGaA-Komplementärs – sei es durch Tod, entgeltliche oder unentgeltliche Anteilsübertragung – führt grundsätzlich nicht zur Auflösung der Gesellschaft.[1]

1. Entgeltliche Übertragung

Die Steuerbilanz der Gesellschaft (der KGaA) wird durch die entgeltliche Übertragung eines Gesellschaftsanteils durch den KGaA-Komplementär an einen Dritten nicht berührt; der KGaA-Komplementärsanteil wird in der KGaA-Bilanz zum Buchwert fortgeführt.[2] Im Vergleich zu einer Mitunternehmerschaft treten nach h. M. insoweit keine Unterschiede auf, obwohl die KGaA über kein Gesamthandsvermögen verfügt und der KGaA-Komplementär nur kapitalmäßig beteiligt ist.[3] Dies liegt daran, dass auch bei Mitunternehmerschaften im Rahmen eines Gesellschafterwechsels die zivilrechtliche Wertung des Gesamthandsvermögens konterkariert wird, indem auf Anteile an einzelnen Wirtschaftsgütern und nicht auf die Mitgliedschaft am Gesamthandsvermögen abgestellt wird.[4] Diese Durchbrechung der einheitlichen Rechtsordnung[5] auf Ebene der Mitunternehmerschaften ermöglicht im Ergebnis letztlich eine KGaA-Besteuerung, welche der Mitunternehmerbesteuerung entspricht.

Systematisch überzeugend ist dagegen die gesetzlich kodifizierte Konsequenz für den (Alt-)KGaA-Komplementär. Auch bei diesem sind keine Abweichungen zum (Alt-)

---

1 S. Kap. B.III., S. 32 f.; vgl. *Assmann, H.-D. / Sethe, R.*, § 289, 2001, S. 374 - 390, Rz. 77 - 136.

2 Vgl. *Grafmüller, F.*, Kommanditgesellschaft auf Aktien, 1994, S. 234.

3 Vgl. *Schaumburg, H. / Schulte, C.*, Die KGaA, 2000, S. 88; *Brehm, B. / Mihm, F. / Scheel, T.*, Handelsrecht, 2001, S. 102.

4 Vgl. *Lange, J.* u. a., Personengesellschaften, 1998, S. 430 f.; *Söffing, G.*, Besteuerung, 1994, S. 244 f.

5 Zur Strukturabhängigkeit des Steuerrechts vom Gesellschaftsrecht vgl. *Maurer, T.*, Anleger-Kommanditgesellschaften, 1999, S. 54 f.

Mitunternehmer zu verzeichnen, da § 16 Abs. 1 Nr. 3 EStG den Veräußerungserfolg eines KGaA-Komplementärs explizit in die Begünstigung nach § 16 EStG und damit gegebenenfalls auch nach § 34 EStG einbezieht. Sowohl die Bemessungsgrundlage als auch der Steuersatz sind wie bei einem Mitunternehmer zu ermitteln.[1]

Der eintretende KGaA-Komplementär wird wie ein Mitunternehmer behandelt.[2] Mangels gesetzlicher Kodifikation wird zu Recht eine Analogie zum Mitunternehmer unterstellt. Der Anschaffungsvorgang spiegelt sich nicht in der Steuerbilanz der Gesellschaft, sondern in der Ergänzungsbilanz des neuen KGaA-Komplementärs wider, in der Mehr- oder Minderwerte der einzelnen Wirtschaftsgüter für den Neugesellschafter erfasst und gegebenenfalls zukünftig abgeschrieben werden.[3] Die gesellschaftsrechtlichen Unterschiede in Form der Beteiligung – der KGaA-Komplementär ist kapitalmäßig beteiligt und der Mitunternehmer ist zivilrechtlich Mitglied eines Gesamthandsvermögens – sind insoweit unbeachtlich. In beiden Fällen erfolgt – dem Transparenzprinzip entsprechend – eine fiktive Umdeutung in einen Erwerb bzw. eine Veräußerung von Bruchteilen an einzelnen Wirtschaftsgütern.[4]

2. Unentgeltliche Übertragung

Die unentgeltliche Übertragung eines KGaA-Komplementärsanteils führt – wie die entgeltliche Übertragung und in Analogie zur unentgeltlichen Übertragung eines

---

[1] Vgl. *Reiß, W.*, Kirchhof – § 16, 2002, S. 1144 f., Rz. 257 - 260; *Grafmüller, F.*, Kommanditgesellschaft auf Aktien, 1994, S. 235; *Stuhrmann, G.*, Blümich – § 16 EStG, 2002, S. 92, Rz. 308.

[2] Vgl. hier und zum Folgenden *Grafmüller, F.*, Kommanditgesellschaft auf Aktien, 1994, S. 235.

[3] Vgl. *Grafmüller, F.*, Kommanditgesellschaft auf Aktien, 1994, S. 235.

[4] Vgl. *Reiß, W.*, Kirchhof – § 16, 2002, S. 1144 f., Rz. 257 - 260. In beiden Fällen ist dies nicht mit der Einheitlichkeit der Rechtsordnung vereinbar, entspricht aber dennoch dem Transparenzprinzip; s. Kap. C.II., S. 70.

Mitunternehmeranteils – weder auf KGaA-Ebene noch bei den verbliebenen Gesellschaftern[1] zu unmittelbaren steuerlichen Konsequenzen.

Der Buchwert des KGaA-Komplementärsanteils wird namens des neuen Gesellschafters auf KGaA-Ebene fortgeführt.[2] In Analogie zur Mitunternehmerschaft bzw. mangels gegenteiliger gesetzlicher Regelungen[3] kann der neu eingetretene KGaA-Komplementär nach § 6 Abs. 3 EStG die stillen Reserven nicht auflösen; unmittelbare ertragsteuerliche Konsequenzen ergeben sich daher nicht. Erbschaft- bzw. schenkungsteuerlich ist hingegen der Übertragungsvorgang relevant. Dieser wird im Ergebnis entsprechend den für Mitunternehmer geltenden Grundsätzen besteuert.[4] Die Bereicherung umfasst somit neben dem anteiligen Gesellschaftsvermögen auch das Sonderbetriebsvermögen (des KGaA-Komplementärs). Für die Bewertung des Vermögens ist § 12 Abs. 5 ErbStG ohne weitere KGaA-Spezifika maßgeblich.[5]

Aufgrund der expliziten Nennung des KGaA-Komplementärsanteils in § 13a Abs. 4 Nr. 1 ErbStG und § 19a Abs. 2 Nr. 2 ErbStG kommt die Begünstigung für Produktivvermögen in Betracht. Auch wenn die KGaA eine Kapitalgesellschaft ist, wird sie für die Zurechnung des Vermögens wie eine Kommanditgesellschaft behandelt.[6] Der für das Betriebsvermögen festgestellte Einheitswert wird einerseits auf den bzw. die KGaA-Komplementäre und andererseits auf die Gruppe der Kommanditaktionäre aufgeteilt. Der KGaA-Komplementär ist insoweit dem Mitunternehmer vollständig angenähert.

---

1 Dies gilt nur, soweit die Anteile annahmegemäß auf den neuen Gesellschafter übertragen werden. Fragen der Steuerschuld nach § 20 ErbStG werden hier vernachlässigt.

2 S. § 6 Abs. 3 EStG; vgl. *Grafmüller, F.*, Kommanditgesellschaft auf Aktien, 1994, S. 236.

3 Auch in diesem Fall wird in der Literatur das Vorgehen zutreffend damit begründet, dass keine eigenständigen KGaA-Regelungen existieren und somit eine Analogie zum Mitunternehmer geboten erscheint; vgl. *Grafmüller, F.*, Kommanditgesellschaft auf Aktien, 1994, S. 236.

4 Vgl. *Hörger, H.*, Nachfolge, 1998, S. 463, Rz. 906.

5 S. Kap. C.II., S. 71 f.

6 Vgl. hier und zum Folgenden *BFH*, Urteil vom 8.11.1974, BStBl II 1975, S. 470; *Dötsch, F.*, Gürsching / Stenger – § 97, 2002, S. 237, Rz. 775.

3. Mittelbare Übertragung

Der KGaA-Komplementär muss keine natürliche Person sein.[1] Wird nicht der KGaA-Komplementärsanteil an sich übertragen, sondern ein Unternehmen, das die Funktion des KGaA-Komplementärs übernommen hat, richten sich die steuerlichen Konsequenzen nach der Rechtsform des KGaA-Komplementärs.[2] Die Bewertung der KGaA-Komplementärsbeteiligung erfolgt allerdings weiterhin nach den oben genannten Grundsätzen, was folgendes Beispiel verdeutlichen soll.[3]

Beispiel:

Der persönlich haftende Gesellschafter der X-GmbH-KGaA ist die A-GmbH. Die natürliche Person N hält 100 % der Anteile an der A-GmbH. N schenkt diese Anteile seinem Sohn S.

Die Bewertung der schenkungsteuerlichen Bereicherung richtet sich nach den Grundsätzen der Übertragung von Kapitalgesellschaften. Kann – wie in diesem Fall angenommen – der gemeine Wert nicht aus Kursen bzw. Verkäufen innerhalb des letzten Jahres abgeleitet werden, ist das Stuttgarter Verfahren zur Bewertung der Anteile heranzuziehen.

Im Vergleich zu einer unmittelbaren Übertragung des KGaA-Komplementärsanteils bedeutet dies, dass neben dem Vermögenswert der KGaA-Komplementärsstellung auch noch die Ertragsaussichten der GmbH in das Bewertungskalkül eingehen.

---

1 S. Kap. B.I., S. 10. Zu den ertragsteuerlichen Konsequenzen s. Kap. E.I., S. 164 - 183.

2 Vgl. *BFH*, Urteil vom 13.4.1994, BStBl I 1994, S. 505; *Schaumburg, H. / Schulte, C.*, Die KGaA, 2000, S. 93. So im Ergebnis wohl auch *Hörger, H.*, Nachfolge, 1998, S. 463, Rz. 906.

3 S. Kap. G.I., S. 199 f.

II. Kommanditaktionäre

Der Bestand der KGaA ist vom Wechsel im Gesellschafterkreis der Kommanditaktionäre unabhängig.[1] Diese können über ihre Beteiligung weitestgehend frei verfügen.[2]

1. Entgeltliche Übertragung

Die Übertragung von Kommanditaktien führt auf KGaA-Ebene aufgrund des im Verhältnis zwischen der KGaA und den Kommanditaktionären umgesetzten Trennungsprinzips grundsätzlich zu keinen ertragsteuerlichen Konsequenzen. KGaA-spezifisch ist auf Gesellschaftsebene die Verlustverrechnung für Mantelkäufe[3] nach § 8 Abs. 4 KStG zu beachten.

Da aufgrund der starken KGaA-Komplementärsstellung die wirtschaftliche Identität der Körperschaft nicht ohne weiteres in Abrede gestellt werden kann, ist der gesetzlich vorgesehene Hauptanwendungsfall des § 8 Abs. 4 KStG nur unter besonderer Berücksichtigung des KGaA-spezifischen Gesamtbildes der wirtschaftlichen Verhältnisse i. S. d. § 8 Abs. 4 Satz 3 KStG anzuwenden. Das nachstehende Beispiel verdeutlicht den Einfluss des personalistischen Strukturelements der KGaA in Form des KGaA-Komplementärs auf die körperschaftsteuerliche Regelung des § 8 Abs. 4 KStG.

---

1 Vgl. *Hoffmann-Becking, M.*, Auflösung und Abwicklung, 1999, S. 885 - 887.

2 Vgl. *Wiesner, G.*, Grundkapital, Aktien und Rechtsstellung der Aktionäre, 1999, S. 89 - 112.

3 Als Mantelgesellschaft wird eine Kapitalgesellschaft bezeichnet, die nur mangels Handelsregisterlöschung fortbesteht, nicht aber durch ihren Unternehmensgegenstand lebensfähig ist; vgl. *Olbrich, M.*, Mantelgesellschaft, 2001, S. 1326 m. w. N. Zum Mantelkauf vgl. beispielsweise *Bruse, M. / Inhester, M.*, Steuerfallen, 2000, S. 393 f.

Beispiel:

Die X-KGaA steht seit vielen Jahren unter starkem Einfluss der Familie X. Y ist ein Mitglied dieser Familie, der einzige KGaA-Komplementär und hält 40 % der Anteile am Kapital. Die restlichen 60 % der Anteile werden von einem Investor gehalten. Nach langjähriger Verlustphase der KGaA verkauft der Investor seine Anteile an einen Dritten. Y bleibt auch in Zukunft der Geschäftsführer der X-KGaA und beschließt, mit Hilfe eines Darlehens den überwiegenden Teil des Betriebsvermögens zu modernisieren.

Der Hauptanwendungsfall des § 8 Abs. 4 KStG wäre damit grundsätzlich gegeben. Da aber ceteris paribus davon auszugehen ist, dass der Geschäftsbetrieb in einem vergleichbaren Umfang fortgeführt wird, ist somit von einer Sanierung i. S. d. § 8 Abs. 4 Satz 3 KStG auszugehen. Die Verlustverrechnung wird nicht eingeschränkt.

Variante:

Der Geschäftsführer Y erkennt innerhalb eines Jahres, dass nur durch umfangreiche Rationalisierungsmaßnahmen die Zukunft der X-KGaA gesichert werden kann. Der (bis dato) Verlust bringende Geschäftsbetrieb wird um mehr als die Hälfte verkleinert.

Die Finanzverwaltung geht in diesem Fall nicht von einer Sanierung aus,[1] obwohl aus betriebswirtschaftlicher Sicht der Unternehmer der X-KGaA aufgrund der KGaA-Komplementärsstellung des Y unverändert geblieben ist.[2] Der Kauf bzw. Verkauf einer Mantelgesellschaft mit dem Ziel, Verluste handelbar zu machen, ist in diesem Fall wohl nicht gegeben.

Wie bei der laufenden Besteuerung wirken sich die KGaA-Spezifika zwar mittelbar aufgrund der durch die Steuerbelastung der KGaA bedingten Veränderungen des Aus-

---

1 Vgl. *BMF*, Schreiben vom 16.4.1999, BStBl I 1999, S. 456 f., Rz. 16 - 20.

2 Der KGaA-Komplementär einer KGaA kommt einem Unternehmer gleich, während die Kommanditisten als Finanziers betrachtet werden können; s. Kap. B.I., S. 9 - 42.
Werden bei einer GmbH oder AG stimmrechtslose Anteile übertragen, ist in eingeschränktem Umfang eine Vergleichbarkeit gegeben. In diesem Fall wird argumentiert, dass es ausschließlich um die wirtschaftliche Teilhabe an den Verlusten und nicht um Stimmrechte geht; vgl. *Frotscher, G.*, Frotscher / Maas – § 8 KStG, 2002, S.100, Rz. 185. Diese Argumentation vermag aber im KGaA-Fall nicht zu überzeugen, weil es gerade nicht um die wirtschaftliche Teilhabe am Verlust aus Sicht des Anteilseigners geht, da aufgrund der unveränderten KGaA-Komplementärsstellung auszuschließen ist, dass die Verluste zwischen verschiedenen Gesellschaften handelbar gemacht werden sollen. Der Gesellschafterwechsel kann im Ergebnis nur als Indikator dafür dienen, ob ein Mantelkauf vorliegt, durch den Verluste zwischen verschiedenen Geschäftsbetrieben handelbar gemacht werden können; vgl. *Olbrich, M.*, Mantelgesellschaft, 2001, S. 1326 m. w. N.

schüttungspotenzials, nicht aber unmittelbar auf die Besteuerung der Altkommanditaktionäre und der neuen Gesellschafter aus.[1] Das im Verhältnis der KGaA zu den Kommanditaktionären geltende Trennungsprinzip schirmt diese insoweit von der KGaA ab, als sie wie Anteilseigner anderer Kapitalgesellschaften behandelt werden (s. Abb. 7).

2. Unentgeltliche Übertragung

Auf KGaA-Ebene gelten für eine unentgeltliche Übertragung die gleichen Grundsätze wie bei einer entgeltlichen Anteilsübertragung. Beim Neu- und Altgesellschafter ergeben sich im Vergleich zu einer Anteilsübertragung bei einer GmbH oder AG aufgrund des vollständig umgesetzten Trennungsprinzips keine Unterschiede.[2] Unbeachtlich ist insoweit eine gleichzeitige Übertragung der parallelen Beteiligung als KGaA-Komplementär. Die Kommanditaktionärsstellung ist wie in der laufenden Besteuerung streng von der KGaA-Komplementärsstellung zu trennen.[3] Werden zugleich Kommanditaktien und der KGaA-Komplementärsanteil übertragen, ist die Begünstigung des Erwerbs von Produktivvermögen für die Kommanditaktien nur unter den Voraussetzungen für die Mindestbeteiligung am Grundkapital nach § 13a Abs. 4 Nr. 3 bzw. nach § 19a Abs. 2 Nr. 3 ErbStG[4] zu gewähren.[5] Dies beruht auf der Tatsache, dass Kommanditaktien nicht als Sonderbetriebsvermögen eines KGaA-Komplementärs gelten.[6] Da dies aufgrund der Funktion der Kommanditaktien systemgerecht ist,[7] trägt die Besteuerung der unentgeltlichen Übertragung von Kommanditaktien dem hybriden KGaA-Charakter angemessen Rechnung.

---

1 S. Kap. F.I., S. 195 f.

2 Vgl. *Hörger, H.*, Nachfolge, 1998, S. 463, Rz. 906.

3 S. Kap. E.I., S. 149, 152 f.

4 Unbeachtlich ist, dass aufgrund der KGaA-Komplementärsstellung die Voraussetzungen für eine Begünstigung des KGaA-Komplementärsanteils gegeben sind; s. §§ 13a Abs. 4 Nr. 1, 19a Abs. 2 Nr. 2 ErbStG.

5 Vgl. *Ebeling, J.*, Kapp / Ebeling – § 13a ErbStG, 2002, S. 30/2 f., Rz. 87.

6 Vgl. *Crezelius, G.*, Überlegungen, 1997, S. 1585; s. ausführlich Kap. E.I., S. 152 f.

7 Zur Begründung s. Kap. E.I., S. 152 f.

III. Zwischenergebnis und Gestaltungsüberlegungen

1. Entgeltliche Übertragung

Ein Belastungsvergleich einer entgeltlichen KGaA-Komplementärsanteilsübertragung mit einer Veräußerung von Kommanditaktien führt nicht zu einem eindeutigen Ergebnis zugunsten einer Alternative.[1] In einer Entscheidungssituation, in der entweder ein KGaA-Komplementärsanteil oder Kommanditaktien ver- bzw. gekauft werden,[2] wird die steuerliche Vorteilhaftigkeit der Handlungsalternativen im Wesentlichen durch folgende Aspekte bestimmt:

- Aus Sicht des Käufers wird durch die entgeltliche Übertragung eines KGaA-Komplementärsanteils zu einem Preis, der über dem Buchwert liegt, Abschreibungspotenzial geschaffen. Dies führt zumindest zu positiven Zinseffekten.[3] Mit dem Erwerb von Kommanditaktien gehen grundsätzlich nicht planmäßige Abschreibungen einher.[4] Lediglich Teilwertabschreibungen sind bei dauerhaften Wertminderungen

---

1 Vgl. auch *Elser, T.*, GmbH, 2001, S. 805 - 810; *Förster, G.*, Rechtsformwahl, 2001, S. 1234 - 1249; *Fleischmann, M.*, Vermögensmanagement, 2001, S. 1111 - 1115; *Jacobs, D.*, Rechtsformwahl, 2001, S. 806 - 812; *Kessler, W. / Teufel, T.*, Auswirkungen, 2000, S. 1836 - 1842; *Kessler, W. / Teufel, T.*, Gesellschafterfremdfinanzierung, 2001, S. 1955 - 1962.

2 Diese Entscheidungssituation ist insoweit realistisch, als ein erfolgsneutraler Wechsel der KGaA-Komplementärsstellung in die Kommanditaktionärsstellung und vice versa möglich ist; vgl. *Kusterer, S.*, Gestaltungsalternativen, 2001, S. 869; *Kusterer, S.*, Anteilsumwandlung, 1999, S. 1681 - 1683; *Schaumburg, H. / Schulte, C.*, Die KGaA, 2000, S. 122 - 124. Die Umwandlung der Vermögenseinlage in Grundkapital kann nach § 20 UmwStG steuerneutral erfolgen. Die Umwandlung eines Teils des Grundkapitals in eine Vermögenseinlage ist durch Erwerb der eigenen Kommanditaktien möglich, wenn als Gegenleistung die Gewährung einer Vermögenseinlage vereinbart wird.

3 Abschreibungen auf Wirtschaftsgüter führen zu laufenden Steuerminderungen. Veräußert der Neugesellschafter den KGaA-Komplementärsanteil später wieder, erhöht sich der Veräußerungserfolg entsprechend der Abschreibungen. Insoweit wird durch die Verschiebung der Steuerlast zumindest ein Zinseffekt erzielt.

4 Anders als bei einer Mitunternehmerschaft gilt hier nicht die Fiktion eines anteiligen Erwerbs der Wirtschaftsgüter. Werden die Kommanditaktien im Privatvermögen gehalten, ist daher keine Abschreibung möglich. Selbst bei Zuordnung der Kommanditaktien zum Betriebsvermögen kommen nur außerplanmäßige Abschreibungen in Betracht.

denkbar, wenn die Kommanditaktien im Betriebsvermögen eines Einzelunternehmens oder von Personenmehrheiten sind.[1]

- Die entgeltliche Übertragung des KGaA-Komplementärsanteils führt aus Sicht des Verkäufers zu einem Veräußerungserfolg nach § 16 EStG. Dies kann bei Wertsteigerungen zu einer Steuerbelastung und bei Wertminderungen zu einer Steuerentlastung führen. Der Verkauf von Kommanditaktien unterliegt in Abhängigkeit von der Fallkonstruktion der Besteuerung (s. Abb. 7).

Eine allgemeine Aussage, welche der beiden Alternativen aus steuerlicher Sicht vorteilhafter ist, kann demzufolge nicht getroffen werden. Festzuhalten bleibt, dass sich in der KGaA die Belastungsunterschiede von personalistischen und kapitalistischen Veräußerungsvorgängen widerspiegeln.

Im Schrifttum wird vereinzelt ein so genanntes KGaA-Modell diskutiert, das unter Ausnutzung der dargestellten KGaA-Spezifika einen steueroptimierten Unternehmenskauf gewährleisten soll.[2] Nach der Grundidee soll der Verkäufer einen steuerfreien Veräußerungsgewinn erzielen und der Käufer gleichzeitig die Anschaffungskosten als Abschreibungspotenzial nutzen können (Step-Up-Modell). Das KGaA-Modell basiert auf folgender Ausgangssituation: Eine Gesellschaft ("Kauf-Gesellschaft") der Konzerngruppe "Kauf" möchte eine GmbH oder AG ("Ziel-Gesellschaft") von einer Kapitalgesellschaft ("Alt-Mutter") kaufen. Der Vorgang lässt sich in folgende Schritte unterteilen:[3]

---

1 Befinden sich die Kommanditaktien im Betriebsvermögen einer Kapitalgesellschaft, so greift das Verbot zur Teilwertabschreibung nach § 8b Abs. 2 KStG.

2 Vgl. *Beinert, S. / Lishaut, I. van*, Steuerfragen, 2001, S. 1150; *Schaumburg, H. / Schulte, C.*, Die KGaA, 2000, S. 83 - 85; *Endres, D. / Klingberg, D. / Ditsch, S.*, Germany, 2001, S. 36 f. = URL: http://www.legalmediagroup.com/internationaltaxreview/default.asp?Page=1&SID=1300&Type=Tax%20Reference%20Library (30.9.2002); *Bruski, J.*, Step-Up-Modelle, 2002, S. 188.

3 Vgl. *Beinert, S. / Lishaut, I. van*, Steuerfragen, 2001, S. 1150; *Schaumburg, H. / Schulte, C.*, Die KGaA, 2000, S. 83 - 85; *Bruski, J.*, Step-Up-Modelle, 2002, S. 188.

Zunächst veräußert die Kapitalgesellschaft "Alt-Mutter" die "Ziel-Gesellschaft" an die "Kauf-Gesellschaft". Dieser Vorgang ist aufgrund des Schachtelprivilegs nach § 8b KStG grundsätzlich ohne ertragsteuerliche Konsequenzen für die "Alt-Mutter".

In einem zweiten Schritt wird die Zielgesellschaft steuerneutral in eine KGaA umgewandelt.[1] Bei diesem Formwechsel tritt eine weitere Gesellschaft der Konzerngruppe "Kauf" als KGaA-Komplementär der KGaA bei. Die "Kauf-Gesellschaft" wird Kommanditaktionär.

Abschließend wird durch folgende konzerninterne Umstrukturierungsmaßnahmen die Kommanditaktionärsbeteiligung der "Kauf-Gesellschaft" steuerneutral in eine Vermögenseinlage des neuen KGaA-Komplementärs transformiert und dabei gleichzeitig eine positive Ergänzungsbilanz für den KGaA-Komplementär erzeugt: Die KGaA-Komplementärgesellschaft erwirbt von der "Kauf-Gesellschaft" einen Teil der Kommanditaktien.[2] Diese Kommanditaktien werden an die KGaA zur Einziehung weiterveräußert.[3] Dies ist aus Sicht der KGaA nach Tz. 22 des *BMF*-Schreibens vom 2.12.1998 ohne steuerliche Konsequenzen.[4] Dem KGaA-Komplementär wird als Gegenleistung eine Vermögenseinlage gewährt, was zwar beim KGaA-Komplementär grundsätzlich einen Gewinnrealisierungstatbestand darstellt,[5] aber bei zeitnaher Weiterveräußerung faktisch nicht zu einer Realisierung von stillen Reserven führt.[6] Die Anschaffungskosten an der

---

1 Hierzu werden in der Literatur unterschiedliche Modelle diskutiert. Da für die KGaA im UmwStG (Umwandlungsteuergesetz vom 28.10.1994) keine gesonderten Regelungen vorhanden sind, kommen auch eine Verschmelzung, eine Aufspaltung, eine Abspaltung, eine Ausgliederung und ein Formwechsel in Betracht; vgl. *Schaumburg, H. / Schulte, C.*, Die KGaA, 2000, S. 116 - 121. Bezüglich ausführlicher Modelle vgl. beispielsweise *Haritz, D.*, KGaA, 1996, S. 1192 f.; *Niedner, J. / Kusterer, S.*, Weg, 1998, S. 584 - 587; *Niedner, J. / Kusterer, S.*, Gesellschaftsrechtliche Wege, 1998, S. 2405 - 2407; *Halasz, C. / Kloster, L. / Kloster, A.*, Umwandlungen, 2002, S. 310 - 320, 359 - 369; *Farnschläger, M. / Dörschmidt, B.*, Übertragung, 1999, S. 1923 - 1929; kritisch zu *M. Farnschläger* und *B. Dörschmidt*: *Kusterer, S.*, Die ertragneutrale Übertragung, 2000, S. 250 f. Grundlegend zum Formwechsel einer KGaA vgl. *Uelner, A.*, Formwechsel, 1996, S. 365 - 374.

2 Dies bleibt ohne ertragsteuerliche Folgen; s. Kap. C.II., S. 73 f., Abb. 7.

3 Dies ist nach § 71 Abs. 1 Nr. 6 AktG gesellschaftsrechtlich möglich.

4 Vgl. *BMF*, Schreiben vom 2.12.1998, BStBl. I 1998, S. 1509 f.

5 Vgl. *Bruski, J.*, Step-Up-Modelle, 2002, S. 188.

6 Vgl. *Schaumburg, H. / Schulte, C.*, Die KGaA, 2000, S. 84.

ursprünglichen "Ziel-Gesellschaft" werden im Ergebnis auf Ebene des KGaA-Komplementärs zum Abschreibungspotenzial.[1]

Der Begriff KGaA-Modell ist im Rahmen von Unternehmenstransaktionen doppelt belegt. Das zweite Modell dient(e) dazu, die Steuerfreiheit nach § 8b KStG bereits vor seiner Einführung auszunutzen.[2]

2. Unentgeltliche Übertragung

Unentgeltliche Übertragungen von KGaA-Komplementärsanteilen und von Kommanditaktien weisen jeweils andere erbschaft- und schenkungsteuerlichen Belastungen auf. Die Unterschiede resultieren aus

- verschiedenen Bewertungsverfahren,[3]
- der nur für die Kommanditaktien geltenden Mindestbeteiligungsquote zur Gewährung der Privilegierung von Produktivvermögen,[4]
- der mitunternehmerschaftsspezifischen Berücksichtigung von Sonderbetriebsvermögen und
- dem Zinseffekt, welcher durch die nur für den KGaA-Komplementärsanteil mögliche Stundung nach § 28 ErbStG hervorgerufen wird.

Wird neben der Anwendung des Stuttgarter Verfahrens unterstellt, dass die Mindestbeteiligungsquote i. S. d. §§ 13a, 19a ErbStG erfüllt ist und dass der KGaA-Komple-

---

1 Strittig ist, inwieweit § 42 AO dem entgegensteht; vgl. *Bruski, J.*, Step-Up-Modelle, 2002, S. 188 f.; *Schaumburg, H. / Schulte, C.*, Die KGaA, 2000, S. 88; *Beinert, S. / Lishaut, I. van*, Steuerfragen, 2001, S. 1150; *Endres, D. / Klingberg, D. / Ditsch, S.*, Germany, 2001, S. 36 f.

2 Vgl. *Seibt, C. H.*, Steuersenkungsgesetz, 2000, S. 2071. Das Modell basierte auf folgenden Schritten:
   a) Vor Inkrafttreten der Steuerfreiheit nach § 8b KStG beschließen Käufer und Verkäufer den Formwechsel der Zielgesellschaft in eine KGaA.
   b) Der Verkäufer wird Kommanditaktionär, der Käufer KGaA-Komplementär. Dieser erhält – auch bei fehlender Vermögenseinlage – weitgehende Geschäftsführungsbefugnisse.
   c) Im Jahr 2002 werden die Kommanditaktien entgeltlich auf den Käufer übertragen. Mittels Optionen kann diese Übertragung bereits zum Zeitpunkt des Formwechsels abgesichert werden.

3 Vgl. *König, R. / Sureth, C.*, Rechtsformwahl, 2001, S. 63.

4 S. §§ 13a Abs. 4 Nr. 1, 19a Abs. 2 Nr. 2 ErbStG.

mentärsanteil (einschließlich dem Sonderbetriebsvermögen) und die Kommanditaktien zum gleichen Vermögenswert anzusetzen sind, werden die unterschiedlichen Belastungen durch die Ertragskraft der KGaA bestimmt. Wenn der Ertragshundertsatz[1] (i. S. d. Stuttgarter Verfahrens) größer als 12,54 % ist, werden die Kommanditaktien mit einer höheren Erbschaft- und Schenkungsteuer belastet (s. Abb. 22 und 23).

Es gilt:	
X = Anteilswert (Kommanditaktien)	
E = Ertragshundertsatz	
X = 0,68 * (V + 5* 0,75* E)	→ Stuttgarter Verfahren[2]
V = Wert des KGaA-Komplementärsanteils	
X = V	→ Gleichgewichtsbedingung
Folge:	
V = 0,68 * (V + 5 * 0,75 * E)	
...	→ Umformung
→ E = 12,54 % V	

Abb. 22: Bestimmung des belastungsneutralen Ertragshundertsatzes [3]

Im Ergebnis wird damit bei einer ertragstarken KGaA die Übertragung von Kommanditaktien, welche anhand des Stuttgarter Verfahrens zu bewerten sind, mit höherer Erbschaft- und Schenkungsteuer belastet als entsprechende Übertragungen von KGaA-Komplementärsanteilen bzw. vice versa bei ertragschwachen KGaA.[4]

---

1 Der Ertragshundertsatz wird als Unternehmensrendite interpretiert; vgl. *Jacobs, O. H.*, Unternehmensbesteuerung, 2002, S. 441.

2 Der Faktor 0,75 ist eine durch die Einführung des Halbeinkünfteverfahrens bewirkte Änderung; vgl. *Bauer, J.*, Rechtsformwahl, 2001, S. 147; ähnlich: *Löhr, D.*, Bewertung, 2001, S. 352 f.

3 Zu entsprechenden Ergebnissen kommen *Bauer, J.*, Rechtsformwahl, 2001, S. 148 f.; *Schmidt, W. / Levedag, C.*, Grundprofil und Einsatzfelder, 1997, S. 753; *Rödder, T.*, Rechtsformwahl, 1993, S. 2146.

4 Zur ökonomischen Analyse des Stuttgarter Verfahrens vgl. *Jacobs, O. H.*, Unternehmensbesteuerung, 2002, S. 439 - 444.

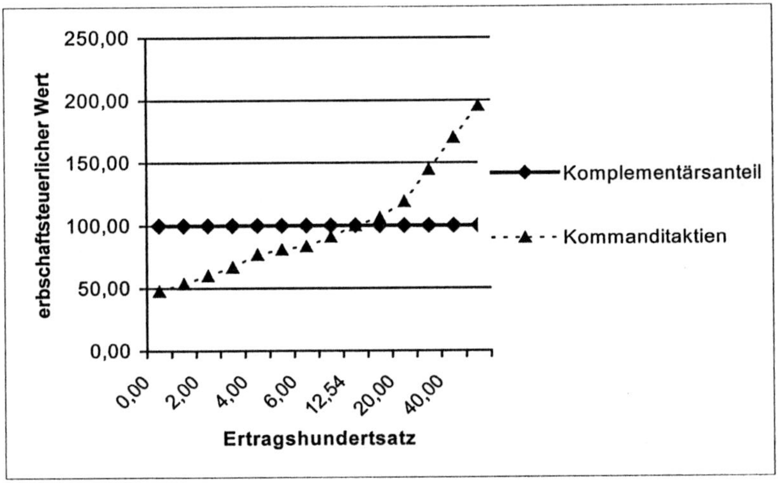

Abb. 23: Erbschaftsteuerliche Bemessungsgrundlagen im Vergleich

Da ein erfolgsneutraler Wechsel der KGaA-Komplementärsstellung in die Kommanditaktionärsstellung und vice versa möglich ist, wird diesen Belastungsunterschieden (betriebswirtschaftliche) Entscheidungsrelevanz beigemessen.[1] Diese spiegelt sich in einem Modell zur Ausgestaltung der KGaA wider, das in der Literatur als Instrument der Unternehmensnachfolge innerhalb einer so genannten Unternehmerfamilie[2] diskutiert wird.[3]

Die private Erbschaft- und Schenkungsteuerbelastung beeinflusst damit die unternehmerische Entscheidung zur Ausgestaltung der KGaA. Die steuerlichen Interessen eines

---

1 S. Fn. 2, S. 206; vgl. *Kusterer, S.*, Gestaltungsalternativen, 2001, S. 869; *Kusterer, S.*, Anteilsumwandlung, 1999, S. 1681 - 1683; *Schaumburg, H. / Schulte, C.*, Die KGaA, 2000, S. 122 - 124.

2 Ziel der Gestaltung ist es, die unentgeltliche Übertragung innerhalb der Familie mit möglichst geringer Steuerbelastung vollziehen zu können.

3 Vgl. *Niedner, J. / Kusterer, S.*, Familien-KGaA, 1997, S. 2010 - 2013; *Kusterer, S.*, Gestaltungsalternativen, 2001, S. 865 - 970; *Schmidt, W. / Levedag, C.*, Grundprofil und Einsatzfelder, 1997, S. 753; *Schaumburg, H. / Schulte, C.*, Die KGaA, 2000, S. 91.

fremden Dritten als Kommanditaktionär werden nicht berücksichtigt, da insoweit keine Einheit zwischen betrieblicher und privater Sphäre besteht.[1]

Die so genannte atypische Familien-KGaA ist dadurch geprägt, dass sich die Unternehmerfamilie aufgrund der erbschaft- und schenkungsteuerlichen Privilegien[2] einer Mitunternehmeranteilsübertragung vorrangig durch eine Vermögenseinlage und nicht durch eine Beteiligung am Grundkapital finanziell engagiert.[3] Um eine Haftungsbeschränkung sicherzustellen, wird vorgeschlagen, dass die Unternehmerfamilie nur mittelbar über eine GmbH & Co. KG als KGaA-Komplementär (bzw. Kommanditaktionär) an der KGaA beteiligt ist (s. Abb. 24).[4] Die GmbH & Co. KG ist erbschaft- und schenkungsteuerlich insoweit irrelevant, da ihr anteiliger Einheitswert am Betriebsvermögen der KGaA mit unveränderter Bewertungstechnik – d. h. nach § 12 Abs. 5 Satz 2 ErbStG i. V. m. §§ 95 ff. BewG – dem Begünstigten zugerechnet wird.[5] Ist auch der GmbH-Anteil Gegenstand der Übertragung, wird dieser mit dem gemeinen Wert angesetzt.[6]

---

1 Vgl. *König, R. / Sureth, C.*, Rechtsformwahl, 2001, S. 63.

2 Zur kritischen Analyse, inwieweit diese Privilegierung tatsächlich gegeben ist, s. Kap. G.III., S. 210 f.

3 Vgl. *Schaumburg, H. / Schulte, C.*, Die KGaA, 2000, S. 91; *Kusterer, S.*, Gestaltungsalternativen, 2001, S. 865.

4 Vgl. *Schmidt, W. / Levedag, C.*, Grundprofil und Einsatzfelder, 1997, S. 753; *Schaumburg, H. / Schulte, C.*, Die KGaA, 2000, S. 93; *Niedner, J. / Kusterer, S.*, Familien-KGaA, 1997, S. 2010 - 2013.

5 Vgl. *Niedner, J. / Kusterer, S.*, Familien-KGaA, 1997, S. 2011; *Schmidt, W. / Levedag, C.*, Grundprofil und Einsatzfelder, 1997, S. 753; *Schaumburg, H. / Schulte, C.*, Die KGaA, 2000, S. 93.

6 Vgl. *Hörger, H.*, Nachfolge, 1998, S. 462, Rz. 903; *Schaumburg, H. / Schulte, C.*, Die KGaA, 2000, S. 93. Dieser Wertansatz wird in der Literatur nur am Rande berücksichtigt; vgl. beispielsweise *Schmidt, W. / Levedag, C.*, Grundprofil und Einsatzfelder, 1997, S. 753; *Niedner, J. / Kusterer, S.*, Familien-KGaA, 1997, S. 2010 - 2013.
Die Anteile an der GmbH fallen unabhängig von der Beteiligungsquote unter die Begünstigung des Produktivvermögens, wenn sie dem Sonderbetriebsvermögen des Kommanditistenanteils zuzurechnen sind; vgl. *Hörger, H.*, Nachfolge, 1998, S. 462, Rz. 903.

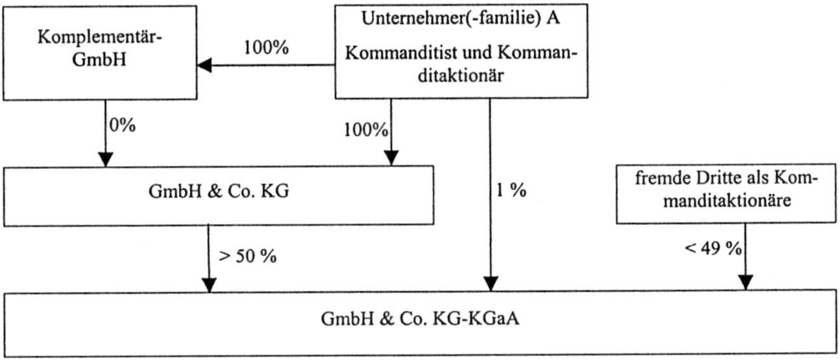

Abb. 24: Beispiel zur Minimierung der Erbschaftsteuerbelastung aus Sicht einer Unternehmerfamilie (Quelle: *Schaumburg, H. / Schulte, C.*, Die KGaA, 2000, S. 94)

S. Kusterer schlägt eine Weiterentwicklung dieses Modells vor, um – aus Sicht der Unternehmerfamilie – nicht nur die Erbschaft- und Schenkungsteuerbelastung zu minimieren, sondern auch die laufende Besteuerung in das Entscheidungskalkül mit einzubeziehen.[1]

3. *Kusterer*-Modell

Ertragsteuerlich können durch die Überführung der atypisch[2] ausgestalteten KGaA in eine typisch[3] ausgestaltete positive Belastungseffekte erzielt werden,[4] da bei Thesaurierung dem definitiven Körperschaftsteuersatz in Höhe von 25 %[5] (zuzüglich Solidaritätszuschlag) auf Seiten der Kommanditaktionärsstellung der – annahmegemäß höhere –

1 Vgl. *Kusterer, S.*, Gestaltungsalternativen, 2001, S. 865 - 870.

2 Bei einer atypisch ausgestalteten KGaA erfolgt das finanzielle Engagement (der Unternehmerfamilie) zum großen Teil über eine Vermögenseinlage; s. Kap. G.III., S. 212.

3 Bei einer typisch ausgestalteten KGaA erfolgt das finanzielle Engagement (der Unternehmerfamilie) zum großen Teil über Kommanditaktien.

4 Vgl. hier und zum Folgendem *Kusterer, S.*, Gestaltungsalternativen, 2001, S. 865 - 870.

5 S. § 23 KStG.

persönliche Einkommensteuersatz auf Seiten der KGaA-Komplementärsstellung gegenübersteht. Eine Umwandlung der Anteile kann steuerneutral ohne Realisierung von stillen Reserven erfolgen.[1]

Daher schlägt *S. Kusterer* vor, die Nachfolgegeneration mittels Kommanditaktien an der KGaA zu beteiligen. Im Vergleich zur Gestaltung nach Abb. 24 wird die KGaA-Komplementärsbeteiligung zunächst an die Nachfolgegeneration unter Ausnutzung der mitunternehmerischen Privilegien unentgeltlich übertragen und in einem zweiten Schritt steuerfrei in eine Kommanditaktionärsbeteiligung transformiert. Die übertragende Generation kann gegebenenfalls weiterhin als mittelbarer KGaA-Komplementär ohne Vermögenseinlage fungieren, um so weiterhin die Geschäftsführung inne zu haben. Sollen außerdem die Kommanditaktionäre bei Bedarf die Anteile steuerfrei weiterveräußern können, ist eine vermögensverwaltende Kapitalgesellschaft in die Gestaltung zu integrieren (s. Abb. 25).[2]

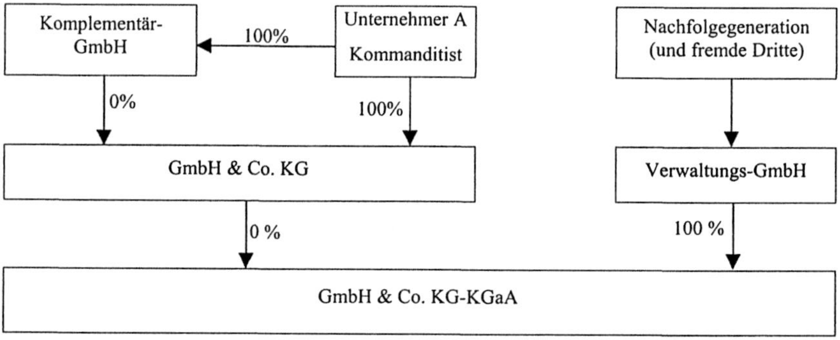

Abb. 25: *Kusterer*-Modell

(Quelle: In Anlehnung an *Kusterer, S.*, Gestaltungsalternativen, 2001, S. 865 - 870)

---

1 S. Fn. 2, S. 206; vgl. *Kusterer, S.*, Gestaltungsalternativen, 2001, S. 869; *Kusterer, S.*, Anteilsumwandlung, 1999, S. 1681 - 1683; *Schaumburg, H. / Schulte, C.*, Die KGaA, 2000, S. 122 - 124.

2 Zur Kapitalgesellschaft als Instrument der privaten Vermögensverwaltung vgl. *Bornheim, W.*, Kapitalgesellschaft, 2001, S. 1950 - 1956, 1990 - 1996.

H. Abschaffung des steuerlichen Dualismus

I. Entscheidungsneutralität als betriebswirtschaftliches Postulat

Aus betriebswirtschaftlicher Sicht ist der Einfluss der Besteuerung auf ökonomische Entscheidungen von Individuen und damit auf das mikroökonomische Verhalten Einzelner von zentraler Bedeutung.[1] Das betriebswirtschaftliche Postulat an ein Besteuerungssystem ist die Entscheidungsneutralität.[2] Dieses Postulat ist erfüllt, wenn die Berücksichtigung von Steuern keinen Einfluss auf unternehmerische Entscheidungen hat und damit Steuern keine Ausweichhandlungen verursachen.[3] Begründet wird diese betriebswirtschaftliche Forderung nach einem entscheidungsneutralen Besteuerungssystem u. a. mit dem Wegfall der Steuerplanungskosten, die als Ineffizienzen interpretiert werden.

Der betriebswirtschaftlichen Entscheidungsneutralität kommt auch in den anderen steuerwissenschaftlichen Disziplinen Finanzwissenschaft[4] und Steuerrechtswissenschaft[5] Bedeutung zu.[6] Die Entscheidungsneutralität führt gesamtwirtschaftlich und damit finanzwissenschaftlich zur Vermeidung von Verzerrungen durch Steuerplanungs-

---

1 Vgl. *Tipke, K. / Lang, J.*, Steuerrecht, 2002, S. 15, Rz. 46.

2 Vgl. stellvertretend für viele *Wagner, F. W.*, Neutralität, 1992, S. 3 f.

3 Vgl. hier und zum Folgendem *Jaeger, C.*, Körperschaftsteuersysteme, 2001, S. 98 m. w. N.; *Wagner, F. W.*, Steuersystem, 1991, S. 89 f.; *Wagner, F. W.*, Leitlinien, 1995, S. 739 - 746. Unterstellt wird dabei ein rational handelndes Individuum, das ceteris paribus die Maximierung des (finanziellen) Nettoergebnisses nach Steuern anstrebt. Zur Entscheidungsorientierung der Betriebswirtschaftlichen Steuerlehre im bestehenden Steuersystem vgl. *Wirner, J.*, Planungsorganisation, 1993, S. 29 - 51.

4 Zentrale Aspekte der finanzwissenschaftlichen Steuerlehre sind die volkswirtschaftlich effiziente Verteilung der Steuerlasten und die Minimierung von Wohlfahrtsverlusten bzw. negativer Steuerwirkungen; vgl. *Tipke, K. / Lang, J.*, Steuerrecht, 2002, S. 13 f., Rz. 43.

5 Gegenstand der Steuerrechtswissenschaft ist die rechtliche Ordnung der Besteuerung. Als Steuergerechtigkeitswissenschaft eruiert sie das Rechtsverhältnis zwischen Staat und Bürger; vgl. *Tipke, K. / Lang, J.*, Steuerrecht, 2002, S. 11, Rz. 34.

6 Zur Einteilung der steuerwissenschaftlichen Disziplinen vgl. *Schneider, D.*, Theorie der Unternehmung, 1997, S. 662.

kosten.[1] Das steuerrechtswissenschaftliche Prinzip der Leistungsfähigkeit korrespondiert nach h. M. weitgehend mit der betriebswirtschaftlichen Entscheidungsneutralität.[2]

Dem steht de lege lata nicht entgegen, dass – aus betriebswirtschaftlicher Sicht – Steuer vermeidende Planungen durchzuführen sind, solange die wirtschaftlichen Handlungsalternativen unterschiedlich mit Steuern belastet sind.[3] Finanzpolitisch ist dies sogar erwünscht, wenn Individuen hierdurch Alternativen wählen, die den Lenkungsabsichten der Finanzpolitik entsprechen. Gegenstand der Betriebswirtschaftlichen Steuerlehre ist es einerseits, als Disziplin der Entscheidungstheorie Individuen Handlungsempfehlungen zur Maximierung des Nettoergebnisses zu geben, und andererseits, als wertfreie Wissenschaft z. B. Vorschläge de lege ferenda zur Umsetzung der Entscheidungsneutralität zu entwickeln.[4] Damit kommt der Betriebswirtschaftlichen Steuerlehre neben ihrer Aufgabe einer betriebswirtschaftlichen Gestaltungslehre die Norm bildende Aufgabe einer Gesetzeswissenschaft zu. Betriebswirtschaftliche Erkenntnisse können zu Vorschlägen de lege ferenda führen, die entweder das bestehende rechtliche Besteuerungssystem verbessern oder neue Besteuerungssysteme beinhalten.[5]

---

1 Vgl. *Jaeger, C.*, Körperschaftsteuersysteme, 2001, S. 99 m. w. N. Diesem positiven Effekt steht aber m. E. gegenüber, dass die Entscheidungsneutralität die finanzpolitischen Lenkungsabsichten konterkariert.

2 Vgl. hierzu ausführlich *Elschen, R.*, Entscheidungsneutralität, 1991, S. 99 - 115; *Knoll, L.*, Neutralitätspostulate, 2001, S. 335. Ebenso stellt der Jurist *J. Lang* fest, dass das "Ideal einer entscheidungsneutralen Besteuerung ... ziemlich exakt dem modernen rechtlichen Verständnis einer gleichmäßigen Besteuerung nach der Leistungsfähigkeit" entspricht; *Lang, J.*, Entwurf, 1993, S. 95 f., Tz. 358 (Original mit Hervorhebungen).

3 Vgl. hier und zum Folgendem *Wagner, F. W.*, Neutralität, 1992, S. 3.

4 Vgl. *Tipke, K. / Lang, J.*, Steuerrecht, 2002, S. 15, Rz. 46.

5 So ist auch die vorliegende Untersuchung aufgebaut: Zunächst wurde die Besteuerung der KGaA de lege lata analysiert und betriebswirtschaftliche Konsequenzen gezogen. Aus diesen wiederum wurden – unter Beibehaltung des rechtlich vorgegebenen Besteuerungssystems – Vorschläge de lege ferenda abgeleitet. Im Folgenden wird die KGaA-Besteuerung – losgelöst von rechtlich vorgegebenen Grundkonzepten – an betriebswirtschaftlichen Idealen gemessen.

Eine an betriebswirtschaftlichen Idealen ausgerichtete Analyse der Besteuerung der KGaA und ihrer Gesellschafter orientiert sich damit an Neutralitätsaspekten, ohne dabei per se grundsätzlich[1] gegen andere Steuerwissenschaften zu verstoßen. Die Entscheidungsneutralität betrifft im Rahmen der Unternehmensbesteuerung sowohl die Einkommensentstehung als auch die -verwendung. Während die steuerliche Entscheidungsneutralität im Bereich der Einkommens*entstehung* in die Rechtsform-, Finanzierungs- und Standortneutralität[2] unterteilt werden kann, ist die steuerliche Entscheidungsneutralität im Bereich der (unternehmerischen) Einkommens*verwendung* mit der Gewinnverwendungsneutralität gleichzusetzen.[3]

---

1 Die m. E. gegebene finanzwissenschaftliche Konkurrenz zwischen Lenkungsfunktion und Vermeidung von Ineffizienzen durch Steuerplanungskosten wird insoweit vernachlässigt.

2 Bei einer nationalen Analyse beschränkt sich die Bedeutung der Standortneutralität auf unterschiedliche Gewerbesteuerhebesätze sowie auf Bundeslandspezifika und wird deshalb vernachlässigt.

3 Vgl. *Jaeger, C.*, Körperschaftsteuersysteme, 2001, S. 101; im Ergebnis so auch *Kiesewetter, D.*, Theoretische Leitbilder, 1997, S. 24 f.; *Knoll, L.*, Neutralitätspostulate, 2001, S. 335 f. Allerdings verwenden *B. Knoll* und *D. Kiesewetter* statt Rechtsformneutralität den weiter auszulegenden Begriff Investitionsneutralität, der sich neben Finanzanlagen auch auf Sachanlagen bezieht. Da hier die Beziehung zwischen Unternehmen und Gesellschafter von Interesse ist, kann eine Reduktion auf die Rechtsformneutralität erfolgen; vgl. *Jaeger, C.*, Körperschaftsteuersysteme, 2001, S. 101.

II. Entscheidungsneutralität der KGaA-Besteuerung de lege lata

Die Neutralitätsaspekte der KGaA können sowohl qualitativ als auch quantitativ untersucht werden. Auf eine vollständige Analyse eines einzelnen Neutraliätsaspektes kann dann verzichtet werden, wenn bereits die partielle Betrachtung grundlegende Verstöße gegen das Neutralitätspostulat aufzeigt. In die Analyse ist sowohl die Besteuerung der KGaA als auch die der Gesellschafter einzubeziehen.[1]

1. Rechtsformneutralität

Die Rechtsformneutralität verlangt von einem Steuersystem, dass die Unternehmensformen hinsichtlich der Steuerbelastung gleich behandelt werden.[2] Wird die Rechtsformneutralität als Ausfluss der Wettbewerbsneutralität interpretiert, dürfen unterschiedliche Bemessungsgrundlagen und Steuersätze nicht die relative Wettbewerbsposition im Markt beeinflussen.[3] Damit muss auch ein und dieselbe Rechtsform gleich belastet werden. Die Besteuerung der KGaA-Komplementäre orientiert sich – dem Transparenzprinzip entsprechend – am persönlichen Einkommensteuersatz; die Rechtsformneutralität im Sinne einer Wettbewerbsneutralität ist insoweit nicht gegeben.

---

1 Die Steuerbelastung der KGaA-Komplementäre ist aufgrund ihres Einflusses als geborene Geschäftsführer als relevant anzusehen und damit in das Kalkül aufzunehmen. Die Steuerbelastung der Kommanditaktionäre ist nicht zuletzt aufgrund der Entscheidungssituation der KGaA-Komplementäre, sich finanziell mit einer Vermögenseinlage oder durch Kommanditaktien an der KGaA zu beteiligen, mit einzubeziehen; vgl. *Wagner, F. W. / Wenger, E.*, Dividenden-Stripping, 2001, S. 386; zur Entscheidungssituation s. Kap. G.III., S. 206.

2 Vgl. *Hey, J.*, Unternehmensgewinne, 2001, S. 157 - 174; *Kirchhof, P.*, Verfassungsrechtliche Maßstäbe, 2000, S. 556; *Jaeger, C.*, Körperschaftsteuersysteme, 2001, S. 102. Zu der hier nicht durchgeführten Analyse der juristischen Argumente gegen die Rechtsformneutralität und zur betriebswirtschaftlichen Widerlegung dieser Argumentationen vgl. *Hey, J.*, Unternehmensgewinne, 2001, S. 174 - 180.

3 Vgl. *Hey, J.*, Unternehmensgewinne, 2001, S. 158 - 161.

Ebenso wird unter Rechtsformneutralität die Forderung gefasst, die Steuerbelastung von Personenunternehmen nicht von der Steuerbelastung von Kapitalgesellschaften abweichen zu lassen.[1] Die Steuerbelastung muss sowohl vor als auch nach einer Gewinnausschüttung bzw. einer Entnahme unter Einbeziehung der Gesellschafter identisch sein.[2] Wird die KGaA isoliert – d. h. ohne Vergleich zu einer anderen Rechtsform – betrachtet, kann dieser Neutralitätsaspekt nicht unmittelbar analysiert werden. Die Grundidee des Gesetzgebers zur KGaA-Besteuerung ist es aber, den gesellschaftsrechtlich hybriden Charakter der KGaA in ihrer Besteuerung widerzuspiegeln. Die Aspekte der Rechtsformneutralität sind in der Eigenkapitalfinanzierung der KGaA immanent und finden sich in einer KGaA-spezifischen Erweiterung der Finanzierungsneutralität wieder.[3] Ist diese nicht gegeben, wird damit auch gegen die Rechtsformneutralität i. S. einer Gleichbehandlung der verschiedenen Rechtsformen verstoßen.

2. Finanzierungsneutralität

Finanzierungsneutralität ist dann gegeben, wenn sich die steuerliche Gesamtbelastung nicht aufgrund der Finanzierungsform unterscheidet.[4] Im Rahmen der KGaA-Analyse muss die Betrachtung zweistufig erfolgen, da zwei Arten von Eigenkapital auftreten. Zunächst muss untersucht werden, ob die Hingabe von Eigenkapital die gleiche Steuerbelastung mit sich bringt wie die Hingabe von Fremdkapital. Im Anschluss daran ist zu analysieren, ob beide Varianten der Eigenkapitalfinanzierung identische Belastungskonsequenzen aufweisen.

---

1 Vgl. *Lishaut, I. van*, Gesellschaftersicht, 2000, S. 187; *Pelka, J.*, Rechtsformneutralität, 2000, S. 389 - 398.

2 Vgl. *Herzig, N. / Watrin, C.*, Betriebswirtschaftliche Anforderungen, 2000, S. 385; *Jaeger, C.*, Körperschaftsteuersysteme, 2001, S. 102.

3 Im Folgenden wird daher zwischen Finanzierungsneutralität Typ A und Typ B unterschieden.

4 Vgl. *Jaeger, C.*, Körperschaftsteuersysteme, 2001, S. 104.

a. Finanzierungsneutralität Typ A

Unter Finanzierungsneutralität Typ A soll folgende Variante dieses Neutralitätsaspektes gefasst werden: Ein Unternehmer muss die Entscheidung, ein Unternehmen mit Eigen- oder mit Fremdkapital zu finanzieren, losgelöst von steuerlichen Einflüssen treffen können. Der (optimale) Verschuldungsgrad eines Unternehmens soll damit steuerunabhängig sein.[1]

Die Finanzierungsneutralität Typ A ist – wie sich mit folgendem einfachen Beispiel zeigen lässt – bei der KGaA nicht gegeben.

Einer KGaA kann durch eine im Inland unbeschränkt steuerpflichtige natürliche Person entweder Fremdkapital oder Eigenkapital in Form von Kommanditaktien zugeführt werden. Der Gewinn (G_{FK}) auf KGaA-Ebene vor Zinszahlung, vor Gewerbesteuer und vor Körperschaftsteuer im Fall der Fremdfinanzierung soll annahmegemäß gleich dem Gewinn (G_{EK}) vor Gewerbesteuer, vor Körperschaftsteuer und vor Gewinnausschüttung im Fall der Eigenfinanzierung sein. In beiden Fällen wird dem Kapitalgeber so viel ausgezahlt, dass kein Gewinn in der KGaA verbleibt. Annahmegemäß führt dies bei der Variante Fremdfinanzierung nicht zu einer verdeckten Gewinnausschüttung. Das Fremdkapital stellt Dauerschulden i. S. d. § 8 Nr. 1 GewStG dar. Der Solidaritätszuschlag ist im Vorteilhaftigkeitsvergleich zu berücksichtigen, nicht zuletzt weil beide Varianten unterschiedlich mit Gewerbesteuer belastet werden, dies zu unterschiedlichen Steuern vom Einkommen führt und damit der Solidaritätszuschlag differiert. Bei einem Gewerbesteuerhebesatz von annahmegemäß 500 % beträgt der Gewerbesteuersatz 20 %. Das Beispiel führt rechnerisch zu folgenden Ergebnissen:

[1] Vgl. *Jaeger, C.*, Körperschaftsteuersysteme, 2001, S. 104 m. w. N.

Gesamtbelastung der Variante Fremdfinanzierung:

$$Steuerlast_{FK} = (G_{FK}*0{,}5*0{,}2) + (G_{FK}*0{,}9*s_{ESt}) * 1{,}055 \quad |$$ [1]

$$\rightarrow \quad s_{FK} = 0{,}1 + (0{,}9*s_{ESt}) * 1{,}055$$

$$\rightarrow \quad s_{FK} = 0{,}1 + 0{,}950 * s_{ESt}$$

Gesamtbelastung der Variante Eigenfinanzierung:

$$Steuerlast_{EK} = (G_{EK}*0{,}2) + (G_{EK}*0{,}8*0{,}25) * 1{,}055 + (G_{EK}*0{,}8*0{,}368*s_{ESt}) * 1{,}055 \quad |$$ [2]

$$\rightarrow \quad s_{EK} = 0{,}2 + (0{,}8*0{,}25) * 1{,}055 + (0{,}8*0{,}368*s_{ESt}) * 1{,}055$$

$$\rightarrow \quad s_{EK} = 0{,}2 + (0{,}25 + 0{,}368*s_{ESt}) * 0{,}8 * 1{,}055$$

$$\rightarrow \quad s_{EK} = 0{,}411 + 0{,}311 * s_{ESt}$$

Beide Gesamtbelastungen hängen linear vom durchschnittlichen Einkommensteuersatz ab. Da für beide Randpunkte ($s_{ESt} = 0$ bzw. $s_{ESt} = 0{,}485$) die Gesamtbelastung der Eigenfinanzierungsalternative größer ist, gebührt der Fremdfinanzierung aus steuerlichen Gesichtspunkten immer der Vorzug (s. Abb. 26).[3] Die Gesamtsteuermehrbelastung der Eigenfinanzierung beträgt im Extremfall 411 %. Die aufgezeigten Belastungsunterschiede werden im Zeitablauf nicht ausgeglichen; ein dynamischer Vergleich bringt keine abweichenden Erkenntnisse.

---

1 Der erste Summand stellt die Gewerbesteuerbelastung dar, der zweite die Einkommensteuerbelastung einschließlich des Solidaritätszuschlags des Fremdkapitalgebers. Freibeträge werden vernachlässigt. Die Kapitalertragsteuer kann aufgrund ihres Vorauszahlungscharakters ohne Berücksichtigung bleiben.

2 Der erste Summand stellt die Gewerbesteuerbelastung dar, der zweite die Körperschaft- und Solidaritätszuschlagsbelastung der KGaA und der dritte die Einkommensteuerbelastung einschließlich des Solidaritätszuschlags des Kommanditaktionärs. Der Multiplikator in Höhe von 0,368 für s_{ESt} setzt sich wie folgt zusammen: $(1-0{,}25*1{,}055)*0{,}5 = 0{,}368$. Freibeträge werden vernachlässigt. Die Kapitalertragsteuer kann aufgrund ihres Vorauszahlungscharakters ohne Berücksichtigung bleiben.

3 Zu einem analogen Ergebnis kommt *Krawitz, N.*, Halbeinkünfteverfahren, 2000, S. 1724.

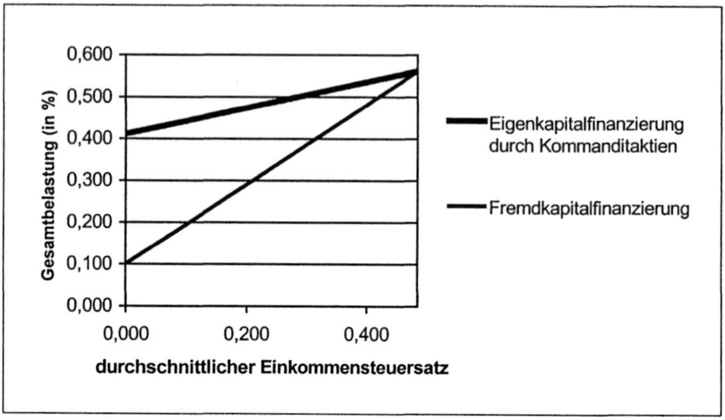

Abb. 26: Graphische Darstellung der Finanzierungs*a*neutralität Typ A

Dieses grundlegende Beispiel[1] belegt die Finanzierungs*a*neutralität Typ A und basiert im Wesentlichen auf zwei Effekten. Erstens zeigt es die mangelnde Funktionsweise des Halbeinkünfteverfahrens auf. Trotz unendlicher relativer Erhöhung des Einkommensteuersatzes s_{ESt} steigt die Gesamtbelastung im Fall der Eigenfinanzierung um ca. 37 % (von 0,411 auf 0,562). Wird die Eigenfinanzierungsbelastung um die konstante Gewerbesteuer bereinigt, die nicht in Zusammenhang mit dem Halbeinkünfteverfahren zu sehen ist, steht einer unendlichen relativen Steigerung des Einkommensteuersatzes s_{ESt} von 0 auf 48,5 % eine durch s_{ESt}-induzierte Steigerung der Gesamtbelastung um ca. 72 % (von (0,411 - 0,2) % = 0,211 % auf (0,562 - 0,2) % = 0,362 %) gegenüber; die Elastizität ε_{EK} beträgt 0,1.[2] Die Elastizität ε_{FK} beträgt hingegen 0,9.[3]

---

1 Für weitere (analoge) Beispiele vgl. *Rogall, M.*, Dividenden, 2001, S. 1903 f.

2 $\varepsilon_{EK} = \delta\, s_{EK} / \delta\, s_{ESt} * \Delta\, s_{EK} / \Delta\, s_{ESt} = 0{,}311 * 0{,}151 / 0{,}485 \approx 0{,}1$.

3 $\varepsilon_{FK} = \delta\, s_{FK} / \delta\, s_{ESt} * \Delta\, s_{FK} / \Delta\, s_{ESt} = 0{,}950 * 0{,}460 / 0{,}485 \approx 0{,}9$.

Der zweite Effekt ist auf die im geltenden Steuersystem strenge Unterscheidung zwischen Gewinnverwendung und -erzielung zurückzuführen. Die Zinszahlungen sind im Gegensatz zu Dividenden der Gewinnerzielung der KGaA zuzuordnen und dürfen als Betriebsausgabe das gewerbliche Ergebnis mindern. Die hieraus resultierende Gewerbesteuermehrbelastung wird nur partiell durch die hälftige Hinzurechnung nach § 8 Nr. 1 GewStG gemindert.[1]

Der Gesamteffekt ($E_{ges} = s_{EK} - s_{FK}$) ist wie folgt zu quantifizieren:

$$E_{ges} = 0{,}411 + 0{,}311 * s_{ESt} - 0{,}1 - 0{,}950 * s_{ESt} \qquad \text{ist für alle } s_{ESt} > 0$$

$$\rightarrow \quad E_{ges} = 0{,}311 - 0{,}639 * s_{ESt}$$

$$\rightarrow \quad E_{ges} = \underbrace{0{,}1}_{\text{Gewerbesteuer}} + \underbrace{0{,}211 - 0{,}639 * s_{ESt}}_{\text{Steuern vom Einkommen}}$$

b. Finanzierungsneutralität Typ B – KGaA-spezifische Erweiterung

KGaA-spezifisch ist die Finanzierungsneutralität Typ B zu prüfen. Dem betriebswirtschaftlichen Neutralitätspostulat zufolge sollten keine steuerlichen Belastungsunterschiede aus der Hingabe einer Vermögenseinlage als KGaA-Komplementär und der Beteiligung als Kommanditaktionär resultieren. Dass dies genau nicht der Fall ist, zeigen die diversen in der Literatur diskutierten steuerinduzierten KGaA-Modelle.[2]

---

1 Zu Recht formuliert *T. Rödder*: Aus "Anlegersicht (ist, *M. H.)* bemerkenswert, daß mit der Dividende eine Art der Kapitalerträge hälftig besteuert wird, während z. B. Zinsen voll steuerpflichtig bleiben."; vgl. *Rödder, T.*, Halbeinkünfteverfahren, 2000, S. 372.

2 S. Kap. G.III., S. 206 - 214 m. w. N.

KGaA-Komplementäre werden Mitunternehmern angenähert und damit weitgehend nach dem Transparenzprinzip besteuert.[1] Die Besteuerung der Kommanditaktionäre ist hingegen durch das Trennungsprinzip charakterisiert.[2] Die KGaA-spezifische Finanzierungsneutralität Typ B ist daher – zumindest im Ansatz – mit den Belastungsunterschieden von Personen- und Kapitalgesellschaften vergleichbar. Bei diesen treten sowohl im Rahmen statischer als auch dynamischer Analysen differierende Steuerbelastungen auf.[3]

Die unmittelbaren gewerbesteuerlichen Unterschiede zwischen einer Mitunternehmerschaft und einer Kapitalgesellschaft fallen beim Vergleich zwischen einem KGaA-Komplementär und einem Kommanditaktionär weg, da in beiden Fällen weder der Freibetrag nach § 11 Abs. 1 GewStG noch der Staffeltarif nach § 11 Abs. 2 GewStG anzuwenden ist. Unterschiede aufgrund der Hinzurechnung nach § 8 Nr. 4 GewStG sind zu beachten, stellen aber aufgrund der Regelung des § 15 Abs. 1 Satz 1 Nr. 2 EStG und der daraus resultierenden Gewerbesteuerbelastung im Vergleich zur Analyse der Rechtsformneutralität zwischen Kapital- und Personengesellschaften ein entsprechendes Problem dar. Auch dort muss die Ungleichbehandlung von Gesellschaft-Gesellschafterbeziehungen berücksichtigt werden.

Die Belastungsunterschiede im Rahmen der Finanzierungsneutralität Typ B können damit – qualitativ analysiert – auf mehrere Faktoren zurückgeführt werden. Das Transparenzprinzip führt zu einer Einkommensteuerbelastung die durch die Gewerbesteueranrechnung nach § 35 EStG verringert wird; das Trennungsprinzip hat hingegen eine Körperschaftsteuerbelastung und eine durch das Halbeinkünfteverfahren

---

1 S. Kap. E.I., S. 141 - 183.

2 S. Kap. F.I., S. 195 f.

3 Vgl. stellvertretend für viele *Höflacher, S. / Wendlandt, K.*, Rechtsformwahl, 2001, S. 793 - 797; *König, R. / Sureth, C.*, Steuerbelastung, 2001, S. 117 - 121; *Lührmann, V.*, Steueroptimale Rechtsformwahl, 2001, S. 1210 - 1214; *Lothmann, W.*, Thesen zur steueroptimalen Rechtsformwahl, 2000, S. 2153 - 2157.

geminderte Einkommensteuerbelastung zur Folge. Ebenso sind gewerbesteuerliche Unterschiede zu beachten. Die folgende quantitative Analyse verdeutlicht diese Belastungsunterschiede:

Einer KGaA kann durch eine im Inland unbeschränkt steuerpflichtige natürliche Person Eigenkapital entweder in Form von Kommanditaktien oder in Form einer Vermögenseinlage zugeführt werden. Der Gewinn (G_{Per}) auf KGaA-Ebene vor Gewerbesteuer, vor Körperschaftsteuer und vor Anwendung des § 9 Abs. 1 Nr. 1 KStG im Fall der Eigenfinanzierung durch eine Vermögenseinlage soll annahmegemäß gleich dem Gewinn (G_{Kap}) vor Gewerbesteuer, vor Körperschaftsteuer und vor Gewinnausschüttung im Fall der Eigenfinanzierung durch Kommanditaktien sein. In beiden Fällen wird dem Kapitalgeber so viel ausgezahlt, dass kein Gewinn in der KGaA verbleibt. Bei einem Gewerbesteuerhebesatz von annahmegemäß 500 % beträgt der Gewerbesteuersatz 20 %. Das Beispiel führt rechnerisch zu folgenden Ergebnissen:

Gesamtbelastung der Variante Eigenfinanzierung durch eine Vermögenseinlage:

$$Steuerlast_{Per} = (G_{Per}*0{,}2) + (G_{Per}*0{,}8*s_{ESt} - G_{Per}*0{,}2/5*1{,}8) * 1{,}055 \quad |^{1}$$

$$\text{Dabei muss gelten: } G_{Per}*0{,}8*s_{ESt} - G_{Per}*0{,}2/5*1{,}8 \geq 0 \quad |^{2}$$

→ $s_{Per} = 0{,}2 + (0{,}8*s_{ESt} - 0{,}072) * 1{,}055$ falls $0{,}8*s_{ESt} > 0{,}072$ und damit $s_{ESt} > 0{,}09$

→ $s_{Per} = 0{,}124 + 0{,}844*s_{ESt}$ falls $s_{ESt} > 0{,}09$

→ $s_{Per} = 0{,}2$ falls $0{,}8*s_{ESt} \leq 0{,}072$ und damit $s_{ESt} \leq 0{,}09$

---

1 Der erste Summand stellt die Gewerbesteuerbelastung dar, der zweite die Einkommensteuerbelastung unter Berücksichtigung der Gewerbesteueranrechnung nach § 35 EStG und des Solidaritätszuschlags. Der (anteilige) Gewerbesteuer-Messbetrag bestimmt sich durch Division der Gewerbesteuer durch den Hebesatz. Freibeträge werden vernachlässigt. Die Kapitalertragsteuer bleibt aufgrund ihres Vorauszahlungscharakters ohne Berücksichtigung.

2 S. § 35 Abs. 1 EStG.

Gesamtbelastung der Variante Eigenfinanzierung durch Kommanditaktien (wie oben):

$$Steuerlast_{Kap} = (G_{Kap}*0{,}2) + (G_{Kap}*0{,}8*0{,}25) * 1{,}055 + (G_{Kap}*0{,}8*0{,}368*s_{ESt}) * 1{,}055 \quad |^{1}$$

$$\rightarrow \quad s_{Kap} = 0{,}2 + (0{,}8*0{,}25) * 1{,}055 + (0{,}8*0{,}368*s_{ESt}) * 1{,}055$$

$$\rightarrow \quad s_{Kap} = 0{,}2 + (0{,}25 + 0{,}368*s_{ESt}) * 0{,}8 * 1{,}055$$

$$\rightarrow \quad s_{Kap} = 0{,}411 + 0{,}311 * s_{ESt}$$

Ein Vergleich der beiden Alternativen zeigt, dass – unabhängig vom Einkommensteuersatz – die Variante der Eigenkapitalzufuhr mittels einer Vermögenseinlage niedriger mit Steuern belastet ist.[2]

3. Gewinnverwendungsneutralität

Nach dem Postulat der Gewinnverwendungsneutralität sollen keine steuerlichen Belastungsunterschiede zwischen ausgeschütteten und thesaurierten Gewinnen bestehen.[3] Betriebswirtschaftlich kann weder die Begünstigung von einbehaltenen noch die Begünstigung von ausgeschütteten Gewinnen begründet werden.[4]

§ 15 Abs. 1 Satz 1 Nr. 3 EStG unterscheidet bei den Gewinnanteilen, die einem KGaA-Komplementär zuzurechnen sind, nicht zwischen einer Ausschüttung (Entnahme) und einer Thesaurierung. Insoweit ist die Forderung nach Gewinnverwendungsneutralität erfüllt. Anders verhält sich dies bei den Gewinnanteilen, die den Kommanditaktionären

---

1 Ebenso Kap. H.II., S. 221. Der erste Summand stellt die Gewerbesteuerbelastung dar, der zweite die Körperschaft- und Solidaritätszuschlagsbelastung der KGaA und der dritte die Einkommensteuerbelastung einschließlich des Solidaritätszuschlags des Kommanditaktionärs. Der Multiplikator in Höhe von 0,368 für s_{ESt} setzt sich wie folgt zusammen: (1-0,25*1,055)*0,5 = 0,368. Freibeträge werden vernachlässigt. Die Kapitalertragsteuer bleibt aufgrund ihres Vorauszahlungscharakters ohne Berücksichtigung.

2 Zur Analyse des Ergebnisses s. analog Kap. H.II., S. 222 f.

3 Vgl. *Jaeger, C.*, Körperschaftsteuersysteme, 2001, S. 106 - 108 m. w. N.

4 Vgl. *Siegel, T.* u. a., Anrechnungsverfahren, 2000, S. 1270.

zuzurechnen sind. Hier führt das anzuwendende Halbeinkünfteverfahren zu unterschiedlichen steuerlichen Belastungen der beiden Gewinnverwendungsalternativen, sofern der individuelle Einkommensteuersatz der Kommanditaktionäre ungleich null ist.[1]

4. Zwischenergebnis

Die Besteuerung der KGaA und ihrer Gesellschafter genügt der Forderung nach Neutralität nicht. Dies ist insbesondere auf das Halbeinkünfteverfahren und auf die Existenz des steuerlichen Dualismus zurückzuführen.

a. Halbeinkünfteverfahren

Ungeachtet der betriebswirtschaftlichen Kritik am Halbeinkünfteverfahren im Allgemeinen[2] ist KGaA-spezifisch das Halbeinkünfteverfahren wie folgt zu bewerten:

- Die Forderung nach Finanzierungsneutralität Typ B wird durch das Halbeinkünfteverfahren konterkariert. Während das im Rahmen der Unternehmenssteuerreform 2000 abgeschaffte Anrechnungsverfahren wenigstens noch die Anwendung des persönlichen Einkommensteuersatzes im Fall einer Ausschüttung sicherstellte und in-

---

1 Im Fall der Ausschüttung unterliegen die bereits mit Körperschaftsteuer belasteten Gewinne bei einem unbeschränkt steuerpflichtigen Kommanditaktionär noch zusätzlich zur Hälfte der Einkommensteuer; vgl. *Scheffler, W.*, Einfluss der Steuerreform, 2000, S. 2443; *Scheffler, W.*, Besteuerung von Unternehmen I, 2002, S. 158 f.; *Kulemann, G. / Harle, G.*, Halbeinkünfteverfahren, 2000, S. 531; *Lishaut, I. van*, Aktionär, 1999, S. 941. In diesem Zusammenhang wird dem Halbeinkünfteverfahren ein Lock-In-Effekt zugesprochen; vgl. *Hundsdoerfer, J.*, Halbeinkünfteverfahren, 2001, S. 113 - 125; *Haase, K. D. / Lüdemann, L.*, Finanzierungspolitik, 2000, S. 752; *Korth, M.*, Nationale Antworten, 1999, S. 308.

2 Vgl. stellvertretend für viele *Siegel, T.* u. a., Anrechnungsverfahren, 2000, S. 1269 f.; *Hey, J.*, Unternehmensgewinne, 2001, S. 209 - 212; *Wagner, F. W.*, Unternehmenssteuerreform, 2000, S. 109 - 120; *Bareis, P.*, Halbeinkünfteverfahren, 2000, S. 133 - 143; *Krawitz, N.*, Halbeinkünfteverfahren, 2000, S. 1721 - 1727; *Homburg, S.*, Sicht der Wissenschaft, 2001, S. 8 - 16; *Homburg, S. / Theisen, M. R.*, Das gefangene Eigenkapital, 2000, S. 1930 f.; *Mössner, J. M.*, Dividendenbesteuerung, 2001, S. 30 - 32; *Reiß, W.*, Anrechnungsverfahren, 2000, S. 63.

soweit eine Vergleichbarkeit zur Besteuerung des KGaA-Komplementärs gegeben war, leistet dies das Halbeinkünfteverfahren nicht mehr.[1]

- Das Halbeinkünfteverfahren manifestiert bei Kommanditaktionären die Gewinnverwendungs*a*neutralität[2] der KGaA-Gewinne.[3]

b. Steuerlicher Dualismus

Solange der steuerliche Dualismus existiert, wird die Finanzierungsneutralität Typ B bei der KGaA nicht umzusetzen sein. Dies wäre nur dann gegeben, wenn kapitalistische und personalistische Besteuerungsregelungen zu denselben Steuerbelastungen führen würden; der Dualismus hätte dann rein formalen Charakter.[4] Wird unter dem Dualismus das Nebeneinander zweier grundsätzlich verschiedener Rechtsregime verstanden, ist dieser Fall nur zufällig gegeben.

Formal wird der steuerliche Dualismus mit der Einheitlichkeit der Rechtsordnung begründet, welche die steuerliche Fortführung der zivilrechtlichen Unterscheidung erfordert.[5] Strittig ist, ob und inwieweit aus dem formalen rechtlichen Grundsatz der Einheitlichkeit der Rechtsordnung auch materielle Konsequenzen für eine rechtsformab-

---

1 Treffend resümiert *J. Hey*: "Es entbehrt nicht einer gewissen Ironie, daß der Gesetzgeber, der aufgebrochen ist, ein rechtsformneutrales Unternehmenssteuerrecht zu schaffen, nicht nur die vorgefundenen Rechtsformunterschiede (bzw. KGaA-spezifisch die gegebene Finanzierungs*a*neutralität Typ B, *M. H.*) größtenteils nicht beseitigt hat, sondern in einer bereits 1977 überwundenen Weise institutionalisiert hat"; *Hey, J.*, Unternehmensgewinne, 2001, S. 209.

2 Nur bei einem individuellen Einkommensteuersatz des Kommanditaktionärs von Null ist die Forderung nach Gewinnverwendungsneutralität erfüllt.

3 So im Ergebnis auch *Sigloch, J.*, Unternehmenssteuerreform, 2000, S. 172; *Sigloch, J.*, Betriebsteuer, 2000, S. 126 - 128. Unbestritten bleibt, dass im Ergebnis auch das Anrechnungsverfahren die Gewinnverwendungsneutralität nicht vollständig erfüllt. Dennoch wird dieser Aspekt hier nicht dem Dualismus im Allgemeinen, sondern dem Halbeinkünfteverfahren zugeordnet, da die Grundidee des Halbeinkünfteverfahrens eine Zweiteilung der Besteuerung (erstens auf Körperschaftsebene und zweitens auf Anteilseignerebene) vorsieht, während durch das Anrechnungsverfahren Gewinne zwar bereits auf Körperschaftsebene vollständig vorbelastet sind, im Fall einer Ausschüttung aber eine Anpassung an die individuelle Leistungsfähigkeit des Anteilseigners erreicht wird.

4 Aus betriebswirtschaftlicher Sicht wäre beispielsweise nichts gegen eine Körperschaftsteuer einzuwenden, die (verfahrenstechnisch) als "Sicherungs-"Einkommensteuer fungiert; vgl. *Siegel, T.* u. a., Anrechnungsverfahren, 2000, S. 1269.

5 Vgl. *Jaeger, C.*, Körperschaftsteuersysteme, 2001, S. 103 f.

hängige Besteuerung abzuleiten sind.[1] Unabhängig davon muss sich eine betriebswirtschaftliche Betrachtung diesen formalen rechtlichen Grundsatz ohnehin nicht zugrunde legen.

In materieller Hinsicht wird argumentiert, dass aufgrund der gesellschaftsrechtlichen Rechtsformunterschiede auch steuerliche Differenzierungen "wünschenswert" sind.[2] Unabhängig von der Tatsache, dass insoweit keine objektive steuerliche Erfassung von gesellschaftsrechtlichen Abstufungen möglich ist,[3] widerspricht dies genau der betriebswirtschaftlichen Idee der Entscheidungsneutralität: Zur Vermeidung von Steuerplanungskosten sollen steuerliche Aspekte nicht in unternehmerische Entscheidungen einbezogen werden müssen.[4]

Auch Überlegungen im Rahmen der neoinstitutionalistischen Agency-Theorie zeigen Probleme im Rahmen der Besteuerung der KGaA auf, die durch die Existenz des steuerlichen Dualismus hervorgerufen werden. Diese Probleme beruhen auf den zahlreichen Principal-Agent-Konflikten, durch die eine nach dem gesetzlichen Leitbild ausgestaltete KGaA gekennzeichnet ist und die auf der starken Konzentration der Führungsbefugnisse bei den KGaA-Komplementären und auf deren Selbstorganschaft fußen.[5]

F. W. Wagner weist zu Recht darauf hin, dass sich im bestehenden Körperschaftsteuersystem bei einer AG keine endgültigen Schlussfolgerungen bezüglich des Einflusses der Besteuerung auf die Principal-Agent-Beziehungen des Vorstands und der Aktionäre treffen lassen.[6] Er argumentiert dabei wie folgt: Manager – die Agents – stehen im Verdacht, dauerhaft einbehaltene Gewinne nicht effektiv zu nützen, so dass der Dividen-

---

1 Vgl. *Hey, J.*, Unternehmensbesteuerung, 1997, S. 127.

2 So beispielsweise auch *Birk, D.*, Leistungsfähigkeitsprinzip, 2000, S. 333. Vgl. hier und zum Folgenden *Jaeger, C.*, Körperschaftsteuersysteme, 2001, S. 103 m. w. N.

3 Vgl. *Jacobs, O. H.*, Besteuerung der Unternehmung, 1980, S. 294 f.

4 Vgl. *Schwinger, R.*, Bemessungsgrundlagen, 1994, S. 48; *Lang, J.*, Reform, 1989, S. 7.

5 S. Kap. B.V., S. 35 - 40.

6 Vgl. hier und zum Folgenden *Wagner, F. W.*, Unternehmenssteuerreform, 2000, S. 119 f. Zur Aktiengesellschaft als Ordnungsproblem vgl. *Fey, G.*, Unternehmenskontrolle, 2000, S. 5 - 13.

denverzicht der Aktionäre nicht ausreichend durch höhere Kurse aufgewogen wird. Die steuerliche Privilegierung der Thesaurierung stärkt die Position der Manager bei ihrer Argumentation, Gewinne einzubehalten. Da die Aktionäre nicht wissen, ob die Gewinnthesaurierung für sie zu positiven Effekten führt, sehen sich die Manager gezwungen, Signalling durchzuführen. Dies könnte (langfristig) in Form von Dividendenausschüttungen erfolgen. Der steuerliche Vorteil der Thesaurierung wäre insoweit wieder verloren.

Bezogen auf die KGaA können hingegen folgende eindeutige Aussagen getroffen werden: Das Bestreben der (geschäftsführenden) KGaA-Komplementäre – der Agents – auch den *nachsteuerlichen* Erfolg der Kommanditaktionäre – der Principals – zu maximieren, wäre dann gegeben, wenn beide Gruppen demselben steuerlichen Regime unterliegen und die KGaA-Komplementäre ausschließlich erfolgsabhängig vergütet würden. Einer Entnahme bzw. Nichtentnahme des KGaA-Komplementärs käme – insbesondere unter Berücksichtigung der gesellschaftsrechtlichen Tatsache, dass Gewinnausschüttungen an die Kommanditaktionäre unabhängig davon beschlossen werden –[1] eine effektive und damit kostengünstige Signalwirkung für die Thesaurierungsentscheidung der Kommanditaktionäre zu. Der steuerliche Dualismus steht insoweit einer effizienten Lösung der KGaA-spezifischen Principal-Agent-Konflikte entgegen.

---

1 Vgl. *Wichert, J.*, Finanzen, 1999, S. 150 - 152.

c. Schlussfolgerung

Das KGaA-Charakteristikum der steuerlichen Inkongruenz des Eigenkapitals führt zu erhöhten Steuerplanungskosten und ist damit nicht mit dem betriebswirtschaftlichen Neutralitätspostulat vereinbar. Nicht zuletzt aufgrund der asymmetrischen Gewinnbesteuerung kann die Steuerplanung der KGaA nicht statisch erfolgen. Die langfristigen Ertrags- und Ausschüttungsprognosen einer dynamischen Steuerplanung verkomplizieren und verteuern den Entscheidungsprozess weiterhin.

De lege ferenda sind zwei Lösungsansätze denkbar. Erstens könnte durch eine Angleichung der personalistischen und der kapitalistischen Besteuerung der Dualismus faktisch aufgehoben werden. Dies ist aber allenfalls näherungsweise oder nur zufällig zu verwirklichen.[1] Zweitens könnte die Abschaffung des Dualismus die aufgezeigten KGaA-spezifischen Aneutralitäten beheben.

---

1 Vgl. ausführlich *Hey, J.*, Unternehmensgewinne, 2001, S. 213 - 217.

III. Besteuerung der KGaA nach Abschaffung des Dualismus

Die Vorschläge zur Aufhebung des steuerlichen Dualismus beruhen auf zwei Grundideen. Erstens wird im Rahmen von Teilhabersteuermodellen vorgeschlagen, Kapitalgesellschaften steuerlich an Personenunternehmen anzunähern und sie damit dem Transparenzprinzip zu unterwerfen.[1] Zweitens wird der entgegengesetzte Vorschlag diskutiert, Personenunternehmen mittels Betriebsteuermodellen den Kapitalgesellschaften anzugleichen.[2] Gemein ist beiden Grundmodellen, dass sie das KGaA-spezifische Besteuerungsgrundproblem des hybriden Charakters wegdefinieren. Ungeachtet der in beiden Fällen gegebenen systematischen und praktischen Bedenken,[3] lassen sich dennoch KGaA-spezifische Schussfolgerungen ziehen.

1. Teilhabersteuermodelle

In der Literatur wird als Argument gegen die Teilhabersteuer eingewendet, dass die Besteuerung von thesaurierten Gewinnen mit dem persönlichen Einkommensteuersatz dem Leistungsfähigkeitszuwachs des Anteilseigners widerspricht.[4] Auch das Postulat der Rechtsformneutralität im Sinne einer Wettbewerbsneutralität wird durch die Anwendung eines individuellen Steuersatzes konterkariert. Die beschriebene Rechtsform*a*neutralität des KGaA-Komplementärsanteils[5] würde durch die Einführung einer Teilhabersteuer nun auch für die Gesamtheit der Kommanditaktionäre gelten. Nicht gelöst, sondern nur modifiziert wären die Probleme der Finanzierungsneutralität Typ A,

---

1 Vgl. *Engels, W. / Stützel, W.*, Teilhabersteuer, 1968, S. 1 - 31; *Croneberg, M.*, Teilhabersteuer, 1973; *Maurer, T.*, Anleger-Kommanditgesellschaften, 1999, S. 62 - 64; *Ketzel, E.*, Teilhabersteuer, 1969; *Jacobs, O. H.*, Unternehmensbesteuerung, 2002, S. 99 - 101; *Hey, J.*, Unternehmensgewinne, 2001, S. 216 - 218.

2 Vgl. *Maurer, T.*, Anleger-Kommanditgesellschaften, 1999, S. 64 - 67; *Jacobs, O. H.*, Unternehmensbesteuerung, 2002, S. 101 - 124; *Hey, J.*, Unternehmensgewinne, 2001, S. 218 - 221; *Cansier, D. / Wellisch, D.*, Betriebsteuer, 1991, S. 179 - 185.

3 Vgl. stellvertretend für viele *Jacobs, O. H.*, Unternehmensbesteuerung, 2002, S. 100 - 102.

4 Vgl. *Hey, J.*, Unternehmensgewinne, 2001, S. 216 - 218.

5 S. Kap. H.II., S. 218 f.

da Fremdkapital weiterhin anders steuerlich belastet werden würde.[1] Die Finanzierungsneutralität Typ B würde ebenso wie die Gewinnverwendungsneutralität umgesetzt sein, da steuerlich weder zwischen den Gesellschaftergruppen noch zwischen Ausschüttung und Thesaurierung differenziert wird. Eine Teilhabersteuer würde damit – KGaA-spezifisch – nicht das betriebswirtschaftliche Entscheidungsneutralitätspostulat erfüllen. Aufgrund der zudem einhergehenden Praktikabilitätsprobleme wird die Teilhabersteuer in der Literatur im Vergleich zu Betriebsteuermodellen eher abgelehnt.[2]

2. Betriebsteuermodelle

Betriebsteuermodelle werden in unterschiedlichen Varianten diskutiert.[3] Würde beispielsweise das Halbeinkünfteverfahren rechtsform*un*abhängig gelten,[4] wären alle aus dem Halbeinkünfteverfahren resultierenden Aneutralitäten nun auch für den KGaA-Komplementärsanteil zu verzeichnen.[5] Weder die Forderung nach der Finanzierungsneutralität Typ A noch nach der Gewinnverwendungsneutralität würde erfüllt sein, da unverändert zwischen Eigen- und Fremdfinanzierung unterschieden und Ausschüttungen bzw. Entnahmen auf Gesellschafterebene erneut besteuert würden. Die Rechtsformneutralität im Sinne einer steuerlichen Gleichbehandlung von Personen- und Kapitalgesellschaften ist aber ebenso wie die KGaA-spezifische Finanzierungsneutralität Typ B gegeben.

---

1 Aufgrund der ceteris paribus unveränderten Unterscheidung zwischen Gewinnverwendung und Gewinnerzielung herrscht zwischen Eigen- und Fremdfinanzierung weiterhin Aneutralität.

2 Vgl. *Jacobs, O. H.*, Unternehmensbesteuerung, 2002, S. 99 - 124; *Hey, J.*, Unternehmensgewinne, 2001, S. 216 - 221.

3 Vgl. *Maurer, T.*, Anleger-Kommanditgesellschaften, 1999, S. 64 - 67; *Jacobs, O. H.*, Unternehmensbesteuerung, 2002, S. 101 - 124; *Hey, J.*, Unternehmensgewinne, 2001, S. 218 - 221; *Cansier, D. / Wellisch, D.*, Betriebsteuer, 1991, S. 179 - 185.

4 Beispielsweise wurde im Rahmen der *Brühler Empfehlungen zur Reform der Unternehmensbesteuerung* ein entsprechendes Optionsmodell diskutiert; vgl. *Sigloch, J.*, Unternehmenssteuerreform, 2000, S. 169.

5 S. Kap. H.II., S. 227 f.

Konsequenz einer Betriebsteuer wäre die Abzugsfähigkeit des angemessenen schuldrechtlichen Unternehmerlohns auf Gesellschaftsebene.[1] Für die KGaA bedeutet dies, dass weiterhin eine steuerliche Trennlinie zwischen den Gesellschaftern gezogen werden muss: Auch wenn die steuerlichen Konsequenzen der Eigenkapitalhingabe zwischen KGaA-Komplementären und Kommanditaktionären nicht mehr differieren, unterliegen die KGaA-Komplementäre zusätzlich aufgrund ihrer Eigenschaft als geborene Geschäftsführer einem weiteren Steuerregime, wenn sie schuldrechtliche Geschäftsführungsbezüge erhalten.[2] Ein Entscheidungsproblem zwischen einer Beteiligung an einer KGaA als Finanzier und einem Tätigkeitsengagement bei der KGaA kann somit nicht ohne Berücksichtigung der steuerlichen Folgen gelöst werden; die Entscheidungsneutralität der Besteuerung ist insoweit nicht gegeben. Eine Ausdehnung der Neutralitätskette auf Arbeitnehmer würde notwendig werden.[3]

Die an der KGaA aufgezeigten Neutralitätsprobleme repräsentieren die im Schrifttum geführten Diskussionen zur Reform des Steuersystems. Eine Kernaussage dabei lautet, dass ceteris paribus auch das Grundmodell einer Betriebsteuer nicht sämtlichen Neutralitätsforderungen gerecht werden kann, sondern vielmehr auch die Unterscheidung von verschiedenen Einkunftsarten aufgegeben werden muss.[4]

Nach h. M. können für alle Einkunftsarten anwendbare und entscheidungsneutrale Konzepte einer modifizierten Betriebsteuer nur umgesetzt werden, wenn die Besteuerung nicht mehr am realisierten (Markt-)Einkommen, sondern konsequent am Konsum anknüpft und damit auch eine Zinsbereinigung beinhaltet.[5] Die Idee einer synthetischen

---

1 Vgl. *Watrin, C.*, Rechtsformneutrale Unternehmensbesteuerung, 1999, S. 239.

2 Dies gilt nur, solange Arbeitseinkommen anders besteuert werden als Unternehmensgewinne.

3 Vgl. *Homburg, S.*, Steuerlehre, 2000, S. 354 - 356.

4 Vgl. *Jacobs, O. H.*, Unternehmensbesteuerung, 2002, S. 111.

5 Vgl. *Wagner, F. W.*, Steuer, 1999, S. 15 - 35; *Jacobs, O. H.*, Unternehmensbesteuerung, 2002, S. 111; *Hey, J.*, Unternehmensgewinne, 2001, S. 220; *Wagner, F. W. / Wissel, H.*, Entscheidungsneutralität, 1995, S. 70; *Lang, J.*, Prinzipien, 2001, S. 131; *Tipke, K.*, Steuergesetzbuch, 2000, S. 312; *Wenger, E.*, Gewinnbesteuerung, 1997, S. 115 - 140. Kritisch dazu *Siegel, T.*, Konsum- oder einkommensorientierte Besteuerung, 2000, S. 724 - 741; *Homburg, S.*, Einkommensteuer, 1997, S. 111 - 114; *Schneider, D.*, Mängel, 2000, S. 421 - 430; Hauptvertreter der konsumorientierten Besteuerung in der *Bundesrepublik Deutschland* sind *M. Rose*, *F. W. Wagner* und *E. Wenger*; vgl. *Siegel, T.*, Konsum- oder einkommensorientierte Besteuerung, 2000, S. 725.

Einkommensteuer, die zwischen verschiedenen Einkunftsarten unterscheidet, muss dabei aufgegeben werden. Ebenso muss – aus den gezeigten Gründen – das Halbeinkünfteverfahren abgeschafft werden.

Wie das Beispiel *Kroatiens*[1] zeigt, weißt *O. H. Jacobs* zu Recht darauf hin, dass derart grundlegende Reformen nicht im unilateralen Alleingang umgesetzt werden können.[2] Eine entsprechende kurzfristige Reformierung des deutschen Steuerrechts erscheint daher zweifelhaft. So beruht der *Karlsruher Entwurf zur Reform des Einkommensteuergesetzes* grundsätzlich weiterhin noch auf dem Dualismus.[3] Auch das Gesetz zur Fortentwicklung des Unternehmenssteuerrechts sieht insoweit keine Reformierung des bestehenden Besteuerungssystems vor.[4] Die *Fortentwicklung des Karlsruher Entwurfs* beinhaltet zumindest die Rechtsformneutralität.[5]

Ingesamt bleibt zu festzuhalten: Kurzfristig könnte die Abschaffung des Halbeinkünfteverfahrens zu Gunsten der Wiedereinführung des Anrechnungsverfahrens die aufgezeigten KGaA-spezifischen Aneutralitäten mindern. Mittelfristig kann nur eine weitgehende Reformierung des Besteuerungssystems mit Abschaffung des Dualismus dazu führen, dass die Besteuerung der KGaA dem betriebswirtschaftlichen Postulat der Entscheidungsneutralität entspricht. Hierfür muss aber ein über die nationalen Grenzen hinausgehendes koordiniertes Vorgehen sichergestellt sein.

---

1 Einen Überblick über das kroatische Einkommensteuerrecht geben *Greß, M. / Rose, M. / Wiswesser, R.*, Einkommensteuer, 1998.

2 Vgl. *Jacobs, O. H.*, Unternehmensbesteuerung, 2002, S. 123 f. Das auf Empfehlung einer Gruppe deutscher Steuerexperten eingeführte Konzept einer unter Neutralitätsaspekten optimierten zinskorrigierten Einkommensteuer wurde im Jahr 2001 aufgrund internationaler Inkompatibilität wieder abgesetzt; o. V., Zinsbereinigungssystem, 2001, S. 4. Anders *L. Knoll*, der das Scheitern der Steuerreform auf innenpolitische Umstände zurückführt; vgl. *Knoll, L.*, Neutralitätspostulate, 2001, S. 339. Zu Recht kritisiert *G. Krause-Junk*, dass auch das Halbeinkünfteverfahren unilateral eingeführt wurde und kein Versuch unternommen wurde, eine gemeinsame Steuerpolitik der europäischen Staaten zu erreichen; vgl. *Krause-Junk, G.*, Unternehmenssteuerreform, 2001, S. 25 f.

3 Vgl. *Kirchhof, P.*, Karlsruher Entwurf, 2001, S. 913 - 917; *Seifert, M.*, Gesetz, 2001, S. 1120 - 1125; *Maiterth, R.*, Karlsruher Entwurf, 2001, S. 1172 - 1175, der darauf hinweist, dass dem Vernehmen nach für die Besteuerung körperschaftsteuerlicher Gewinne eigenständige Überlegungen anzustellen sind. Zur Kritik zum *Karlsruher Entwurf zur Reform des Einkommensteuergesetzes* vgl. *Wagner, F. W.*, Karlsruher Entwurf, 2001, S. 354 - 362.

4 Vgl. *Rödder, T. / Schumacher, A.*, Regierungsentwurf, 2001, S. 1634 - 1641, 1685 - 1693.

5 Vgl. *Kirchhof, P.*, Fortentwicklung, 2002, S. 3 - 22.

I. Zusammenfassung

Im Jahr 1851 wurde auf Initiative von *David Hansemann* mit der *Diskontogesellschaft Berlin* in der *Bundesrepublik Deutschland* das erste Unternehmen gegründet, das der Rechtsform der KGaA entsprach.[1] Die gesetzliche Kodifikation erfolgte erstmals im Jahr 1861 durch das *Allgemeine Deutsche Handelsgesetzbuch*.[2] Trotz dieser langen historischen Entwicklung sind die zahlreichen Fragestellungen zur Besteuerung der KGaA in der Literatur noch wenig thematisiert und oftmals ungeklärt.

Die Probleme im Rahmen der Besteuerung der KGaA basieren auf ihrer besonderen Stellung im deutschen Gesellschaftsrecht, da die KGaA aus rechtlicher und betriebswirtschaftlicher Sicht eine hybride Rechtsform darstellt: Die Unternehmensverfassung der Kapitalgesellschaft KGaA wird nicht nur durch kapitalistische Strukturelemente, sondern insbesondere aufgrund der Existenz der KGaA-Komplementäre auch durch personalistische Strukturelemente charakterisiert. Hierauf beruhen zentrale Fragestellungen für die Besteuerung der KGaA: Die gesellschaftsrechtliche Zwitterstellung der KGaA und die damit verbundenen ökonomischen Aspekte müssen steuerlich berücksichtigt werden.

Der Gesetzgeber versucht dem hybriden Charakter der KGaA gerecht zu werden, indem er die KGaA der Körperschaftsteuer unterwirft und Vergütungen an die KGaA-Komplementäre durch (fingierte) Betriebsausgaben dem körperschaftsteuerlichen Substrat entzieht. Auf Ebene der KGaA-Komplementäre sieht die gesetzliche Grundkonzeption vor, mittels § 15 Abs. 1 Satz 1 Nr. 3 EStG eine personalistische Besteuerung durchzuführen. Für Zwecke der Gewerbesteuer sollen Teile der Betriebsausgaben der KGaA, die im Zusammenhang mit den KGaA-Komplementären stehen, wieder hinzugerechnet werden, um die KGaA einheitlich der Gewerbesteuer zu unterwerfen.

---

1 Vgl. *Elschenbroich, M.*, Rechtliche Gestaltung, 1959, S. 21.

2 Vgl. *Frankenheim, A.*, Kommanditgesellschaft auf Aktien, 1994, S. 6 m. w. N.

Hieraus lassen sich die Kriterien für eine systematische Analyse der KGaA-Besteuerung ableiten. Die Besteuerung der personalistischen Strukturelemente muss derjenigen von Personenunternehmen entsprechen; als Vergleichsmaßstab für die Besteuerung der kapitalistischen Strukturelemente dient die Besteuerung der AG bzw. der GmbH.

Im Rahmen der Besteuerung müssen drei Ebenen strikt getrennt werden: die KGaA, die KGaA-Komplementäre und die Kommanditaktionäre. Zentrales Problem der Besteuerung der KGaA als Kapitalgesellschaft ist die Auslegung der Vorschrift des § 9 Abs. 1 Nr. 1 KStG. Mit Hilfe dieser Regelung soll eine steuerliche Trennlinie zwischen dem personalistischen KGaA-Komplementär und der KGaA gezogen werden. Die Auslegung dieser Vorschrift wird in der Literatur und in der Rechtsprechung kontrovers beurteilt. Im Mittelpunkt der Diskussionen steht vor allem die Unterscheidung zwischen gewinnabhängigen und gewinn*un*abhängigen Vergütungen. Diese Differenzierung kann aber der Auslegung von § 9 Abs. 1 Nr. 1 KStG nicht dienen. Entscheidend ist vielmehr die Einteilung in gesellschafts- und schuldrechtliche Vergütungen. De lege ferenda sollte der Gesetzgeber § 9 Abs. 1 Nr. 1 KStG dahingehend nachbessern.

De lege lata korrespondiert § 8 Nr. 4 GewStG mit § 9 Abs. 1 Nr. 1 KStG. Hieraus resultieren Probleme, da § 9 Abs. 1 Nr. 1 KStG bezweckt, gesellschaftsrechtliche Vergütungen an die KGaA-Komplementäre mittels einer Betriebsausgabenfiktion nicht der Körperschaftsteuer zu unterwerfen. Nach § 8 Nr. 4 GewStG sollen hingegen personalistische Elemente in die Gewerbesteuer eingehen. Die gewerbesteuerliche Besonderheit von Personenunternehmen liegt aber darin, dass schuldrechtliche Beziehungen zwischen der Gesellschaft und den Gesellschaftern nicht Gewerbesteuer mindernd wirken. De lege ferenda muss daher § 8 Nr. 4 GewStG losgelöst von § 9 Abs. 1 Nr. 1 KStG ausgestaltet werden.

Auch wenn der KGaA-Komplementär eine Personen- oder Kapitalgesellschaft darstellt, sind die KGaA und der KGaA-Komplementär konzernrechtlich nicht als zwei getrennte

Unternehmen anzusehen. Eine ertragsteuerliche Organschaft kann daher nicht unmittelbar zwischen der KGaA und der KGaA-Komplementär-Gesellschaft gebildet werden, obwohl aus betriebswirtschaftlicher Sicht nur eine Unternehmung vorliegt.

Zentrale Vorschrift für die (laufende) Besteuerung vom Einkommen eines KGaA-Komplementärs ist § 15 Abs. 1 Satz 1 Nr. 3 EStG: Ein KGaA-Komplementär wird dadurch zwar nicht zum Mitunternehmer, muss aber nur in seiner Stellung als Einnahmenempfänger im Rahmen der Besteuerung vom Einkommen wie ein Mitunternehmer behandelt werden. Ein mittelbarer KGaA-Komplementär wird – anders als ein Mitunternehmer – einem unmittelbaren KGaA-Komplementär nicht gleichgestellt. Ein KGaA-Komplementär ist somit nicht vollständig einem Mitunternehmer angenähert. Materielle Konsequenzen hieraus treten beispielsweise bei der Anwendung von § 35 EStG auf. Ebenso sind KGaA-Spezifika zu beachten, wenn ein KGaA-Komplementär in der Rechtsform einer Kapital- oder Personengesellschaft organisiert ist, da dieser eine Abschirmwirkung zwischen der KGaA und den Gesellschaftern der KGaA-Komplementärgesellschaft erzeugt.

Die Stellung als KGaA-Komplementär führt nicht zu einer sachlichen Gewerbesteuerpflicht kraft gewerblicher Betätigung. Ist der KGaA-Komplementär kraft Rechtsform oder kraft anderer gewerblicher Betätigung gewerbesteuerpflichtig, gehen auch die Einkünfte nach § 15 Abs. 1 Satz 1 Nr. 3 EStG in die gewerbesteuerliche Bemessungsgrundlage ein. Die Kürzung nach § 9 Nr. 2b GewStG soll auf Ebene des KGaA-Komplementärs die Doppelbesteuerung vermeiden. Da sich die Vorschrift aber nicht an der tatsächlich angefallenen Gewerbesteuerdoppelbelastung orientiert, sondern streng auf den Umfang der Hinzurechnung nach § 8 Nr. 4 GewStG auf Ebene der KGaA Bezug nimmt, kann es zu ungerechtfertigten *Ent*lastungen kommen, die de lege ferenda zu beheben sind.

Die Besteuerung der Kommanditaktionäre weist keine KGaA-Spezifika auf, da sich die Kommanditaktionäre in der steuerlichen Behandlung nicht von Anteilseignern anderer

Kapitalgesellschaften unterscheiden. Dies gilt auch dann, wenn ein Kommanditaktionär gleichzeitig KGaA-Komplementär ist, da (steuerlich) die beiden Beteiligungen strikt zu trennen sind.

Ein Wechsel im KGaA-Komplementärsbestand wird steuerlich entsprechend einem Wechsel im Mitunternehmerbestand behandelt. Dies erfolgt teils kraft (steuer-)gesetzlicher Gleichstellung, teils mangels KGaA-spezifischer Regelungen in analoger Anwendung der Bestimmungen über die Mitunternehmer.

In der KGaA stehen zwei Steuerregime variabel nebeneinander, da ein steuerneutraler Wechsel von einem Regime in das andere möglich ist. Hierauf fußen KGaA-Modelle, um die Steuerbelastung der laufenden Geschäftstätigkeit sowie der entgeltlichen und unentgeltlichen Anteilsübertragung zu minimieren. Aus steuerlicher Sicht ist damit die KGaA eine Rechtsform mit großem Anwendungspotenzial.

Unter dem Postulat der Entscheidungsneutralität kann anhand der KGaA aufgezeigt werden, dass die Unternehmensbesteuerung in der *Bundesrepublik Deutschland* nicht den betriebswirtschaftlichen Anforderungen an ein Steuersystem gerecht wird. Die Mängel des Steuersystems sind überwiegend auf das Halbeinkünfteverfahren und auf den steuerlichen Dualismus zurückzuführen.

Anhang

Anhang 1: Historische Entwicklung

1716 - 1807 Bereits vor der erstmaligen Kodifizierung der KGaA gab es in der Rechtspraxis Unternehmen, die im Wesentlichen dem Konstruktionsprinzip der heutigen KGaA entsprachen.[1] Die von dem Schotten *John Law* am 2.5.1716 in Paris gegründete *Banque Royal*, die zunächst als *Bank Law & Co.* firmierte, ist die erste Gesellschaft, in der die Strukturelemente einer KGaA zu finden sind. Erst im Jahr 1807 wurden die Regelungen für die KGaA in *Frankreich* kodifiziert: In Art. 38 des *Code de commerce* wurde die *société en commandite par actions* aufgenommen.

1851 - 1861 Auch in Deutschland eilte die rechtstatsächliche Entwicklung dem Gesetz voraus: Insbesondere in Gebieten, in denen der *Code de commerce* auch noch nach dem Zusammenbruch der napoleonischen Herrschaft Gültigkeit besaß, entstanden die ersten KGaA ohne eine Kodifikation im deutschen Recht.[2] Im Jahre 1851 – über ein Jahrhundert nach der Gründung der *Banque Royal* – wurde auf Initiative von *David Hansemann* die *Diskontogesellschaft Berlin*[3] gegründet.[4] Die gesetzliche Kodifikation erfolgte in Deutschland erstmalig im Jahr 1861 durch das zur Vereinheitlichung geschaffene *Allgemeine Deutsche*

---

1 Vgl. hierzu und zum Folgenden *Grafmüller, F.*, Kommanditgesellschaft auf Aktien, 1994, S. 46 - 49 m. w. N.; *Hergenhahn, T.*, Entstehungsgeschichte, 1894, S. 69.

2 Vgl. *Elschenbroich, M.*, Rechtliche Gestaltung, 1959, S. 19 - 22.

3 1856 wurde mit der *Berliner Handelsgesellschaft* die zweite KGaA gegründet. Diese firmiert heute unter *Berliner Handels- und Frankfurter Bank* (*BHF-Bank*) und galt bis zu ihrer Umwandlung in eine AG im Jahre 1995 als eines der größten und bekanntesten Unternehmen in der Rechtsform der KGaA; vgl. *Grafmüller, F.*, Kommanditgesellschaft auf Aktien, 1994, S. 47; o. V., AG 40 (1995), R 440.

4 Vgl. *Elschenbroich, M.*, Rechtliche Gestaltung, 1959, S. 21.

Handelsgesetzbuch.[1] Das gesetzliche Leitbild der KGaA wurde maßgeblich durch den *Code de Commerce* und durch die Statuten der bereits bestehenden *Diskontogesellschaft Berlin* bestimmt.[2] Abweichend vom französischen Vorbild war – wie für eine AG – eine staatliche Genehmigung grundsätzliche Gründungsvoraussetzung für eine KGaA.

1870 - 1920 In einzelnen Ländern Deutschlands wurde die Verbreitung der KGaA dadurch gefördert, dass nur für die KGaA von dem Konzessionszwang Abstand genommen wurde.[3] Im Rahmen der ersten Aktienrechtsnovelle von 1870[4] wurde durch die generelle Abkehr vom Konzessionssystem diese Vorzugsstellung der KGaA gegenüber der AG aufgehoben.[5] Die KGaA verlor daher und aufgrund der unbeschränkten Haftung als Rechtsform für Neugründungen ihren Reiz.[6] Die zweite Aktienrechtsnovelle von 1884 brachte für die KGaA eine Reihe von Neuregelungen mit sich, die aber für den Bestand der KGaA nicht von wesentlicher Bedeutung waren.[7] Die Einführung der Rechtsformalternative GmbH im Jahre 1892[8] ließ die Bedeutung der KGaA gegenüber der GmbH schnell gering werden: 1895 existierten 1.898 GmbH und lediglich 150 KGaA.[9] Von der durch die Einführung des HGB[10] am 1.1.1900 ermöglichten Umwandlung der KGaA in eine AG wurde reger

---

1 Vgl. *Frankenheim, A.*, Kommanditgesellschaft auf Aktien, 1994, S. 6 m. w. N.

2 Vgl. *Sethe, R.*, Die personalistische Kapitalgesellschaft, 1996, S. 51 - 60; *Elschenbroich, M.*, Rechtliche Gestaltung, 1959, S. 19 - 22.

3 Vgl. *Frankenheim, A.*, Kommanditgesellschaft auf Aktien, 1994, S. 7.

4 Gesetz betreffend die Kommanditgesellschaft auf Aktien und die Aktiengesellschaften vom 11.6.1870.

5 Vgl. *Schmidt, K.*, Deregulierung, 1996, S. 273 f.

6 Vgl. auch *Sethe, R.*, Die personalistische Kapitalgesellschaft, 1996, S. 61 m. w. N.

7 Insbesondere wurde die Eigenkontrolle der Gesellschafter in den Mittelpunkt gerückt: z. B. Gründerhaftung und Ordnungsmäßigkeitsprüfung. Vgl. hierzu ausführlich *Sethe, R.*, Die personalistische Kapitalgesellschaft, 1996, S. 64 - 67 m. w. N.

8 Gesetz betreffend die Gesellschaften mit beschränkter Haftung vom 20.4.1892.

9 Vgl. *Sethe, R.*, Die personalistische Kapitalgesellschaft, 1996, S. 69 m. w. N.

10 Handelsgesetzbuch vom 10.5.1897.

Gebrauch gemacht, was bis zum Jahr 1920 zu einer weiteren Abnahme auf 33 KGaA führte.[1]

1924 - 1937 Der historische Höchstbestand von 200 KGaA ist im Jahre 1924 zu verzeichnen; der rapide Anstieg ist auf die dem 1. Weltkrieg folgende Inflation und die Angst vor ausländischer Überfremdung zurückzuführen.[2] Die Aktienrechtsreform von 1937 wurde maßgeblich durch die Ideologie des Nationalsozialismus geprägt; in der Rechtsform der KGaA sah man aufgrund des persönlich haftenden Gesellschafters als geborenem Geschäftsführer und dessen persönlicher Verantwortung zentrale Elemente des Führerprinzips.[3] Im Rahmen der Novellierungen wurden die Regelungen für die AG und KGaA aus dem HGB entnommen und das Aktiengesetz 1937[4] geschaffen. Die materiellen Gesetzesänderungen betrafen insbesondere die AG. Dem Vorstand wurde mehr Kompetenzen zugesprochen und er wurde damit in seinem Einflusspotenzial dem Komplementär einer KGaA angenähert, ohne dafür die persönliche Haftung in Kauf nehmen müssen. Diese Schlechterstellung der KGaA im Vergleich zur AG und Rezession der Kriegsjahre bewirkten ein erneutes starkes Absinken des KGaA-Bestands in Deutschland.[5]

---

1 Vgl. *Dölker, E.*, Kommanditgesellschaft auf Aktien, 1935, S. 49 f.; *Frankenheim, A.*, Kommanditgesellschaft auf Aktien, 1994, S. 9.

2 Vgl. *Grafmüller, F.*, Kommanditgesellschaft auf Aktien, 1994, S. 52.

3 Vgl. *Sethe, R.*, Die personalistische Kapitalgesellschaft, 1996, S. 76. S. die Principal-Agent-theoretischen Aspekte in Kap. B.V., S. 35 - 40. Fraglich ist, inwieweit aus betriebswirtschaftlicher Sicht die Führungsmacht auf die Komplementäre konzentriert werden kann bzw. werden sollte.

4 Gesetz über Aktiengesellschaften und Kommanditgesellschaften auf Aktien vom 4.2.1937.

5 Vgl. *Sethe, R.*, Die personalistische Kapitalgesellschaft, 1996, S. 76 - 79; *Frankenheim, A.*, Kommanditgesellschaft auf Aktien, 1994, S. 8; *Grafmüller, F.*, Kommanditgesellschaft auf Aktien, 1994, S. 53 f.

1938 - 2002 Das AktG von 1965[1] einschließlich aller Änderungen ließ die KGaA-spezifischen Regelungen des AktG 1937 ohne nennenswerte Neuerungen bis heute fortbestehen.[2] Die Anzahl der KGaA blieb zwischen 1956 und 1990 konstant bei ca. 30. Von 1991 bis heute ist ein sprunghafter Anstieg der KGaA festzustellen. Ein Grund dafür war die in der Literatur intensiv diskutierte Entscheidung des *BGH* vom 24.2.1997[3], nach der eine juristische Person oder eine GmbH & Co. KG als Komplementärin einer KGaA explizit[4] anerkannt wird. Zudem verhalf das in den letzten 15 Jahren durch die Wissenschaft erweckte Interesse[5] für die KGaA dieser Rechtsform zu Popularität und unter Umständen zu einer Bestandszunahme. Wieso diese Bestandsentwicklung im Schrifttum z. T. noch nicht wahrgenommen wird, ist allerdings unklar.[6] Einen Überblick zur Bestandsentwicklung gibt Abb. 27.

Die Rechtsform der KGaA ist in verschiedenen Branchen vertreten; besonders hervorzuheben sind die Sektoren Privatbanken (z. B. *Bankhaus Maffei & Co. KGaA, Hauck & Aufhäuser Privatbankiers KGaA, Sal. Oppenheim jr. & Cie. KGaA, Schmidt Bank KGaA, Trinkhaus & Burckhardt KGaA* sowie *Weberbank Berliner Industriebank KGaA*) und

---

1 Aktiengesetz vom 6.9.1965.

2 Vgl. *Frankenheim, A.*, Kommanditgesellschaft auf Aktien, 1994, S. 8 m. w. N.; *Bahrenfuss, D.*, Entstehung, 2001.

3 Vgl. *BGH*, Urteil vom 24.2.1997, DStR 35 (1997), S. 1012; zur Analyse des Urteils vgl. u. a. *Schilling, W. U.*, GmbH & Co. KGaA, 1998, S. 1905 - 1909; *Jaques, H.*, KGaA, 2000, S. 405 - 409; *Gonnella, R. / Mikic, S.*, Kapitalgesellschaft & Co. KGaA, 1998, S. 508 - 514; *Freudenberg , G. / Sorg, M. H.*, KGaA mit beschränkter Haftung, 1999, S. 4 - 6; *Hennerkes, B.-H. / Lorz, R.*, Roma locuta causa finita, 1997, S. 1388 - 1394; *Wichert, J.*, GmbH & Co. KGaA, 2000, S. 268 - 276.

4 Vgl. *Theisen, M. R.*, KGaA, 1989, S. 149 m. w. N., der bereits mit den Verweis auf die GmbH & Co. KG-Rechtsprechung die Zulässigkeit begründete.

5 Beispielhaft zu nennen sind die Dissertationen von *Maurer, T.*, Anleger-Kommanditgesellschaften, 1999; *Wichert, J.*, Finanzen, 1998; *Sethe, R.*, Die personalistische Kapitalgesellschaft, 1996; *Frankenheim, A.*, Kommanditgesellschaft auf Aktien, 1994; *Grafmüller, F.*, Kommanditgesellschaft auf Aktien, 1994, sowie der Beitrag von *Theisen, M. R.*, KGaA, 1989, S. 137 - 183.

6 Vgl. *Maurer, T.*, Anleger-Kommanditgesellschaften, 1999, S. 144; *Wichert, J.*, Finanzen, 1998, S. 38; *Hüffer, U.*, Aktiengesetz, 1999, S. 1250; *Herfs, A.*, Kommanditgesellschaft auf Aktien, 1999, S. 1169 f.; *Picot, A. / Dietl, H. / Frank, E.*, Organisation, 1999, S. 251.

Getränke (z. B. *Deinhardt & Co. KGaA, Chr. Adt. Kupferberg & Co. KGaA* sowie *Gabriel Sedlmayr Spaten-Franziskaner-Bräu KGaA*).[1]

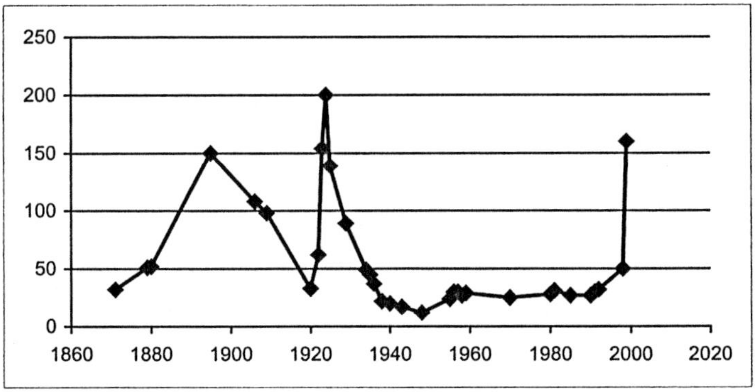

Abb. 27: Entwicklung des KGaA-Bestands[2]

---

1 Vgl. *Zacharopoulou, P.*, Mitbestimmungsgesetz, 2000, S. 62; *Grafmüller, F.*, Kommanditgesellschaft auf Aktien, 1994, S. 56 - 60; Anhang 2, S. 246 - 248.

2 Das Zahlenmaterial stammt aus *Dölker, E.*, Kommanditgesellschaft auf Aktien, 1935, S. 8; *Grafmüller, F.*, Kommanditgesellschaft auf Aktien, 1994, S. 55 m. w. N.; *Frankenheim, A.*, Kommanditgesellschaft auf Aktien, 1994, S. 10, XXXIII m. w. N. und *Theisen, M. R.*, Rechtsformen, 2000, S. 445.

Anhang 2: Beispiele für KGaA in Deutschland[1]

	Firma	Sitz
1	*altera pars Vermögensverwaltungs- und Beteiligungs KGaA*	Bielefeld
2	*Autohaus Breisgau Prinz zu Fürstenberg KGaA*	Hamburg
3	*B. Metzler seel. Sohn & Co. KGaA*	Frankfurt am Main
4	*Bankhaus Maffei & Co. KGaA*	München
5	*Bankhaus Partin und Co. KGaA*	Bad Mergentheim
6	*Biemann Einzelhandels- und Gaststätten Betriebsgesellschaft KGaA*	Oldenburg
7	*Brückfeld Heizungs- und Sanitärtechnik KGaA*	Magdeburg
8	*Claas KGaA mbH*	Harsewinkel
9	*DAISY Air Industry Supply Yards KGaA*	Hamburg
10	*Deinhardt & Co. KGaA*	Koblenz
11	*Düsterloh KGaA Anlage- und Beteiligungsgesellschaft*	Spockhoevel
12	*eff-eff Fritz Fuss GmbH & Co. KGaA*	Albstadt
13	*Elektromanufaktur Zangenstein Hanauer GmbH & Co. KGaA*	Nabburg
14	*Equita Beteiligungen KGaA*	Bad Homburg
15	*EUROKAI Container Terminal KGaA*	Hamburg
16	*EUROKAI KGaA*	Hamburg
17	*EUROKOMBI Transport KGaA*	Hamburg
18	*FAG Kugelfischer Georg Schäfer KGaA*	Schweinfurt
19	*FIDA Holding KGaA*	Hamburg
20	*Franz Hoffmann Holding GmbH & Co. KGaA*	München
21	*Friseur Klinck KGaA*	Kiel
22	*Göttinger Gruppe Vermögens- und Finanzholding KGaA*	Göttingen
23	*Golf und Country Club Am Motzener See b. Berlin GmbH & Co. KGaA*	Berlin
24	*Grenke Investitionen Verwaltungs KGaA*	Baden-Baden
25	*Häring Service Company AG & Co KGaA*	Grafenau
26	*G. Haindl'sche Papierfabrik KGaA*	Augsburg
27	*Harting KGaA*	Espelkamp
28	*Hauck & Aufhäuser Privatbankiers KGaA*	Frankfurt am Main
29	*Henkel KGaA*	Düsseldorf

1 Die Daten sind *Korts, S. / Korts, P.*, Weg, 2000, S. 62 - 65, sowie *Verlag Hoppenstedt*, CD Großunternehmen, 1999, entnommen und wurden durch eine Internetrecherche aktualisiert.

30	*Hettlage KGaA*	Neuried
31	*HOLZMÜLLER Seehafenbetrieb*	Hamburg
32	*HSBC Trinkaus und Burkhardt KGaA*	Düsseldorf
33	*HT FINANZ- und Beteiligungsmanagement KGaA*	Königsstein
34	*I.D. Herstatt KGaA*	Köln
35	*IHG Immobilienhandelsgesellschaft KGaA*	Bielefeld
36	*JAUCH & HUEBNER KGaA*	Hamburg
37	*Peter Kölln KGaA*	Elmshorn
38	*Chr. Adt. Kupferberg & Co. KGaA*	Mainz
39	*Lemmerz Werke KGaA*	Königswinter
40	*Lindner Holding KGaA*	Arnstorf
41	*M. M. Warburg & Co. KGaA*	Hamburg
42	*MAC Mode GmbH & Co. Produktion und Vertrieb KGaA*	Wald oT / Rossbach
43	*medi Bayreuth GmbH & Co. KGaA*	Bayreuth
44	*Merck KGaA*	Darmstadt
45	*MICHELIN REIFENWERKE KGaA*	Karlsruhe
46	*Mody Financial Consulting KGaA*	Hamburg
47	*Mühlbauer Holding AG & Co. KGaA*	Roding
48	*Dr. Neuhaus Computer KGaA*	Hamburg
49	*Nolte-Möbel-Industrie Holding GmbH & Co. KGaA*	Germersheim
50	*Patrizier Bräu KGaA*	Nürnberg
51	*Papierwerke Halsstrick KGaA*	Raubach
52	*Pfefferberg- Grundstücke KGaA*	Berlin
53	*Rollmann Vermögensverwaltung KGaA*	Kretz
54	*REWE KGaA*	Wiesbaden
55	*SAARLOHR Saar-Lothringische Kohlenunion; deutsch-französische Gesellschaft auf Aktien Union; Charbonniere Sarro-Lorraine Societé par Actions franco-alle*	Saarbrücken
56	*Sal. Oppenheim jr. & Cie. KGaA*	Köln
57	*SBH Beteiligungs- und Vermögensverwaltung KGaA*	Hof / Saale
58	*Schmidt Bank KGaA*	Hof
59	*Schukraft Spezialtiefbau GmbH & Co. KGaA*	Tauberbischofsheim
60	*SCHWARTAU*	Bad Schwartau
61	*Siebte Umbra Vermögensverwaltung KGaA*	Frankfurt am Main
62	*Gabriel Sedlmayr Spaten-Franziskaner-Bräu KGaA*	München

63	*Sixt Allgemeine Leasing KGaA*	Hamburg
64	*Thomas Technologie KGaA*	Düsseldorf
65	*TFG Venture Capital AG + Co. KGaA*	Marl
66	*Trinkhaus & Burckhardt KGaA*	Düsseldorf
67	*Tyzka GmbH & Co. KGaA*	Geretsried
68	*United Internet AG & Co. KGaA*	Montabaur
69	*Weberbank Berliner Industriebank KGaA*	Berlin
70	*Willy Bogner GmbH und Co. KGaA*	München
71	*WSM Weimarer Spezialmontagen- und Industrieservice GmbH & Co. Mitarbeiterbeteiligungs KGaA*	Weimar

Literaturverzeichnis

A

Adler, Hans / Düring, Walther / Schmaltz, Kurt, 1997: **Rechnungslegung** und Prüfung der Unternehmen, Teilband **4** und **6**, 6. Aufl., Stuttgart: Schäffer-Poeschel, 1997

Albach, Horst / Albach, Renate, 1989: Das **Unternehmen** als Institution – Rechtlicher und gesellschaftlicher Rahmen – Eine Einführung, Wiesbaden: Gabler, 1989

Althoff, Frank / Engelsing, Lutz, 1999: **Rechtsgeschäfte** zwischen einer Personenhandelsgesellschaft und ihren Gesellschaften – Verknüpfungsmodelle für die Gewinnermittlung nach § 15 Abs. 1 Nr. 2 EStG, in: SteuerStud 20 (1999), S. 302 - 310

Ammenwerth, Michael, 1997: Die Kommanditgesellschaft auf Aktien (KGaA) – Eine **Rechtsformalternative** für personenbezogene Unternehmen?, Frankfurt a. M.: Lang, 1997 (zugl. Diss. rer. pol. Univ. Münster 1996)

Arnold, Arnd, 2001: Die **GmbH & Co. KGaA**, Köln: O. Schmidt, 2001 (zugl. Diss. jur. Univ. Bonn 2000)

Arthur Andersen (Hrsg.), 1999: Zweckmäßige Wahl der **Unternehmensform**, 6. Aufl., Bonn / Berlin: Stollfuß, 1999

Arthur Andersen (Hrsg.), 2002: **Körperschaftsteuergesetz** – Kommentar, Stand: August 2002 (29. Lfg.), Bonn / Berlin: Stollfuß, 2002

Arthur Andersen (Hrsg.), 2001: Körperschaftsteuergesetz – Kommentar – **Steuerreform 2001**, Bonn / Berlin bzw. Frankfurt: Stollfuß bzw. FAZ-Verlag, 2001

Assmann, Hans-Dieter / Sethe, Rolf, 2000: Der **Beirat** der KGaA, in: *Schneider, U. H.* u. a. (Hrsg.), Festschrift für Marcus Lutter, 2000, S. 251 - 281

Assmann, Heinz-Dieter / Sethe, Rolf (Bearb.), 2001: AktG - Großkommentar: **Vor § 278**, in: *Hopt, K. J. / Wiedemann, H.* (Hrsg.), AktG, 2001, Vor § 278

Ax, Rolf / Große, Thomas / Melchior, Jürgen, 2001: **Abgabenordnung** und Finanzgerichtsordnung, 17. Aufl., Stuttgart: Schäffer-Poeschel, 2001

Ax, Rolf / Harle, Georg, 2001: Die "unangemessene" Gesellschafter-Geschäftsführer-Vergütung – Hat die verdeckte **Gewinnausschüttung** im neuen Besteuerungssystem ihren Schrecken verloren?, in: GmbHR 92 (2001), S. 763 - 767

B

Bacher, Hanns, 1985: Die **Stellung** des persönlich haftenden Gesellschafters einer Kommanditgesellschaft auf Aktien (KGaA) im Steuerrecht, in: DB 38 (1985), S. 2117 - 2119

Baetge, Jörg / Beermann, Thomas, 1998: Die Eignung der körperschaftsteuerlichen **Organschaft** für die Konzernbesteuerung, in: *Meffert, H. / Krawitz, N.* (Hrsg.), Unternehmensrechnung, 1998, S. 265 - 288

Bahrenfuss, Dirk, 2001: Die **Entstehung** des Aktiengesetzes von 1965, Berlin: Duncker & Humblot, 2001 (zugl. Diss. jur. Univ. Kiel 2000)

Ballreich, Hilbert, 1999: Fallkommentar zum **Umwandlungsrecht** – Umwandlungsgesetz, Umwandlungssteuergesetz, Neuwied: Luchterhand, 1999

Ballwieser, Wolfgang u. a. (Hrsg.), 1994: Bilanzrecht und Kapitalmarkt – **Festschrift** zum 65. Geburtstag von Professor Dr. Dr. h.c. Dr. h.c. **Adolf Moxter**, Düsseldorf: IDW-Verlag, 1994

Balzer, Peter, 2001: Die **Umwandlung** von Vereinen der Fußball-Bundesligen in Kapitalgesellschaften zwischen Gesellschafts-, Vereins- und Verbandsrecht, in: ZIP 22 (2001), S. 175 - 184

Bareis, Peter, 2000: Das **Halbeinkünfteverfahren** im Systemvergleich, in: StuW 77 (2000), S. 133 - 143

Barske, Kurt, 1974: Die **Bilanzbündeltheorie**, in: StBp 14 (1974), S. 177 - 179

Bassen, Alexander u. a., 2000: Die Analyse von Unternehmen mit der **Scorecard for German Corporate Governance**, in: FB 2 (2000), S. 693 - 698

Bauer, Jörg, 2001: **Rechtsformwahl** mittelständischer Unternehmen nach der Unternehmenssteuerreform, in: *Herzig, N. / Günkel, M. / Niemann, U.* (Hrsg.), Steuerberater-Jahrbuch 2000/2001, 2001, S. 117 - 153

Bayerisches Staatsministerium für Wirtschaft, Verkehr und Technologie / Thüringer Staatskanzlei (Hrsg.), 1995: **Unternehmensfinanzierung,** Management Buy-Out, Management Buy-In – Tagungsbericht, München: E. Vögel, 1995

Beckerath, Hans-Jochen von (Bearb.), 2002: **Kirchhof – § 3c EStG,** in: *Kirchhof, P.* (Hrsg.), EStG, 2002, § 3c EStG

Beger, Wolf D., 2000: **Methodenlehre** und Klausurtechnik im Steuerrecht, 4. Aufl., Stuttgart: Schäffer-Poeschel, 2000

Beinert, Stefanie / Lishaut, Ingo van, 2001: **Steuerfragen** bei Anteilsverkäufen und Sperrfristen, Arbeitsunterlagen zur 18. Kölner Steuerkonferenz am 22.10.2001 = FR 83 (2001), S. 1137 - 1153

Benz, Nadja / Kiwitz, Torsten, 1999: **Der Neue Markt** der Frankfurter Wertpapierbörse, in: DStR 37 (1999), S. 1162 - 1168

Benz, Sebastian, 2000: 4. **Steuerbefreiung** für Beteiligungserträge (§ 8b Abs. 1 KStG), in: *Oppenhoff & Rädler / Linklaters & Alliance* (Hrsg.), Steuersenkungsgesetz, 2000, S. 228 - 237

Benz, Sebastian, 2002: 4. **Veräußerung** eines Teils eines Mitunternehmeranteils, in: *Linklaters Oppenhoff & Rädler* (Hrsg.), Steueränderungen, 2002, S. 21 f.

Berliner Initiativkreis German Code of Corporate Governance, 2001: **German Code** of Corporate Governance, in: *Werder, A. v.* (Hrsg.), GCCG, 2001, S. 63 - 119

Beyer, Christine, 1989: Die Kommanditgesellschaft auf Aktien – Erfahrungen mit dem **Aktienrecht** und der Börse, in: *Institut für Mittelstandsforschung* (Hrsg.), Aktiengesellschaft, 1989, S. 431 - 515 (zitiert nach *Theisen, M. R.*, KGaA, 1989, sowie *Zacharopoulou, P.*, Mitbestimmungsgesetz, 2000)

Biagosch, Patrick, 1996: Die **Kommanditgesellschaft auf Aktien**, in: NWB, Fach 18, 1996, S. 3453 - 3460

Biergans, Enno, 1992: **Einkommensteuer**, 6. Aufl., München / Wien: Oldenbourg, 1992

Binz, Mark K. / Sorg, Martin H., 1992: **Die GmbH & Co.**, 8. Aufl., München: Beck, 1992

Binz, Mark K. / Sorg, Martin H., 1997: Die **KGaA mit beschränkter Haftung** – quo vadis?, in: DB 50 (1997), S. 313 - 319

Binz, Mark K. / Sorg, Martin H., 2001: **Die verdeckte Gewinnausschüttung** nach der Unternehmenssteuerreform, in: DStR 39 (2001), S. 1457 - 1462

Bippus, Elsa, 1998: Raus aus der Mitunternehmerschaft rein in die Körperschaftsteuer – Überlegungen zur steuerrechtlichen **Konzeption** der Personengesellschaften, in: DStR 36 (1998), S. 749 - 759

Birk, Dieter, 2000: Das **Leistungsfähigkeitsprinzip** in der Unternehmenssteuerreform, in: StuW 77 (2000), S. 328 - 336

Blättchen, Wolfgang, 1999: **Going Public** von Familienunternehmen, in: FB 1 (1999), S. 1 - 7

Bödefeld, Axel, 1999: Die steuerliche Behandlung von Mischformen des europäischen Gesellschaftsrechts am Beispiel der Plc. & Co. **KGaA**, in: *Breuninger, Gottfried* (Hrsg.), Festschrift für Albert J. Rädler, 1999, S. 33 - 78

Bogenschütz, Eugen, 2000: **Umwandlung** einer Kapitalgesellschaft in eine KGaA, in: *Wassermeyer*, *F. / Mayer*, *D. / Rieger*, *N.* (Hrsg.), Umwandlungen, 2000, S. 163 - 184

Bornheim, Wolfgang, 2001: Die **Kapitalgesellschaft** als Instrument der privaten Vermögensverwaltung (Teil I und II), in: DStR 39 (2001), S. 1950 - 1956, 1990 - 1996

Brandis, Peter (Bearb.), 2002: **Tipke / Kruse – § 180 AO**, in: *Tipke, K. / Kruse, H. W.* (Hrsg.), Kommentar, 2002, § 180 AO

Brandmüller, Gerhard, 1997: Die **Betriebsaufspaltung** nach Handels- und Steuerrecht, 7. Aufl., Heidelberg: Recht und Wirtschaft, 1997

Bräutigam, Horst / Mäger, Stefan, 2000: **Going Public** als Sicherung der Kontinuität von Familienunternehmen, in: *Poll, J.* (Hrsg.), Unternehmen, 2000, S. 53 - 68

Brehm, Bernhard / Mihm, Friedhelm / Scheel, Thomas, 2001: **Handelsrecht**, Gesellschaftsrecht und Steuerrecht, 6. Aufl., Stuttgart: Schäffer-Poeschel, 2001

Breithecker, Volker, 1999: Einführung in die **Internationale Betriebswirtschaftliche Steuerlehre**, Bielefeld: E. Schmidt, 1999

Breithecker, Volker u. a., 2001: **Unternehmenssteuerreform** – Auswirkungen und Gestaltungshinweise, mit dem Gesetz zur Ergänzung des Steuersenkungsgesetzes, Bielefeld: E. Schmidt, 2001

Breuninger, Gottfried, u. a. (Hrsg.), 1999: Steuerrecht und europäische Integration, **Festschrift für Albert J. Rädler**, München: Beck, 1999

Brinkmann, Klaus G., 1999: **Going Public** – Der Gang an die Börse, in: *Arthur Andersen* (Hrsg.), Unternehmensform, 1999, S. 650 - 695

Bruse, Matthias / Inhester, Michael, 2000: **Steuerfallen** beim Unternehmenskauf, in: *Schaumburg, H.* (Hrsg.), Unternehmenskauf, 2000, S. 377 - 402

Bruski, Johannes, 2002: **Step-Up-Modelle** beim Unternehmenskauf, in: FR 84 (2002), S. 181 - 190

Busse von Colbe, Walter u. a. (Hrsg.), 2000: **Betriebswirtschaft** für Führungskräfte – Eine Einführung in wirtschaftliches Denken und Handeln für Ingenieure, Naturwissenschaftler, Juristen und Geisteswissenschaftler, Stuttgart: Schäffer-Poeschel, 2000

C

Cahn, Andreas, 2001: Die **Änderung** von Satzungsbestimmungen nach § 281 AktG bei der Kommanditgesellschaft auf Aktien, in: AG 46 (2001), S. 579 - 585

Cansier, Dieter / Wellisch, Dietmar, 1991: **Betriebsteuer** und intertemporale Neutralität, in: StuW 68 (1991), S. 179 - 185

Clausen, Uwe (Bearb.), 2002: **Herrmann / Heuer / Raupach – § 15 EStG**, in: *Herrmann, C. / Heuer, G. / Raupach, A.* (Hrsg.), Kommentar, 2002, § 15 EStG

Claussen, Carsten P., 1996: Überlegungen zur Rechtsform der GmbH - Ist die **KGaA** eine Alternative?, in: GmbHR 87 (1996), S. 73 - 80

Claussen, Carsten P. / Bröcker, Norbert, 2000: **Corporate-Governance-Grundsätze** in Deutschland – nützliche Orientierungshilfe oder regulatorisches Übermaß?, in: AG 45 (2000), S. 481 - 491

Clemm, Hermann, 2001: Die körperschaftsteuerliche Behandlung von **Aufsichtsratsvergütungen** ist sinn-, system- und verfassungswidrig, in: BB 56 (2001), S. 1873 - 1879

Corsten, Hans / Reiß, Michael (Hrsg.), 1999: **Betriebswirtschaftslehre**, 3. Aufl., München: Oldenbourg, 1999

Crezelius, Georg, 1997: **Überlegungen** zu § 13a Abs. 4 und 5 ErbStG 1997 - Zugleich Anmerkungen zu dem koordinierten Ländererlaß vom 17.6.1997, in: DB 50 (1997), S. 1584 - 1589

Crezelius, Georg, 1999: **Komplementärsbesteuerung** bei der KGaA, in: *Deutsches Anwaltsinstitut* (Hrsg.), Jahrbuch, 1999, S. 318 - 326

Crezelius, Georg u. a. (Hrsg.), 1996: Steuerrecht und Gesellschaftsrecht als Gestaltungsaufgabe – **Freundesgabe für Franz Josef Haas** zur Vollendung des 70. Lebensjahres, Berlin: NWB, 1996

Croneberg, Manfred, 1973: **Teilhabersteuer** – Ein Beitrag zur Körperschaftsteuerreform unter besonderer Berücksichtigung der Unternehmensfinanzierung, Diss. Univ. Braunschweig 1973 [masch.]

Curtius-Hartung, Rudolf u. a. (Hrsg.), 1989: **Steuerberater-Jahrbuch** 1988/89, Köln: O. Schmidt, 1989

D

Danelsing, Walter (Bearb.), 2002: **Blümich – § 35 EStG,** in: *Ebling, K.* (Hrsg.), Blümich, 2002, § 35 EStG

Daumke, Michael, 2000: **Grundriß** des deutschen Steuerrechts – Die wesentlichen Steuerarten, Verfahrensrecht, internationales Steuerrecht, 4. Aufl., Bielefeld: E. Schmidt, 2000

Decker, Rolf O. A., 1994: Eine **Prinzipal-Agenten-theoretische Betrachtung** von Eigner-Manager-Konflikten in der Kommanditgesellschaft auf Aktien und in der Aktiengesellschaft, Bergisch Gladbach, Köln: Eul, 1994 (zugl. Diss. rer. pol. Univ. Berlin)

Deutsches Anwaltsinstitut (Hrsg.), 1999: **Jahrbuch** der Fachanwälte für Steuerrecht 1998/99 – aktuelle steuerrechtliche Beiträge, Referate und Diskussionen der 49. Steuerrechtlichen Jahrestagung, Herne / Berlin: NWB, 1999

Dichtl, Erwin / Issing, Otmar (Hrsg.), 1994: Vahlens Großes **Wirtschaftslexikon**, 2. Aufl., München: Vahlen, 1994

Diener, Roger / Schulte, Wilfried, 2000: **§ 35 EStG** – Steuerermäßigung bei Einkünften aus Gewerbebetrieb, in: *Erle, B. / Sauter, T.* (Hrsg.), Reform der Unternehmensbesteuerung, 2000, S. 116 - 132

Dirksen, Dirk / Möhrle, Florian, 1998: Die kapitalistische **Kommanditgesellschaft auf Aktien**, in: ZIP 19 (1998), S. 1377 - 1386

Dölker, Ernst, 1935: Die **Kommanditgesellschaft auf Aktien**, Diss. Inaugural Univ. München, 1935 [masch.]

Dötsch, Franz (Bearb.), 2002: **Gürsching / Stenger – § 97**, in: *Gürsching, L. / Stenger, A.* (Begr.), Bewertungsgesetz, 2002, § 97 BewG

Dötsch, Ewald u. a. (Hrsg.), 2002: **Die Körperschaftsteuer** – Kommentar zum Körperschaftsteuergesetz, Umwandlungssteuergesetz und zu den einkommensteuerlichen Vorschriften der Anteilseignerbesteuerung, Stand: Juni 2002 (45. Lfg.), Stuttgart: Schäffer-Poeschel, 2002

Drenseck, Walter (Bearb.), 2002: **Schmidt – § 19**, in: *Schmidt, L.* (Hrsg.), EStG, 2002, § 19

Düll, Alexander / Fuhrmann, Gerd / Eberhard, Martin, 2001: **Verlustvor- und -rücktrag** beim Übergang zum neuen Körperschaftssteuersystem, in: DStR 39 (2001), S. 641 - 647

E

Ebeling, Jürgen, (Bearb.) 2002: **Kapp / Ebeling – §§ 12, 13a ErbStG** in: *Kapp, R.* (Begr.) / *Ebeling, J.*, Kapp / Ebeling, 2002, §§ 12, 13a ErbStG

Ebling, Iris (Hrsg.), 2001: Besteuerung vom **Einkommen** – Veröffentlichung der Deutschen Steuerjuristischen Gesellschaft e. V., Bd. 24, Köln: O. Schmidt, 2001

Ebling, Klaus, 2001: Die Auswirkungen des **DBA-Schachtelprivilegs** auf die Besteuerung des Gewinnanteils eines persönlich haftenden Gesellschafters einer Kommanditgesellschaft auf Aktien, in: *Hörmann, N.* u. a. (Hrsg.), Brennpunkte, 2001, S. 67 - 82

Ebling, Klaus (Hrsg.), 2002: **Blümich** – Einkommensteuer, Körperschaftsteuer, Gewerbesteuer: Kommentar, Stand: März 2002 (74. Lfg.), München: Vahlen, 2002

Ehmcke, Torsten (Bearb.), 2002: **Blümich – § 10 KStG,** in: *Ebling, K.* (Hrsg.), Blümich, 2002, § 10 KStG

Eilers, Stephan, 2000: **Tax due diligence,** in: *Schaumburg, H.* (Hrsg.), Unternehmenskauf, 2000, S. 103 - 140

Eilers, Stephan / Wienands, Hans-Gerd, 2000: Steuersenkungsgesetz: **Anteilsveräußerungen** durch Körperschaften nach der Neufassung von § 8b Abs. 2 KStG, in: GmbHR 91 (2000), S. 1229 - 1240

Ekkenga, Jens, 2001: Das **Organisationsrecht des genehmigten Kapitals** (Teil 1 und 2), in: AG 46 (2001), S. 567 - 579, 615 - 629

Elschen, Rainer, 1991: **Entscheidungsneutralität**, Allokationseffizienz und Besteuerung nach der Leistungsfähigkeit – Gibt es ein gemeinsames Fundament der Steuerwissenschaften?, in: StuW 68 (1991), S. 99 - 115

Elschen, Rainer / Siegel, Theodor / Wagner, Franz X. (Hrsg.), 1995: **Unternehmenstheorie** und Besteuerung – Festschrift zum 60. Geburtstag von Dieter Schneider, Wiesbaden: Gabler, 1995

Elschenbroich, Manfred, 1959: Die **Kommanditgesellschaft auf Aktien** – Rechtliche Gestaltung und wirtschaftliche Bedeutung, Wiesbaden: Gabler, 1959 (zugl. Diss. rer. pol. Univ. Köln)

Elser, Thomas, 2001: Warum die **GmbH** nur selten als Spardose taugt, in: BB 56 (2001), S. 805 - 810

Endres, Dieter / Klingberg, Dietgard / Ditsch, Stefan, 2001: **Germany,** in: *Intertax* (Hrsg.), Mergers and Acquisitions, 2001, S. 32 - 40

Engels, Wolfram / Stützel, Wolfgang, 1968: **Teilhabersteuer** – Ein Beitrag zur Vermögenspolitik, zur Verbesserung der Kapitalstruktur und zur Vereinfachung des Steuerrechts, Frankfurt: F. Knapp, 1968

Erhardt, Andrea, 1996: Die **GmbH & CoKG** aus konzernrechtlicher Sicht, Frankfurt a. M.: Lang, 1996 (zugl. Diss. jur. Univ. Bayreuth 1995)

Erle, Bernd / Sauter, Thomas (Hrsg.), 2000: **Reform der Unternehmensbesteuerung** – Kommentar zum Steuersenkungsgesetz mit Checklisten und Materialen, Köln: O. Schmidt, 2000

Ernst & Young u. a. (Hrsg.), 2000: **Leitfaden** zur Unternehmenssteuerreform – Sonderband zum WP-Handbuch der Unternehmensbesteuerung, Düsseldorf: IDW-Verlag, 2000

F

Fabian, Roland, 1995: § 70 Die steuerlichen Folgen bei Eintritt und Ausscheiden zu **Lebzeiten**, in: *Riegger, B. / Weipert, L.* (Hrsg.), Münchner Handbuch des Gesellschaftsrechts – Band 1, 1995, S. 1230 - 1258, Rz. 1 - 106

Farnschläder, Marion / Dörschmidt, Beate, 1999: Die ertragsneutrale **Übertragung** des Betriebs einer GmbH & Co. KG auf eine GmbH & Co. KGaA, in: DB 52 (1999), S. 1923 - 1929

Fey, Gerrit, 2000: **Unternehmenskontrolle** und Kapitalmarkt, Stuttgart: Lucius und Lucius, 2000

Fischer, Lothar, 1982: Die Kommanditgesellschaft auf Aktien nach dem **Mitbestimmungsgesetz**, Heidelberg: Recht und Wirtschaft, 1982 (zugl. Diss. jur. Univ. Freiburg 1981)

Fischer, Michael, 1997: Die **Besteuerung** der KGaA und ihrer Gesellschafter - Eine steuerrechtliche Bestandsaufnahme unter Berücksichtigung des BGH-Beschlusses vom 24.2.1997, in: DStR 35 (1997), S. 1519 - 1526

Fischer, Peter (Bearb.), 2002: **Kirchhof – § 6 EStG**, in: *Kirchhof, P.* (Hrsg.), EStG, 2002, § 6 EStG

Fleischer, Holger, 2001: **Grundfragen der ökonomischen Theorie** im Gesellschafts- und Kapitalmarktrecht, in: ZGR 30 (2001), S. 1 - 32

Fleischmann, Michael, 2001: Steuerbegünstigtes **Vermögensmanagement** via "Vermögensverwaltungs-GmbH" in einer optimierten Form – Weiterführende Überlegungen zu den Ausführungen in StuB 2000 S. 1078 ff. –, in: StuB 22 (2001), S. 1111 - 1115

Flume, Werner / Raisch, Peter / Steindorff, Ernst (Hrsg.), 1975: Beiträge zum Zivil- und Wirtschaftsrecht – **Festschrift für Kurt Ballerstedt** zum 75. Geburtstag am 24. Dezember 1975, Berlin: Duncker & Humblot, 1975

Förster, Guido, 2000: **Rechtsformwahl,** Umwandlung und Unternehmenskauf nach der Unternehmenssteuerreform, in: WPg 54 (2001), S. 1234 - 1249

Förster, Guido, 2001: **Anwendungsregelungen** beim Systemwechsel zum neuen Körperschaftsteuerrecht, in: DStR 39 (2001), S. 1273 - 1279

Frankenheim, Andreas, 1994: Die Ertrags- und Substanzbesteuerung der **Kommanditgesellschaft auf Aktien** mit natürlicher und nicht natürlicher Person als persönlich haftendem Gesellschafter, Frankfurt a. M.: Lang, 1994 (zugl. Diss. rer. pol. Univ. Würzburg 1993)

Frankenheim, Andreas, 1999: Die Ertragsbesteuerung einer **Pensionszusage** an einen persönlich haftenden Gesellschafter einer Kommanditgesellschaft auf Aktien, in: DStR 37 (1999), S. 481 - 485

Freidank, Carl-Christian, 1991: Erfolgsbesteuerung bei **Personenhandelsgesellschaften,** in: WiSt 20 (1991), S. 441 - 445

Freiling, Carla / Schmucker, Yvonne, 2001: **Anwendungsprobleme** des § 8a KStG nach dem Steuersenkungsgesetz, in: IStR 10 (2001), S. 97 - 128

Freitag, Michael, 1998: Einfachere Kontrolle und besserer **Übernahmeschutz,** in: HB Nr. 203 vom 21.10.1998, S. 14

Freudenberg, Götz / Sorg, Martin H., 1999: Die **KGaA mit beschränkter Haftung** – GmbH & Co. KGaA, Heidelberg: Recht und Wirtschaft, 1999

Frotscher, Gerrit (Bearb.), 2002: **Frotscher / Maas – §§ 8, 9 KStG, Anhang vGA zu § 8 KStG**, in: *Frotscher, G. / Maas, E.* (Hrsg.), KStG, 2002, §§ 8, 9 KStG, Anhang vGA zu § 8 KStG

Frotscher, Gerrit / Maas, Ernst (Hrsg.), 2002: **KStG**, UmwStG, Stand: August 2002 (68. Lfg.), Freiburg: Haufe, 2002

G

Geßler, Ernst u. a. (Hrsg.), 1993: **Aktiengesetz** – Band V, München: Vahlen, 1993

Glanegger, Peter (Bearb.), 2002: **Schmidt – §§ 6, 35 EStG**, in: *Schmidt, L.* (Hrsg.), EStG, 2002, §§ 6, 35 EStG

Glanegger, Peter / Güroff, Georg, 1999: **Gewerbesteuergesetz**, 4. Aufl., München: Beck, 1999

Gocke, Rudolf, 1994: **Zur Aktivierung von Pensionsansprüchen** in den Einzelbilanzen der persönlich haftenden Gesellschafter bei einer KGaA, in: DB 47 (1994), S. 2162 - 2165

Gonnella, Robert / Mikic, Sanja, 1998: Die **Kapitalgesellschaft & Co. KGaA** als "Einheitsunternehmen", in: AG 43 (1998), S. 508 - 514

Gosch, Dietmar, 1991: **Kommanditgesellschaft auf Aktien** und die Gewerbesteuer, in: FR 73 (1991), S. 345 - 349

Gosch, Dietmar (Bearb.), 2002: **Blümich – §§ 9, 11 GewStG**, in: *Ebling, K.* (Hrsg.), Blümich, 2002, §§ 9, 11 GewStG

Gosch, Dietmar (Bearb.), 2002: **Kirchhof – § 35 EStG**, in: *Kirchhof, P.* (Hrsg.), EStG, 2002, § 35 EStG

Graffe, Ingo (Bearb.), 2002: **Dötsch u. a. – §§ 1, 10 KStG,** in: *Dötsch, E.* u. a. (Hrsg.), Die Körperschaftsteuer, 2002, §§ 1, 10 KStG

Grafmüller, Frank, 1994: Die **Kommanditgesellschaft auf Aktien** als geeignete Rechtsform für börsenwillige Familienunternehmen, Frankfurt a. M.: Lang, 1994 (zugl. Diss. rer. pol. Univ. Stuttgart 1993)

Graß, Günter, 1969: Die **Besteuerung** der KGaA, Diss. Univ. München 1969 [masch.]

Grefe, Cord, 2002: **Unternehmenssteuern**, 6. Aufl., Ludwigshafen: Kiel, 2002

Greß, Manfred / Rose, Manfred / Wiswesser, Rolf, 1998: Marktorientierte **Einkommensteuer**, München: Vahlen, 1998

Groh, Manfred, 1991: Sondervergütungen in der doppelstöckigen **Personengesellschaft** – Anmerkungen zum BFH-Beschluß vom 25.2.1991 GrS 7/89, DB 1991 S. 889, in: DB 44 (1991), S. 879 - 884

Grundsatzkommission Corporate Governance, 2000: **Code** of best Practice, in: DB 53 (2000), S. 238 - 241

Güroff, Georg (Bearb.), 1999: **Glanneger / Güroff – §§ 2, 8 Nr. 1, 8 Nr. 4, 9 Nr. 2a, 9 Nr. 2b, 9 Nr. 7, 11 GewStG**, in: *Glanegger, P. / Güroff, G.*, Gewerbesteuergesetz, 1999, §§ 2, 8 Nr. 1, 8 Nr. 4, 9 Nr. 2a, 9 Nr. 2b, 9 Nr. 7, 11 GewStG

Gürsching, Lorenz / Stenger, Alfons (Begr.), 2002: Kommentar zum **Bewertungsgesetz** und Vermögensteuergesetz, 9. Aufl., Stand: April 2002 (89. Lfg.), Köln: O. Schmidt, 2002

H

Haarmann, Wilhelm, 2001: Die **Einschränkung** der Berücksichtigung von Verlusten im Einkommensteuerrecht, in: Stbg 44 (2001), S. 145 - 153

Haas, Peter, 1995: Erbschaftsteuerrecht und gesellschaftsrechtliche **Nachfolge,** Herne / Berlin: NBW, 1995 (zugl. Diss. jur. Univ. Erlangen-Nürnberg)

Haase, Karsten, 1997: Die Vorteile der GmbH oder der **GmbH & Co. KGaA** in gesellschaftsrechtlicher Sicht, in: GmbHR 88 (1997), S. 917 - 923

Haase, Klaus D. / Lüdemann, Lars, 2000: Auswirkungen der Unternehmenssteuerreform auf die **Finanzierungspolitik** der Kapitalgesellschaften, in: DStR 38 (2000), S. 747 - 752

Habel, Michael / Strieder, Thomas, 1998: Die **Kommanditgesellschaft auf Aktien** – ein Überblick, in: MittBayNot 1998 (ohne Jahrgang), S. 65 - 71

Halasz, Christian / Kloster, Lars / Kloster, Anja, 2002: Die GmbH & Co. **KGaA** – Eine Rechtsformalternative zur GmbH & Co. KG?, in: GmbHR 93 (2002), S. 77 - 92

Halasz, Christian / Kloster, Lars / Kloster, Anja, 2002: **Umwandlungen** von GmbH und GmbH & Co. KG in eine GmbH & Co. KGaA, in: GmbHR 93 (2002), S. 310 - 320, 359 - 369

Hallerbach, Dorothee, 1999: Die **Personengesellschaft** im Einkommensteuerrecht – Zivilrechtliche Einordnung und einkommensteuerliche Folgen, München: Beck, 1999 (zugl. Diss. jur. Univ. Augsburg 1998)

Hallerbach, Dorothee, 2001: **Vermögensverwaltende Personengesellschaft** – wer erzielt die Einkünfte? Konsequenzen aus der Rechtsprechung des BFH zur Rechtsnatur der Gesellschaft des bürgerlichen Rechts, in: *Hörmann, N.* u. a. (Hrsg.), Brennpunkte, 2001, S. 101 - 109

Hanau, Peter / Wackerbarth, Ulrich, 2000: Mitbestimmung im Teilkonzern mit abhängiger KG oder **KGaA**, in: *Schneider, U. H.* u. a. (Hrsg.), Festschrift für Marcus Lutter, 2000, S. 425 - 451

Haritz, Detlef, 1996: Verschmelzung einer GmbH auf eine **KGaA** - eine steuerrechtliche Mischumwandlung, in: DStR 34 (1996), S. 1192 f.

Haritz, Detlef / Benkert, Manfred (Hrsg.), 2000: **Umwandlungssteuergesetz** – Kommentar, 2. Aufl., München: Beck, 2000

Hartel, Ulrich M., 1992: Umwandlung einer GmbH & Co. KG in eine **KG auf Aktien** – GmbH & Co. KG auf Aktien - Idealform für börsenwillige Familienunternehmen, in: DB 45 (1992), S. 2329 - 2335

Heinicke, Wolfgang (Bearb.), 2002: **Schmidt – § 4**, in: *Schmidt, L.* (Hrsg.), EStG, 2002, § 4

Helmreich, Heinz, 1998: **Verluste** bei beschränkter Haftung und § 15a EStG, Stuttgart: Schäffer-Poeschel, 1998

Hempe, Richard / Siebels, Renate / Uhl, Alexander, 2001: Zur **Einkünftequalifikation** von mittelbaren Gesellschaftern einer KGaA, in: DB 54 (2001), S. 2268 - 2271

Hennerkes, Brun-Hagen, 1989: Die GmbH & Co. KGaA – eine ideale **Rechtsform** für börsenwillige Familienunternehmen?, in: *Curtius-Hartung, R.* u. a. (Hrsg.), Steuerberater-Jahrbuch, 1989, S. 303 - 322

Hennerkes, Brun-Hagen / Lorz, Rainer, 1997: **Roma locuta** causa finita: Die GmbH & Co. KGaA ist zulässig, in: DB 50 (1997), S. 1388 - 1394

Henze, Hartwig, 2001: **Aktienrecht** – Höchstrichterliche Rechtsprechung, 4. Aufl., Köln: RWS, 2001

Herfs, Achim, 1997: Die Kapitalgesellschaft & Co. KGaA als **Rechtsformoptimierung** für mittelständische Unternehmen, in: WiB 4 (1997), S. 688 - 691

Herfs, Achim, 1999: 13. Kapitel. **Kommanditgesellschaft auf Aktien**, in: *Hoffmann-Becking, M.* (Hrsg.), Gesellschaftsrecht, 1999, S. 1167 - 1242

Hergenhahn, Theodor, 1894: Die Kommanditgesellschaft auf Aktien, insbesondere ihre **Entstehungsgeschichte**, rechtliche und wirthschaftliche Natur, in: ZHR 42 (1894), S. 69 - 95

Herlinghaus, Andreas, 2001: Weitere "Renovierung" der steuerlichen **Organschafts-bestimmungen** – Geplante Änderungen durch den Entwurf eines Gesetzes zur Fortentwicklung des Unternehmenssteuerrechts (UntStFG-E), in: GmbHR 92 (2001), S. 956 - 965

Herrler, Hans u. a., 2000: **Betriebliche Steuern** Band 1 – Erbschaft- und Schenkungsteuer, Umsatzsteuer und Abgabenordnung, Stuttgart: Schäffer-Poeschel, 2000

Herrmann, Carl (Bearb.), 2002: **Herrmann / Heuer / Raupach – § 1 KStG,** in: *Herrmann, C. / Heuer, G. / Raupach, A.* (Hrsg.), Kommentar, 2002, § 1 KStG

Herrmann, Carl / Heuer, Gerhard / Raupach, Arndt (Hrsg.), 2002: Einkommensteuer- und Körperschaftsteuergesetz – **Kommentar**, Stand: Juli 2002 (202. Lfg.), Köln: O. Schmidt, 2002

Herrmann, Horst, 1994: Zur Bilanzierung bei **Personenhandelsgesellschaften** – die Überarbeitung der HFA-Stellungnahme 1/1976, in: WPg 47 (1994), S. 500 - 513

Herzberg, Torsten, 2001: Ausgewählte Fragen zur Einschränkung der Verlustnutzung nach **§ 8 Abs. 4 KStG,** in: DStR 39 (2001), S. 553 - 557

Herzig, Norbert / Günkel, Manfred / Niemann, Ursula (Hrsg.), 2001: **Steuerberater-Jahrbuch 2000/2001** – zugleich Bericht über den 52. Fachkongreß der Steuerberater Köln, 17. und 18. Oktober 2000, Köln: O. Schmidt, 2001

Herzig, Norbert / Lochmann, Uwe, 2000: Das **Grundmodell** der Besteuerung von Personengesellschaften nach der Unternehmenssteuerreform – Die Steuerermäßigung für gewerbliche Einkünfte bei der Einkommensteuer –, in: DB 53 (2000), S. 540 - 545

Herzig, Norbert / Lochmann, Uwe, 2000: Steuersenkungsgesetz: Die **Steuerermäßigung für gewerbliche Einkünfte** bei der Einkommensteuer in der endgültigen Regelung, in: DB 53 (2000), S. 1728 - 1735

Herzig, Norbert / Watrin, Christoph, 2000: **Betriebswirtschaftliche Anforderungen** an eine Unternehmenssteuerreform, in: StuW 77 (2000), S. 378 - 388

Hesselmann, Malte, 1988: GmbH & Co. **Kommanditgesellschaft auf Aktien,** in: GmbHR 78 (1988), S. 472 - 477

Heurung, Rainer / Heinsen, Oliver / Springer, Mascha, 2001: Anwendungs- und Zweifelsfragen im Rahmen der **Steuerreform,** in: BB 56 (2001), S. 181 - 186

Hey, Johanna, 1997: Harmonisierung der **Unternehmensbesteuerung** in Europa, Köln: O. Schmidt, 1997 (zugl. Diss. jur. Univ. Köln 1996)

Hey, Johanna, 2001: Bedeutung und **Besteuerungsfolgen der verdeckten Gewinnausschüttung** nach der Unternehmenssteuerreform, in: GmbHR 92 (2001), S. 1 - 7

Hey, Johanna, 2001: Die Besteuerung von **Unternehmensgewinnen** und Rechtsformneutralität, in: *Ebling, I.* (Hrsg.), Einkommen, 2001, S. 155 - 223

Hey, Johanna, 2001: Von der **Verlegenheitslösung** des § 35 EStG zur Reform der Gewerbesteuer?, in: FR 83 (2001), S. 870 - 880

Hoffmann, Wolf-Dieter, 2002: **Beck' sches Handbuch der Personengesellschaften – § 5 Rechnungslegung**, in: *Müller, W. / Hoffmann, W.-D.* (Hrsg.), Beck' sches Handbuch der Personengesellschaften, 2002, S. 381 - 456

Hoffmann-Becking, Michael (Hrsg.), 1999: Münchener Handbuch des **Gesellschaftsrechts**, Band 4 Aktiengesellschaften, 2. Aufl., München: Beck, 1999

Hoffmann-Becking, Michael, 1999: 11. Kapitel. **Auflösung und Abwicklung**, in: *Hoffmann-Becking, M.* (Hrsg.), Gesellschaftsrecht, 1999, S. 885 - 892

Höflacher, Stefan / Wendlandt, Klaus, 2001: **Rechtsformwahl** nach der Unternehmenssteuerreform 2001 – Ist die Kapitalgesellschaft wirklich die bessere Alternative?, in: GmbHR 92 (2001), S. 793 - 797

Hofmeister, Ferdinand, (Bearb.) 2002: **Blümich – §§ 8, 9 KStG**, 2002, in: *Ebling, K.* (Hrsg.), Blümich, 2002, §§ 8, 9 KStG

Hollatz, Alfred (Bearb.), 2002: **Herrmann / Heuer / Raupach – § 10 KStG,** in: *Herrmann, C. / Heuer, G. / Raupach, A.* (Hrsg.), Kommentar, 2002, § 10 KStG

Holzapfel, Hans-Joachim / Pöllath, Reinhard, 2001: **Unternehmenskauf** in Recht und Praxis – Rechtliche und steuerliche Aspekte, 10. Aufl., Köln: RWS, 2001

Homburg, Stefan, 1997: Soll die klassische **Einkommensteuer** wiederbelebt werden?, in: *Rose, M.* (Hrsg.), Standpunkte, 1997, S. 107 - 114

Homburg, Stefan, 2000: Allgemeine **Steuerlehre**, 2. Aufl., München: Vahlen, 2000

Homburg, Stefan, 2001: Die Unternehmenssteuerreform 2001 aus **Sicht der Wissenschaft**, in: Stbg 44 (2001), S. 8 - 16

Homburg, Stefan / Theisen, Manuel R., 2000: Steuersenkungsgesetz: **Das gefangene Eigenkapital**, in: DB 53 (2000), S. 1930 f.

Hommelhoff, Peter, 1998: **Anlegerschutz** in der GmbH & Co KGaA, in: Sonderheft 67 ZHR, Die GmbH & Co KGaA nach dem Beschluß BGHZ 134, 392, 1998, S. 9 - 31

Hopt, Klaus J. / Wiedemann, Herbert (Hrsg.), 2001: **AktG** Großkommentar, Stand: Mai 2001 (17. Lfg.), 4. Aufl., Berlin / New York: De Gruyter, 2001

Hörger, Helmut, 1998: **Nachfolge** bei Kapitalgesellschaften, in: *Hörger, H. / Stephan, R.* (Hrsg.), Vermögensnachfolge, 1998, S. 449 - 463

Hörger, Helmut / Stephan, Rudolf (Hrsg.), 1998: Die **Vermögensnachfolge** im Erbschaft- und Ertragsteuerrecht – Steuerorientierte Gestaltung von Unternehmens- und Vermögensnachfolge, Stuttgart: Schäffer-Poeschel, 1998

Hörmann, Norbert u. a. (Hrsg.), 2001: **Brennpunkte** des Steuerrechts – Festschrift für Wolfgang Jakob zum 60. Geburtstag, Augsburg-Haunstetten: B. Settele, 2001

Hübner, Ulrich, 1992: **Managerhaftung** – Rechtsgrundlagen und Risikopotentiale einer persönlichen Inanspruchnahme der Unternehmensleiter von Kapitalgesellschafen, München: Beck, 1992

Hüffer, Uwe, 1999: **Aktiengesetz**, 4. Aufl., München: Beck, 1999

Hundsdoerfer, Jochen, 2001: **Halbeinkünfteverfahren** und Lock-In-Effekt, in: StuW 77 (2001), S. 113 - 125

I

IDW (Hrsg.), 2000: **Kapitalmarktorientierte Unternehmensüberwachung** - Bericht über die IDW-Fachtagung 26. und 27. Oktober 2000 in München, Düsseldorf: IDW-Verlag, 2000

Ihrig, Hans-Christian / Schlitt, Michael, 1998: Die **KGaA** nach dem Beschluß des BGH vom 24.2.1997 – organisationsrechtliche Folgerungen, in: Sonderheft 67 ZHR, Die GmbH & Co KGaA nach dem Beschluß BGHZ 134, 392, 1998, S. 33 - 83

Institut für Mittelstandsforschung (Hrsg.), 1989: Die private **Aktiengesellschaft** – Schriften zur Mittelstandsforschung, Nr. 25 (Neue Folge), Stuttgart: VVA, 1989

Intertax (Hrsg.), 2001: Tax Reference Library – **Mergers and Acquisitions**, London: Legal Media Group, 2001

J

Jacobs, Dietrich, 2001: **Rechtsformwahl** nach der Unternehmenssteuerreform: Personenunternehmung oder Kapitalgesellschaft?, in: DStR 39 (2001), S. 806 - 812

Jacobs, Otto H., 2002: **Unternehmensbesteuerung** und Rechtsform, 3. Aufl., München: Beck, 2002

Jaeger, Claudia, 2001: Die **Körperschaftsteuersysteme** in Europa, Lohmar / Köln: Eul, 2001 (zugl. Diss. rer. pol. Univ. Mannheim)

Jakobs, Horst Heinrich u. a. (Hrsg.), 1978: **Festschrift für Werner Flume**, Köln: Schmidt, 1978

Jaletzke, Matthias, 1994: **Haftung**, 1994, in: *Dichtl, E. / Issing, O.* (Hrsg.), Wirtschaftslexikon, 1994, S. 874 f.

Janssen, Bernhard, 2001: Die Besteuerung der **Kommanditgesellschaft auf Aktien** und ihrer Gesellschafter, in: NWB, Fach 18, 2001, S. 3811 - 3820

Jaques, Henning, 2000: Börsengang und Führungskontinuität durch die kapitalistische **KGaA**, in: NZG 3 (2000), S. 401 - 409

John, Gerd / Theisen Manuel R., 1981: **Verlustverrechnung** in Personengesellschaften – Steuerrechtliche und betriebswirtschaftliche Konsequenzen des § 15a EStG, Heidelberg: Recht und Wirtschaft, 1981

Joost, Detlev, 1998: **Mitbestimmung** in der kapitalistischen Kommanditgesellschaft auf Aktien, in: ZGR 27 (1998), S. 334 - 351

Jost, Peter-J. (Hrsg.), 2001: **Die Prinzipal-Agenten-Theorie in der Betriebswirtschaftslehre**, Stuttgart: Schäffer-Poeschel, 2001

Jost, Peter-J., 2001: 1. Die **Prinzipal-Agenten-Theorie** im Unternehmenskontext, in: *Jost, P.-J.* (Hrsg.), Die Prinzipal-Agenten-Theorie in der Betriebswirtschaftslehre, 2001, S. 11 - 43

Jost, Werner F. (Bearb.), 2002: **Dötsch u. a. – § 9 KStG**, in: *Dötsch, E.* u. a. (Hrsg.), Die Körperschaftsteuer, 2002, § 9 KStG

Jünger, Paul, 1988: Zur **Stellung des persönlich haftenden Gesellschafters einer KGaA** im Steuerrecht, in: DB 41 (1988), S. 1969 - 1973

K

Kahle, Holger, 2001: **Europarechtliche Einflüsse** auf den Maßgeblichkeitsgrundsatz, in: StuW 77 (2001), S. 126 - 136

Kalbfleisch, Eberhard (Bearb.), 2002: **Arthur Andersen** Körperschaftsteuergesetz – **§ 1 KStG**, in: *Arthur Andersen* (Hrsg.), Körperschaftsteuergesetz, 2002, § 1 KStG

Kallmeyer, Harald, 1994: Die **Kommanditgesellschaft auf Aktien** – eine interessante Rechtsformalternative für den Mittelstand?, in: DStR 32 (1994), S. 977 - 982

Kaminski, Bert / Strunk, Günther, 2001: Grundlagen der **Besteuerung unternehmerischer Tätigkeiten** – Rechtsstand 2001, Neuwied / Kriftel: Luchterhand, 2001

Kantewein, Thomas, 1999: § 80 **Steuerrecht**, in: *Hoffmann-Becking, M.* (Hrsg.), Gesellschaftsrecht, 1999, S. 1142 - 1250

Kanzler, Hans-Joachim, 2000: **Problematik** der steuerlichen Behandlung von Veräußerungsgewinnen, in: FR 82 (2000), S. 1245 - 1304

Kapp, Reinhard (Begr.) / *Ebeling, Jürgen*, 2002: **Kapp / Ebeling** – Erbschaftsteuer- und Schenkungssteuergesetz – Kommentar, Stand: Juni 2002 (42. Lfg.), Köln: O. Schmidt, 2002

Kessler, Wolfgang, 2001: Deutschland als **Holdingstandort** nach der Unternehmenssteuerreform, in: *Herzig, N. / Günkel, M. / Niemann, U.* (Hrsg.), Steuerberater-Jahrbuch 2000/2001, 2001, S. 339 - 383

Kessler, Wolfgang / Teufel, Tobias, 2000: Die **Auswirkungen** der Steuerreform 2001 auf die Rechtsformwahl, in: DStR 38 (2000), S. 1836 - 1842

Kessler, Wolfgang / Teufel, Tobias, 2001: **Gesellschafterfremdfinanzierung** nach der Unternehmenssteuerreform, in: DB 54 (2001), S. 1955 - 1962

Ketzel, Eberhart, 1969: **Teilhabersteuer** – Konzeption und Gestaltungsmöglichkeit, Diss. Univ. Saarland 1969 [masch.]

Kiesewetter, Dirk, 1997: **Theoretische Leitbilder** einer Reform der Unternehmensbesteuerung – Eine vergleichende Analyse der Reformmodelle Kroatiens, Österreichs und Skandinaviens, in: StuW 74 (1997), S. 24 - 34

Killinger, Wolfgang, 1999: **Berücksichtigung von Betriebsausgaben** bei der Anwendung der Kürzungsvorschrift des § 9 Nr. 2a und 7 GewStG, in: BB 54 (1999), S. 500 - 503

Kirchhof, Paul, 2000: **Verfassungsrechtliche Maßstäbe** der Unternehmenssteuerreform, in: Stbg 43 (2000), S. 552 - 558

Kirchhof, Paul, 2001: Erläuterungen zum **Karlsruher Entwurf** zur Reform des Einkommensteuergesetzes, in: DStR 39 (2001), S. 913 - 917

Kirchhof, Paul (Hrsg.), 2002: **EStG** – Kompaktkommentar Einkommensteuergesetz, 2. Aufl., Heilberg: C. F. Müller, 2002

Kirchhof, Paul, 2002: Der Karlsruher Entwurf und seine **Fortentwicklung** zu einer vereinheitlichten Ertragsteuer, in: StuW 79 (2002), S. 3 - 22

Kirchhof, Paul / Söhn, Hartmut / Mellinghoff, Rudolf (Hrsg.), 2001: **Einkommensteuergesetz** – Kommentar, Stand: Juli 2002 (123. Lfg.), Heidelberg: C. F. Müller, 2002

Kirsch, Martina / Grube, Frank, 2001: Die **Organschaft** nach dem Steuersenkungsgesetz - für die Gewerbesteuer noch keine wirkliche Vereinfachung, in: GmbHR 92 (2001), S. 371 - 375

Klaas, Helmut, 1989: Die Ausgestaltung einer **Vorabgewinnregelung** bei Aufnahme eines Partners in eine freiberufliche Praxis, in: WPg 44 (1991), S. 208 - 210

Klein, Franz u. a. (Hrsg.), 1997: Unternehmen Steuern: **Festschrift für Hans Flick** zum 70. Geburtstag, Köln: O. Schmidt, 1997

Kleffmann, Gerald, 2002: **1860 e. V.** a. D., in: SZ Nr. 43 vom 20.2.2002, S. 36

Kley, Max D. (Hrsg.), 1997: **Festschrift für Wolfgang Ritter** zum 70. Geburtstag: Steuerrecht, Steuer- und Rechtspolitik, Wirtschaftsrecht und Unternehmensverfassung, Umweltrecht, Köln: O. Schmidt, 1997

Klunzinger, Eugen, 1995: Grundzüge des **Gesellschaftsrechts**, 9. Aufl., München: Vahlen, 1995

Knobbe-Keuk, Brigitte, 1990: **Gleichstellung** des Mitunternehmers mit dem Einzelunternehmer? § 15 Abs. 1 Satz 1 Nr. 2 EStG und mittelbar Beteiligte, in: DB 43 (1990), S. 905 - 908

Knobbe-Keuk, Brigitte, 1993: **Bilanz- und Unternehmenssteuerrecht**, 9. Aufl., Köln: O. Schmidt, 1993

Knoll, Leonhard, 2001: Unternehmensgewinnbesteuerung in Kroatien, Italien und Österreich – Umsetzungsbeispiele für betriebswirtschaftliche **Neutralitätspostulate**, in: DBW 61 (2001), S. 335 - 348

Knur, Alexander, 1978: Die Eignung der **Kommanditgesellschaft auf Aktien** für Familienunternehmen, in: *Jakobs, H. H.* u. a. (Hrsg.), Festschrift für Werner Flume, 1978, S. 173 - 200

Köhler, Stefan, 2001: VIII. Die deutsche **Holdinggesellschaft** nach der Unternehmenssteuerreform, in: *Arthur Andersen* (Hrsg.), Steuerreform 2001, 2001, S. 227 - 271

Kollruss, Thomas, 2000: **Anrechnung** der Gewerbesteuer auf die Einkommensteuer bei Personenunternehmen gem. § 35 EStG 2001, in: Stbg 43 (2000), S. 559 - 570

Kollruss, Thomas, 2001: Die **Organschaft** nach dem Steuersenkungsgesetz, in: Stbg 44 (2001), S. 17 - 20

Kommission zur Reform der Unternehmensbesteuerung, 1999: **Brühler Empfehlungen** zur Reform der Unternehmensbesteuerung, in: FR 81 (1999) S. 580 - 586

König, Rolf / Sureth, Caren, 2001: Besteuerung und **Rechtsformwahl**, 2. Aufl., Herne / Berlin: NWB, 2001

König, Rolf / Sureth, Caren, 2001: Der Einfluss der Unternehmenssteuerreform auf die rechtsformspezifische **Steuerbelastung**, in: StuB 3 (2001), S. 117 - 121

Korezkij, Leonid, 2001: **Anrechnung** der Gewerbesteuer nach § 35 EStG (**1.** und **2. Teil**), in: BB 56 (2001), S. 333 - 344, S. 389 - 394

Korth, Michael, 1999: Deutsche Steuer- und Sozialgesetzgebung: **Nationale Antworten** auf Internationale Herausforderungen, in: Stbg 42 (1999), S. 305 - 310

Korts, Sebastian / Korts, Petra, 2000: Der **Weg** zur börsennotierten Aktiengesellschaft – Leitfaden für das Going Public von Unternehmen, Heidelberg: Recht und Wirtschaft, 2000

Köster, Beate-Katrin, 2000: StSenkG: **Befreiung** innerkonzernlicher Beteiligungserträge, in: FR 82 (2000), S. 1263 - 1269

Krause-Junk, Gerold, 2001: **Unternehmenssteuerreform** – Chancen und Risiken aus volkswirtschaftlicher Sicht, in: *Lüdicke, J.* (Hrsg.), Internationale Aspekte, 2001, S. 1 - 26

Krawitz, Norbert, 2000: Betriebswirtschaftliche Anmerkungen zum **Halbeinkünfteverfahren**, in: DB 53 (2000), S. 1721 - 1727

Krebs, Hans-Joachim / Herrmann, Carl (Bearb.), 2002: **Herrmann / Heuer / Raupach – § 9 KStG**, in: *Herrmann, C. / Heuer, G. / Raupach, A.* (Hrsg.), Kommentar, 2002, § 9 KStG

Krebühl, Hans-Herbert, 2001: Zur Reform und Reformnotwendigkeit der deutschen **Konzernbesteuerung**, in: DStR 39 (2001), S. 1730 - 1741

Krieger, Gerd, 1999: 12. Kapitel. **Konzernrecht** des Aktiengesetzes, in: *Hoffmann-Becking, M.* (Hrsg.), Gesellschaftsrecht, 1999, S. 897 - 1166

Kröner, Ilse (Bearb.), 2002: **Arthur Andersen – § 8a KStG**, in: *Arthur Andersen* (Hrsg.), Körperschaftsteuergesetz, 2002, § 8a KStG

Kröner, Ilse, 2001: IV. Die **Organschaft**, in: *Arthur Andersen* (Hrsg.), Steuerreform 2001, 2001, S. 151 - 170

Kruse, Heinrich Wilhelm (Bearb.), 2002: **Tipke / Kruse – § 10 AO**, in: *Tipke, K. / Kruse, H. W.* (Hrsg.), Kommentar, 2002, § 10 AO

Kulemann, Grit / Harle, Georg, 2000: Das **Halbeinkünfteverfahren** aus der Sicht des Anteilseigners, in: SteuerStud 21 (2000), S. 531 - 537

Kulemann, Grit / Harle, Georg, 2001: **Ausschüttungspolitik** 2000 und 2001 - Die Gefahrenquellen, in: GmbHR 92 (2001), S. 67 - 69

Kusterer, Stefan, 1997: Die **Bedeutung von § 32 c EStG** bei Kommanditgesellschaften auf Aktien, in: DStR 34 (1997), S. 11 - 15

Kusterer, Stefan, 1998: Überlegungen zur steuerrechtlichen Behandlung der **Verschmelzung** einer GmbH auf eine atypisch ausgestaltete Kommanditgesellschaft auf Aktien, in: DStR 36 (1998), S. 1412 f.

Kusterer, Stefan, 1999: **Anteilsumwandlung** bei atypisch ausgestalteter KGaA, in: DStR 37 (1999), S. 1681 - 1683

Kusterer, Stefan, 2000: **Die ertragsteuerneutrale Übertragung** des Betriebs einer GmbH & Co. KG auf eine GmbH & Co. KGaA, in: DB 53 (2000), S. 250 f.

Kusterer, Stefan, 2001: **Gestaltungsalternativen** für Unternehmen in der Rechtsform der Kommanditgesellschaft auf Aktien nach der Unternehmenssteuerreform, in: FR 83 (2001), S. 865 - 870

Küting, Karlheinz / Weber, Claus-Peter (Hrsg.), 1998: Handbuch der **Konzernrechnungslegung**, 2. Aufl., Stuttgart: Schäffer-Poeschel, 1998

L

Lademann, Fritz (Hrsg.), 2002: **Lademann** – Kommentar zum Einkommensteuergesetz, Stand: Januar 2002 (134. Lfg.), Stuttgart u. a.: Boorberg, 2002

Ladwig, Peter / Motte, Frank, 1996: Die **Kommanditgesellschaft auf Aktien** – Eine Alternative für börsenwillige mittelständische Unternehmen?, in: DStR 34 (1996), S. 800 - 807, 842 - 847

Lang, Bianca (Bearb.), 2002: **Arthur Andersen – § 8 KStG**, in: *Arthur Andersen* (Hrsg.), Körperschaftsteuergesetz, 2002, § 8 KStG

Lang, Joachim, 1989: **Reform** der Unternehmensbesteuerung, in: StuW 66 (1989), S. 3 - 17

Lang, Joachim, 1993: **Entwurf** eines Steuergesetzbuchs – Schriftenreihe des Bundesministeriums der Finanzen (Heft 49), Bonn: Stollfuß, 1993

Lang, Joachim, 2001: **Prinzipien** und Systeme der Besteuerung vom Einkommen, in: *Ebling, I.* (Hrsg.), Einkommen, 2001, S. 49 - 133

Lange, Joachim, 1998: **Verdeckte Gewinnausschüttungen** – Systematische Darstellung der Voraussetzungen und Auswirkungen, 7. Aufl., Berlin / Herne: NWB, 1998

Lange, Joachim, 1999: **Aktuelle Entwicklungen** bei der verdeckten Gewinnausschüttung, in: GmbHR 90 (1999), S. 327 - 335

Lange, Joachim u. a., 1998: **Personengesellschaften** im Steuerrecht, 5. Aufl., Herne / Berlin: NWB, 1998

Larenz, Karl / Canaris, Claus-Wilhelm, 1991: **Methodenlehre** der Rechtswissenschaft, 3. Aufl., Berlin u. a.: Springer, 1991

Lechner, Florian, 2001: Die **Kapitalgesellschaft** als Steuersparmodell, in: Stbg 44 (2001), S. 201 - 214

Lenski, Edgar / Steinberg, Wilhelm (Begr.), 2002: Kommentar zum **Gewerbesteuergesetz**, 9. Aufl., Stand: April 2002 (86. Lfg.), Köln: O. Schmidt, 2002

Linklaters Oppenhoff & Rädler (Hrsg.), 2002: **Steueränderungen** zum 1.1.2002 im Unternehmensbereich – Unternehmenssteuerfortentwicklungsgesetz, Steueränderungsgesetz 2001, Steuerverkürzungsbekämpfungsgesetz und Gesetz zur Eindämmung illegaler Betätigung im Baugewerbe –, in: BB 57 (2002), Beilage 1/2002

Lishaut, Ingo van, 1999: Der kleine **Aktionär** in der großen Unternehmenssteuerreform, in: FR 81 (1999), S. 938 - 942

Lishaut, Ingo van, 2000: Die Reform der Unternehmensbesteuerung aus **Gesellschaftersicht**, in: StuW 77 (2000), S. 182 - 196

Lishaut, Ingo van, 2001: **Stellungnahme**, Arbeitsunterlagen zur 18. Kölner Steuerkonferenz am 22.10.2001 = FR 83 (2001), S. 1137 - 1153

Littkemann, Jörn / Müller, Dirk, 1998: Der **Einfluß** steuerlicher Argumente auf Unternehmensentscheidungen, in: SteuerStud 19 (1998), S. 212 - 216

Löhr, Dirk, 2001: **Bewertung** von Kapitalgesellschaften mit dem Zukunftserfolgswert - Auswirkungen des Steuersenkungsgesetzes, in: BB 56 (2001), S. 351 - 357

Lothmann, Werner, 2000: Unternehmenssteuerreform 2001: Ausnutzung des möglichen Thesaurierungsvorteils der Kapitalgesellschaften - einige **Thesen zur steueroptimalen Rechtsformwahl**, in: DStR 38 (2000), S. 2153 - 2157

Lüdemann, Peter, 1998: **Verluste** bei beschränkter Haftung – eine steuer- und verfassungsrechtliche Studie am Beispiel des § 15a EStG, Berlin: Duncker & Humblot, 1998 (zugl. Diss. jur. Univ. Augsburg 1997)

Lüdicke, Jürgen (Hrsg.), 2001: **Internationale Aspekte** der Unternehmenssteuerreform, Köln: O. Schmidt, 2001

Lührmann, Volker, 2001: **Steueroptimale Rechtsformwahl** nach der Unternehmenssteuerreform, in: StuB 3 (2001), S. 1210 - 1214

Lutter, Marcus (Hrsg.), 1998: **Holding-Handbuch**, 2. Aufl., Köln: O. Schmidt, 1998

M

Macharzina, Klaus / Oesterle, Michael-Jörg (Hrsg.), 2002: Handbuch Internationales **Management**, 2. Aufl., Wiesbaden: Gabler, 2002

Maiterth, Ralf, 2001: **Karlsruher Entwurf** zur Reform des Einkommensteuergesetzes, in: BB 56 (2001), S. 1172 - 1175

Martens, Klaus Peter u. a. (Hrsg.), 1997: **Festschrift für Carsten Peter Claussen**: Zum 70. Geburtstag, Köln: Heymanns, 1997

Maurer, Torsten, 1999: Die Besteuerung von **Anleger-Kommanditgesellschaften** – Zugleich ein Grundlagenbeitrag zum dualistischen System des Gesellschafts-, Bilanz- und Steuerrechts, Berlin: Duncker & Humblot, 1999 (zugl. Diss. rer. pol. Univ. Hohenheim 1997)

Mayer, Horst (Hrsg.), 2000: **Unternehmensbesteuerung** – Perspektiven der Besteuerung / Sächsische Steuertagung 1999, Stuttgart u. a.: Boorberg, 2000

Meffert, Heribert / Krawitz, Norbert (Hrsg.), 1998: **Unternehmensrechnung** und -besteuerung – Grundfragen und Entwicklungen – Festschrift für Dietrich Börner zum 65. Geburtstag, Wiesbaden: Gabler, 1998

Meincke, Jens P., 1997: **Erbschaftsteuer**- und Schenkungsteuergesetz – Kommentar, 11. Aufl., München: Beck, 1997

Meinhövel, Harald, 2000: Die pauschalierte **Gewerbesteueranrechnung** ab 2001: Neutralität erreicht?, in: StuB 3 (2000), S. 298 - 302

Melchior, Jürgen, 2002: **Übersicht** über die Änderungen durch das Unternehmenssteuerfortentwicklungsgesetz, in: DStR 40 (2002), S. 1 - 10

Menzel, Arno H., 1971: Die Besteuerung der **Entgelte der Kommanditgesellschaft auf Aktien** an ihren persönlichen Gesellschaftern, in: StuW 48 (1971), S. 204 - 214

Menzel, Arno H., 1972: Die **Entgelte** der Personengesellschaft und der Kommanditgesellschaft auf Aktien (KGaA) an ihre unmittelbar haftenden Gesellschafter (Teil I und II), in: DStR 10 (1972), S. 562 - 566, 594 - 596

Mertens, Hans-Joachim, 1997: Abhängigkeitsbericht bei "**Unternehmenseinheit**" in der Handelsgesellschaft KGaA?, in: *Martens, K. P.* u. a. (Hrsg.), Festschrift für Carsten Peter Claussen, 1997, S. 731 - 743

Mertens, Hans-Joachim, 1997: Die Handelsgesellschaft **KGaA** als Gegenstand gesellschaftsrechtlicher Diskussion und die Wissenschaft vom Gesellschaftsrecht, in: *Kley, M. D.* (Hrsg.), Festschrift für Wolfgang Ritter, 1997, S. 731 - 743

Meyer-Scharenberg, Dirk E., 1991: **Die doppelstöckige Personengesellschaft** als Rechtsformalternative, in: DStR 29 (1991), S. 919 - 922

Meyer-Scharenberg, Dirk E. (Bearb.), 1996: **§§ 8 Nr. 4, 8 Nr. 8, 9 Nr. 7**, in: *Meyer-Scharenberg, D. E. / Popp, M. / Woring, S.* (Hrsg.), Gewerbesteuer, 1996, §§ 8 Nr. 4, 8 Nr. 8, 9 Nr. 7

Meyer-Scharenberg, Dirk E. / Popp, Michael / Woring, Siegbert (Hrsg.), 1996: **Gewerbesteuer**-Kommentar, 2. Aufl., Herne / Berlin: NWB, 1996

Mössner, Jörg M., 2001: Neue **Dividendenbesteuerung** aus der Sicht des EU- und DBA-Rechts, in: *Lüdicke, J.* (Hrsg.), Internationale Aspekte, 2001, S. 27 - 55

Müller, Welf / Hoffmann, Wolf-Dieter (Hrsg.), 2002: **Beck' sches Handbuch der Personengesellschaften**: Gesellschaftsrecht – Steuerrecht, 2. Aufl., München: Beck, 2002

N

Nassauer, Frank, 2000: **Corporate Governance** und die Internationalisierung von Unternehmen, Frankfurt a. M.: Lang, 2000 (zugl. Diss. rer. pol. Univ. Giesen)

Neininger, Monika / Maier-Frischmuth, Markus, 2001: (Fragwürdige) **Entlastungswirkungen** der GewSt-Anrechnung nach § 35 EStG, in: StuB 3 (2001), S. 1215 - 1253

Neu, Norbert, 2000: Unternehmenssteuerreform 2001: **Die pauschalierte Gewerbesteueranrechnung** nach § 35 EStG, in: DStR 38 (2000), S. 1933 - 1939

Neus, Werner, 2000: Einführung in die **Betriebswirtschaftslehre** aus institutionenökonomischer Sicht, 2. Aufl., Tübingen: Mohr Siebeck, 2000

Niedner, Jochen, 1995: **KGaA** als geeignete Rechtsform für den Börsengang vom KMU am Beispiel der Lindner Holding KGaA, Arnstorf, in: *Bayerisches Staatsministerium für Wirtschaft, Verkehr und Technologie / Thüringer Staatskanzlei* (Hrsg.), Unternehmensfinanzierung, 1995, S. 97 - 105

Niedner, Jochen / Kusterer, Stefan, 1997: Die atypisch ausgestaltete **Familien-KGaA** als Instrument zur Gestaltung des Generationswechsels in mittelständischen Unternehmen, in: DB 50 (1997), S. 2010 - 2013

Niedner, Jochen / Kusterer, Stefan, 1997: Die atypisch ausgestaltete Familien-KGaA aus der Sicht des **Kommanditaktionärs**, in: DB 50 (1997), S. 1451 - 1454

Niedner, Jochen / Kusterer, Stefan, 1998: Der **Weg** von der GmbH in die GmbH & Co. KGaA, in: GmbHR 89 (1998), S. 584 - 587

Niedner, Jochen / Kusterer, Stefan, 1998: **Gesellschaftsrechtliche Wege** aus der Personengesellschaft in die GmbH & Co. KGaA, in: DB 50 (1998), S. 2405 - 2407

Niehus, Ulrich / Wilke, Helmut, 2001: Die Besteuerung der **Personengesellschaften**, Stuttgart: Schäffer-Poeschel, 2001

O

o. V., 2001: **Zinsbereinigungssystem**, in: IStR 10 (2001), Länderbericht, Heft 13, S. 4

Oetker, Hartmut (Bearb.), 2001: AktG - Großkommentar: **Mitbestimmung**, in: *Hopt, K. J. / Wiedemann, H.* (Hrsg.), AktG, 2001

Olbrich, Michael, 2001: Zum Kauf der **Mantelgesellschaft** mit ertragsteuerlichem Verlustvortrag vor dem Hintergrund des Steuersenkungsgesetzes, in: WPg 54 (2001), S. 1326 - 1331

Oppenhoff & Rädler / Linklaters & Alliance (Hrsg.), 2000: Reform der Unternehmensbesteuerung – **Steuersenkungsgesetz**, Erläuterungen und Gestaltungshinweise für die Beratungspraxis, Bonn: Deutscher Anwaltverlag, 2000

Ordelheide, Dieter / Rudolph, Bernd / Büsselmann, Elke (Hrsg.), 1991: Betriebswirtschaftslehre und ökonomische **Theorie**, Stuttgart: Poeschel, 1991

P

Pache, Sven, 2000: Die Auswirkungen der Neuregelung der körperschaftsteuerlichen und gewerbesteuerlichen **Organschaft** im Rahmen des Gesetzentwurfs eines "StSenkG", in: GmbHR 91 (2000), S. 317 - 321

Pache, Sven, 2000: Die Neuregelung der körperschaftsteuerlichen und gewerbesteuerlichen Organschaft nach dem **Steuersenkungsgesetz**, in: GmbHR 91 (2000), S. 764 - 767

Pach-Hanssenheimb, Ferdinand von, 1998: Einführung ins **Erbschaftsteuerrecht**, in: *Hörger, H. / Stephan, R.* (Hrsg.), Vermögensnachfolge, 1998, S. 177 - 221

Patt, Joachim / Rasche, Ralf, 1994: **Besteuerung der Pensionszusagen** an den persönlich haftenden Gesellschafter einer KGaA nach den Grundsätzen der Mitunternehmerschaft?, in: DB 46 (1994), S. 2400 - 2405

Pelka, Jürgen, 2000: **Rechtsformneutralität** im Steuerrecht - Verfassungsmäßigkeit der Steuersatzsenkung für Kapitalgesellschaften, in: StuW 77 (2000), S. 389 - 398

Pellens, Bernhard / Hillebrandt, Franca / Ulmer, Björn, 2001: **Umsetzung** von Corporate-Governance-Richtlinien in der Praxis, in: BB 56 (2001), S. 1243 - 1250

Peltzer, Martin / Werder, Axel von, 2001: Der "German Code of Corporate Governance (**GCCG**)" des Berliner Initiativkreises, in: AG 46 (2001), S. 1 - 15

Perridon, Louis / Steiner, Manfred, 1999: **Finanzwirtschaft** der Unternehmung, 10. Aufl., München: Vahlen, 1999

Picot, Arnold / Dietl, Helmut / Frank, Egon, 1999: **Organisation** – Eine ökonomische Perspektive, 2. Aufl., Stuttgart: Schäffer-Poeschel, 1999

Piehler, Klaus, 1995: § 13 Das **Ausscheiden** eines Gesellschafters zu Lebzeiten, in: *Riegger, B. / Weipert, L.* (Hrsg.), Münchner Handbuch des Gesellschaftsrechts – Band 1, 1995, S. 234 - 270, Rz. 1 - 75

Pinkernell, Reimar, 2001: **Einkünftezurechnung** bei Personengesellschaften, Berlin: Duncker & Humblot, 2001 (zugl. Diss. rer. pol. Univ. Köln 2000)

Poll, Jens (Hrsg.), 2000: Bilanzierung und Besteuerung von **Unternehmen** - Festschrift für Dr. iur. Dr. rer. pol. Herbert Brönner, Stuttgart: Schäffer-Poeschel, 2000

Priester, Hans-Joachim, 1996: Die **Kommanditgesellschaft auf Aktien ohne natürlichen Komplementär**, in: ZHR 160 (1996), S. 250 - 264

Priester, Hans-Joachim, 2001: Unternehmenssteuer-Reform und **Gesellschaftsvertrag** – Kautelarpraktische Überlegungen, in: DStR 39 (2001), S. 795 - 801

Prinz, Ulrich, 2000: Neues zur **Gesellschafter-Fremdfinanzierung** nach der Unternehmenssteuerreform 2001, in: FR 82 (2000), S. 1061 - 1069

Prinz, Ulrich, 2000: Unternehmensteuerreform 2001: **Organschaftsbesteuerung** im Wandel, in: FR 82 (2000), S. 1255 - 1262

Prinz, Ulrich / Ommerborn, Frank, 2001: Aktuelle **Rechtsfragen** und Gestaltungsüberlegungen zu §§ 17, 23 EStG bei privater Vermögensverwaltung, in: FR 83 (2001), S. 977 - 992

Puhl, Thomas (Bearb.), 2002: **Kirchhof – § 11 EStG,** in: *Kirchhof, P.* (Hrsg.), EStG, 2002, § 11 EStG

PWC Deutsche Revision (Hrsg.), 2000: **Unternehmenssteuerreform 2001** – Analyse aller wesentlichen Änderungen mit Praxishinweisen, Gestaltungsempfehlungen und Checklisten, Freiburg: Haufe, 2000

R

Rättig, Horst / Protzen, Peer Daniel G., 2001: **Anwendung** des §8b Abs. 2 KStG auf verdeckte Gewinnausschüttungen anläßlich einer Anteilsveräußerung, in: GmbHR 92 (2001), S. 495 - 501

Raupach, Arndt, 1991: Gewinnanteil und Sondervergütungen der Gesellschafter von Personengesellschaften – **Zur Entscheidung des Großen Senats** v. 25.2.1991 GrS 7/89 über die Besteuerung der doppelstöckigen KG, in: StuW 68 (1991), S. 278 - 283

Regierungskommission "***Deutscher Corporate Governance Kodex***": Online im Internet URL: http://www.corporate-governance-code.de

Reiß, Wolfram, 2000: "Das **Anrechnungsverfahren** europatauglich machen", in: HB Nr. 122 vom 28.6.2000, S. 63

Reiß, Wolfram, 2000: **Individualbesteuerung** von Mitunternehmern nach dem Steuersenkungsgesetz, in: StuW 77 (2000), S. 399 - 412

Reiß, Wolfram, 2001: Fortentwicklung des Unternehmenssteuerrechtes bei **Mitunternehmerschaften** – Bemerkungen zu den Vorschlägen des BMF, in: BB 56 (2001), S. 1225 - 1232

Reiß, Wolfram (Bearb.), 2002: **Kirchhof / Söhn / Mellinghoff – § 15 EStG,** in: *Kirchhof, P. / Söhn, H. / Mellinghoff, R.* (Hrsg.), Einkommensteuergesetz, 2002, § 15 EStG

Reiß, Wolfram (Bearb.), 2002: **Kirchhof – §§ 15, 16 EStG**, in: *Kirchhof, P.* (Hrsg.), EStG, 2002, §§ 15, 16 EStG

Rengers, Jutta (Bearb.), 2002: **Blümich – § 1 KStG**, in: *Ebling, K.* (Hrsg.), Blümich, 2002, § 1 KStG

Riegger, Bodo / Weipert, Lutz (Hrsg.), 1995: **Münchner Handbuch des Gesellschaftsrechts – Band 1**: BGB-Gesellschaft, Offene Handelsgesellschaft, Partnerschaftsgesellschaft, Partenreederei, EWIV, München: Beck, 1995

Ritzer, Claus J., 2000: Die **Mindestbesteuerung** nach dem Steuerentlastungsgesetz 1999/2000/2002, Neuwied: Luchterhand, 2000

Rödder, Thomas, 1993: Der Einfluß der Erbschaftsteuer auf die **Rechtsformwahl** mittelständischer Familienunternehmen, in: DB 46 (1993), S. 2137 - 2147

Rödder, Thomas, 2000: 3. **Erläuterungen**, in: *Schaumburg, H. / Rödder, T.* (Hrsg.), Unternehmenssteuerreform 2001, 2000, S. 537 - 561

Rödder, Thomas, 2000: Auswirkungen des **Halbeinkünfteverfahrens** auf steuerliche Gestaltungen, in: *IDW* (Hrsg.), Kapitalmarktorientierte Unternehmensüberwachung, 2000, S. 369 - 409

Rödder, Thomas / Schumacher, Andreas, 2001: Der **Regierungsentwurf** eines Gesetzes zur Fortentwicklung des Unternehmenssteuerrechts (Teil I und II), in: DStR 39 (2001), S. 1634 - 1641, 1685 - 1693

Rödder, Thomas / Schumacher, Andreas, 2002: Unternehmenssteuerfortentwicklungsgesetz: **Wesentliche Änderungen** des verkündeten Gesetzes gegenüber dem Regierungsentwurf, in: DStR 40 (2002), S. 105 - 113

Rogall, Matthias, 2001: Die Berücksichtigung von **Personengesellschaften** durch die Unternehmenssteuerreform – Eine systematische Analyse der pauschalen Gewerbesteueranrechnung und der Betriebsaufgabebesteuerung, in: DStR 39 (2001), S. 586 - 593

Rogall, Matthias, 2001: Zur Systematik des Abzugs von Refinanzierungsentgelten im Zusammenhang mit **Dividenden** unter Berücksichtigung der Steuerreform, in: DB 54 (2001), S. 1903 - 1907

Rose, Gerd, 1992: **Betriebswirtschaftliche Steuerlehre** – Eine Einführung für Fortgeschrittene, Wiesbaden: Gabler, 1992

Rose, Gerd, 1994: Bilanzrecht und **Sonderbetriebsvermögen**, in: *Ballwieser, W.* u. a. (Hrsg.), Festschrift Adolf Moxter, 1994, S. 1089 - 1108

Rose, Gerd, 1997: Die **Substanzsteuern**, 10. Aufl., Wiesbaden: Gabler, 1997

Rose, Gerd, 2001: Die **Ertragsteuern**, 16. Aufl., Wiesbaden: Gabler, 2001

Rose, Gerd, 2001: **Unternehmenssteuerrecht** – Eine Einführung, Bielefeld: E. Schmidt, 2001

Rose, Manfred (Hrsg.), 1997: **Standpunkte** zur aktuellen Steuerreform, Heidelberg: Verlag Recht und Wirtschaft, 1997

Rosenberg, Oliver, 2000: Steuerermäßigung bei Einkünften aus Gewerbebetrieb (**§ 35 EStG**), in: *Oppenhoff & Rädler / Linklaters & Alliance* (Hrsg.), Steuersenkungsgesetz, 2000, S. 127 - 140

S

Salzberger, Wolfgang, 1994: Die steuerliche **Gewinnermittlung einer Konzernunternehmung** in der Europäischen Union – eine betriebswirtschaftliche Analyse, Köln: O. Schmidt, 1994 (zugl. Diss. rer. pol. Univ. Mannheim)

Sarrazin, Viktor (Bearb.), 2002: **Lenski / Steinberg – § 2 GewStG,** in: *Lenski, E. / Steinberg, W.* (Begr.), Gewerbesteuergesetz, 2002

Sauter, Thomas / Heurung, Rainer / Oblau, Markus, 2001: Anwendungs- und **Zweifelsfragen** zum Gesetzentwurf zur Fortentwicklung des Unternehmenssteuerrechts, in: BB 56 (2001), S. 2448 - 2451

Sauter, Thomas / Heurung, Rainer, 2001: **Errichtung** steuerlicher Organschaften aufgrund der Unternehmenssteuerreform, in: GmbHR 92 (2001), S. 165 - 171

Schanz, Günther, 1998: **Methodologie** für Betriebswirte, 2. Aufl., Stuttgart: C. E. Poeschel, 1988

Schaumburg, Harald, 1998: Die KGaA als **Rechtsform** für den Mittelstand?, in: DStZ 14 (1998), S. 525 - 544

Schaumburg, Harald, 1998: **Internationales Steuerrecht** – Außensteuerrecht, Doppelbesteuerungsrecht, 2. Aufl., Köln: O. Schmidt, 1998

Schaumburg, Harald (Hrsg.), 2000: **Unternehmenskauf** im Steuerrecht, 2. Aufl., Stuttgart: Schäffer-Poeschel, 2000

Schaumburg, Harald / Jesse, Lenhard, 1998: **Die nationale Holding** aus steuerlicher Sicht, in: *Lutter, M.* (Hrsg.), Holding-Handbuch, 1998, S. 532 - 680

Schaumburg, Harald / Rödder, Thomas (Hrsg.), 2000: **Unternehmenssteuerreform 2001** – Gesetze, Materialien, Erläuterungen, München: Beck, 2000

Schaumburg, Harald / Schulte, Christoph, 2000: **Die KGaA** – Recht, Steuern und Praxis, Köln: O. Schmidt, 2000

Scheffler, Wolfram, 2000: Der **Einfluss der Steuerreform** auf die Finanzierung von deutschen Kapitalgesellschaften, in: BB 55 (2000), S. 2441 - 2450

Scheffler, Wolfram, 2002: **Besteuerung von Unternehmen I**: Ertrag-, Substanz- und Verkehrsteuern, 5. Aufl., Heidelberg: C. F. Müller, 2002

Schiffers, Joachim, 2001: **Konsequenzen** verdeckter Gewinnausschüttungen nach dem Systemwechsel bei der Besteuerung von Kapitalgesellschaften, in: GmbHR 92 (2001), S. 885 - 892

Schiffers, Joachim, 2001: Steuerermäßigung bei Einkünften aus **Gewerbebetrieb** nach §35 EStG - Ausgewählte Auslegungsfragen und Wirkungen, in: Stbg 44 (2001), S. 403 - 413

Schilling, Wolf U., 1998: Die **GmbH & Co. KGaA** zwischen Unternehmergeist und Aktionärs- bzw. Anlegerschutz, in: BB 53 (1998), S. 1905 - 1909

Schlitt, Michael, 1999: Die **Satzung** der Kommanditgesellschaft auf Aktien, München: Beck, 1999

Schloßmacher, Stefan, 1999: Mehr Spielraum für den **VVaG**: Die VVaG & Co. KGaA, in: Versicherungswirtschaft 54 (1999), S. 1758 - 1762

Schlütter, Egon, 1978: Handelsrechtliche und steuerrechtliche Behandlung der **Gewinnanteile** der Komplementäre einer Kommanditgesellschaft auf Aktien, in: StuW 55 (1978), S. 295 - 299

Schmidt, Karsten, 1996: **Deregulierung** des Aktienrechts durch Denaturierung der Kommanditgesellschaft auf Aktien? Zum (aufhaltsamen?) Aufstieg der „Kapitalgesellschaft & Co. KGaA", in: ZHR 160 (1996), S. 265 - 287

Schmidt, Karsten, 1997: **Gesellschaftsrecht**, Köln u. a.: Heymanns, 1997

Schmidt, Ludwig (Bearb.), 2002: **Schmidt – § 15**, in: *Schmidt, L.* (Hrsg.), EStG, 2002, § 15 EStG

Schmidt, Ludwig (Hrsg.), 2002: **EStG** - Einkommensteuergesetz – Kommentar, 21. Aufl., München: Beck, 2002

Schmidt, Ulrich / Theilen, Bernd, 1995: Prinzipal- und **Agententheorie**, in: WiSt 24 (1995), S. 483 - 486

Schmidt, Wolfgang / Levedag, Christian, 1997: Die KGaA nach dem BGH-Beschluß vom 24.2.1997: **Grundprofil und Einsatzfelder** einer hybriden Rechtsform, in: INF 51 (1997), S. 749 - 755

Schmitz, Theo, 2001: **Verdeckte Gewinnausschüttung** im Konzern und systemgerechte Besteuerung nach der Unternehmenssteuerreform?, in: DB 54 (2001), S. 1166 - 1168

Schneider, Dieter, 1997: Betriebswirtschaftslehre – Band 3: **Theorie der Unternehmung**, München: Oldenbourg, 1997

Schneider, Dieter, 2000: **Mängel** in der ökonomischen Begründung einer Steuerfreiheit für Kapitaleinkünfte, in: StuW 77 (2000), S. 421 - 430

Schneider, Uwe H. u. a. (Hrsg.), 2000: Deutsches und europäisches Gesellschafts-, Konzern- und Kapitalmarktrecht: **Festschrift für Marcus Lutter** zum 70. Geburtstag, Köln: O. Schmidt, 2000, S. 251 - 281

Schöne, Wolf-Dieter, 1998: Lehrbuch der **Gewerbesteuer**, 2. Aufl., Herne / Berlin: NWB, 1998

Schoor, Hans W., 2001: Steuerbegünstigte **Veräußerung** oder Aufgabe eines Mitunternehmeranteils, in: StuB 3 (2001), S. 1051 - 1061

Schreiber, Gottfried, 1995: Wer ist **Mitunternehmer**? – Bestandsaufnahme und Versuch einer Definition des Mitunternehmerbegriffs im Einkommensteuerrecht, Augsburg: Wittman, 1995 (zugl. Diss. jur. Univ. Augsburg 1994)

Schrick, Alexandra, 2000: Überlegungen zur Gründung einer Kapitalistischen **KGaA** aus dem Blickwinkel der **Unternehmerfamilie**, in: NZG 3 (2000), S. 409 - 412

Schulze zur Wiesche, Dieter, 1994: **Gewinnverteilungsvereinbarungen** bei Personengesellschaften, in: StBp 34 (1994), S. 177 - 184

Schulze zur Wiesche, Dieter, 2001: Die Behandlung von Gewinnen aus **Betriebsveräußerungen** nach dem Steuersenkungsgesetz, in: WPg 54 (2001), S. 1377 - 1386

Schürmann, Walter / Groh, Elmar, 1995: **KGaA** und GmbH & Co. KGaA, in: BB 49 (1995), S. 684 - 688

Schweitzer, Marcell / Küpper, Hans-Ulrich, 1998: **Systeme** der Kosten- und Erlösrechnung, 7. Aufl., München: Vahlen, 1998

Schwinger, Reiner, 1994: Konsum oder Einkommen als **Bemessungsgrundlagen** direkter Steuern?, in: StuW 71 (1994), S. 39 - 50

Seeger, Siegbert F. (Bearb.), 2002: **Schmidt – § 6a EStG**, in: *Schmidt, L.* (Hrsg.), EStG, 2002, § 6a EStG

Seibert, Ulrich / Köster, Beate-Katrin / Kiem, Roger, 1996: **Die kleine AG**, 3. Aufl., Köln: RWS, 1996

Seibt, Christoph H., 2000: Unternehmenskauf und -verkauf nach dem **Steuersenkungsgesetz**, in: DStR 38 (2000), S. 2061 - 2076

Seifert, Michael, 2001: Zum **Gesetz** zur Fortentwicklung des Unternehmenssteuerrechts, in: StuB 3 (2001), S. 1120 - 1125

Seifried, Carola, 2001: Unternehmenssteuerreform 2001: Ausgewählte **Zweifelsfragen**, in: DStR 39 (2001), S. 240 - 245

Semler, Johannes, 1986: Zweites Buch. **Kommanditgesellschaft auf Aktien**, 1986, in: *Geßler, E.* u. a. (Hrsg.), Aktiengesetz, 1993, §§ 278 - 290

Sethe, Rolf, 1996: **Aufsichtsratsreform** mit Lücken, Die Einbeziehung der Kommanditgesellschaft auf Aktien in die gegenwärtige Reformdiskussion, in: AG 41 (1996), S. 289 - 300

Sethe, Rolf, 1996: **Die personalistische Kapitalgesellschaft** mit Börsenzugang, Köln: Schmidt, 1996 (zugl. Diss. jur. Univ. Tübingen 1995)

Sethe, Rolf, 1998: Die Besonderheiten der **Rechnungslegung** bei der KGaA, in: DB 51 (1998), S. 1044 - 1048

Siegel, Theodor u. a., 2000: Verteidigt das **Anrechnungsverfahren** gegen unbedachte Reformen!, in: BB 55 (2000), S. 1268 - 1270

Siegel, Theodor, 2000: **Konsum- oder einkommensorientierte Besteuerung**? Aspekte quantitativer und qualitativer Argumentation, in: zfbf 52 (2000), S. 724 - 741

Siegel, Theodor, 2001: Plädoyer für eine systemkonforme **Reform der Gewerbesteueranrechnung** nach § 35 EStG, in: BB 56 (2001), S. 701 - 703

Sigloch, Jochen, 2000: **"Betriebsteuer"** – Ein zukunftsfähiges Unternehmenssteuerkonzept, in: *Mayer, H.* (Hrsg.), Unternehmensbesteuerung, 2000, S. 111 - 135

Sigloch, Jochen, 2000: **Unternehmenssteuerreform** 2001 - Darstellung und ökonomische Analyse, in: StuW 77 (2000), S. 160 - 176

Smekal, Christian / Sendlhofer, Rupert / Winner, Hannes (Hrsg.), 1999: **Einkommen versus Konsum** – Ansatzpunkte zur Steuerreformdiskussion, Heidelberg: Physika, 1999

Söffing, Günter, 1991: **Kein Durchgriff** bei einer doppelstöckigen Personengesellschaft – BFH-Beschluß vom 25.2.1991 GrS 7/89, in: FR 73 (1991), S. 253 - 259

Söffing, Günter, 1994: **Besteuerung** der Mitunternehmer, 4. Aufl., Berlin / Herne: NWB, 1994

Söffing, Günter, 1994: **Beteiligung einer nicht gewerblich tätigen Personengesellschaft** an einer gewerblich tätigen Personengesellschaft – Zur Anwendung des § 15 Abs. 3 Nr. 1 EStG, in: FR 76 (1994), S. 805 - 808

Söffing, Günter, 1999: Die **Betriebsaufspaltung,** Formen – Voraussetzungen – Rechtsfolgen, Herne / Berlin: NWB, 1999

Söffing, Günter, 2000: Die **Mängel** im Entwurf zu § 35 EStG, in: DB 53 (2000), S. 688 - 692

Söffing, Günter (Bearb.), 2002: **Lademann – § 15 EStG,** in: *Lademann, F.* (Hrsg.), Lademann, 2002, § 15 EStG

Sommer, Josef, 1996: **Bilanzierung von Anteilen an Personengesellschaften** in Handels- und Steuerbilanz, Bergisch-Gladbach: Eul, 1996 (zugl. Diss. rer. pol. Univ. Münster 1995)

Stadler, Rainer / Elser, Thomas, 2002: IX. Änderungen bei der **Organschaft,** in: *Linklaters Oppenhoff & Rädler* (Hrsg.), Steueränderungen, 2002, S. 41 - 51

Stäuber, Hans-Wilkim (Bearb.), 2002: **Lenski / Steinberg – §§ 8 Nr. 1, 8 Nr. 4, 8 Nr. 7, 9 Nr. 2a, 9 Nr. 2b, 11 GewStG,** in: *Lenski, E. / Steinberg, W.* (Begr.), Gewerbesteuergesetz, 2002, §§ 8 Nr. 1, 8 Nr. 4, 8 Nr. 7, 9 Nr. 2a, 9 Nr. 2b, 11 GewStG

Steindorff, Ernst, 1975: **Kommanditgesellschaft auf Aktien** und Mitbestimmung, in: *Flume, W. / Raisch, P. / Steindorff, E.* (Hrsg.), Festschrift für Kurt Ballerstedt, 1975, S. 127 - 140

Steinhoff, Stefan, 2000: **§ 8b KStG** – Beteiligung an anderen Körperschaften und Personenvereinigungen, in: *Erle, B. / Sauter, T.* (Hrsg.), Reform der Unternehmensbesteuerung, 2000, S. 208 - 221

Steinkamp, Hans H., 2001: **Nur-Gewinntantieme** als verdeckte Gewinnausschüttung? - Eine Stellungnahme zum BFH-Urteil vom 27. März 2001 - I R 27/99 – aus der Sicht des Praktikers unter Berücksichtigung betriebswirtschaftlicher Gesichtspunkte –, in: Stbg 44 (2001), S. 397 - 403

Streck, Michael, 1997: **Körperschaftsteuergesetz** mit Nebengesetzen, 5. Aufl., München: Beck: 1997

Strieder, Thomas / Habel, Michael, 1995: Die Kommanditgesellschaft auf Aktien als Lösungsansatz zur **Eigenkapitalproblematik** bei Genossenschaften, in: BB 50 (1995), S. 1857 - 1865

Stuhrmann, Gerd (Bearb.), 2002: **Blümich – §§ 15, 16 EStG,** in: *Ebling, K.* (Hrsg.), Blümich, 2002, §§ 15, 16 EStG

Sünner, Eckart, 2000: **Effizienz** von Unternehmensorganen als Grundsatz der Corporate Governance, in: AG 45 (2000), S. 492 - 498

T

Theisen, Manuel R., 1989: Die **Besteuerung** der KGaA – Zugleich Besprechung des BFH-Urteils vom 21.6.1989 X R 14/88, DB 1989 S. 2203, in: DB 40 (1989), S. 2191 - 2197

Theisen, Manuel R., 1989: Die Kommanditgesellschaft auf Aktien (**KGaA**) auf dem Prüfstand – Ein Überblick, in: DBW 49 (1989), S. 137 - 183

Theisen, Manuel R., 2000: Der **Konzern** – Betriebswirtschaftliche und rechtliche Grundlagen der Konzernunternehmung, 2. Aufl., Stuttgart: Schäffer-Poeschel, 2000

Theisen, Manuel R., 2000: **Rechtsformen** und Besteuerung von Unternehmen, in: *Busse von Colbe, W.* u. a. (Hrsg.), Betriebswirtschaft, 2000, S. 437 - 478

Theisen, Manuel R., 2001: **Corporate Governance** – eine neue Leitkultur für die Unternehmensführung?, in: RWZ 11 (2001), S. 157 - 169

Theisen, Manuel R., 2002: **Corporate Governance** als Gegenstand der Internationalisierung, in: *Macharzina, K. / Oesterle, M.-J.* (Hrsg.), Management, 2002, S. 1051 - 1083

Thiel, Jochen, 2000: Die **Ermäßigung der Einkommensteuer** für gewerbliche Einkünfte – Das Basismodell des StSenkG zur Entlastung der Personenunternehmen, in: StuW 77 (2000), S. 413 - 420

Thömmes, Otmar, 1991: Die Auswirkungen des Eintritts und Ausscheidens von Gesellschaftern in Personenhandelsgesellschaften auf die **Handelsbilanz**, Herne / Berlin: NWB, 1991 (zugl. Diss. jur. Univ. Bielefeld 1990)

Tipke, Klaus, 1993: Die **Steuerrechtsordnung**, Band **II** und **III**, Köln: O. Schmidt, 1993

Tipke, Klaus, 2000: Gedanken zu einem **Steuergesetzbuch** – Zugleich zum Steuergesetzbuch-Entwurf von Joachim Lang, in: StuW 77 (2000), S. 309 - 315

Tipke, Klaus / Kruse, Heinrich Wilhelm (Hrsg.), 2002: Abgabenordnung, Finanzgerichtsordnung – **Kommentar**, Stand: August 2002 (98. Lfg.), Köln: O. Schmidt, 2002

Tipke, Klaus / Lang, Jochen, 2002: **Steuerrecht**, 17. Aufl., Köln: O. Schmidt, 2002

U

Uelner, Adalbert, 1996: Ertragsteuerliche Grundprobleme beim **Formwechsel** einer KGaA, in: *Crezelius, G.* u. a. (Hrsg.), Freundesgabe für Franz Josef Haas, 1996, S. 365 - 374

Ulmer, Peter (Hrsg.), 1998: Die GmbH & Co KGaA nach dem **Beschluß** BGHZ 134, 392, Beiheft 67 der ZHR, Heidelberg: Recht und Wirtschaft, 1998

Urbas, Helmut, 1987: **Die wirtschaftliche Betrachtungsweise** im Steuerrecht, Frankfurt a. M.: Lang, 1987 (zugl. Diss. rer. pol. Univ. Köln 1984)

V

Veil, Rüdiger, 2000: Die Kündigung der **KGaA** durch persönlich haftende Gesellschafter und Kommanditaktionäre, in: NZG 3 (2000), S. 72 - 77

Velten, Peter (Bearb.), 2002: **Arthur Andersen – § 10 KStG,** in: *Arthur Andersen* (Hrsg.), Körperschaftsteuergesetz, 2002, § 10 KStG

Verlag Hoppenstedt, 1999: Buch-**CD Großunternehmen** – Ausgabe II/1999, Stand: 23.8.1999, Darmstadt: Verlag Hoppenstedt, 1999

W

Wacker, Roland (Bearb.), 2002: **Schmidt – § 16 EStG,** in: *Schmidt, L.* (Hrsg.), EStG, 2002, § 16 EStG

Wagner, Franz W., 1991: **Steuersystem** und Unternehmenstheorie, in: *Ordelheide, D. / Rudolph, B. / Büsselmann, E.* (Hrsg.), Theorie, 1991, S. 75 - 96

Wagner, Franz W., 1992: **Neutralität** und Gleichmäßigkeit als ökonomische und rechtliche Kriterien steuerlicher Normkritik, in: StuW 69 (1992), S. 2 - 13

Wagner, Franz W., 1995: **Leitlinien** steuerlicher Rechtskritik als Spiegel betriebswirtschaftlicher Theoriegeschichte, in: *Elschen, R. / Siegel, T. / Wagner, F. X.* (Hrsg.), Unternehmenstheorie, 1995, S. 724 - 746

Wagner, Franz W., 1999: Eine Einkommensteuer muß eine konsumorientierte **Steuer** sein, in: *Smekal, C. / Sendlhofer, R. / Winner, H.*, (Hrsg.), Einkommen versus Konsum, 1999, S. 15 - 35

Wagner, Franz W., 2000: **Unternehmenssteuerreform** und Corporate Governance, in: StuW 77 (2000), S. 109 - 120

Wagner, Franz W., 2001: "**Karlsruher Entwurf** zur Reform des Einkommensteuergesetzes" – Anmerkungen aus der Perspektive ökonomischer Vernunft, in: StuW 78 (2001), S. 354 - 362

Wagner, Franz W. / Wenger, Ekkehard, 2001: **Dividenden-Stripping** im Halbeinkünfteverfahren: Vom Missbrauchstatbestand zum Systembestandteil, in: BB 56 (2001), S. 386 - 389

Wagner, Franz W. / Wissel, Harald, 1995: **Entscheidungsneutralität** der Besteuerung als Leitlinie einer Reform der Einkommensteuer, in: WiSt 24 (1995), S. 65 - 70

Wassermeyer, Franz / Mayer, Dieter / Rieger, Norbert (Hrsg.), 2000: **Umwandlungen** in Zivil- und Steuerrecht – Festschrift für Siegfried Widmann zum 65. Geburtstag am 22. Mai 2000, Bonn: Stollfuß, 2000

Watrin, Christoph, 1999: **Rechtsformneutrale Unternehmensbesteuerung**: Heilmittel oder Sündenfall? – Anmerkungen zur geplanten Betriebsteuer, in: DStZ 87 (1999), S. 238 - 242

Weber-Grellet, Heinrich, 1991: Auf den Schultern von Larenz: Demokratisch – rechtstaatliche Rechtsanwendung und **Rechtsfortbildung** im Steuerrecht, in: DStR 29 (1991), S. 438 - 445

Weber-Grellet, Heinrich (Bearb.), 2002: **Schmidt – § 5 EStG**, in: *Schmidt, L.* (Hrsg.), EStG, 2002, § 5 EStG

Wehrheim, Michael, 2001: Die Einkünftequalifikation der Gesellschafter einer **GmbH & Co. KGaA**, in: DB 54 (2001), S. 947 f.

Wendt, Michael (Bearb.), 2002: **Herrmann / Heuer / Raupach – § 35 EStG**, in: *Herrmann, C. / Heuer, G. / Raupach, A.* (Hrsg.), Kommentar, 2002, § 35 EStG

Wenger, Ekkehard, 1997: Traditionelle versus zinsbereinigte Einkommens- und **Gewinnbesteuerung**: Vom Sammelsurium zum System, in: *Rose, M.* (Hrsg.): Standpunkte, 1997, S. 115 - 140

Werder, Axel v. (Hrsg.), 2001: German Code of Corporate Governance (**GCCG**), 2. Aufl., Stuttgart: Schäffer-Poeschel, 2001

Wesselbaum-Neugebauer, Claudia, 2001: **Unternehmenssteuerreform 2001**: Auswirkungen der pauschalierten Gewerbesteueranrechnung auf Einzel- und Mitunternehmer in Abhängigkeit von Einkunftsart und anzuwendendem Gewerbesteuer-Hebesatz, in: DStR 39 (2001), S. 180 - 188

Wichert, Joachim, 1999: Die **Finanzen** der Kommanditgesellschaft auf Aktien, Frankfurt a. M.: Lang, 1999 (zugl. Diss. jur. Univ. Frankfurt 1998)

Wichert, Joachim, 1999: **Satzungsänderungen** in der Kommanditgesellschaft auf Aktien, in: AG 44 (1999), S. 362 - 369

Wiesner, Georg, 1999: 4. Kapitel. **Grundkapital, Aktien und Rechtsstellung der Aktionäre**, in: *Hoffmann-Becking, M.* (Hrsg.), Gesellschaftsrecht, 1999, S. 69 - 157

Wiesner, Georg, 1999: 5. Kapitel. **Vorstand**, in: *Hoffmann-Becking, M.* (Hrsg.), Gesellschaftsrecht, 1999, S. 159 - 296

Winnefeld, Robert, 1997: **Bilanz**-Handbuch – Handels- und Steuerbilanz, Rechtsformspezifisches Bilanzrecht, Bilanzielle Sonderfragen, Sonderbilanzen, München: Beck, 1997

Wirner, Jörg, 1993: **Planungsorganisation** der Rechtsformwahl – Eine prozeßtheoretische Analyse, Wiesbaden: DUV, 1993 (zugl. Diss. rer. pol. Univ. Oldenburg 1992)

Witt, Georg, 1999: Die **Organschaft** im Ertragsteuerrecht, Stuttgart: Schäffer-Poeschel, 1999

Wöhe, Günter, 1988: Betriebswirtschaftliche **Steuerlehre I/1** – Die Steuern des Unternehmens – Das Besteuerungsverfahren, 6. Aufl., München: Vahlen, 1988

Wöhe, Günter, 1990: Betriebswirtschaftliche **Steuerlehre II/1** – Der Einfluß der Besteuerung auf die Wahl und den Wechsel der Rechtsform des Betriebes, 5. Aufl., München: Vahlen, 1990

Wöhe, Günter, 1996: Betriebswirtschaftliche **Steuerlehre II/2** – Der Einfluß der Besteuerung auf Unternehmenszusammenschlüsse und Standortwahl im nationalen und internationalen Bereich, 4. Aufl., München: Vahlen, 1996

Wöhe, Günter, 1998: Überblick über die **Konzernbesteuerung**, in: *Küting K. / Weber, C.-P.* (Hrsg.), Konzernrechnungslegung, 1998, S. 325 - 377

Wöhe, Günter, 2000: Einführung in die Allgemeine **Betriebswirtschaftslehre**, 20. Aufl., München: Vahlen, 2000

Wöhe Günter / Bieg, Hartmut, 1994: Grundzüge der **Betriebswirtschaftlichen Steuerlehre**, 4. Aufl., München: Vahlen, 1994

Wöhe, Günter / Bilstein, Jürgen, 1998: Grundzüge der **Unternehmensfinanzierung**, 8. Aufl., München: Vahlen, 1998

Woitschell, Heiner (Bearb.), 2002: **Arthur Andersen – § 9 KStG**, in: *Arthur Andersen* (Hrsg.), Körperschaftsteuergesetz, 2002, § 9 KStG

Wolff, Rudolf, 1998: Deutsche **Aktiengesellschaften** 1998, München: Beck, 1998

Z

Zacharopoulou, Panagiota, 2000: Kommanditgesellschaft auf Aktien und **Mitbestimmungsgesetz**, München / Athen: Beck / Sakkoulas, 2000 (zugl. Diss. jur. Univ. Münster 1998)

Zelewski, Stephan, 1999: **Grundlagen**, in: *Corsten, H. / Reiß, M.* (Hrsg.), Betriebswirtschaftslehre, 1999, S. 1 - 125

Zenthöfer, Wolfgang / Schulze zur Wiesche, Dieter, 2001: **Einkommensteuer**, 6. Aufl., Stuttgart: Schäffer-Poeschel, 2001

Zitzelsberger, *Heribert*, 1990: **Grundlagen der Gewerbesteuer** – eine steuergeschichtliche, rechtsvergleichende, steuersystematische und verfassungsrechtliche Untersuchung, Köln: O. Schmidt, 1990 (zugl. Habil.-Schr. Univ. Regensburg 1989)

Rechtsprechungsverzeichnis

BVerfG

Datum	Aktenzeichen	Fundstelle	Textstelle
Beschluss vom 24.1.1962	1 BvR 845/58	BVerGE 13, S. 331 - 355	5, 48, 57, 64, 76, 136, 188
Beschluss vom 22.6.1995	2 BvR 552/91	BStBl II 1995, S. 671 - 675	72, 75

RFH

Datum	Aktenzeichen	Fundstelle	Textstelle
Urteil vom 4.12.1929	VI A 1843/29	RStBl 1930, S. 345 - 346	142
Urteil vom 30.1.1930	I A 370/29	RStBl 1930, S. 151 - 153	65
Urteil vom 20.2.1936	III A 376/34	RFHE 39, S. 124 - 132	142
Urteil vom 14.7.1937	VI A 422/37	RStBl II 1937, S. 937	50
Urteil vom 21.12.1937	I 251/37	RFHE 43, S. 27 - 29	99, 142
Urteil vom 21.10.1941	I 125/41	RStBl 1941, S. 867 - 868	99

BFH

Datum	Aktenzeichen	Fundstelle	Textstelle
Urteil vom 8.4.1960	III 129/57 U	BStBl III 1960, S. 319 - 320	126
Urteil vom 27.3.1961	I 278/60 U	BFHE 73, S. 30 - 34	99
Urteil vom 4.5.1965	I 186/64 U	BFHE 82, S. 471 - 475	93, 95, 98, 127 f., 131, 142
Urteil vom 16.2.1967	IV R 62/66	BStBl III 1967, S. 222 - 225	154
Urteil vom 16.3.1967	I 261/63	BStBl III 1967, S. 626 - 627	56
Urteil vom 26.1.1968	VI R 129/66	BStBl II 1968, S. 369 - 370	133
Urteil vom 21.4.1971	I R 200/67	BStBl II 1971, S. 743 - 749	90, 128
Urteil vom 21.12.1972	IV R 53/72	BStBl II 1973, S. 298 - 303	154
Urteil vom 19.1.1973	III R 27/71	BStBl II 1973, S. 438 - 440	152
Urteil vom 8.11.1974	II R 76/73	BStBl II 1975, S. 470 - 472	201
Urteil vom 8.1.1975	I R 142/76	BStBl II 1975, S. 437 - 439	155
Urteil vom 30.9.1975	I R 46/74	BStBl II 1976, S. 155	107

Urteil vom 15.10.1975	I R 16/73	BStBl II 1976, S. 188 - 190	151
Urteil vom 29.1.1976	IV R 42/73	BStBl II 1976, S. 372 - 374	154
Urteil vom 20.10.1976	I R 148/74	BStBl II 1977, S. 10 - 12	125
Urteil vom 22.6.1977	I R 8/75	BStBl II 1977, S. 798 - 802	154
Urteil vom 12.1.1978	IV R 5/75	BFHE 124, S. 436 - 441	115
Urteil vom 18.7.1979	I R 199/75	BStBl II 1979, S. 750 - 754	166
Urteil vom 19.2.1981	IV R 152/76	BStBl II 1981, S. 602 - 605	115
Urteil vom 23.7.1981	IV R 103/78	BStBl II 1982, S. 60 - 62	152
Urteil vom 8.2.1984	I R 11/80	BStBl II 1984, S. 381 - 382	52, 56, 88, 95, 114, 127 f., 131, 133, 142, 163, 165, 168, 175, 190
Beschluss vom 25.6.1984	GrS 4/82	BStBl II 1984, S. 751 - 770	142
Urteil vom 7.12.1984	III R 82/79	BStBl II 1985, S. 239 - 241	154
Urteil vom 22.2.1989	I R 9/85	BStBl II 1989, S. 631 - 633	59, 113
Urteil vom 22.2.1989	I R 44/85	BStBl II 1989, S. 475 - 477	59, 113
Urteil vom 26.4.1989	I R 152/84	BStBl II 1989, S. 668 - 670	66
Urteil vom 21.6.1989	X R 14/88	BStBl II 1989, S. 881 - 888 = BFHE 157, S. 382 - 397	30, 44, 95, 114, 128, 131, 144, 151, 154 f.
Urteil vom 13.9.1989	I R 110/88	BStBl II 1990, S. 24 - 28	66
Urteil vom 11.10.1989	I R 12/87	BStBl II 1990, S. 89 - 91	59, 113
Urteil vom 18.7.1990	I R 98/87	BStBl II 1990, S. 1073 - 1075	125
Urteil vom 17.10.1990	I R 16/89	BStBl II 1991, S. 211 - 213	80, 111
Urteil vom 31.10.1990	I R 32/86	BFHE 162, S. 445 - 450	99 f., 127, 131 f.
Beschluss vom 25.2.1991	GrS 7/89 (V)	BStBl II 1991, S. 691 - 703	175 f., 178, 180
Urteil vom 24.4.1991	X R 84/88	BStBl II 1991, S. 713 - 716	152
Urteil vom 24.9.1991	VIII R 349/83	BStBl II 1992, S. 330 - 334	142
Urteil vom 14.10.1992	I R 17/92 (V)	BStBl II 1993, S. 352 - 356	113
Urteil vom 29.4.1993	IV R 107/92	BStBl II 1993, S. 666 - 668	69, 142
Urteil vom 13.7.1993	VIII R 50/92	BStBl II 1994, S. 282 - 287	168
Urteil vom 13.4.1994	II R 57/90 (V)	BStBl II 1994, S. 505 - 510	202
Urteil vom 8.12.1994	IV R 7/92 (V)	BStBl II 1996, S. 264 - 266	177
Urteil vom 1.8.1996	VIII R 12/94	BStBl II 1997, S. 272	142
Urteil vom 11.8.1999	XI R 12/98	BStBl II 2000, S. 229 f.	176
Beschluss vom 7.8.2000	GrS 2/99 (V)	BStBl II 2000, S. 632 - 638	170

BGH

Datum	Aktenzeichen	Fundstelle	Textstelle
Beschluss vom 24.2.1997	II ZB 11/96	DStR 35 (1997), S. 1012 - 1015	10, 20, 22, 27, 40, 164

OLG München

Datum	Aktenzeichen	Fundstelle	Textstelle
Urteil vom 17.9.1999 n. rkr.	23 U 1514/98	AG 45 (2000), S. 426 - 428	22

Verzeichnis der Stellungnahmen der Finanzverwaltung

Richtlinien

Erbschaftsteuer-Richtlinie (ErbStR) vom 21.12.1998 (BStBl I 1998, Sondernummer 2/1998, S. 3)

Körperschaftsteuer-Richtlinie 1995 (KStR) vom 15.12.1995 (BStBl I 1996, Sondernummer 1/1996)

BMF-Schreiben

Schreiben vom 2.12.1998, IV C 6 – S 2741 – 12/98, BStBl I 1998, S. 1509 - 1511

Schreiben vom 16.4.1999, IV C 6 – S 2745 – 12/99, BStBl I 1999, S. 455 - 460

Schreiben vom 15.5.2002, IV A 5 – S 2296 a – 16/02, DStR 40 (2002), S. 906 - 908

Erlasse und Verfügungen

Finanzministerium Baden-Württemberg u. a., Erlass vom 17.6.1997, S 39000/10, BStBl I 1997, S. 673 - 688

OFD Karlsruhe, Verfügung vom 17.4.2001, DStR 39 (2001), S. 792 - 794

Quellenverzeichnis

Abgabenordnung [AO] vom 16.3.1976 (BGBl I 1976, S. 613, berichtigt BGBl 1977 I S. 269), zuletzt geändert durch das 5. StBAÄndG vom 23.7.2002 (BGBl I 2002, S. 2715)

Aktiengesetz [AktG] vom 6.9.1965 (BGBl I 1965, S. 1089), zuletzt geändert durch das Gesetz zur weiteren Reform des Aktien- und Bilanzrechts, zu Transparenz und Publizität vom 19.7.2002 (BGBl I 2002, S. 2681)

Betriebsverfassungsgesetz [BetrVerG] vom 23.12.1988 (BGBl I 1989, S. 902), zuletzt geändert durch das Gesetz vom 19.6.2001 (BGBl I 2001, S. 1046)

Betriebsverfassungsgesetz 1952 [BetrVerG 1952] vom 11.10.1952 (BGBl I 1952, S. 681), zuletzt geändert durch das Erste Arbeitsrechtsbereinigungsgesetz vom 14.8.1969 (BGBl I 1969, S. 1106)

Bürgerliches Gesetzbuch [BGB] vom 2.1.2002 (BGBl I 2002, S. 42, 45)

Einkommensteuergesetz [EStG] vom 16.4.1997 (BGBl I 1997, S. 821), zuletzt geändert durch das 5. StBAÄndG vom 23.7.2002 (BGBl I 2002, S. 2715)

Erbschaftsteuer- und Schenkungsteuergesetz [ErbStG] vom 27.2.1997 (BGBl I 1997, S. 378), zuletzt geändert durch Gesetz vom 20.12.2001 (BGBl I 2001, S. 3794)

Gesetz betreffend die Gesellschaften mit beschränkter Haftung vom 20.4.1892 (RGBl S. 477)

Gesetz betreffend die Kommanditgesellschaft auf Aktien und die Aktiengesellschaften vom 11.6.1870 (BGBl Norddt. Bund 1870, S. 375)

Gesetz für die kleine Aktiengesellschaft und zur Deregulierung des Aktienrechts vom 2.8.1994 (BGBl I 1994, S. 1961)

Gesetz über Aktiengesellschaften und Kommanditgesellschaften auf Aktien [AktG 1937] vom 4.2.1937 (RGBl I 1937, S. 107, berichtigt RGBl I 1937, S. 588, 1140)

Gesetz über die Mitbestimmung der Arbeitnehmer [MitbestG] vom 4.5.1976 (BGBl I 1976, S. 1153), zuletzt geändert durch das Gesetz zur Reform des Betriebsverfassungsgesetzes vom 23.7.2001 (BGBl I 2001, S. 1852)

Gesetz über die Mitbestimmung der Arbeitnehmer in den Aufsichtsräten und Vorständen der Unternehmen des Bergbaus und der Eisen und Stahl erzeugenden Industrie [Montan-MitbestG] vom 21.5.1951 (BGBl I 1951, S. 347), zuletzt geändert durch Verordnung vom 26.2.1993 (BGBl I 1993, S. 278)

Gesetz über Sprecherausschüsse der leitenden Angestellten [SprAuG] vom 20.12.1988 (BGBl III 1988, S. 801), zuletzt geändert durch das Gesetz zur Einführung des Euro im Sozial- und Arbeitsrecht sowie zur Änderung anderer Vorschriften vom 21.12.2000 (BGBl I 2000, S. 1983)

Gesetz zur Ergänzung des Gesetzes über die Mitbestimmung der Arbeitnehmer in den Aufsichtsräten und Vorständen der Unternehmen des Bergbaus und der Eisen und Stahl erzeugenden Industrie [Montan-MitbestErgG] vom 7.8.1956 (BGBl I 1956, S. 707), zuletzt geändert durch das Gesetz zur Reform des Betriebsverfassungsgesetzes vom 23.7.2001 (BGBl I 2001, S. 1852)

Gesetz zur Neuregelung des Kaufmanns- und Firmenrechts und zur Änderung anderer handels- und gesellschaftsrechtlicher Vorschriften [HRefG] vom 22.6.1998 (BGBl I 1998, S. 1474)

Gewerbesteuergesetz [GewStG] vom 19.5.1999 (BGBl I 1999, S. 1010, berichtigt BGBl I, S. 1491), zuletzt geändert durch das 5. StBAÄndG vom 23.7.2002 (BGBl I 2002, S. 2715)

Handelsgesetzbuch [HGB] vom 10.5.1897 (RGBl. 1987, S. 219), zuletzt geändert durch das Gesetz zur weiteren Reform des Aktien- und Bilanzrechts, zu Transparenz und Publizität vom 19.7.2002 (BGBl I 2002, S. 2681)

Körperschaftsteuergesetz 1999 [KStG] vom 22.4.1999 (BGBl I 1999, S. 817), zuletzt geändert durch das 5. StBAÄndG vom 23.7.2002 (BGBl I 2002, S. 2715)

Solidaritätszuschlagsgesetz [SolZG] vom 23.6.1993 (BGBl I 1993, S. 944), zuletzt geändert durch das 5. StBAÄndG vom 23.7.2002 (BGBl I 2002, S. 2715)

Steuersenkungsgesetz [StSenkG] vom 23.10.2000 (BGBl I 2000, S. 1433)

Umwandlungsgesetz [UmwG] vom 28.10.1994 (BGBl I 1994, S. 3210, ber. BGBl I S. 428), zuletzt geändert durch das Gesetz zur Modernisierung des Schuldrechts vom 26.11.2001 (BGBl I, S. 3138)

Umwandlungssteuergesetz [UmwStG] vom 28.10.1994 (BGBl I 1994, S. 3267), zuletzt geändert durch das 5. StBAÄndG vom 23.7.2002 (BGBl I 2002, S. 2715)

Unternehmensteuerfortentwicklungsgesetz [UntStFG] vom 20.12.2001 (BGBl I 2001, S. 3858)